Rolf Oerter / Erich Weber (Hrsg.)
Der Aspekt des Emotionalen in Unterricht und Erziehung

[redacted]

Rolf Oerter / Erich Weber (Hrsg.) [redacted]

# Der Aspekt des Emotionalen in Unterricht und Erziehung

Verlag Ludwig Auer Donauwörth

2. Auflage. 1975

Gesamtherstellung: Druckerei Ludwig Auer, Donauwörth.
ISBN 3-403-00538-0

# Inhaltsverzeichnis

## III. Curriculare Anregungen

# Vorwort

Obwohl im alltäglichen Leben, gerade auch in der Erziehungs- und Unterrichtswirklichkeit, Emotionen von zentraler Bedeutung sind, werden sie in den gegenwärtigen Sozialwissenschaften, nicht zuletzt in Psychologie und Pädagogik, sträflich vernachlässigt.

Wie ein Rückblick in die Geschichte der Pädagogik zeigt, haben sich immer wieder einseitig rationalistische bzw. irrationalistische Strömungen abgelöst. In den letzten Jahren wurde im Gefolge der teilweise extremen Orientierung an einer kognitiven Förderung in isolierten Leistungsbereichen die emotionale Dimension von Erziehung und Unterricht stark vernachlässigt. Diese Situation fordert zu einer Neuorientierung heraus. Sie will dem Aspekt des Emotionalen in Unterricht und Erziehung zu einer angemessenen Berücksichtigung verhelfen, ohne dabei die bisherige Entwicklung von Möglichkeiten kognitiver Förderung zu ignorieren.

Es wird vielmehr angestrebt, das Emotionale aus einem diffusen Vorverständnis herauszuheben und seine Rolle für schulische Erziehung und Sozialisation deutlich zu machen. Dabei zeigt sich, daß die emotionale Dimension nicht nur für ein positives Lern- und Sozialklima bedeutsam ist, sondern die entscheidende Determinante jeglicher erziehlichen Interaktion bildet. Ein wichtiges Anliegen des Buches besteht darin, von der einseitigen Sichtweise des Emotionalen als privates, „innerliches" Phänomen wegzukommen und die Ursachen für emotionale Phänomene auch in institutionellen Strukturen und in normierten sozialen Wechselbeziehungen der am Erziehungsprozeß Beteiligten zu suchen.

Im ersten Teil des Buches wird eine psychologische und pädagogische Einführung in die Thematik gegeben, die zugleich einen begrenzten Einblick in den jetzigen sozialwissenschaftlichen Forschungsstand über Emotion bietet.

Der zweite Teil wendet sich Einzelfragen von Unterricht und Erziehung zu, wobei auch unvertraute Sichtweisen aufgegriffen werden, die einige unerwartete Konsequenzen nahelegen.

Der dritte Teil orientiert sich unmittelbar an der Zielsetzung, die emotionale Dimension in moderne Curricula einzubringen. Dabei werden sowohl Probleme als auch Möglichkeiten der Realisation aufgezeigt.

Die Herausgeber danken ihren Mitautoren, die im Erziehungswissenschaftlichen Fachbereich und im Philosophischen Fachbereich I der Universität Augsburg tätig sind, sowie dem Verlag Ludwig Auer, Donauwörth, für die Kooperation beim Entwurf und der Verwirklichung des vorliegenden Bandes.

*R. Oerter / E. Weber*

# I. Grundlegung

Rolf Oerter

# Was sind Emotionen?

## Sozialwissenschaftliche Erklärungsversuche und Befunde

### *Vorbemerkungen zum Begriff der Emotion*

Wie in der Pädagogik werden auch in Psychologie und Soziologie die zum Emotionalen gehörigen Phänomene äußerst unterschiedlich und unklar definiert. Einige wichtige Begriffe und ihre Bedeutung seien zu Beginn kurz vorgestellt.

*Emotion:* Mit diesem Begriff meint man meist den Gesamtbereich dessen, was vom Erleben und der Erfahrung her als „Gefühl", „Gefühlserregung", „Stimmung" und „Affekt" bezeichnet wird. Emotion ist somit der umfassendste Begriff und wurde daher auch im vorliegenden Buch als Oberbegriff verwendet. Freilich darf das nicht darüber hinwegtäuschen, daß unter ihm eine Fülle recht heterogener und zum Teil noch wenig bekannter Sachverhalte zusammengefaßt ist.

*Affekt:* Bei extremen Erregungszuständen, in denen das Handeln außer Kontrolle gerät, spricht man von Affekten. Die häufigsten Affektzustände (bei Mensch und Tier) sind Angst (Furcht*) und Wut (Zorn*). Aufregung und Ekstase werden ebenfalls zu den Affekten gerechnet (*Lersch*, 1964). Viele Autoren sprechen aber auch dann von Affekt, wenn der betreffende Erregungszustand (erlebnismäßig als Gefühlszustand erfahrbar) relativ stark ausgeprägt ist.

*Erregung:* Eine psychophysische Dimension, die einerseits relativ genau erfaßbare physiologische Veränderungen (vor allem des Elektro-Enzephalogramms) umschreibt, andererseits mit Erlebnis- und Verhaltensänderungen einhergeht. Ein hoher (physiologischer) Erregungszustand zeigt sich psychisch als Affekt, ein sehr niedriger Erregungszustand als herabgesetzte Bewußtseinstätigkeit oder als Bewußtlosigkeit.

Die Erregung hängt aufs engste mit dem Aktivierungsniveau zusammen, deckt sich aber nicht mit ihm. Das Aktivierungsniveau wird durch das retikuläre Aktivierungssystem (RAS), einem vom Hirnstamm bis zum Cortex reichenden System von Nervenverbindungen, gesteuert. Ohne RAS gibt es keine Bewußtseinserlebnisse und keine geistige bzw. handlungsmäßige Aktivität.

* Die im Deutschen vor allem von *Lersch* (1964) getroffene Unterscheidung zwischen Angst und Furcht bzw. Wut und Zorn wird in der psychologischen und soziologischen Literatur — vor allem infolge der Anlehnung an den englischen Sprachgebrauch — nicht eingehalten. Es gibt aber auch sachliche Gründe, auf eine solche begriffliche Trennung zu verzichten.

*Gefühl:* Wird gewöhnlich für die phänomenologisch beschreibbare Erlebnisseite eines Erregungszustandes verwendet. Emotionen, für die wir einen Namen besitzen (Freude, Hoffnung, Abneigung, Erwartung), werden zum Gefühl. Das Gefühl bildet zugleich die Erlebnisseite von Motiven und Trieben.
*Stimmung:* Länger anhaltende, aber nicht extreme Erregungszustände, die von uns bewußtseinsmäßig als emotional gefärbt erlebt werden, bezeichnen wir als Stimmungen. Sie dienen aber in der psychologischen Literatur auch als Bezeichnung für die Begleiterscheinung des jeweiligen Triebzustandes (z. B. „Stimmungsuhr" beim Tagesablauf, Stimmungen der verschiedenen Phasen des Monatszyklus bei der Frau, nach *Smith & Smith,* 1958). In der Verhaltensforschung bezeichnet man mit Stimmung einen physiologischen Zustand der *Bereitschaft,* auf bestimmte Signale hin mit Verhalten zu reagieren (z. B. Flugstimmung, Paarungsstimmung als Voraussetzung für die nachfolgenden instinktmäßigen Reiz-Reaktionssequenzen, nach *Tinbergen,* 1956).
*emotional, affektiv:* beide Adjektive werden synonym, manchmal auch gleichzeitig für Prozesse verwendet, die von Erregungszuständen mit psychischer Komponente (Erlebniszuständen) begleitet werden.

# 1. Emotion und Regulation

Vom Alltagsverständnis her präsentiert sich emotionale Erregung als etwas, das man nicht in der Hand hat, das einem seine Pläne durcheinanderbringt und das immer störend wirkt, wenn es gilt, einen „kühlen Kopf" zu bewahren. Eine solche Sichtweise ist natürlich einseitig. Aber auch die andere mystifizierende Betrachtungsweise, daß Gefühle unser Leben bereichern und daß der Mensch „aus dem Gefühl heraus" leben sollte, führt nicht weiter, da dies einfach hieße, sich und sein Verhalten unkontrolliert zu lassen und augenblicklichen Erregungszuständen stattzugeben.
Eine Reihe von psychologischen Forschungsergebnissen liefert Hinweise, wie wir am besten das Emotionale fassen und erklären können. Es erscheint nämlich sinnvoll, dieses Phänomen von dem Zweck, der Funktion her, die es für den Organismus hat, zu untersuchen. Dabei zeigt es sich, daß die Emotion ähnlich wie andere psychische Funktionen, etwa das Denken oder die kognitiven Leistungen insgesamt, regulierend wirkt. Unter Regulation versteht man die Leistung eines Systems, sich selbst zu erhalten und aufkommendes Ungleichgewicht auszubalancieren. Bezogen auf ein Teilsystem des Menschen (Handlungs-

system) kann also Emotion Handlung aktivieren oder auch hemmen, bezogen auf den Menschen als System kann Emotion Ungleichgewicht erzeugen, aber auch verringern. Diese regulierende oder selbsterhaltende Funktion besitzt das Emotionale (wie andere Funktionen) bei biologischen (lebenserhaltenden), psychischen und sozialen Prozessen. Besonders bedeutsam werden für uns die bei sozialen Kontakten auftretenden Emotionen.

## 1.1 Verhaltens- und Organregulation durch Emotionen

Aktivität setzt immer dann ein, wenn der augenblickliche Gleichgewichtszustand gestört ist. Bei Einwirken eines Schmerzreizes beispielsweise reagieren wir mit dem Zweck, den Schmerz zu verringern. Angenehme Reizeinwirkungen suchen wir hingegen aufrechtzuerhalten. Ungleichgewicht bei physiologischen Prozessen löst ebenfalls Aktivität aus. Organe und Teile des Nervensystems treten in Aktion, um den Gleichgewichtszustand wieder herzustellen.
Bei all diesen Prozessen scheinen Emotionen eine wichtige Rolle zu spielen. Im folgenden beschränken wir uns zunächst auf die Einwirkung äußerer Reize. Wichtige und markante Reize lösen beim Menschen (wie wohl auch bei höheren Tieren) Emotionen aus. Die Funktion dieser Emotionen ist offenkundig nicht nur als nebensächliche Begleiterscheinung zu verstehen, sondern besteht vermutlich darin, den Menschen zu aktivieren. Die durch äußere Reize erregten Emotionen hindern den Menschen daran untätig zu bleiben, er ist unruhig und muß handeln. Nur Reize, die ihn „unberührt" lassen, die also keine Emotionen wecken, werden ihn nicht zur Aktivität bringen. Wenn man so will, sind Emotionen also auf fundamentale Weise lebenserhaltend und -fördernd. Sie haben somit eine wichtige biologische Funktion. Dies sei zunächst am Beispiel des Schmerzreizes etwas näher erläutert.
Schmerzreize sind wohl die frühesten Ursachen emotionaler Erregung. Sie spielen beim Neugeborenen und beim Kleinkind eine zentrale Rolle. Später kann das Kind Schmerzreizen entfliehen oder es kann sich so verhalten, daß Schmerzreize erst gar nicht auftreten. In der Erziehung und Sozialisation des Kindes und Jugendlichen spielen Schmerzreize bzw. unangenehme Reize eine wichtige Rolle. Nach wie vor erfolgt die Sozialisation durch Eltern und Lehrer auch über die Hand-

habung unangenehmer Reizeinwirkungen. Die drastischen Mittel körperlicher Züchtigung sind zwar anderen, „feineren" Reizeinwirkungen gewichen, doch dürfte die Auslösung negativer Emotionen direkt oder indirekt im Erziehungsgeschehen auch heute noch einen großen Raum einnehmen. Der Weg, den Menschen zu einem erwünschten Verhalten zu bringen, führt also vielfach über die Erregung unangenehmer Gefühle durch bestimmte äußere Reize oder Reizkonstellationen.

Ähnliches gilt natürlich auch für die Auslösung positiver Emotionen. Neue Reize wecken — wenn sie nicht allzu fremd sind — positive emotionale Erregung. Anders ausgedrückt: Reize wirken innerhalb gewisser Grenzen attraktiv. Wiederum handelt es sich hierbei um eine basale Funktion der Emotion, sie steht hier von Anfang an im Dienste der Informationsverarbeitung des Menschen. Untersuchungen an Kindern unter einem Jahr haben erbracht, daß Reize Zuwendungsreaktionen und physiologisch faßbare Veränderungen bewirken, die mit emotionalem Verhalten zusammenhängen müssen. Einfache Reize (Farben, Lichtsignale, Töne, bewegte Objekte) bewirken charakteristische Veränderungen, z. B. Fixierung mit den Augen, Erweiterung der Hautgefäße, Beschleunigung des Pulsschlags. Erst wenn der neue Reiz kognitiv bewältigt ist, etwa einem vorhandenen Schema zugeordnet wurde, klingt die Reaktion ab (Habituierung). Reize, an die man sich gewöhnt hat, rufen die Zuwendungsreaktion nicht mehr hervor, sie bleiben auch emotional neutral.

*Lewin* (1954) hat von ganz anderen Überlegungen her den Zusammenhang zwischen äußeren Reizen und Emotionen beleuchtet. Für ihn sind die Objekte mit positiven (anziehenden, begehrenswerten) und negativen (zu meidenden, abzulehnenden) Wertigkeiten besetzt, das Subjekt fühlt sich gewissermaßen von ihnen hin- und herbewegt. Freilich ist es auch bei *Lewin* das Subjekt selbst, das den Dingen, Situationen oder Personen der Umgebung Wertigkeiten verleiht, der „Lebensraum" des Individuums ist kein physikalischer Raum, sondern ein Handlungs- und Erlebnisraum, der durch die Erfahrungen und die kognitiven Leistungen des Individuums seine Struktur erhält. Die Konsumgüterindustrie demonstriert uns ebenfalls, wie Reize oder Reizkonstellationen (Waren) emotionale Erregung und schließlich Kaufverhalten aktivieren. Solange Waren emotional neutral bleiben, reagieren wir auf sie nicht, wir erwerben und benutzen sie nicht. Attraktivität von Waren bezieht sich zunächst eben nicht auf den kognitiven Aspekt (Brauchbarkeit), sondern auf den emotionalen (Erwünschtheit).

Allgemein läßt sich sagen, daß unsere Welt eine affektiv eingefärbte Welt ist, in der uns die Objekte mit geringer Wertigkeit am wenigsten, die Objekte mit hoher Wertigkeit am stärksten beschäftigen.
Die aktivierende und alarmierende Funktion der emotionalen Erregung hat auch eine Kehrseite: Sofern sie zu stark ist, muß sie verringert werden, weil sie den gesamten „seelischen" und körperlichen Haushalt in Unordnung bringt. Sowohl in extremer Wut wie in Ekstase achtet der Mensch in seinem Verhalten nicht mehr auf seine Sicherheit. Angst und Aufregung machen ihn nicht selten handlungsunfähig.
*Lacey* und *Lacey* (1970) vertreten neben anderen Autoren die Hypothese, daß die bei emotionaler Erregung auftretenden körperlichen Begleiterscheinungen hauptsächlich dazu dienen, die Erregung zu mindern. Die Autoren befassen sich allerdings hauptsächlich mit der Veränderung der Herzgefäße. Erhöhter Blutdruck und Puls wirken auf das Zentralnervensystem* hemmend, Herabsetzung des Blutdrucks und der Pulsschlagfrequenz fördern nach Ansicht der Autoren die Erregung im Gehirn, weil sie die Blockade aufheben. Somit wären die Effekte des autonomen Nervensystems als regulierende Reaktionen auf emotionale Erregung zu verstehen und nicht als das physiologische Korrelat dieser Erregungen**. Heute ist unser Wissen über die zugrundeliegenden physiologischen Prozesse der Emotion noch zu gering, als daß hier schon das letzte Wort gesprochen wäre. Fest steht aber, daß wir bei der regulierenden Funktion der Emotionen die hier genannten zwei Aspekte berücksichtigen müssen:
(1) Emotionen bewirken Verhalten, das auf ihre Ursache, nämlich Reizeindrücke, reagiert, (2) Emotionen rufen Verhalten hervor, das auf die Verringerung der emotionalen Erregung selbst gerichtet ist (z. B. bei Angst, starker Erregung).
Letzterer Aspekt bezieht sich aber keineswegs nur auf physiologische oder hormonale Vorgänge. Jemand, der in Wut geraten ist, reagiert sie gewöhnlich durch aggressives Verhalten irgendwelcher Art ab. Sein Verhalten dient keinem erkennbaren Zweck in seiner Umgebung, aber es verringert die Erregung. Solches regulierendes Verhalten belastet die Lehrer-Schüler-Beziehung oft sehr stark. Beide Seiten zeigen dieses

---

* besonders auf die Region um den Nukleus des tractus solitarius

** Die *James-Langesche* Theorie nahm an, daß die Reaktionen des autonomen Nervensystems die auslösende Ursache für Emotionen seien, was seinen Niederschlag in folgender bekannten Redewendung gefunden hat: „Wir weinen nicht, weil wir traurig sind, sondern wir sind traurig, weil wir weinen."

entlastende — keinem sonstigen Zweck dienende — Verhalten, deuten es aber als partnerbezogen und unterstellen entsprechende Motive. Zu regulierenden erregungsmindernden Verhaltensweisen gehören keineswegs nur aggressive Handlungen, sondern auch motorische Reaktionen, die aufgestaute freudige Erregung oder Erwartung zur Entladung bringen. Spannungen, wie sie im Schulalltag des ständigen Stillsitzens gang und gäbe sind, verlangen rein physiologisch oder biologisch betrachtet schon nach Kanälen des Abreagierens.

In diesem Abschnitt wäre sachlich eigentlich eine detaillierte Darstellung des Zusammenwirkens des autonomen Nervensystems, des Zentralnervensystems, besonders mit den Annahmen und Befunden zur Funktion des Hypothalamus, und hormonaler Veränderungen bei emotionalen Prozessen angebracht. Auf diese Darstellung soll aber verzichtet werden, da sie pädagogisch wenig bedeutsam ist und zudem oft noch sehr spekulativen Charakter hat.

## 1.2 „Gefühl und Verstand" – Zum Verhältnis kognitiver und affektiver Anteile am Verhalten

Bereits die Alltagserfahrung lehrt, daß Gefühl und Verstand, also emotionale und kognitive Prozesse, in den meisten Situationen zusammenwirken. Schon auf der Ebene der Wahrnehmung kann man emotionale und kognitive Anteile unterscheiden, wie im vorherigen Abschnitt erwähnt wurde. *Piéron* (1950) hat für einzelne Sinnesarten (Modalitäten) einen kognitiven und affektiven Koeffizienten angenommen, der allerdings nur hypothetisch ist. Aus Tab. 1 ersieht man, wie der kognitive Anteil von der visuellen Wahrnehmung bis zur Schmerzempfindung immer mehr absinkt, während der affektive Anteil anwächst.

Tab. 1: Geschätzte kognitive und affektive Anteile für verschiedene Sinnesarten (nach *Piéron*, 1950)*.

| | sehen | hören | tasten | warm | kalt | schmecken | riechen | Gleichgew. | stechen | kneifen | verbrennen |
|---|---|---|---|---|---|---|---|---|---|---|---|
| kognitiver Anteil | 10 | 8 | 8 | 6 | 6 | 6 | 4 | 4 | 4 | 3 | 2 |
| affektiver Anteil | 2 | 4 | 4 | 6 | 6 | 6 | 8 | 8 | 8 | 9 | 10 |

* Zit. n. Reykowski, 1973

Die kognitive Komponente beim Schmerz besteht in der Registrierung (Qualitätsbestimmung) und Lokalisierung des Schmerzreizes, während die affektive Komponente zum Vermeidungsverhalten veranlaßt. Daß eine solche Trennung sinnvoll ist, zeigen Erfahrungen aus der Psychiatrie. Kranke, die unter starken chronischen Schmerzen leiden, die auch mit Medikamenten nicht zu mildern sind, werden einer Gehirnoperation unterzogen, bei der Nervenbahnen, die beide Gehirnhälften verbinden, durchtrennt werden (Leukotomie). Die Kranken „wissen" nach wie vor um ihre Schmerzen, leiden aber nicht mehr unter ihnen. Der kognitive Anteil der Wahrnehmung blieb erhalten, er informiert den Kranken, der affektive Anteil ist verschwunden, der Kranke hat keine unangenehmen Emotionen.

*Wechselverhältnis von kognitiven und emotionalen Prozessen*

Beim Menschen gibt es schon von einem recht frühen Zeitpunkt an kaum rein emotionale Prozesse. Die emotionale Erregung wird kognitiv interpretiert und erhält ein Etikett (*Schachter*, 1964). So erleben wir emotionale Erregung als „Freude" oder „Trauer", als „Sehnsucht" oder „Hoffnung", als „Enttäuschung" oder „Zorn". Nicht alle Menschen haben für ihre Erregungszustände Namen, vor allem stehen ihnen nicht so viele Namen zur Verfügung wie sie das Wörterbuch kennt. Sie haben allein schon deswegen weniger differenzierte Gefühle und können ihre Erregung auch unter Umständen weniger gut steuern. Emotionales Erleben bleibt ohne kognitive Interpretation diffus, unbestimmt und wenig „psychisch". Über diesen Tatbestand wird in Abschnitt II noch ausführlich die Rede sein. Er hat beträchtliche Konsequenzen für Unterschiede im Erleben zwischen Lehrer und Schüler bzw. zwischen verschiedenen Schülern.
Andererseits bleiben die kognitiven Prozesse, auch wenn sie zunächst nichts mit emotionaler Erregung zu tun haben sollten, von diesen nicht unbehelligt. Positive Emotionen fördern kognitive Prozesse, die diese Emotionen unterstützen, negative Emotionen hemmen Denkvorgänge, die solche Emotionen verstärken würden und fördern kognitive Prozesse, die ihnen entgegenarbeiten (experimentelle Belege siehe etwa *McGuire*, 1960). Noch heute tragen viele Menschen ungern beim Autofahren einen Gurt, weil sie an die Gefahr des Unfalls erinnert werden. Das Risiko von Unfällen wird im Verkehr wie anderswo gewöhnlich geringer eingeschätzt, als es tatsächlich ist. Der Wunsch lenkt

die Gedanken. Auch bei langfristigen Prozessen üben Emotionen ihren Einfluß aus. Bekannt ist die sog. Erinnerungsverklärung, die besagt, daß man angenehme Ereignisse besser behält als unangenehme, was zur Folge hat, daß man vergangene Zeiten gerne als rosig in Erinnerung hat (gute alte Zeit). Insgesamt werden affektiv getönte Ereignisse besser behalten als neutrale (s. Abb. 1).

*Abb. 1:* Behaltensleistung in Abhängigkeit von der affektiven Färbung des Ereignisses (nach Ergebnissen von *Koch,* zit. nach *Crafts* et al., 1938).

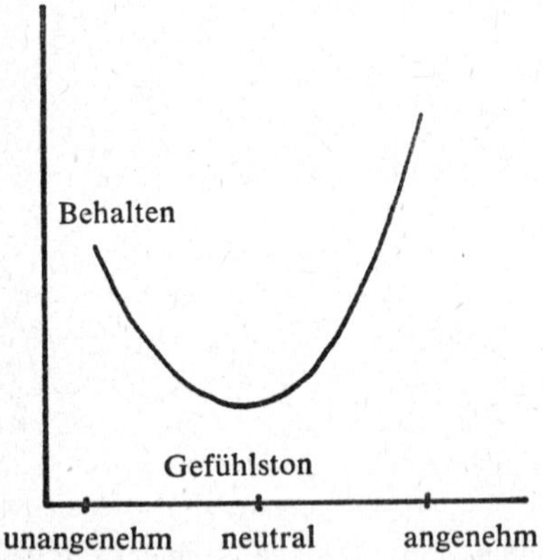


*Reykowski* (1973) berichtet von Versuchsergebnissen in Warschau, die mit früheren, z. B. von *Murray* (1938) übereinstimmen und ebenfalls den Einfluß von Emotionen auf kognitive Leistungen belegen. Studenten beurteilten eine Person, mit der sie unmittelbar vor der Prüfung in Kontakt kamen, und eine, der sie in einer entspannteren Situation begegneten. Beide Personen wurden bei einer Parallelgruppe in der jeweiligen Situation ausgetauscht. Jedesmal beurteilte die Gruppe die Person in der stark emotional aufgeladenen Situation (vor Ablegen des Examens) als weniger attraktiv, wohlwollend und sympathisch.

Das regulierende Wechselverhältnis von kognitiven und emotionalen Prozessen besteht also einerseits in der steuernden und interpretierenden Leistung des Erkennens und Ordnens und andererseits in der Selektion, Aktivierung oder Hemmung von Erkenntis- bzw. Wahrnehmungsvorgängen durch die Emotion.
Es gibt einen Bereich, in dem die Symbiose von Kognition und Emotion besonders innig ist, den Bereich der Werte, Werthaltungen und

Einstellungen (attitudes)*. Planvolles, reflektiertes Handeln in einer Gemeinschaft orientiert sich an den in dieser Gemeinschaft geltenden Normen und Rollenvorschriften. Die übernommenen (internalisierten) Normen nennen wir Werte oder Wertkonzepte (s. *Oerter,* 1973). Unsere Werteinstellungen zu Gegenständen, Situationen, Personen oder Tagesfragen richten sich danach, wie diese Objekte der Verwirklichung unserer Wertüberzeugung dienlich oder hinderlich sind (*Rosenberg & Abelson,* 1960). Unter einem anderen Aspekt bestimmt die Wertstruktur des Menschen, wie er seine Umwelt sieht, welche Ziele er in ihr verfolgt und welche Handlungsweisen er bei der Realisierung dieser Ziele wählt. Wären die Wertkonzepte des Menschen rein kognitive Gebilde, wie etwa die sachlichen Begriffe, nach denen wir die Welt aufgliedern, so würden sie ihn nicht zum Handeln bewegen, sie würden ihn gleichgültig lassen. Gerade aber der affektive Anteil, die „emotionale Ladung" macht sie zu Konzepten, die uns steuern, uns in bestimmten Situationen aktivieren und die auch viele Konflikte zwischen Menschen heraufbeschwören. Unterschiedliche Wertstrukturen und unvollkommen ausgebildete Wertkonzepte sind in der Schule häufig Anlaß für pädagogisches Handeln, aber auch für Konflikte und Schwierigkeiten. Viele Untersuchungen lassen die Vermutung berechtigt erscheinen, daß sich affektiver und kognitiver Anteil beim Wertkonzept ausbalancieren: Ändert sich etwa der kognitive Anteil (Neubewertung, Umwertung), so gibt es auch beim affektiven Anteil eine Veränderung und umgekehrt (*Rosenberg & Abelson,* 1960; *Heider,* 1958; *Feather,* 1964).

### *Intrapersonale Konflikte und emotionale Erregung*

Auf einen spezifischen Zusammenhang zwischen Kognition und Emotion muß noch eingegangen werden, nämlich auf die Auslösung von emotionaler Spannung durch interne (intrapersonale) Konflikte**.
Wenn Ereignisse im Organismus Reaktionen auslösen, die von gleicher Stärke, aber miteinander unvereinbar sind, so entsteht ein Konflikt.

---

* Hier kann nicht auf die begriffliche Klärung der gebräuchlichen Termine eingegangen werden. Wir konzentrieren uns auf den Terminus „Wertkonzept" oder „Wertbegriff".

** Da Konflikte auch extern als Widerspruch und Spannung zwischen Personen oder Gruppen bzw. zwischen gesellschaftlichen Normen und Erwartungen angesiedelt werden können, sprechen wir hier von internen oder intra-personalen Konflikten.

Ereignisse können äußere Reize oder interne Repräsentationen (Denkinhalte, Vorstellungen) sein. Reaktionen des Organismus können Verhaltenstendenzen, Triebe bzw. Triebreaktionen oder äußere Handlungen sein.

In allen Fällen entsteht durch die Konfliktsituation emotionale Erregung. Daher werden Konflikte als spannungsvoll und unangenehm erlebt. Wenn man nicht gelernt hat, solche Spannung zumindest für eine gewisse Zeit zu ertragen, wird man versuchen, Konflikte um jeden Preis zu vermeiden oder sie möglichst rasch zu lösen. Es ist daher sehr wichtig, daß der junge Mensch rechtzeitig lernt, gegenüber Konflikten eine Toleranz zu entwickeln, d. h., den spannungsvollen Zustand zu ertragen, ohne gleich durch blindes bzw. voreiliges Handeln eine Verringerung der Spannung erreichen zu wollen.

Es gibt auch Konfliktsituationen, deren Spannungsgrad nicht sofort stark ausgeprägt ist, sondern die erst allmählich emotional ein höheres Erregungsniveau erreichen. Zu ihnen gehört beispielsweise der in der Leistungsmotivation enthaltene Konflikt, der im Widerstreit zwischen der Hoffnung auf Erfolg und der Furcht vor Mißerfolg besteht. Jedes Wettspiel, ob Fußball oder Schach, beginnt zunächst auf relativ niedrigem Erregungsniveau, allmählich, wenn Erfolg und Mißerfolg immer näher aneinander rücken, wird die Spannung bei Zuschauer wie Spieler größer, erreicht ihren Höhepunkt und sinkt gegebenenfalls, wenn die Entscheidung klar erkennbar ist, wieder ab. Über Emotion und interne Konflikte wird noch genauer zu sprechen sein (s. Abschn. II). Emotion und Konflikt nehmen jedenfalls einen großen Raum im schulischen Leben ein. Leistung und andere Normen der Gesellschaft führen den Heranwachsenden immer wieder neu in Konfliktsituationen, mit denen er fertig werden muß.

### *Emotionale Toleranz*

Bei Konflikten, wie bei dem affektiv-kognitiven Regelungsprozeß überhaupt, erweist sich emotionale Erregung häufig als Störfaktor. Je stärker emotionale Prozesse die Verhaltensregelung stören, desto geringer wird die Effizienz des Verhaltens und die Kontrolle des Menschen über sich und seine Vorhaben. Mit *Reykowski* (1973) kann man drei Aspekte der Verhaltensbeeinträchtigung bei emotionalem Stress unterscheiden: (a) Destruktion der Tätigkeit (das geordnete Handlungsgefüge wird gestört oder bricht gar zusammen), (b) Veränderung der

Tätigkeitsrichtung (das Verhalten konzentriert sich nur noch auf Abwehrreaktionen und wird dadurch eingeengt und oft uneffektiv), (c) unkontrolliertes Ausdrucksverhalten (bei starken Emotionen dient das Ausdrucksverhalten nur noch der Entladung und Abreaktion, es kommt zu unkontrollierten Ausbrüchen).
Emotionale Toleranz als Widerstand gegen emotionale Störanfälligkeit ist in verschiedenen Gesellschaften und bei verschiedenen Menschen der gleichen Gesellschaft unterschiedlich ausgeprägt. In Primitivkulturen ist die Störanfälligkeit groß (geringe emotionale Toleranz). Primitive werden von fremden Ereignissen nicht selten affektiv überwältigt. In unserer Kultur gibt es beträchtliche Unterschiede hinsichtlich der Störanfälligkeit. Insgesamt ist bei uns die Sozialisation auf die Vergrößerung emotionaler Toleranz gerichtet, da unsere Gesellschaft großen Wert auf Steuerung und Kontrolle des Verhaltens legt.

*Zur Annahme zweier Regelungssysteme*

Die Wechselwirkung von kognitiven und affektiven Prozessen führt zur Frage, ob es nicht sinnvoll ist, für beide Bereiche Regelungssysteme anzunehmen, die miteinander in Verbindung stehen, aber gleichwohl einen bestimmten Grad von Selbständigkeit besitzen.
Die Beobachtung des Verhaltens auf verschiedenen Altersstufen legt ebenfalls die Vermutung zweier Regelungssysteme nahe. Kinder und auch Jugendliche zeigen viel stärker als Erwachsene emotionales Ausdrucksverhalten. Sie sind offenkundig auch von augenblicklichen Situationen stärker affektiv affiziert, d. h. emotional erregt. Man hat dies durch die Wendung ausgedrückt: sie leben stärker der Gegenwart, dem Augenblick. Im höheren Alter gewinnt die affektive Komponente offenkundig wieder vielfach die Oberhand. Alte Menschen werden leichter von Gefühlen „überwältigt", bewerten Sachverhalte stärker „gefühlsmäßig" bzw. sind stärker emotional betroffen, wenn sie über Ereignisse berichten oder Urteile abgeben.
Auch Mann und Frau unterscheiden sich hinsichtlich der Gewichtigkeit beider Komponenten. Frauen zeigen sich stärker emotional gesteuert oder „gefühlsmäßig bestimmt" als Männer, ja, es gehört als Norm mit zu ihrer Geschlechtsrolle, mehr als der Mann „aus dem Gefühl heraus" zu leben. Nun ist das Verhalten von Kindern, alten Menschen und von Frauen keineswegs desorientiert oder ungesteuert, aber es wird anders reguliert. Das Regulationssystem, sofern wir ein eigenes anneh-

men dürfen, erfüllt in vielen Situationen nicht so gut seinen Zweck wie das kognitive System, die Menschen handeln impulsiv, rasch, unreflektiert und können — sofern die Handlung falsch war — in Schwierigkeiten geraten. Andererseits hebt der Volksmund immer wieder hervor, wie sicher und richtig gefühlmäßig-intuitives Vorgehen ist. Handelt es sich bei dieser Gegenüberstellung und bei solchen Behauptungen nur um Metaphern? Sind Regulierungserscheinungen, die emotional gesteuert werden, einfach „schlechter" oder gibt es gar keine Regulation des Verhaltens auf „gefühlsmäßiger" Ebene?

Eine Antwort auf solche Fragen ist von zwei Seiten aus möglich: von der Analyse bestimmter Verhaltensleistungen und von der Untersuchung physiologischer Steuerungs- und Erregungsprozesse. Verhaltensleistungen bestimmter Art braucht der (tierische wie menschliche) Organismus zur Verarbeitung von Information aus der Umwelt. Einerseits haben die Reizmuster kognitive Qualitäten (Form, Farbe, Bewegung), andererseits gewinnen sie Wert oder Unwert für den Organismus, etwa als Nahrungsquelle, als Partner, als Gefahrenmoment. Die bereits oben diskutierte affektive Färbung von Objekten, ihr Wert für den Wahrnehmenden ist aufs engste bezogen auf das emotionale Regulationssystem. In Tierversuchen konnten Hinweise für ein solches System bei der Nahrungsbevorzugung gefunden werden. Ratten, denen man die Nebennieren entfernt hatte, zeigten größeren Appetit auf Salz, was eine stärkere Geschmacksempfindlichkeit für Salzlösungen zur Folge hatte. Sie konnten noch eine Lösung von nur 0,004% wahrnehmen, Nichtoperierte dagegen nur 0,06% (*Teuber,* 1955).

*Pfaffman* und *Bare* (zit. nach *Teuber,* 1955) trennen daher zwischen einer *sensorischen Schwelle,* welche die Unterscheidung der wahrgenommenen Merkmale ermöglicht, und einer *Präferenzschwelle,* die in verhältnismäßiger Unabhängigkeit von der rein sensorisch-kognitiven Leistung die Auswahl des Objekts (z. B. der Nahrung) bedingt. Ohne daß wir genauer auf die physiologischen „Etagen" des emotionalen Regelungssystems im Gehirn eingehen, soll die Wirkung eines solchen Systems am Modell von *Bindra* (1969) veranschaulicht werden. (Abb. 2).

*Bindra* versucht die problematische Unterscheidung von Motivation und Emotion zu überwinden*. Er leitet sein Modell nicht von rein spekula-

* Wir haben uns zwar ganz auf den emotionalen Aspekt konzentriert, müssen aber doch im Auge behalten, daß emotionale Vorgänge und motivationale Prozesse (Triebe, Bedürfnisse, Motive, Zielsetzungen) zusammengehören, daß

tiven Überlegungen und auch nicht allein von empirischen Verhaltensbeobachtungen ab, sondern geht von den Befunden der physiologischen Gehirnforschung über emotionale und motivationale Vorgänge aus. Die zentrale neurologische Systemeinheit ist verantwortlich für den zentralen Motivationszustand (ZMZ), der je nach Bedingung unterschiedlich aktiviert ist. Die Aktivierung dieses neurologischen Systems hängt von zwei Bedingungen ab, die beide zugleich wirksam sein müssen: dem organismischen Triebzustand (Bedürfnislage, Ungleichgewicht) und den äußeren Reizbedingungen, die stimulierend wirken (also nicht allen einwirkenden Reizen). Bei Aktivierung des Systems wächst die Wahrscheinlichkeit des Reagierens auf bestimmte (nämlich stimulierende) Reize an, d. h. die „selektive" Aufmerksamkeit wählt aus und bevorzugt bestimmte Reize oder Reizmuster. Der ZMZ beeinflußt zusammen mit der Verarbeitung der Reize die Steuerung der Reaktionen in drei Bereichen: dem Bereich der Reaktionen des autonomen Nervensystems (Entladung, Entspannung, Dämpfung der Erregung (s. Hypothese von *Lacey & Lacey,* 1970), dem Bereich der kinetischen und tonischen Anpassung (muskuläre Regulierung beim Ausdrucksverhalten und bei der Vorbereitung für Handlungen), schließlich dem Bereich des organisierten Handelns, das den augenblicklichen Umweltbedingungen entspricht.

*Abb. 2:* Zur Funktionsweise des motivational-emotionalen Regulierungssystems (nach *Bindra,* 1969).

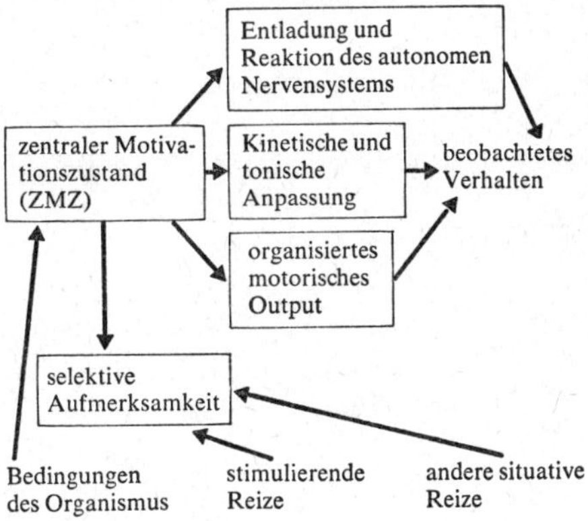


Mit dem hier skizzierten Regulierungssystem glaubt *Bindra* auf die Begriffe Motivation und Emotion verzichten zu können. Für uns ist die Information entscheidend, daß wir — relativ unabhängig vom ko-

sie vermutlich zwei Seiten der gleichen Sache sind. Über den Zusammenhang von Motivationen und Emotion siehe auch die Einzelbeiträge in Teil 2 dieses Buches.

gnitiven Steuerungssystem (lokalisiert in anderen neurologischen Funktionseinheiten des Gehirns) — ein eigenes System annehmen dürfen, das die Präferenz (Zuwendung, Abwendung, Bevorzugung) von Reizmustern (Objekten, Situationen) reguliert. Sicherlich ist ein solches System auch auf der komplexen Ebene der Bewertung der Umwelt und des wertorientierten Handelns miteingeschaltet. Auf die Wechselwirkung und Verflechtung mit dem kognitiven System wurde oft genug hingewiesen, so daß wir uns weitere Ausführungen sparen können.

Den Unterschied zwischen Kindern und Erwachsenen hinsichtlich des Einflusses dieses motivational-emotionalen Systems könnte man sich dahingehend vorstellen, daß bei Kindern wie bei alten Menschen der Einfluß von organismischem Zustand und stimulierenden Reizen stärker ist, weil der ZMZ bzw. das dazugehörige neurologische System weniger ausgeprägt vom kognitiven System gehemmt und mitreguliert wird. Beim normalen Erwachsenen hingegen ist der steuernde Einfluß des kognitiven Systems stark, die Erregung wirkt sich nicht unmittelbar auf die drei Verhaltensanteile (s. Abb. 2) aus, sondern wird noch einmal durch das kognitive System gefiltert bzw. reguliert.

## 1.3 Emotionale Regulation in Gruppen

Die Beschränkung der bisherigen Betrachtungsweise auf das Individuum ist einseitig, weil die Tatsache außer acht gelassen wird, daß sich emotionale Vorgänge oft nur in Situationen ergeben, in denen mehrere Menschen auf die eine oder andere Weise in Beziehung zueinander stehen. Es gibt noch einen wichtigeren Grund, emotionale Phänomene nicht nur als ureigenste Sache des Individuum zu verstehen. Dieser Grund liegt in der von der Soziologie gewählten Betrachtung, die psychische Struktur eines Individuums als innere Reproduktion oder Widerspiegelung des sozialen Systems aufzufassen, von dem das Individuum ein Teil ist.

### *Attraktivität zwischen Gruppenmitgliedern*

Wenn in einem Handlungsfeld mit relativ großem Freiraum zwei oder mehrere Partner miteinander in Kontakt treten, muß ein Minimum an „Anziehungskraft“, an Attraktivität vorhanden sein. Das Emotionale an sozialen Beziehungen scheint zunächst nur etwas Mystifizierendes und von der Deutung her Unwissenschaftliches zu sein. Jedoch haben die Psychologen mit unterschiedlichen theoretischen Ansätzen versucht, das Phänomen klarer zu erfassen. *Freud* spricht bei festeren Partnerbeziehungen von „Objektbesetzung" und meint damit, daß sich die Libido, wie er die Triebenergie des Eros nennt, auf Objekte außerhalb des Organismus richtet und sie festhalten bzw. sich einverleiben will. Letzteres ist nicht materiall zu verstehen, sondern bezieht sich in der Regel auf die Übernahme von Verhaltenszügen, Normen, kurzum auf Teilaspekte der Persönlichkeit des anderen. Dieses Modell trifft am besten auf die Eltern-Kind-Beziehungen zu, kann aber auch zum Verständnis der Lehrer-Schüler-Beziehung herangezogen werden, vor allem, wenn der Lehrer eine vom Schüler bewunderte Persönlichkeit mit attraktiven Merkmalen ist. Alle festeren Freundschaften, insbesondere natürlich die zwischengeschlechtlichen Partnerbeziehungen enthalten diese Komponente der affektiven Bindung (Abb. 3).

*Abb. 3:* Affektive soziale Beziehung als libidinöse Objektbesetzung (Psychoanalyse)

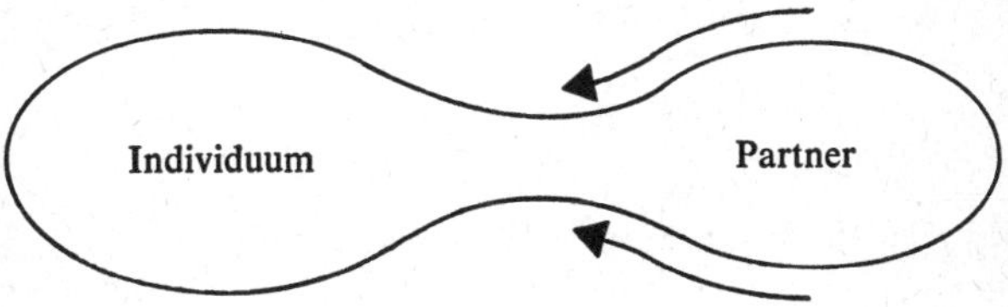


Für die Lehrer-Schüler-Interaktion hat die Freudsche Sicht der libidinösen Objektbesetzung vor allem im Hinblick auf die unterschwelligen problemgeladenen erotischen Beziehungen, über die auch heute noch ängstlich geschwiegen wird, Bedeutung (s. Beitrag *Klinkers* im zweiten Teil).

Die Sozialpsychologie hat weitere Beschreibungsmodelle für das affektive Moment der sozialen Beziehungen vorgeschlagen. So stellt man Partnerbeziehungen als zusammengesetzt aus kognitiven und affektiven „Bändern" dar (*Rosenberg & Abelson,* 1960; *Feather,* 1964). Wenn kognitive und affektive Beziehung nicht harmonieren, gibt es Bemühungen um Ausbalancierung, die zuvor geliebte Person wird weniger attraktiv und umgekehrt: das Wissen um negative Einzelheiten wird zugunsten der positiven Beziehungen umstrukturiert. Emotionale

Regulation bei sozialen Beziehungen soll an zwei Beispielen demonstriert werden (Abb. 4).

*Abb. 4:* Emotionales Ungleichgewicht in sozialen Beziehungen (im Anschluß an *Heider,* 1958, und *Forsyth & Katz,* 1946).

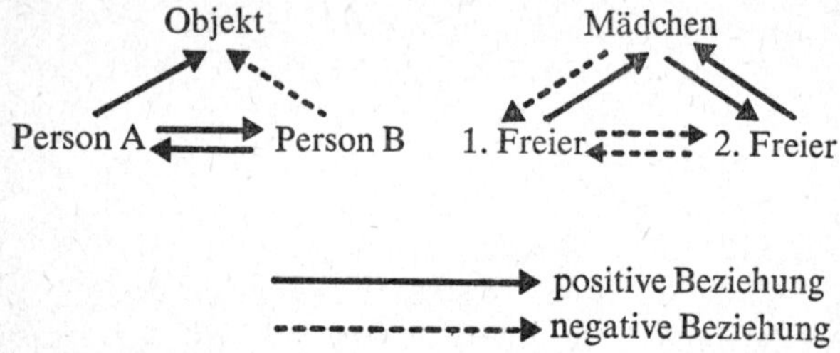


Im ersten Beispiel besteht das Ungleichgewicht darin, daß Person A ein Objekt liebt (z. B. ein bestimmtes Buch), Person B das gleiche Objekt ablehnt. Die wechselseitige positive Beziehung zwischen den Partnern ist dadurch getrübt. Balance kann hergestellt werden, indem eine der beiden Personen seine Einstellung zu dem Objekt wechselt, indem die Partner ihre Beziehungen mit negativem Vorzeichen versehen oder indem die Partner den Teilaspekt der Persönlichkeit, der mit dem Objekt zu tun hat, abspalten. Die pädagogisch und sozial wünschenswerte Lösung bestünde darin, größere Toleranz gegenüber einem solchen emotionalen Ungleichgewicht zu entwickeln und widersprüchliche Erscheinungen bis zu einem gewissen Grad zu dulden.
Im zweiten Beispiel ist das bekannte Dreiecksverhältnis zweier Männer und einer Frau illustriert. Die hier vorhandenen Spannungen können ebenfalls auf vielfältige Weise verringert werden, wofür es so viele Beispiele aus dem Alltag gibt, daß es müßig erscheint, Lösungsmöglichkeiten anzudeuten. Wichtig bei diesem wie beim ersten Beispiel ist jedoch, sich solche affektiven Beziehungen und Spannungen im sozialen Feld zu verdeutlichen und zu reflektieren. Die Präzisierung ist der erste Schritt zu einer Lösung.

Eine komplexere Sichtweise emotionaler Beziehungen nimmt *Lewin* (1954) vor. Er schreibt den Objekten in unserer Umgebung Valenzen zu, die als Resultierende aus positiven und negativen Kräften bestimmen, ob wir uns angezogen oder abgestoßen fühlen. Die wichtigsten Objekte im Lebensraum des Menschen sind Personen. Der theoretische Hintergrund zu solchen Modellen kann uns hier nicht beschäftigen, jedoch wird deutlich, daß emotionale Phänomene nach außen verlagert werden, gleichsam als unsichtbare Bänder zwischen Personen oder als affektive Einfärbung von Personen begriffen werden (Abb. 5).

Die Sozialpsychologie nennt die Resultierende aller Kräfte, die auf die Mitglieder zum Verbleib in der Gruppe wirken, Kohäsion (*Cartwright & Zander*, 1960). Bezogen auf den einzelnen ist das Pendant zur Kohäsion die Gruppenattraktivität. Die Gründe, sich mit anderen zusammenzuschließen oder in eine vorhandene Gruppe einzutreten, können rational-erkenntnismäßig sein, das Bedürfnis nach Gruppenzugehörigkeit und die Attraktivität der Gruppe, die aus solchen rationellen Momenten entstehen kann, sind jedoch als typisch emotionale Beziehung zu verstehen. Auch hierüber finden sich im zweiten Teil schulrelevante Ausführungen.

*Abb. 5:* Attraktivität des Partners als Resultierende in einem Kräftefeld des Lebensraumes

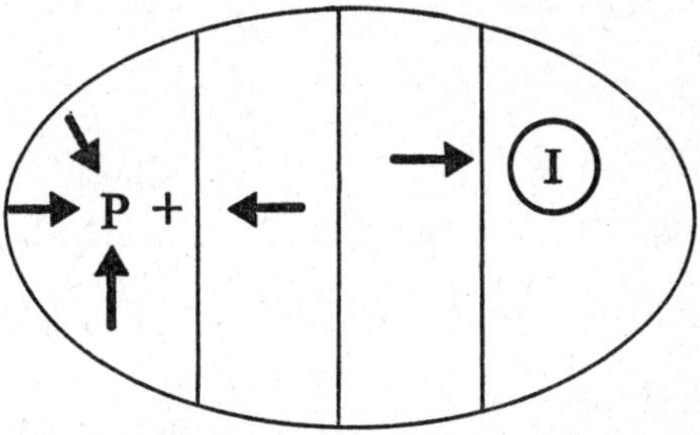


In unserem Beispiel sieht sich das Individuum I (Schüler) vom begehrenswert wahrgenommenen Partner P (Lehrer) durch zwei Regionen getrennt, eine (etwa die außerschulische) bringt den Partner näher, die andere (etwa die schulische) hemmt die Annäherung an den Partner.

Die emotionale Beziehung zwischen Menschen kann auch wie die Beziehung zu Objekten überhaupt, unter dem Aspekt der Wahrnehmung und Erkenntnis gesehen werden. Wir erfassen den Partner nicht in erster Linie als ein Objekt mit bestimmten Formen und Farben, sondern als Träger von Eigenschaften. Die ersten Eindrücke, die wir empfangen, sind wiederum sehr stark emotional gefärbt. Wir verwenden nämlich als entscheidende Kriterien Sympathie — Antipathie, Bewertung nach Absicht und Verantwortlichkeit, Bewertung nach gut und böse und schließlich: Bewertung nach der Macht der Person (*Tagiuri*, 1969). Im Gegensatz zur emotionalen Beziehung zu einem beliebigen Objekt ist die soziale Wahrnehmung wechselseitig: der Wahrgenommene versucht sich vom Wahrnehmenden ebenfalls ein Bild zu machen, ja er verändert sein Verhalten, um einen bestimmten Eindruck beim Partner zu hinterlassen. Diese Reziprozität der Wahrnehmung ist bei der Lehrer-Schüler-Beziehung und bei den Beziehungen zwischen den Schülern ein entscheidendes Moment (Abb. 6).

*Abb. 6:* Affektive soziale Beziehungen durch soziale Wahrnehmung: Wechselseitige Zuweisung von Vertrauen und Sympathie „in" den Partner.

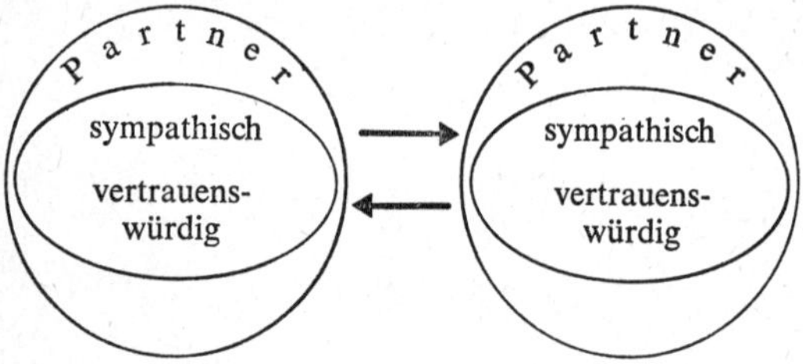


*Identität als Balance-Akt*

„Damit das Individuum mit anderen in Beziehung treten kann, muß es sich in seiner Identität präsentieren ... Diese Identität interpretiert das Individuum im Hinblick auf die aktuelle Situation und unter Berücksichtigung des Erwartungshorizontes seiner Partner. Identität ist nicht mit einem starren Selbstbild, das das Individuum für sich entworfen hat, zu verwechseln; vielmehr stellt sie eine immer wieder neue Verknüpfung früherer und anderer Interaktionsbeteiligungen des Individuums mit den Erwartungen und Bedürfnissen, die in der aktuellen Situation auftreten, dar" (*Krappmann,* 1971, S. 9). Diese Definition versteht die Persönlichkeit als permanente Leistung der Auseinandersetzung mit anderen. In dreierlei Hinsicht muß das Individuum hierbei die Balance herstellen:

> „zwischen widersprüchlichen Erwartungen,
> zwischen den Anforderungen der anderen und eigenen Bedürfnissen sowie
> zwischen dem Verlangen nach Darstellung dessen, worin es sich von andern unterscheidet, und der Notwendigkeit, die Anerkennung der anderen für seine Identität zu finden" (op. cit., S. 9).

Alle drei Konfliktbedingungen spielen auch im schulischen Leben eine wichtige Rolle.

Emotionalität ist hier in äußeren Strukturen (Gruppenstruktur, Normenstruktur) lokalisiert und zugleich im Widerspruch der eigenen Bedürfnislage zu diesen Strukturen verankert. Wenn es das Individuum fertig bringt, sowohl die äußeren sozialen Anforderungen, wie die übernommenen (internalisierten) Werte mit seinen Bedürfnissen zu vereinbaren, ohne Verdrängung der Bedürfnisse oder Negation der Normen, dann besitzt es Ich-Stärke. Die Leistung der Ich-Stärke fußt zwar sicherlich auch auf kognitiven Leistungen, ist jedoch zentral als Kontrolle und Integration von emotionalen Prozessen und Beziehungen zu deuten. Das emotionale Potential rührt hier — wie schon früher angedeutet — von zwei Quellen her: von den Konflikten (eigene Bedürfnisse — fremde Bedürfnisse, soziale Normen — verinnerlichte Normen) und von den mit den eigenen Bedürfnissen verbundenen Erregungsvorgängen.

Der symbolische Interaktionismus, den *Krappmann* im Anschluß an *Mead* (1935) und *Goffman* (1961) vertritt, ist eine Richtung in der Soziologie, die einer einseitig psychologischen Orientierung entgegenwirkt. Es erscheint daher wichtig, zwei weitere Begriffe des Interaktionismus unter dem Aspekt der Emotionen zu besprechen: Selbstdarstellung und Empathie.

Um seine eigene Identität dem andern gegenüber zu vertreten, muß das Individuum in der Lage sein, sich darzustellen. Diese Selbstdarstellung umfaßt keineswegs nur eigene Bedürfnisse, sondern auch und vor allem die Art und Weise, wie jemand seine Rollen ausformt, wie er die übernommenen Normen interpretiert und wie er den Kontakt mit Partnern auffaßt. Selbstdarstellung ist somit für sinnvollen sozialen Kontakt unerläßlich, da der andere wissen muß, wie er mit dem Partner daran ist. Die Selbstdarstellung überschreitet auch von vornherein sprachlich-kognitive Muster, da anfangs „tiefer liegende" und ältere Formen der Selbstdarstellung auftreten, wie Ausdrucksverhalten überhaupt, aus dem der Partner den emotionalen Zustand und die Bereitschaft zum Kontakt ablesen kann. Selbstdarstellung und emotionaler Ausdruck sind daher untrennbar verbunden, wenngleich später natürlich mehr und mehr sprachliche Kommunikationsformen wichtig werden.

Die zweite Komponente der sozialen Interaktion beruht auf der Fähigkeit, sein Gegenüber zu verstehen und dessen Verhalten zu deuten. Der symbolische Interaktionismus meint auch bei dieser Leistung nicht nur die „sachliche" Erkenntnis von bestimmten Eigenschaften oder

Rollenstrukturen beim andern, sondern spricht von „Einfühlung" und „Empathie". Diese Begriffe meinen einerseits die Zurückstellung eigener Intentionen und Bedürfnisse, um das aufnehmen zu können, was der andere über sich ausdrücken will, sie beziehen andererseits Prozesse des Nachvollziehens fremder Gefühls- und Motivationszustände mit ein. Das kommt etwa in der umgangssprachlichen Formulierung „Ich kann mir vorstellen, wie dir zumute ist" zum Ausdruck.
Selbstdarstellung und Empathie sind Begriffe, die eine Trennung von kognitiven und affektiv-motivationalen Prozessen aufheben. Sie fördern eine Betrachtungsweise, in der emotionale Prozesse als konstitutive Komponente neben kognitiven Leistungen gleichberechtigt Berücksichtigung finden.

*Konflikte*

Die Konfliktbedingungen, die nach dem bisher Gesagten unvermeidbar sind, und wesensmäßig zur Sozialisation wie zur sozialen Interaktion überhaupt gehören, machen die Bedeutung emotionaler Prozesse und deren zentrale Rolle im menschlichen Leben vielleicht noch deutlicher als eine unverbindliche Systembetrachtung von Regelungsmechanismen. Der Mensch kommt um emotionale Spannungen nicht herum, die Handhabung und Bewältigung solcher Spannungen erhöht andererseits das Potential der „Ich-Stärke", festigt also die Persönlichkeitsstruktur und verleiht die Autonomie und Mündigkeit, von der in der pädagogischen Zielsetzung stets die Rede ist.
Eine wichtige Voraussetzung für die Handhabung von widerspruchsvollen Bedingungen ist, wie wir an anderer Stelle schon vermerkt haben, die emotionale Toleranz. Vor dem Hintergrund der Gewinnung von Identität und Ich-Stärke durch soziale Interaktion soll diese Toleranz noch genauer beleuchtet werden.
Das Individuum muß schon zu einem relativ frühen Zeitpunkt seiner Entwicklung, spätestens aber bei Schuleintritt, unter recht unterschiedlichen Bedingungen handeln, die zudem mehrdeutig sind. Während das Kind etwa gegenüber dem Lehrer Unterordnung und Gehorsam zeigt, muß es gegenüber Gleichaltrigen oder Jüngeren Durchsetzungsvermögen besitzen. Was im Elternhaus wünschenswert ist, kann in der Gruppe der Gleichaltrigen gegen die Regel verstoßen und umgekehrt (z. B. Petzen). Kinder wie Erwachsene können mit widerspruchsvollen Erwartungen, Normen und Motiven nur fertig werden, indem sie das

Vorhandensein von Widersprüchen zunächst einmal akzeptieren. Das bedeutet aber, gegenüber dieser Vielfalt, Vieldeutigkeit und Widersprüchlichkeit Toleranz zu entwickeln und nicht sofort auf „klare Lösungen“ zu drängen. Dann erst gelingt es, Balance zwischen den unterschiedlichsten Anforderungen und Bedürfnissen zu halten. Je mehr Freiraum dem Menschen bei der Ausübung seiner sozialen Rollen gewährt wird, desto nötiger braucht er *Ambiguitätstoleranz,* wie man die eben beschriebene Leistung auch nennt (*Krappmann,* 1971). Unser gesamtes politisches und gesellschaftliches Leben erscheint heute noch durch einen Mangel an Ambiguitätstoleranz gekennzeichnet. Man sucht Entscheidungen und Lösungen von Widersprüchen herbeizuführen, wo sie gegenwärtig noch nicht möglich sind. Man erklärt Menschen mit großer Ambiguitätstoleranz für schwach und spricht ihnen Führungsqualitäten ab. Das ist eine völlige Verkehrung der eigentlichen Problematik.

Nach dem bisher Gesagten erscheint der konkrete Hinweis auf die Schulsituation nicht unwichtig. Es wird unmittelbar deutlich, daß Unterricht auch unter dem Aspekt der Selbstdarstellung und der Empathie gesehen werden kann. Bei dieser sozialen Interaktion treten freilich systematische Schwierigkeiten auf: Der Lehrer hat Probleme, den Schüler zu verstehen, der Schüler vermag sich nicht in den Lehrer „einzufühlen“. Die notwendige Selbstdarstellung kommt vor allem bei den Schülern zu kurz, wenn man allein den geringen zeitlichen Spielraum in Betracht zieht. Lernen und Vermitteln von Sachverhalten wird unter dieser Sichtweise ein umgreifender Prozeß, bei dem alles Vermitteln und alle Mitteilung der erreichten Leistung ein Stück Selbstdarstellung ist, und alles Begreifen sowie alles Entdecken von Ursachen für Erfolg und Mißerfolg ein Stück Empathie wird. Wiederum können sich Lehrer und Schüler aber erst als Partner, die Selbstdarstellung und Empathie entwickeln, verstehen, wenn sie an dem ganzen Interaktionsprozeß engagiert sind, und Engagement bedeutet affektiv-emotionale Aktiviertheit.

Die Interaktion im Unterricht ist bekanntlich durch große emotionale Spannungen gekennzeichnet. Es wäre nicht uninteressant, den Unterrichtsverlauf unter dem Aspekt der emotionalen Regulierung bzw. der Ausbalancierung oder Beseitigung von Widersprüchen zu analysieren. So stellt sich Unterricht im Alltag nicht selten als Kampf zwischen Lehrer und Schüler dar. Es gibt häufig inadäquate Mechanismen der Regulation, etwa aggressives Verhalten, „aus dem Felde gehen“, diskussionsloses Nachgeben, Aufgeben der eigenen Bedürfnisse wie deren rücksichtslose Durchsetzung. Es gibt auch Strategien, des „als-ob". Schüler verhalten sich (auch emotional), „als ob" sie gelehrige Schüler seien, während sie den Unterrichtsvormittag in Wahrheit als leere Zeit oder unvermeidbares Intervall, das in die Freizeit eingeschoben ist, werten. Lehrer verhalten sich, „als ob" sie wichtige Lerninhalte vermitteln würden und eine überzeugende Rolle in der schulischen Institution verträten, während sie an dem Sinn und Erfolg ihrer Tätigkeit zweifeln und die „Als-ob-Situation" zumindest gelegentlich als solche empfinden.

Am Ende dieser Ausführungen muß mit allem Nachdruck auf einen Sachverhalt hingewiesen werden, der schon mehrfach angedeutet worden ist. Die Konflikte lassen sich nicht an den beteiligten Personen allein festmachen. Konfliktfähigkeit, zu der etwa die Ambiguitätstoleranz gehört, vermag allein letztlich mit manchen Konflikten ebensowenig fertig zu werden wie zielgerichtetes rationales Handeln der Betroffenen. Dies liegt daran, daß gerade die zentralen Konflikte durch die Strukturen bestimmt sind, die hinter der aktuellen Interaktion liegen, Strukturen, in die die Beteiligten eingebettet sind. Die institutionelle Ordnung der Schule beispielsweise stellt eine solche Struktur dar. Sie beschwört Konflikte herauf, an denen die Betroffenen nicht schuld sind, mit denen sie im Augenblick allein auch nicht fertig werden können. Der konstruktive Ausweg aus dieser Situation verläuft von ihrer rationalen Durchdringung über langfristige planvolle Aktionen zu Veränderungen, an denen aber die Betroffenen (Lehrer und Schüler) selbst beteiligt werden sollten. Der hier angesprochene, immer noch wenig diskutierte Sachverhalt wird in mehreren Beiträgen aufgegriffen (siehe vor allem die Beiträge Andreas, Mauermann, Hopf, Dohmke, Klinkers).

## 2. Emotionen als Basis für Entwicklung

Weder im vorigen noch in diesem Kapitel geht es darum, emotionale Prozesse gegenüber kognitiven Leistungen so aufzuwerten, daß das Pendel nach der anderen Seite ausschlägt. Unsere letzten Überlegungen haben überdies gezeigt, daß es Sichtweisen gibt, die eine Scheidung zwischen Emotion und Kognition aufheben. In diesem Abschnitt geht es vor allem um den Tatbestand, daß in der Entwicklung emotionale

Prozesse oder das, was man darunter versteht, als primäre und genetisch ältere Vorgänge die Voraussetzung für den gewaltigen Prozeß der kognitiven Entwicklung im Sinne der Auseinandersetzung mit der Umwelt und sich selbst bilden.

## 2.1 Die Rolle der Emotion im psychoanalytischen Entwicklungskonzept

Gemeinhin überschätzt man wohl die Bedeutung der Psychoanalyse für die Heilung psychisch Kranker oder gestörter Menschen. Gleichzeitig aber unterschätzt man möglicherweise den Erkenntnisgewinn der Psychoanalyse für die Beschreibung der menschlichen Entwicklung. Das liegt vor allem daran, daß *Freud,* befangen in den Sozialisationsbedingungen und Normen der Gesellschaft des ausgehenden 19. und des beginnenden 20. Jahrhunderts, alles menschliche Streben und Handeln auf die Sexualität als alleinige Triebfeder zurückgeführt hat*. *Freuds* Konzept der menschlichen Entwicklung hat aber zu Recht großen Einfluß auf das Verständnis entwicklungspsychologischer Prozesse, vor allem auf das Verständnis von Sozialisation ausgeübt.
Es soll hier nur die Rolle des Emotionalen an den drei Instanzen des psychischen Apparates aufgezeigt werden. Dabei kommt auch kurz die Bedeutung der Emotion für den Vorgang der Identifikation zur Sprache**.

*Es — Ich — Über-Ich*

Die älteste Instanz ist das Es. Es bildet den „Kern unseres Wesens" (*Freud,* 1959, S. 74) und ist Hort der organischen Triebe. „Das einzige Streben dieser Triebe ist nach Befriedigung, die von bestimmten Veränderungen an den Organen mit Hilfe von Objekten der Außenwelt erwartet wird (*Freud,* a. a. O., S. 75). Das Es drängt auf sofortige und rücksichtslose Triebbefriedigung. Es wird vom Lustprinzip beherrscht. Triebaufschub oder -versagung wird peinvoll, Triebbefriedigung lustvoll erlebt. Die polare emotionale Dimension Lust — Unlust bestimmt also die Energien des Es. Sofortige und rücksichtslose Triebbefriedigung als bestimmendes Verhaltensmerkmal beobachten wir in der Regel nur beim Säugling. Bei ihm sind andere Instanzen als das Es noch kaum vorhanden.

* Nach dem ersten Weltkrieg fügte *Freud* als zweiten Grundtrieb den Aggressionstrieb hinzu. Alle Motive und Handlungen sind seines Erachtens als Mischung des Sexual- und Aggressionstriebes aufzufassen.

** Über Objektbesetzung wird in Abschn. II ausführlich die Rede sein, so daß hier auf eine Behandlung verzichtet werden kann (Beitrag Klinkers).

Das Es steht nicht unmittelbar mit der Außenwelt in Verbindung. Aber der Organismus hat Einrichtungen, die eine Verbindung zur Umwelt herstellen. Zu ihnen gehören etwa die Sinnesorgane, die Ereignisse und Objekte der Umwelt erfassen (vor allem solche, die für Triebbefriedigung bedeutsam sind), und der motorische Apparat, mit dessen Hilfe die Erreichung von Triebbefriedigung möglich ist. Aus dieser „Rindenschicht" entwickelt sich allmählich das Ich, das zwischen die blinden Wünsche des Es und die Außenwelt tritt. Es verschafft einerseits dem Es auf mancherlei Umwegen Befriedigung, sichert den Fortbestand des Lebens (da das Es auch auf die Gefahr des Lebensverlustes Triebbefriedigung verlangt) und berücksichtigt vor allem die Anforderungen der sozialen Umwelt. Letztere werden schon in früher Kindheit zum zentralen Konfliktherd, da das Zusammenleben der Menschen Triebverzicht und Triebaufschub verlangt. Während das Es ausschließlich dem Lustprinzip gehorcht, wird das Ich durch das Realitätsprinzip beherrscht. Auch dieses Prinzip wirkt letztlich auf die Gewinnung von Lust hin, doch unter Berücksichtigung der sozialen und physikalischen Realität. Das Ich entscheidet im Einzelfall, ob und wann Triebbefriedigung möglich ist, welche Operationen nötig sind und welche Umformung von Triebenergie vorzunehmen ist. Schon an dieser Stelle taucht eine neue emotionale Qualität auf, die Angst. Das Ich „bedient sich der Angstsensationen als eines Signals, das seiner Integrität drohende Gefahren anzeigt" (*Freud,* a. a. O., 77). Diese Form der Angst bezeichnet Freud auch als Realangst. Das Ich ist aber noch anderen Ängsten ausgesetzt. Da das Es weiterhin und unablässig seine Triebwünsche anmeldet, greift das Ich häufig zu einer bestimmten Abwehrreaktion, nämlich der Verdrängung. Die Anforderungen der Gesellschaft, zunächst vertreten durch die Eltern, sind so weit von den Bedürfnissen des Es entfernt, daß das Ich in eine ausweglose Situation gerät. Da die soziale Realität nicht (wenigstens in der Regel nicht) geleugnet werden kann, verleugnet das Ich die Triebwünsche des Es, und „weiß" von ihnen nichts. Verdrängungen rächen sich aber, wie *Freud* darlegt, durch die Entstehung von Angst, die auch als neurotische Angst bezeichnet wird.

Das Kind ist obendrein in den ersten Lebensjahren ganz auf die Hilfe und den Schutz der Eltern angewiesen. „... es büßt für diese Sicherung durch die Angst vor Liebesverlust, der es den Gefahren der Außenwelt hilflos ausliefern würde" (*Freud,* a. a. O., 78). Die Angst vor Liebesverlust entscheidet auch über den Ausgang des nach *Freud* zentralen Konfliktes der ausgehenden frühen Kindheit, dem Ödipuskomplex, der durch verbotene sexuelle Wünsche des Knaben gegenüber der Mutter gekennzeichnet sein soll*. Entscheidend für die Lösung dieses Konflikts wird bei *Freud* der Vorgang der

* Für das Mädchen verläuft die Entwicklung schon zu diesem Zeitpunkt nach *Freuds* Ansicht anders. Das Erlebnis des Penismangels bzw. der Klitorisminderwertigkeit hat entscheidende Folgen für die spätere Charakterentwicklung. Das Mädchen reagiert „infolge dieser ersten Enttäuschung in der Rivalität häufig mit ersten Abwendungen vom Sexualleben überhaupt" (*Freud,* a. a. O., 18). Daneben nimmt *Freud* beim Mädchen korrespondierend zum Ödipuskomplex des Knaben einen „Elektrakomplex" an: die Mutter wird zur Rivalin des Mädchens beim begehrten Vater.

Identifikation, durch den das Kind Züge und Normen (Gebote und Verbote) der Eltern in sich aufnimmt (introjiziert) und sie zu seinen eigenen macht. „Ein Stück Außenwelt ist als Objekt, wenigstens partiell, aufgegeben und dafür ... ins Ich aufgenommen, also Bestandteil der Innenwelt geworden. Diese neue psychische Instanz setzt die Funktionen fort, die jene Personen der Außenwelt ausgeübt hatten, sie beobachtet das Ich, gibt ihm Befehle, richtet es und droht ihm mit Strafen, ganz wie die Eltern, deren Stelle sie eingenommen hat" (*Freud,* a. a. O., 85). Diese neue Instanz, die sich aus dem Ich entwickelt und vollkommen selbständig wird, nennt *Freud* das Über-Ich, das der Mensch als Gewissen erlebt.

Ohne im einzelnen der Annahme des kindlichen Inzestwunsches und des mit ihm verbundenen Traumas folgen zu können, müssen wir doch die zentrale Bedeutung des Vorganges der Identifikation mit den Eltern würdigen. Auch empirische Untersuchungen zeigen immer wieder den für die Sozialisation so entscheidenden Vorgang der Hereinnahme gesellschaftlicher Normen (Normeninternalisation) auf dem Weg über die Vermittlungsfunktion durch die Eltern als Vertreter und Garanten der Normen.

Das Über-Ich wirkt mit größerer Strenge, als es die leiblichen Eltern in der Regel jemals taten, und was noch gravierender ist, seine Strenge und „Strafenergie" vergrößert sich um so mehr, je eher es dem Ich gelingt, die normativen Ansprüche des Über-Ich zu erfüllen. Die durch den Konflikt zwischen den Ansprüchen des Es und der Realität auf der einen Seite sowie den Geboten des Über-Ich auf der anderen Seite hervorgerufene und erlebte Angst nennt *Freud* „Gewissensangst". So wird das Ich zu einem Zentrum der Ängste und es ist einleuchtend, daß *Freud* alle seine therapeutischen Vorschläge und Maßnahmen auf die Stärkung des Ich ausrichtet. Angst und Lust, Verringerung von Angst und Vermeiden von Unlust sind also die entscheidenden emotionalen Qualitäten bzw. Prozesse, die das menschliche Leben bestimmen. Kognitive Leistungen stehen im Dienst der Gewinnung von Lust und der Verringerung von Angst, dies ist ihre entscheidende instrumentelle Funktion.

Gibt es im *Freud*schen Denken überhaupt eine sinnvolle Möglichkeit zur Sozialisation als Hineinwachsen in eine Kultur, die ohne Triebumformung und -verneinung nicht bestehen kann? Obwohl *Freud* eine massive Kulturkritik liefert, steht für ihn die Notwendigkeit der Einwirkung kultureller Normen durch das Über-Ich außer Frage. Er wünscht keineswegs hemmungslose Lustgewinnung durch Triebbefriedigung. Sein Weg für eine sinnvolle Entwicklung ist, wie schon erwähnt, der Weg zum Aufbau eines starken Ich (Gewinnung von Ich-Stärke), das die Triebenergie des Es nicht verdrängt, sondern bewußt kontrolliert und sublimiert (verfeinernd umformt) in kulturspezifische Aktivität. Das Über-Ich einer reifen gefestigten Persönlichkeit ist auch den Ansprüchen des Über-Ich gewachsen, es reflektiert und überprüft die internalisierten gesellschaftlichen Normen und handelt unter be-

wußter Ausrichtung und Bejahung solcher reflektierter Normen.
Die hier vorgenommene Interpretation bezieht freilich soziologische Gedankengänge mit ein (*Habermas,* 1968; *Krappmann,* 1971; *Mead,* 1935).

*Kritik und Weiterführung des Freudschen Ansatzes*

Gerade die historische Abhängigkeit des *Freud*schen Denkens, sein Bezug auf die bürgerlich-prüde Welt der Jahrhundertwende verstellt uns heute den Weg zur Erfassung der von *Freud* möglicherweise richtig gesehenen Prozesse und „Mechanismen" des psychischen Apparats.
Die gesellschaftliche Situation hat sich beträchtlich gewandelt, weshalb sich der Widerspruch von Realitätsprinzip und Lustprinzip anders darstellt. Der allgemeine gesellschaftliche Druck (Repression) in Richtung auf Triebunterdrückung und -veränderung hat in unserer Gesellschaft spezifische Züge. Einer der wichtigsten Züge ist die Geltung des Leistungsprinzips*.
Das Leistungsprinzip stellt eine zusätzliche Unterdrückung der Triebbedürfnisse zu den ohnehin schon vorhandenen kulturellen und für das gesellschaftliche Leben nötigen Einschränkungen dar. Anders als früher werden von jedem einzelnen standardisierte Leistungen abgeprüft. Für den Vollzug des Erwerbs und der Prüfung dieser Leistungen sorgen bekanntlich eigene Institutionen, die Schulen. Der Tendenz nach wird mehr und mehr der Nachweis für erfolgreichen Schulbesuch zum entscheidenden Kriterium für späteren beruflichen Erfolg. Um Triebverzicht oder -umformung zugunsten kanalisierter Anstrengungen für mehr oder minder uniforme Leistungen kommt niemand mehr herum.
Andererseits gewährt unsere Gesellschaft im Gegensatz zu früher in viel stärkerem Maße Triebbefriedigung. Ein überreiches Konsumangebot steht zur Verfügung, materielle Voraussetzungen für Triebbefriedigung sind im großen und ganzen mehr als hinreichend, und geschlechtliche Aktivität außerhalb der Grenzen ehelichen Zusammenlebens werden geduldet, ja zum Teil als Kriterium sozialen Erfolgs gewertet. *Marcuse* (1970) und andere haben mit Nachdruck auf diese Entsublimierung der Gesellschaft hingewiesen. Sie ist aber nicht Lei-

* nach *Marcuse* (1968) die vorherrschende Form des Realitätsprinzips in unserer Gesellschaft

stung des frei entscheidenden Individuums, sondern ein von der Gesellschaft von außen her induzierter Prozeß. Es nimmt nicht wunder, wenn man einen Zusammenhang zwischen Entsublimierung und Leistungsprinzip herstellt. Die zusätzliche Unterdrückung durch das Leistungsprinzip wird durch die von außen gesteuerte Entsublimierung erträglicher gemacht. Für den Einzelmenschen und seine freie Persönlichkeitsentfaltung hat dieser Sachverhalt sehr ungünstige Auswirkungen. Das Ich benötigt einen Teil der Energien des Es voll und ganz für abrufbare standardisierte Leistung, den anderen Teil der Energien „verschwendet" es zur direkten Triebbefriedigung, ohne die für die Weiterentwicklung und Erhaltung der Kultur so wichtige Umformung von Triebenergie in sublimierte produktive Aktivität.

Unter unserem Gesichtspunkt der Emotion gesehen wird der Mensch veranlaßt, Lustgewinn kurzschlüssig durch unmittelbare Triebbefriedigung zu suchen, ohne den langen und mühseligen Umweg der Sublimierung beschreiten zu müssen. Auf diese Weise findet er es erträglich, den Rest seines Daseins-Alltags mit Aktivitäten zu füllen, die außer der Beschaffung der materiellen Grundlage für Triebbefriedigung wenig Sinn aufweist. So sehr diese Skizze karikaturhaft überzeichnen mag, so berechtigt erscheint der Hinweis auf die Gefahr, daß die Gewinnung von Ich-Stärke mehr denn je durch äußere Bedingungen erschwert wird.

Noch ein Hinweis auf veränderte Entwicklungsbedingungen sei angefügt. Die vormals sehr präzise Rollendefinition des Vaters und der Mutter in der „guten alten Zeit" ist samt den mit ihr verbundenen klaren pädagogischen Handlungsvorschriften einer Rollenumschreibung der Eltern gewichen, die sich in einem Übergangsstadium mit großen Unsicherheiten der Aufgabenfestlegung und des erziehlichen Vorgehens zu befinden scheint. Unter anderem vermutet *Horn* (1972), daß es in der veränderten Familie nicht mehr zu dem oben beschriebenen Prozeß der Identifikation und damit nicht zum Aufbau eines von der Außenwelt unabhängigen Über-Ich kommt. Damit aber würde der einzelne in seinem moralisch-wertorientierten Handeln überhaupt nicht unabhängig von der Umwelt werden, sondern wäre zeitlebens auf unmittelbare gesellschaftliche Anleitung angewiesen. Die gegenwärtig immer deutlicher werdende Tendenz, sozial unerwünschtes Verhalten wieder durch stärkere äußere Reglementierung zu bändigen, würde eine solche Vermutung stützen. Diese Tendenz wäre allerdings unter der hier beschriebenen theoretischen Sicht ein Rückschritt.

## 2.2 Emotion und Persönlichkeitsentwicklung

Das psychoanalytische Entwicklungskonzept hat die menschliche Persönlichkeit als Ganzes zum Gegenstand. Darin liegt — trotz aller Einseitigkeiten und Unklarheiten — ihre Bedeutung. Es erscheint wichtig, die Überlegungen zur Rolle der Emotion für die „Gesamt"-Entwicklung fortzusetzen und zu ergänzen.
Als wesentlicher Zug — oft mehr erwünscht als wirklich — erwies sich die Gewinnung von Ich-Stärke (*Krappmann:* Ich-Identität; *Piaget* [1954]: Autonomie*). Das Ich wird unter verschiedensten theoretischen Sichtweisen, wobei der nachhaltige Einfluß *Freud*s unverkennbar ist, als Instanz verstanden, die unterschiedlichste Ansprüche (z. B. Triebwünsche und soziale Normen) handhabt und ausgleicht und die eine Orientierung in der komplexen inneren und äußeren Welt ermöglicht.

### *Ich-Stärke und Emotion*

Bei unserer Betrachtung interessiert wiederum vor allem die Rolle der Emotion für den Prozeß der Gewinnung von Ich-Stärke. Zunächst einmal hängt die Entstehung des Selbstbewußtseins eng mit emotionalen Vorgängen zusammen.
Die Wurzeln des Selbstbewußtseins liegen in den somatischen Prozessen der Spannung und des Wohlbehagens. Dieses früheste Selbst, nach *Sarbin* (1959) das somatische Selbst, ist das Bündel der emotionalen Erlebnisse, die im Verein mit körperlichen Vorgängen auftreten. Zeitlebens behalten wir das somatische Selbst, es spielt vor allem wieder bei älteren Menschen eine Rolle, die infolge von Krankheit oder Abbauerscheinungen stärker Rückmeldungen vom Körperzustand erhalten als jüngere gesunde Menschen.
Bald gesellen sich neue Erfahrungen hinzu. Das Manipulieren mit Objekten und mit dem eigenen Körper vermittelt dem Säugling die Erfahrung, daß manche Dinge eine einfache sensorische Rückmeldung liefern (Betasten mit Mund und Händen), andere eine doppelte Rückmeldung (Tastempfinden und Empfindung des Betastetwerdens). So wird der eigene Körper als Objekt erlebt, das diesen doppelten Rück-

* Die Begriffe, vor allem „Autonomie", sind freilich nicht synonym, sie beziehen sich nur auf die gleiche Zielregion, die theoretisch unterschiedlich strukturiert wird.

meldungseffekt besitzt. Das Körper-Selbst bildet sich heraus. Sowohl Dinge der Umwelt wie der eigene Körper werden zur Quelle von emotional positiv, gelegentlich auch negativ getönten Eindrücken. Nur insoweit als emotionale Erregung mit Rückmeldung von Manipulation und Bewegung verbunden ist, erfährt das Kind sich als Träger von Handlung. Emotionale Prozesse erweisen sich somit als Vermittler von Bewußtseinserlebnissen. Die entscheidende Wende für die Entwicklung des Selbstbewußtseins und der Persönlichkeit liegt im nun folgenden Abschnitt.
Das Kind vermag Effekte aktiv herbeizuführen. Es klopft mit einem Spielgegenstand unermüdlich auf den Boden, wirft immer wieder die Puppe aus dem Bettchen, klatscht in die Hände usw. Das Erlebnis, einen Effekt selbst aktiv herbeiführen zu können, ist stark lustvoll getönt. Es spielt durchs ganze Leben hindurch eine wichtige Rolle. Verhindert man die Erfahrung der eigenständigen Herbeiführung von wahrnehmbaren Effekten, so unterdrückt man zugleich die Bildung des Selbstbewußtseins und die Entfaltung von Ich-Stärke. Das Erlebnis, einen beabsichtigten Effekt in der Umwelt nicht zu erzielen, wirkt frustrierend und unangenehm. Diese emotionale Basis der eigenen Aktivität liegt ontogenetisch weit früher als die Entstehung der Leistungsmotivation. Diesen Tatbestand hat man aber wohl in der Psychologie noch zu wenig gewürdigt. Andererseits ist Leistung, vor allem körperliche Leistung eine Quelle starker positiver Emotionen. Unter dem Aspekt der Gewinnung von Selbst- und Ichbewußtsein dürften also die immer wieder getroffenen Aussagen über die pädagogische und psychohygienische Bedeutung des Sports ein theoretisches Fundament erhalten. Die Beherrschung des Körpers, etwa beim Schwimmen oder Skifahren, wird als ausgesprochen lustvoll, mehr noch als Steigerung des Selbstbewußtseins und Stärkung der Persönlichkeit empfunden. Hochleistungssportler, wie Heide Rosendahl, heben ausdrücklich die persönlichkeitsbildende Wirkung ihrer Anstrengungen hervor (Fernsehinterview), was nicht zuletzt mit der Erfahrung gekoppelt ist, dem Körper alles abverlangen zu können.
Nun gilt es, noch eine andere Linie der Entwicklung des Selbstbewußtseins zu verfolgen, die Erkenntnishaltung des Egozentrismus.

Die Bewußtseinserlebnisse des kleinen Kindes und die Erfahrung seiner selbst führen zu einer Orientierungsposition, die die eigene Person in den Mittelpunkt stellt und von ihr aus die Umgebung beurteilt. Nicht nur in der räumlichen Orientierung kann man daher von Egozentrismus sprechen, sondern bei der gesamten Erkenntnishaltung. Kleine Kinder übertragen bekanntlich ihre Selbsterfahrung auf die Objekte der Umgebung, Dinge, wie Tiere und Personen werden mit Motiven und Eigenschaften ausgestattet. Sie werden als böse und gut apostrophiert und erhalten Leben, ähnlich dem Leben des Kindes selbst. Die Verlebendigung und Vermenschlichung der Umwelt (Animismus bzw. Anthropomorphisierung) sowie die magische Denkhaltung beweisen, wie sehr die frühen und ursprünglichen Deutungsversuche von Welterfahrung durch emotionale Erlebnisse bestimmt sind. Die Objekte und Erscheinungen der Umwelt *fühlen* und *erleben* zuförderst. Erst viel später interessiert sich das Kind durch den Einfluß des Sozialisationsprozesses für das „Funktionieren" und für Ursache-Wirkungszusammenhänge. Naturvölker verharren weitgehend in einer ursprünglichen, genetisch frühen Denkhaltung, was zwar ihre Erkenntnis der Welt gewaltig einschränkt, ihnen aber zu einer emotionalen Welterfahrung verhilft, die uns weitgehend verloren gegangen ist.

So merkwürdig es klingt, der Egozentrismus verhilft auch zum ersten Verständnis sozialer Partner oder — wenn man will — zum ersten Gefühl der Zusammengehörigkeit. Die Sichtweise, daß der andere so wie man selbst fühlt und wünscht, daß er gleiche Probleme und gleiche Freuden hat, überwindet die Barrieren zwischen dem Ich und dem anderen. Die egozentrische Schlußfolgerung von sich auf andere ist damit eigentlich die erkenntnistheoretische Voraussetzung für die Möglichkeit einer Verständigung. Obwohl diese Erkenntnishaltung bei einer sinnvollen Sozialisation allmählich überbaut werden muß, bleibt die ursprüngliche Annahme vorhanden. Wird sie nämlich aufgegeben, geraten Menschen in unüberwindliche Schwierigkeiten, mit der sozialen Umwelt in Kontakt zu kommen, und fühlen sich isoliert. Nicht von ungefähr erfahren heute viele an sich das Erlebnis der Isolation. Sie durchschauen rational, daß ihr Egozentrismus eine primitive Interpretation ist und nicht zutrifft, was verabsolutiert natürlich ebenfalls falsch wäre. Wie sehr auch der Erwachsene als Träger einer hochentwickelten Kultur an egozentrischen Denkweisen festhält, zeigt die Suche nach intelligenten Lebewesen im Weltall. Wiederum fühlt sich der Mensch angesichts der Ausmaße des Universums verloren, allein, und geht von der Annahme aus, daß von seiner Gattung bzw. von dem, was das spezifisch Menschliche ausmacht, noch mehr im Weltenraum existiert.

Es verdient Beachtung, daß der Egozentrismus in der bei unseren Kindern beobachtbaren Ausprägung die individuelle Aktivität und Entwicklung des individuellen Bewußtseins stark betont. *Greenfield & Bruner* (1969) belegen, daß der Egozentrismus in afrikanischen Kulturen, in denen von Anfang an ein „kollektives" Bewußtsein gefördert wird, in der oben geschilderten Form nicht existiert. Hier ist der Schluß von sich auf andere als Übertragung von kollektiven Zügen der Gemeinschaft auf die restliche Welt als universelle Deutung der Welt aus der spezifischen Gesellschaftsstruktur umgeformt. Aus der Sicht des Verfassers bedeutet auch der verabsolutierende soziologische und politökonomische Standpunkt der Erklärung aller Phänomene aus gesellschaftlichen Beziehungen und Produktionsverhältnissen eine egozentrische Erkenntnishaltung, die allerdings nicht vom Individuum, sondern von der Gesellschaft als Ganzes ausgeht.

Wie setzt sich aber beim Kind der Egozentrismus in reifere Formen der Kontaktnahme fort? Die Kontaktnahme mit anderen Personen läßt sehr früh einen Mechanismus bzw. eine Strategie erkennen, die der bisherigen Erkenntnishaltung entgegengesetzt ist: die Übernahme und Hereinnahme von Verhaltenszügen der Umgebung. Drei- und vierjährige Kinder entwickeln bemerkenswerte Fähigkeiten zur Nachahmung. Sie übernehmen aber nicht nur leicht beobachtbare motorische Reaktionen (Telefonieren, Kehren, Kämmen usw.), sondern die Rollenstrukturen von Personen ihrer Umgebung. Das Kind, das Vater oder Mutter spielt, vollführt in erster Linie nicht Handlungen dieser Personen, sondern übernimmt deren Rolle, was es auch sprachlich zum Ausdruck bringt. Die Untersuchungen über Nachahmungsverhalten der Kinder sind zwar hinsichtlich der Bedingungen für die Übernahme von Verhaltensweisen ausgiebig untersucht worden (*Bandura* und Mitarbeiter, z. B. *Bandura & Walters,* 1963), dagegen steckt die Erforschung des viel wichtigeren Prozesses der Rollenübernahme (role-taking) trotz expliziter theoretischer Überlegungen noch in den Anfängen. Vielversprechende systematische Untersuchungen im deutschsprachigen Raum stammen von *Waller* (1966, 1973). Freilich versucht das Kind im Rollenspiel zunächst, das eigene Rollenverhalten und die eigene Identität weiterzuentwickeln. Aber dabei lernt es andere Rollen kennen. Es erfährt über solche Rollenstrukturen etwas über die Erwartungen anderer, so über die Erwartung der Mutter bezüglich eines lieben oder tüchtigen Kindes, über die Erwartung Gleichaltriger bezüglich eines begehrten Spielpartners. Schließlich lernt es, solche Erwartungen vorwegzunehmen (zu antizipieren) und bei seinem Verhalten gegenüber anderen einzuplanen. Es schätzt also ab, was der andere fühlen wird, wie er reagieren wird. Die Antizipation und Verwertung von Erwartungen des anderen machen den eigentlichen Prozeß des role-taking aus. Er wird, wie schon an anderer Stelle, beschrieben, auch als Empathie bezeichnet. Im Gegensatz zu *Mead* (1935), der bei der Empathie die kognitive Komponente wohl überbetont, muß man sich vor Augen halten, daß Empathie erst dann wirksam das eigene Verhalten beeinflußt, wenn emotionale Prozesse in Gang kommen, die als denen des anderen ähnlich erlebt werden, wenn man also so zu fühlen und zu erleben vermeint wie der andere.

Diese Erfahrung der emotionalen Erregung durch „Induktion" (analog zum Induktionsstrom) oder „Ansteckung" bildet die Basis für Empathie. Zur Empathie gehört auch die Fähigkeit, Signale und Ausdrucksverhalten des anderen auszuwerten, ohne daß Sprache benötigt würde. Die Einfühlung in das Ausdrucksverhalten von Schauspielern und das Miterleben der Spielgeschehnisse demonstrieren, was hier gemeint ist. Kontaktgestörten, vor allem Schizophrenen, scheint diese Fähigkeit zu fehlen (vgl. *Bateson,* 1955).

Die bisherigen Überlegungen und die in früheren Abschnitten dargestellten Aspekte zur ichstarken Persönlichkeit als Balance-Akt widerstreitender Einwirkungen ermöglichen jetzt, die Entwicklung einer stabilen Persönlichkeitsstruktur als das Zusammenwirken der sozialen und persönlichen Identität darzustellen.

Unter sozialer Identität versteht man den Teil der menschlichen Identität, der durch die Erwartungen der anderen bestimmt ist. Es ist zugleich der Teil der Persönlichkeit, der sich anderen als kontaktfähiger, die Erwartungen erfüllender und doch individueller (einmaliger) Partner darstellt. Bezogen auf sich selbst ist die soziale Identität das Bild, das die anderen von einem selbst haben, ein Bild, das man nachzeichnen und erkennen kann*.

Die persönliche (private) Identität stellt die Vielfalt der Erfahrungen des menschlichen Lebenslaufes als persönliche, einmalige Biographie dar und garantiert den Zusammenhang der Lebenserfahrung. Während soziale Identität die horizontale Ebene der augenblicklichen Interaktionsmuster (des sozialen Beziehungsgeflechts, in das man eingebettet ist) bildet, kann die persönliche Identität als vertikale Dimension verstanden werden, die die Kontinuität aktueller und vergangener Beziehungsmuster, Darstellungsarten und Erlebnisse herstellt.

Nur wenn beide Identitäten sich die Waage halten, kann sich Ich-Identität oder Ich-Stärke herausbilden. Welchen Schwierigkeiten das Kind in diesem Prozeß ausgesetzt ist, läßt sich leicht einsehen. Seine soziale Identität ist zunächst noch kaum ausgebildet. Das egozentrische Selbst-

* Weitere Unterscheidungen können hier nicht berücksichtigt werden, siehe aber *Habermas* (1968).

bewußtsein gerät ununterbrochen in Konflikt mit dem Bild, das sich die soziale Umwelt von ihm macht, nämlich dem eines schwachen unangepaßten Kindes. Der Prozeß, soziale und private Identität aufeinander abzustimmen, ist oft schmerzvoll, mißlingt nicht selten und ist eine Quelle steter emotionaler Erregung. Die Stabilisierung als aktive Balance zwischen den beiden Identitäten zeigt sich daher auch als emotionale Stabilität. Umgekehrt bedeuten Identitäsprobleme immer gleichzeitig emotionale Labilität. Die Probleme des Jugendlichen sind infolge des erschwerten Rollenverständnisses immer auch Identitätsprobleme. Die gerne auf biologische Reifungsprozesse zurückgeführte emotionale Labilität ist zweifellos durch die Bemühung um Identität und die drohende Gefahr des Identitätsverlustes bestimmt.

Wenn sich die Schule nicht bewußt und engagiert um die Entwicklung von Ich-Stärke beim Kind und Jugendlichen bemüht, verkehren sich alle ihre Anstrengungen in eine Gefährdung der Persönlichkeit. Jeder Lehrer möge mitverantwortlich prüfen, ob man nicht mehr als jemals zuvor über die Verplanung aller Interaktionen und über die inhaltliche Festlegung von abrufbaren Lernzielen die eigentliche Aufgabe der Persönlichkeitsbildung, die Entwicklung von Ich-Identität vergessen.

*Emotion und soziales Verhalten im Entwicklungsprozeß*

Obwohl Persönlichkeitsentwicklung und soziales Verhalten untrennbar miteinander verbunden sind, sollen unter diesem zusätzlichen Gesichtspunkt noch einige ergänzende Hinweise geliefert werden. Der erste Aspekt, der uns zu beschäftigen hat, betrifft die Kommunikation zwischen Partnern, speziell die Kommunikationsfähigkeit von Kindern und Jugendlichen.

Entwicklungspsychologisch findet man zweifellos zuerst eine Form der Kommunikation vor, die ohne sprachliche Verständigung auskommt. In Kindersendungen des Fernsehens sprechen die Trickfiguren häufig eine fiktive Sprache, ihre Kommunikation wird aber aus dem situativen Zusammenhang trotzdem verstehbar. Die vorsprachliche Kommunikation bleibt zeitlebens eine wichtige Basis für Verständigung. Im Unterrichtsgeschehen bildet diese subsprachliche oder außersprachliche Kommunikation einen wichtigen Bestandteil bei der Steuerung von Lernvorgängen. Signale, die der Lehrer sendet (etwa Gesten oder mimische Veränderungen), die aber für den Außenstehenden unverständlich oder unsichtbar bleiben, haben bestimmte Wirkungen auf die Aufmerksamkeitsverläufe der Schüler. Umgekehrt richtet der Lehrer sein Verhalten nach bestimmten Ausdruckserscheinungen beim Schüler (Langeweile, interne Kommunikation, Ausdruck des Verstehens, Durchschauens). Vieles was heute zur steuernden und anregenden Wirkung des Impulses gerechnet wird, spielt sich in Wahrheit auf der Ebene subsprachlicher Kommunikation ab. Wenn Lehrer und Schüler gut aufeinander eingespielt sind, vermag der Lehrer den Unterrichtsverlauf recht präzis zu steuern, ohne daß einem Dritten diese massive Steuerung auffiele.

Uns beschäftigt vor allem die subsprachliche Kommunikation unter dem Aspekt der Mitteilung von affektiven Zuständen und — komplementär dazu — des Nachfühlens, Nachvollziehens solcher Zustände. Zwei Sichtweisen müssen dabei Berücksichtigung finden. Einmal der individuumzentrierte psychologische Aspekt, zum andern die Betrachtungsweise der beteiligten Partner als eines Systems. Im ersteren Falle kann man zwei „Fähigkeiten" oder Leistungen untersuchen, nämlich das Vermögen, seine Gefühle bzw. emotionalen Einstellungen gegenüber dem Partner auszudrücken, und die Fähigkeit, das Ausdrucksverhalten des Partners zu verstehen und nachzuvollziehen.

Der zweite Aspekt, der die Beteiligten als Elemente eines Ganzen, als System, ansieht, berücksichtigt stärker die regulierende Funktion der Kommunikation und deren Wechselseitigkeit. Die Kommunikation zwischen Mutter und Kind, die der Außenstehende nicht mitvollziehen kann, präsentiert sich dann nämlich als ein Prozeß, in dem Verhaltensweisen durch Informationsaustausch laufend aufeinander abgestimmt werden. Die Mutter beruhigt etwa ihr verängstigtes Kind, dieses benutzt wiederum Möglichkeiten, die Mutter länger bei sich zu behalten, indem es jeden Versuch der Trennung mit erneutem Ausdruck des Unbehagens quittiert. Die Mutter ihrerseits erreicht auf lange Sicht Sozialisationseffekte dadurch, daß sie in der Kommunikation die Möglichkeiten des Liebesentzugs wie der Liebeszuwendung nutzt und das Kind allmählich zu dem gewünschten Verhalten führt. Die bekannten Mutter-Kind-Verhältnisse, in denen beide Partner auch später wechselseitig so voneinander abhängig sind, daß sie trotz starker Spannungen und gegenseitiger Angriffe an ihrer Beziehung festhalten, gehören ebenso hierher, wie die Ausnutzung des Partners (Mutter bindet das Kind an sich, um sich selbst emotionale Sicherheit zu verschaffen).

Ausdruck von emotionalen Zuständen und Verhaltensabsichten gegenüber dem Partner haben, wie das Interpretieren des Ausdrucks, eine biologische Wurzel. Aus der Verhaltensforschung sind uns eine Reihe von Ausdruckssignalen und -reizmustern bekannt. Sie wirken als Schlüsselreize für das Verhalten des Partners.

*Eibl-Eibesfeld* (1967) unterscheidet zwischen intra- und interspezifischen Signalen, erstere beziehen sich auf die Kommunikation innerhalb einer Tierart, letztere auf Kommunikation zwischen verschiedenen Tierarten (die in der gleichen Lebensgemeinschaft leben). Zur ersten Gruppe zählt er Signale, die den Zusammenhalt in der Tiergruppe fördern (z. B. attraktive Geschlechtsmerkmale, Unterwerfungsgesten), Informationsvermittlung über die Umwelt (z. B. Warnsignale, Signale über die Lage des Futterplatzes) und Drohgebärden oder Imponiergehabe (Federplustern bei Vögeln, Brusttrommeln der Gorillas).

Die biologische Basis von Ausdrucksverhalten ist beim Menschen in Affekt-Zuständen am deutlichsten sichtbar. Das Ballen der Faust und Knirschen mit den Zähnen sind vermutlich noch ein Relikt des ursprünglichen Zubeißens und Zupackens*.
Es gibt aber auch spezifische menschliche Ausdruckssignale, die offenbar ohne Lernprozesse produziert und verstanden werden. Eines der wichtigsten ist das Lächeln, das Säuglinge schon mit sechs Wochen, manchmal früher, auf den Anblick eines menschlichen Gesichts (auch einer Gesichtsschablone) zeigen (*Ahrens,* 1954). Mit etwa drei Monaten löst ein wirkliches Gesicht stärker als eine Schablone Lächeln aus (*Polak* et al., 1964). Um das Alter von sechs Monaten herum scheinen Kinder zwischen männlichen und weiblichen Gesichtern unterscheiden zu können. Weibliche Gesichter lösen stärker Vokalisationen aus als männliche (*Kagan & Lewis,* 1965). Später reagiert das Kind nur noch mit Lächeln, wenn das Gesicht des Partners eine freundliche Miene zeigt (nach *Ahrens,* 1954, mit etwa acht Monaten). Aus diesen Befunden wird deutlich, wie die genetische Basis sozialen Kontakt auf emotionaler Ebene ermöglicht, und wie Lern- oder Differenzierungsprozesse diese Form der Kommunikation allmählich verbessern. Deutlich wird auch, daß schon in diesem frühen Stadium kognitive Leistungen erforderlich sind, z. B. die Verbesserung von Wahrnehmungsleistungen. Emotionaler Kontakt setzt gewisse Erkenntnisprozesse voraus.
Ausdrucksverstehen als Deuten von emotionalen Zuständen spielt auch bei sprachlicher Kommunikation eine große Rolle. Eine Information

* *Darwin* (1884) hat auf dieser Basis eine eigene Ausdruckslehre entwickelt.

wird verändert wahrgenommen, wenn sie in drohendem, freundlichem, enthusiastischem Tonfall mitgeteilt wird. Ein Entwicklungszug besteht darin, daß das Kind allmählich unabhängiger vom emotionalen Ausdruck bei der Verarbeitung von Information wird. Jeder Lehrer weiß aber, oder sollte es wissen, wie sehr durch affektives Ausdrucksverhalten Verständnis eingeschränkt wird. Wenn der verärgerte Lehrer dem Kind brüllend eine Frage stellt oder eine Information, die er schon zwanzigmal vermittelt hat, mitteilt, kann er nicht mit adäquater Informationsaufnahme rechnen. Zudem zeigen Untersuchungen, daß Unterschichtkinder stärker vom emotionalen Ausdrucksverhalten bei der Kommunikation abhängig sind (*Kashinsky & Wiener,* 1969).

Die Ausdrucksdeutung im sozialen Kontakt erfordert ganz allgemein sicherlich Lernprozesse. Nach *Ewert* (1965) fördert Berufserfahrung (z. B. von Lehrlingen in kaufmännischen Berufen) das Ausdrucksverständnis. Auch das Erziehungsverhalten der Eltern dürfte eine Rolle spielen. Der gleiche Autor fand bei Kindern aus Familien mit kooperativen Interaktionsmustern besseres Ausdrucksverständnis vor als bei Kindern aus autoritär strukturierten Familien.

Sozialer Kontakt, wie Kontakt mit Gegenständen der Außenwelt überhaupt, kann auch über Kommunikation hinaus unter dem Aspekt der emotionalen Beziehung gesehen werden. *Freud*s Konzept der Objektbesetzung und -fixierung beruht auf der Annahme, daß die ursprünglichen, allen Verbindungen zur Außenwelt zugrundeliegenden Prozesse emotionale Vorgänge der „libidinösen" Objektbesetzung sind. Hierzu wird in Abschn. II ausführlicher die Rede sein. *Kafka* (1950) hat die Orientierung des Individuums in der Welt ebenfalls primär als affektive Beziehung beschrieben. Er unterscheidet zwischen vier Grund- oder Ur-Affekten, die er durch folgende griffige sprachliche Formeln umschreibt:

| | |
|---|---|
| — Her mit dir zu mir | (Heranholen begehrter Dinge und Personen) |
| — Hin mit mir zu dir | (Aufsuchen begehrter Dinge und Personen) |
| — Weg mit dir von mir | (Entfernen affektiv negativ getönter Objekte) |
| — Weg mit mir von dir | (Flucht vor gefürchteten oder abstoßenden Objekten) |

Einen ähnlichen Ansatz wählte *Schneirla* (1959), der zwei Typen von Erregung unterscheidet. Erregung vom A-Typ ist durch Reize geringerer Intensität verursacht und führt zur Annäherung an die Reizquelle; Erregung vom W-Typ wird durch Reize von starker Intensität bewirkt und hat Zurückziehen bzw. Flucht zur Folge.

Von allen Objektbeziehungen ist die Bindung an Personen, speziell an die Mutter, besonders bedeutsam. Aus Tierversuchen mit Rhesusäffchen weiß man, daß der körperliche Kontakt der Jungtiere mit der Mutter ausschlaggebend für die spätere Entwicklung ist. *Harlow & Harlow* (1962, 1970) experimentierten mit neugeborenen Rhesusäffchen, indem sie den Tieren anstelle der echten Mütter Attrappen präsentierten.

Die künstlichen Mütter bestanden aus Maschendraht, der das eine Mal mit Brüsten (Saugmöglichkeit), das andere Mal mit weichem Stoff und das dritte Mal mit beidem versehen war. Manche Attrappen gaben Milch, andere nicht. Die Jungen konnten angesichts mehrerer Attrappen wählen. Es zeigte sich, daß die Jungtiere der Tendenz nach immer das gleiche Verhalten an den Tag legten. Sie bevorzugten die weiche Stoffmutter, schmiegten sich stundenlang an sie, indem sie sich am Stoff festhielten. Der Schnuller befriedigte sie nur vorübergehend, auch die milchgebende Attrappe wurde nur — sofern sie keine zärtlichkeitsspendenden Merkmale besaß — zur Nahrungsaufnahme aufgesucht. In anderen Versuchen wurden die Jungen fremden, beängstigenden Situationen ausgesetzt, etwa mit einem trommelnden Spielzeugteddy konfrontiert. Sie reagierten mit panischer Angst, änderten aber ihr Verhalten, als *Harlow* die Stoffmutter hereinbrachte. Sie suchten Schutz bei ihr und wagten sich nun nach einiger Zeit von der „Mutter“ weg.

Der affektive Kontakt des menschlichen Säuglings zur Mutter ist seit den Untersuchungen von *René Spitz* (1945, 1946) in seiner Bedeutung für die Gesamtentwicklung erkannt worden.
*Spitz* prüfte Kinder eines Heimes, denen nach dem dritten Lebensmonat die Mutter weggenommen wurde, in Abständen mit dem Kleinkindertest von *Bühler-Hetzer*. Wie aus Tab. 2 zu ersehen ist, sank der Entwicklungsquotient (EQ), ein Maß für die allgemeine und intellektuelle Entwicklungshöhe, proportional zur Dauer der Trennung von der Mutter ab. Durch positive Umstände bedingt konnten die untersuchten Kinder später wieder mit ihren Müttern vereinigt werden. Eine spätere Messung des EQ erbrachte den ebenfalls aus Tab. 2 ersichtlichen Zusammenhang zwischen Dauer der Trennung und erneutem Anstieg der Leistung. Hier aber liegt das Verhältnis umgekehrt, je kürzer die Trennung, desto höher der Anstieg. Eine Trennung über fünf Monate hinaus scheint den Entwicklungsrückstand endgültig zu besiegeln. Die Ergebnisse von *Spitz* sind nicht eindeutig interpretierbar. Insgesamt besteht aber heute kein Zweifel mehr über die beeinträchtigende Wirkung der Trennung von der Mutter bzw. einer konstanten

Pflegeperson. Emotionale Stabilität als Basis für Persönlichkeitsentwicklung scheint aus den primären Beziehungen zu den ersten Pflegepersonen zu resultieren. Werden diese Bindungen zerrissen oder auch systematisch vorübergehend unterbrochen, so entwickelt das Kind feindselige emotionale Einstellungen gegenüber der Umwelt und zeigt depressives Verhalten (*Schaffer,* 1958; *Yarrow,* 1964; *Bowlby,* 1960). Die ungünstige Entwicklung vieler Adoptivkinder trotz guter familialer Verhältnisse geht nach Ansicht von *Scott* (1968) ebenfalls auf die Zerstörung früher Primärbeziehungen zurück.

Tab. 2: Einfluß der Trennung von der Mutter auf die kognitive und soziale Entwicklung des Kindes (*Spitz,* 1946)

| Dauer der Trennung | Verminderung des EQ in Punkten | Anstieg des EQ nach Rückkehr der Mutter |
|---|---|---|
| weniger als 3 Monate | 12.5 | 25 |
| 3—4 Monate | 14 | 13 |
| 4—5 Monate | 14 | 12 |
| mehr als 5 Monate | 25 | –4 |

Daß der affektive Kontakt und wohl in erster Linie die konstant bleibenden Körperkontakte und körperlichen Zärtlichkeiten maßgeblich sind, zeigt der Vergleich von Kindern, die ohne Mütter in Heimen verblieben, mit Kindern, die man zu stark debilen Frauen in ein Heim brachte. Der Intelligenzquotient der Kinder, um die sich die debilen Frauen kümmerten, stieg im Laufe von 18 Monaten um 27,5 Punkte, während er bei den Kindern, die im Heim verblieben waren, um 26,2 abfiel (zitiert nach *Anastasi & Foley,* 1949).

Auf dem Boden der früher angestellten theoretischen Überlegungen benötigt der Mensch das Funktionieren des emotionalen Regulationssystems, um sich kognitive Orientierungsparameter aufbauen zu können. Positive affektive Erregung bildet die Voraussetzung für Umweltzuwendung und deren kognitive Durchdringung.

Ein letzter Aspekt der sozialen Beziehungen soll noch gestreift werden, nämlich der Vorgang der Nachahmung. Die Nachahmungsleistung ist, obwohl sie komplizierte kognitive Prozesse beinhaltet, eine Primitivreaktion, die in den ersten Lebensjahren den Sozialisationsvorgang maßgeblich fördert. Ohne Nachahmung wäre Sozialisation schlechthin unmöglich. Im Übergangsfeld von Tier und Mensch erweist sich das Nachahmungsverhalten offenbar als neue Errungenschaft, was aus dem

Verhalten von Primaten deutlich hervorgeht. Uns interessiert bei diesem Prozeß dreierlei, nämlich die emotionale Voraussetzung für Nachahmung, die emotionale Wirkung von Nachahmung und die Steuerung oder Blockierung von Nachahmung durch höhere Instanzen.

*Bandura* und Mitarbeiter (s. etwa *Bandura & Walters*, 1963) gingen bei ihren Untersuchungen über Nachahmungsverhalten von Kindern davon aus, daß das Modell (das nachgeahmte „Vorbild“) Verstärkerwirkung habe. Die Mutter oder die Kindergärtnerin belohnt die Kinder etwa durch Zuwendung, Zärtlichkeit, verbales Lob usw. Wenn die Kinder Handlungsweisen solcher Modelle übernehmen, so übernehmen sie — gleichsam in Stellvertretung — deren belohnende Wirkung (stellvertretende Verstärkung). Attraktive Modelle werden also vermutlich wegen ihrer Funktion für die eigene Lustgewinnung nachgeahmt, der Nachahmende belohnt sich nun selbst. Aus differenzierenden Experimenten wird allerdings klar, daß es auf die Inhalte, die nachgeahmt werden, ankommt. So zeigt ein Experiment von *Bandura, Ross* und *Ross* (1962), daß mächtige Erwachsene, die über die Verteilung von Spielsachen verfügen, bevorzugt gegenüber Erwachsenen nachgeahmt werden, die belohnt werden oder die Spielsachen erhalten. Soziale Macht scheint eine bevorzugte Kompetenz für die Kinder, die sich ja als schwach erleben, zu sein. Aggressive Verhaltensweisen wurden in den Experimenten von *Bandura* und Mitarbeitern auch dann noch nachgeahmt, wenn das aggressive Modell für sein Verhalten bestraft wurde. Vermutlich sind aggressive Reaktionen besonders attraktiv. Werden sie von einem Modell produziert, so bedeutet dies für den Nachahmenden eine gesellschaftlich gebilligte oder geduldete Form von Aggressivität.

Das kindliche Rollenspiel verleiht dem Rollenträger auf dem Weg über die stellvertretende Verstärkung Ich-Stärke: das Kind ist — zumindest vorübergehend — so mächtig, so glücklich und so handlungskompetent wie das Rollenmodell (Polizist, Vater, Kapitän). Der Anlaß zur Nachahmung steckt somit in erster Linie in emotionalen Vorteilen; das soziale Lernen durch Nachahmung ist für das Individuum ein Nebeneffekt, für die Gesellschaft allerdings die Hauptsache. Wenn die emotionale Bereitschaft zur Nachahmung vorhanden ist, arbeitet diese mehr oder minder unkontrolliert, „automatisch“. Kinder ahmen etwa Bewegungen des Klopfens, Kopfschüttelns, aber auch Lachen und Schreien nach, ohne den eigenen Reaktionen Einhalt gebieten zu können. Selbst in der Schule sind solche „ansteckenden“ Reaktionen zu beobachten. Zum Ärger des Lehrers überträgt sich das Lachen des einzelnen auf die ganze Klasse oder werden die Schüler vom Schreien einzelner angesteckt und machen einen sich immer mehr steigernden Lärm. Eine Reihe von Gruppenphänomenen spielen sich auf der primitiven Ebene der automatischen Nachahmungsreaktionen ab. Die Übertragung eines Gefühlszustandes auf die Zuhörerschaft läßt sich am besten im Theater (Lachen, Weinen, Freude, Trauer) oder bei einem demagogischen politischen Redner nachvollziehen. Die Wirkung also — und nicht nur der Anlaß — ist häufig in emotionale Vorgänge eingebettet. Bei Kindern, die aus ihrem Herzen noch keine Mördergrube machen, läßt sich am besten beobachten, wie sehr sie von der Übernahme bestimmter Reaktionen gefühlsmäßig affiziert sind. Lehrer der Grundschule benutzen dieses Phänomen seit langem, wenn sie gemeinsame Bewegungsspiele, bei denen gesungen oder gesprochen wird, veranstalten. Die wechselseitige Übertragung und Nachahmung bildet ein Grundelement des Gruppenerlebens.

Infolge des Mechanismus der Gefühlsübertragung oder „-ansteckung" vermag der Lehrer auch im Sinne seiner Unterrichtsziele einzuwirken. Der früher stark akzentuierte gesinnungsbildende und gemütsbetonte Unterricht nutzte diese Mechanismen weidlich.

Die Automatismen bei der Nachahmung und ihr primitiver Charakter haben auch eine Kehrseite. Menschen, die sich nicht steuern können, lassen sich in Nachahmungssituationen leicht mitreißen und begeistern. Ob die Zwecke und die Mittel moralisch vertretbar sind oder einem selbst zum Vorteil gereichen, bleibt sekundär. Menschen ließen sich seit jeher dafür begeistern, ihr Leben für Zwecke zu lassen, die mit ihren eigenen Bedürfnissen nichts zu tun hatten. Kinder und Jugendliche waren besonders anfällig für Begeisterung, sie wurden auch, wie die jüngere Geschichte lehrt, entsprechend mißbraucht. Die allgemeine Klage, daß die Jugend heute für nichts mehr zu gewinnen sei, spiegelt auch einen positiven Sachverhalt wider: In unserem Staat sind Mechanismen propagandistischer Gefühlsaffizierung in den Hintergrund getreten. Hoffen wir, daß es so bleibt!

Im Zuge zunehmender Reife muß der einzelne lernen, unreflektiertes Nachahmungsverhalten unter Kontrolle zu bekommen. Selbstbeherrschung bezieht sich hier auf die Steuerung und Blockierung von niedrigeren Zentren, die das Nachahmungsverhalten bewerkstelligen.

# 3. Emotionales Lernen im Sozialisationsprozeß

Bis jetzt haben wir versucht, die Gesamtpersönlichkeit oder eine Gruppe als Ganzes zum Ausgangspunkt zu nehmen. Dabei standen Lernprozesse als Erklärung für emotionale Vorgänge stark im Vordergrund. Es ist nun an der Zeit, einzelne Prozesse emotionalen Lernens genauer in Augenschein zu nehmen.

## 3.1 Aufbau von Emotionen durch Konditionierung und Verstärkung

*Konditionierte emotionale Reaktion (CER)*

Emotionen entstehen als Reaktion auf Signale, Reizmuster, Situationen. Die Koppelung einer Emotion mit dem Wahrnehmungsereignis ist in den meisten Fällen erlernt.

*Watson* und *Rayner* (1920) legten mit einem moralisch wohl fragwürdigen Experiment den Grundstein für die Forschung der erworbenen emotionalen Reaktion. Sie brachten einem kleinen Kind panische Angst vor weißen Ratten bei, indem sie während des Spielens mit dem Tier einen Schreckreiz (lautes Geräusch) boten. Die anfängliche Zuneigung wandelte sich bei dem Kind nach einigen Koppelungen in Angst, die sich auch auf andere Tiere und Objekte mit ähnlichen Merkmalen („pelzartig“) erstreckte.

Der Vorgang ist als *klassische Konditionierung* bekannt. Das Erlernen der emotionalen Reaktion erfolgt durch die Koppelung eines ursprünglich neutralen Reizes, des *bedingten Reizes* (CS), mit einem *„unbedingten“ Reiz* (US), der seinerseits eine emotionale Reaktion auslöst. In obigem Beispiel war der US der Schreckreiz, der zur Angstreaktion führt. Der CS bestand in der weißen Ratte, mit der das Kind spielte. Durch Koppelung eines CS mit einem angstauslösenden US (im folgenden als S- bezeichnet) erwirbt der Mensch Angst, Furcht oder Unbehagen angesichts einer Situation (die Situation wäre der CS). Durch Verbindung eines CS mit einem Freude- oder Lustgefühl auslösenden US (im folgenden als S+ bezeichnet) lernt das Individuum sich in bestimmten Situationen wohlzufühlen. Koppelt man einen CS mit dem Entfernen eines negativen US (Auslösers von Angst, im folgenden als $- bezeichnet), so stellt sich Erleichterung, Entspannung ein. Verbindet man einen CS mit dem Wegnehmen eines S+ (Auslösers für Lust, im folgenden als $+ bezeichnet), so stellt sich Ärger und Wut ein. Wesentlich dabei ist, daß nach vollzogener Koppelung der CS allein die emotionale Reaktion bewirkt oder bewirken kann. Konditionierte emotionale Reaktionen (CER) halten über lange Zeitstrecken an (*Hoffman* et al., 1966; *Strongman*, 1973).

*Millenson* (1967) leitet aus den genannten Möglichkeiten ein dreidimensionales Modell erworbener emotionaler Reaktionen ab, bei dem neben den Reizbedingungen nur noch die Intensität der Emotion eine Rolle spielt (Abb. 7).

*Abb. 7: Millensons* dreidimensionales Modell emotionaler Intensität (nach *Strongman*, 1973)

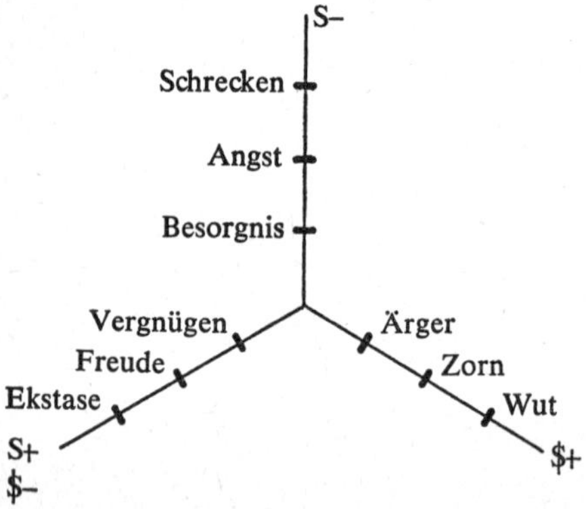


Die Lustdimension (Vergnügen-Freude-Ekstase) wird aktiviert durch S + bzw. $— als den unkonditionierten Reizen und den mit diesen Reizmustern gekoppelten neutralen Reizen (CS). Die Angstdimension (Besorgnis — Angst — Schrecken) wird durch S— bzw. den damit gekoppelten CS ausgelöst. Die Ärger-Dimension (Ärger — Zorn — Wut) wird durch $+ (Wegnahme eines lustbringenden Reizes) bzw. durch den mit $+ gekoppelten CS bestimmt. Je nach Reizstärke oder Ausmaß der (negativen und positiven) Verstärkung variiert die emotionale Erregung. Alle restlichen Emotionen versteht *Millenson* als Kombination verschiedener Dimensionen. Diese Kombination kommt dadurch zustande, daß in einer Situation oft mehrere Reizbedingungen gegeben sind, die unterschiedliche emotionale Dimensionen aktivieren. Das Resultat ist dann die komplexe Emotion. Wenn beispielsweise ein kleines Kind, das heimlich einen Kuchen gegessen hat, Schuld empfindet, so

geschieht das gemäß dem *Millenson*schen Modell dadurch, daß der Kuchen zugleich ein CS für S+ (Lustgewinn durch Kuchenessen) und für S— (Strafe) ist. Die Mischung von Lust und Angst ergibt nach dem Modell das Schuldgefühl.
*Eysenck* (1960) vermutet einen Zusammenhang zwischen der Lernfähigkeit und der Emotionalität, der auf den Sozialisationsprozeß gewaltige Auswirkungen hat. Leicht Konditionierbare wären solche, bei denen die Koppelung eines CS mit einem angstauslösenden US (S—) rasch vonstatten geht. Schwerkonditionierbare hingegen erlernen die Koppelung von CS mit S— unter Umständen überhaupt nicht. Wer allzu leicht konditioniert werden kann, erwirbt, so meint *Eysenck,* viel Angst. Allzuviel Situationen lösen Angstreaktionen aus. Das entspricht dem Bild des Neurotikers. Wer nur schwer konditionierbar ist, erwirbt wenig oder keine Angst. Menschen, die in keiner Situation Angst entwickeln, sind kriminelle Psychopathen, sie „schrecken" vor keiner Tat „zurück". *Eysenck* (1957), *Franks* (1956, 1957), *Spence* (1956) und *Lykken* (1957) legen bei pathologischen Fällen Befunde vor, die in die angegebene Richtung weisen. Später (1969) entwickelt *Eysenck* differenziertere Vorstellungen auf der Basis seines zweidimensionalen Angstmodells. Dabei wirken die Dimensionen des Neurotizismus (emotionale Stabilität vs. Unstabilität) und der Extraversion/Introversion zusammen. Introvertierte sind nach Ansicht *Eysencks,* der sich auf empirische Befunde stützt, leichter konditionierbar als Extravertierte. Individuen mit geringer emotionaler Stabilität („Emotionalität") zeigen stärkere Reaktionen gegenüber Schmerzreizen. Der Ansatz von *Eysenck* ist allerdings vielfach kritisiert worden. Prinzipiell sind aber die Kritiker, die meist aus dem neo-behavioristischen Lager kommen, selbst von ihrer eigenen Kritik betroffen.

### *Semantische Konditionierung*

Fast noch wichtiger als die Konditionierung auf Situationen ist für die menschliche Entwicklung die Konditionierung auf symbolische Objekte und Situationen, vor allem auf die Sprache. Der CS ist bei dieser Form der Konditionierung ein Wort oder eine größere sprachliche Einheit. Die Wirkung der Konditionierung auf Wörter mag ein Experiment von *Lacey* u. a. (1955*) verdeutlichen.

---

* Zit. n. Reykowski, 1973

Die Versuchspersonen nannten zu einem vom Versuchsleiter präsentierten Wort möglichst viele Assoziationen, während sie gleichzeitig in regelmäßigen Abständen auf eine Taste zu drücken hatten. Eine Versuchsgruppe erhielt nach Abschluß der Assoziationen zum Wort „Papier", die andere Gruppe zum Wort „Kuh" einen leichten Stromstoß.

Auf diese Weise wurde ein bestimmtes Wort mit einem S— konditioniert. Die Angstreaktion (gemessen als galvanische Hautreaktion) trat hinterher nicht nur bei dem betreffenden Wort (Kuh bzw. Papier) auf, sondern auch bei Begriffen, die zu dem Bedeutungsfeld dieses Wortes gehörten und die vorher nicht genannt worden waren (bei „Kuh" z. B. „pflügen", „Getreide", „Huhn", „Traktor", „Bauer"). Die Nennung dieser Wörter weckte Angst bzw. leises Unbehagen. Die Versuchspersonen konnten nicht angeben, wann bei ihnen Furcht vor einem Stromstoß und wann allgemein Angst auftrat. Die Verbindung zwischen den angsterregenden Wörtern und dem Stromstoß blieb ihnen verborgen. Ähnliche Befunde sind von russischen Autoren mitgeteilt worden (*Razran, Volkowa, Markoysan, Schwarz;* zitiert nach *Razran,* 1961). Im Alltag erstreckt sich die Angst vor einer bestimmten Situation auf Wörter, die nah oder entfernt mit dieser Situation zu tun haben. *Epstein* (1962) untersuchte Fallschirmspringer zwei Wochen vor dem ersten Sprung und am Tag des Sprungs. Unter anderem nannte er vier Wörter, die bedeutungsgemäß der Absprungsituation entfernter oder näher standen: „Musik" (neutral), „Himmel" (allgemein ähnlich), „Sturz" (bedeutungsnah), „Leine" (am nächsten: Öffnen des Schirms). Tab. 3 zeigt, wie Erregung und Angst mit der Bedeutungsnähe anwuchsen, wobei das Erregungsniveau (ausgedrückt durch die galvanische Hautreaktion) begreiflicherweise am Tag des Sprungs viel höher lag.

Tab. 3: Angstreaktion (ausgedrückt durch das Ausmaß der galvanischen Hautreaktion) von Fallschirmspringern bei Nennung bedeutungsbezogener Wörter (*Epstein,* 1962)

| | Reizwörter | | | |
|---|---|---|---|---|
| | Musik I | Himmel II | Sturz III | Leine IV |
| Kontrollgruppe | 10,5 | 9,5 | 9,5 | 9,5 |
| Springer, zwei Wochen vor oder nach dem ersten Sprung | 7,0 | 8,9 | 10,0 | 15,0 |
| Springer, am Tag des Sprungs | 7,5 | 12,0 | 17,0 | 26,0 |

Schon auf der Ebene einfacher Konditionierungsvorgänge wird das Instrument der Sprache emotional aufgeladen. Wörter provozieren in uns angenehme oder unangenehme Emotionen. Sprachliche Mitteilungen werden daher oft in ihrem sachlichen Gehalt zu wenig erfaßt, sondern affektiv „gewertet". Manche Reizwörter erwecken beim Schüler ohne daß er weiß, was im Unterricht kommt, Unbehagen. Im Einzelfall kann dies der Name eines Lehrers, eines Unterrichtsfaches oder einer unterrichtlichen Maßnahme sein. Frühere Erfahrungen lassen ihn nichts Gutes erwarten.
Da aber Sprache im Sozialisationsprozeß nicht für alle gleich konditioniert wurde, gibt es in der sprachlichen Kommunikation Schwierigkeiten. Wörter oder Wortverbindungen, die für den einen angenehme Empfindungen wecken, mögen beim anderen Unbehagen oder Angst hervorrufen. Hinsichtlich der emotionalen Einfärbung von Sprache gibt es mit Sicherheit große Unterschiede zwischen Lehrer und Schüler und zwischen den Schülern selbst.
Wenn sich emotionales Lernen auch nicht auf Konditionierung allein reduzieren läßt, so spielt diese doch im Bereich der Emotion eine weitaus größere Rolle als in der kognitiven Entwicklung. Aus diesem Tatbestand wird die große Gefahr der Manipulation des Menschen deutlich. Gegen Indoktrination kann man sich durch geistige Aktivität wehren, gegen die Konditionierung von Gefühlen, vor allem von Angst, jedoch nicht. Die Freiheitsgrade des Menschen vergrößern heißt, vor allem in der frühen Sozialisation nicht zuviel an Ängsten, aber auch nicht zuviel an Lust (z. B. Abhängigkeit von Waren) zu konditionieren. Beide Mechanismen spielen aber in unserer Gesellschaft eine dominante Rolle.

## 3.2 Höhere Formen des emotionalen Lernens

Die Neo-Behavioristen wollen den Konditionierungsansatz nicht nur als eine von vielen möglichen Formen des emotionalen Lernens ansehen, sondern versuchen — wie beim Lernen überhaupt — das Prinzip der Reiz-Reaktions-Koppelung auf das gesamte menschliche wie tierische Lernen auszudehnen. Ihr Ansatz wird so zu einer übergreifenden Theorie des Lernens. Sie hat sich im Bereich kognitiver Lernprozesse längst als unzureichend, ja als falsch, erwiesen. Auch emotionales Lernen kann nicht auf das CER-Prinzip reduziert werden.

Knüpfen wir aber zunächst an dem ursprünglichen Ansatz der Reiz-Reaktions-Verbindung an. Emotionales Lernen besteht sicher in der Hauptsache darin, daß bestimmte Situationen bestimmte emotionale Erregung wecken. Über diesen Ansatz ist man sich trotz verschiedener theoretischer Zugänge einig (*Schachter,* 1964; *Arnold,* 1970; *Aronfreed,* 1968). Lernen im Laufe des Sozialisierungsprozesses bedeutet daher, daß immer mehr spezifische Emotionen zu immer mehr Situationen erworben werden. Die Differenzierung von Gefühlen ist schon anfangs der Dreißiger Jahre von der Kinderpsychologin *Bridges* studiert worden. Ihre Befunde sind in Abb. 8 zusammengestellt.

*Abb. 8:* Schema der emotionalen Entwicklung nach *Bridges* (1932)

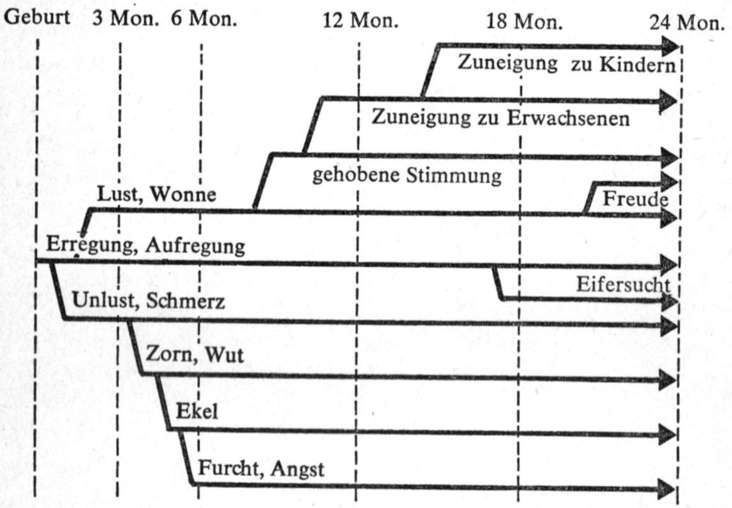


(nach *Bridges, K. M. B.,* Emotional development in early infancy. Child Developm., 1932, S. 324—334).

Aus einer anfänglich undifferenzierten Erregung gleidern sich zunächst Lust (Vergnügtheit) und Unlust (Unbehagen, Unwohlsein) aus. Die Unlust-Seite entwickelt sich mit fünf bis sechs Monaten offenbar früher weiter als die Lust-Seite, sie gliedert sich nach *Bridges* zu diesem Zeitpunkt bereits in Ärger (Zorn), Ekel und Angst. Die sozialen Gefühle der Zuneigung sind nach Beobachtungen von *Bridges* früher anzutreffen als Zuneigung zu Kindern. Dieser Sachverhalt ist fast trivial, weist aber darauf hin, daß es sich hierbei eindeutig um Lernprozesse handelt: Der Erwachsene als „Situation“ und „Reizmuster“ tritt früher und wesentlich relevanter im Leben des Kindes auf als der Gleichaltrige.

### *Internalisierung*

Es wäre bis jetzt noch ein Leichtes, das System der Gefühle, das sich bis zum Ende des zweiten Lebensjahres entwickelt hat, auf Konditionierungsvorgänge zurückzuführen (S—, S+, $— und $+). Eine entscheidende Veränderung vollzieht sich allerdings, wenn Gefühle nicht nur auf äußere Situationen hin entstehen, sondern auf die gedankliche Vorstellung (Repräsentation) von Situationen bzw. Objekten und auf die sprachliche (symbolische) Repräsentation von Situationen. *Aronfreed* (1969) stellt zu Recht fest, daß das Kind lernt, sich beim *Gedanken* an bestimmte Handlungsweisen glücklich oder furchtsam zu fühlen und nicht erst bei der wirklichen Ausführung der Handlung. Gefühle werden nun durch *vermittelnde Prozesse* gesteuert. *Aronfreed* sieht in dieser Veränderung das entscheidende Moment der Internalisierung von Normen. Zunächst wird das Kind für ein konkretes Verhalten belohnt oder bestraft. Später verhält es sich gemäß der sozialen Vorschrift, ohne daß äußere Eingriffe nötig sind, es hat die Normen internalisiert, in sich aufgenommen. Anders ausgedrückt, es kontrolliert nun selbst die positiven und negativen Aspekte des Verhaltens, indem schon *vor* aktueller Ausführung der Handlung Emotionen wachgerufen werden.

Ein Experiment mit Sechs- bis Siebenjährigen von *Parke* und *Walters* (1967) demonstriert diesen Internalisierungsprozeß. Die Kinder wurden durch Schimpfen bzw. (in einer anderen Versuchsbedingung) durch plötzliche laute Geräusche immer dann bestraft, wenn sie zu Spielsachen griffen, die laut vorausgegangener Information für andere bestimmt waren. Die Bestrafung erfolgte entweder früh (wenn die Kinder Anstalten machten, das „verbotene“ Spielzeug zu erlangen) oder spät (wenn sie es schon in der Hand hatten). Hernach ließ man die Kinder mit den Spielsachen, die unter einem Tuch lagen, allein. Kinder, die früh bestraft worden waren, nahmen weniger häufig verbotene Spielsachen vom Tisch, zögerten länger, sie zu nehmen, und spielten, wenn sie wirklich zugriffen, nur kurz mit ihnen. Sie hatten also bis zu einem gewissen Grad die zuvor gesetzte Norm internalisiert.

*Aronfreed* betont bei diesem Vorgang emotionalen Lernens die kognitive Komponente. Die Erkenntnis und Speicherung einer Reizsituation ist entscheidend. Die früheren sozialen Erfahrungen bleiben gegenwärtig, sie sind aber in einem Gedächtnis mit emotionaler Komponente gespeichert. Das Abrufen der Inhalte weckt zugleich die damals mit den Inhalten verbundenen Gefühle. So handelt das Kind und später der Erwachsene immer auch unter der Zielsetzung, mit seiner Handlung „gute" Gefühle zu erzeugen und „schlechte" Gefühle zu vermeiden. Das drückt sich in der Alltagssprache beispielsweise durch die Redewendung „Mir ist nicht ganz wohl bei der Sache" aus. Die Internalisierung erklärt auch, warum Vorfreude oft größer ist als Freude während der herbeigesehnten Situation, und warum Angst und Unbehagen angesichts eines zukünftigen Ereignisses schlimmer sind als der emotionale Zustand während des Ereignisses selbst. *Hofstätter*s (1957) Definition von Tapferkeit als Fähigkeit, Entscheidungen, die sehr drängend erscheinen, aufschieben zu können und den emotionalen Spannungszustand bis zum Zeitpunkt der Entscheidungen zu ertragen, beleuchtet den Sachverhalt der Internalisierung von anderer Seite. Wir sagten, daß Selbstkontrolle unter emotionalem Aspekt darin besteht, die gefühlsproduzierende Wirkung von Handlungen in bestimmten Situationen vorwegzunehmen und sein Verhalten danach planend zu gestalten (vergleichbar mit der strafenden Energie des Über-Ich). Ein besonderer Aspekt der Selbstkontrolle ist die Selbstkritik (vergleichbar mit der anklagenden Funktion des Über-Ich).

*Aronfreed* (1969) geht hierbei von der emotionalen Umbewertung einer Situation durch Androhung von Liebesentzug oder Nahrungsentzug aus. Solange die äußere Kontrolle vorherrscht, wird die emotionale „Umbesetzung" eines zuvor begehrten Objekts durch die Drohung bzw. Ankündigung sozialer Partner bewirkt. Die Internalisierung (Hereinnahme ins Individuum) dieses Vorgangs besteht nach Ansicht *Aronfreeds* in der Leistung der Selbstkritik: das Kind, das sich kritisiert oder tadelt, entzieht sich selbst Lob und Liebe. Gleichzeitig handhabt es so seine sozialen Beziehungen. Hier berührt sich *Aronfreed* unmittelbar mit dem Ansatz *Sigmund Freuds:* Der Aufbau des Über-Ich bildet die Fortsetzung der sozialen libidinösen Bezüge. Ein Kind, das keine Liebeszuwendung und somit auch nicht die Gefahr von Liebesverlust erlebt, kann auch keine Selbstkritik entwickeln, der Internalisierungsprozeß wird verhindert. Das wäre eine Ursache für die Entstehung von kriminellem Verhalten.

Ein Experiment von *Grussec* (1966) unterstützt die Annahmen *Aronfreds* über Internalisierung. Fünf- bis sechsjährige Kinder wurden in drei Spielgruppen eingeteilt. Der ersten Gruppe gegenüber verhielt sich der Versuchsleiter freundlich, zeigte Wärme und Zuwendung. In der zweiten Gruppe beachtete der Versuchsleiter die Kinder nicht, zeigte also einen geringen Grad von Wärme. Die dritte Gruppe erlebte einen Versuchsleiter, der anfangs große Zuwendung und Wärme zeigte, sich aber dann zurückzog. Danach wurde ein Spiel eingeführt, das mißlang. Jedes Kind wurde zur Überzeugung gebracht, daß es selbst am Mißlingen des Spiels schuld habe. Kinder zeigten in der Tat größere Selbstkritik, wenn der Versuchsleiter zuvor Wärme und Zuwendung gezeigt hatte. Aber sie übertrugen ihre Selbstkritik nur auf eine neue Situation, wenn der Versuchsleiter zuvor seinen Kontakt abgebrochen hatte. Das Zurückziehen von Wärme und Zuwendung war gemäß der Theorie *Aronfreeds* somit für die Entstehung von Selbstkritik am wirkungsvollsten.

Die Parallele zu Erziehungsvorgängen in Familie und Schule liegt auf der Hand. Gerade die Eltern und Lehrer, zu denen das Kind eine enge Beziehung entwickelt hat, drohen und strafen mit Liebesentzug. Selbstkritik ist daher bei diesen Kindern eher stark ausgeprägt.
Trotz der Notwendigkeit von Internalisierungsprozessen muß man auch auf die Gefahr überstarker Selbstkritik hinweisen. Gerade unser mittelschichtorientiertes Denken neigt dazu, die Ursachen für Konflikte oder Fehlentwicklungen bei sich selbst bzw. beim Individuum zu suchen. Daß vielfach Ursachen nicht im Individuum, sondern in Strukturen der sozialen Welt begründet sind, entgeht so dem einzelnen. Versagen in Leistungen und sozialer Aufstieg des einzelnen durch Leistung werden daher gerne als ureigenstes Versagen bzw. Verdienst hingestellt.
Wenn Erziehungsverhalten für die Internalisierung, vor allem für Selbstkritik, so bedeutsam ist, dann müßten Kinder aus Familien die wenig mit Liebesentzug oder Androhung von Liebesentzug arbeiten, weniger selbstkritisch und selbstverantwortlich sein. Empirische Befunde hierüber gibt es auch heute noch immer recht wenig. Die größere Abhängigkeit der Arbeiterkinder von sozialer Anerkennung (Lob, Tadel) gegenüber einer stärkeren Orientierung der Mittelschichtkinder an sachlicher Rückmeldung weist in diese Richtung *(Rosenhan & Greenwald,* 1965). Im Bereich der Leistungsmotivation wurde mehrfach ein positiver Zusammenhang zwischen freundlicher, warmer Zuwendung der Eltern und Selbstverantwortlichkeit gefunden (z. B. *Katkovsky* et al., 1967; *Chance,* 1965; *Meyer & Wacker,* zit. nach *Heckhausen,* 1970).

Sobald Emotionen durch Repräsentationsvorgänge (Vorstellen) aktiviert werden können und somit Bestandteil der Repräsentation werden, spiegeln sie sich im Bewußtsein. Unsere Gefühle und Stimmungen werden zu Bewußtseinserlebnissen, die nach Ordnung und Gliederung verlangen. Ein hervorragendes Mittel hierfür ist die Sprache. Durch die Etikettierung von emotionalen Zuständen werden diese mitteilbar und gewissermaßen „objektiv" faßbar. Untersuchungen zeigen, daß Menschen eines Kulturkreises ihre Emotionen bedeutungsmäßig (semantisch) nach den gleichen Dimensionen aufgliedern. Damit schafft die Kultur ein sprachliches System für die subjektiven emotionalen Prozesse. Sie sind nun nicht mehr Sache des einzelnen, sondern werden vergleichbar. Andere Menschen haben ähnliche oder gleiche Gefühle wie man selbst. Wie wird es aber überhaupt möglich, daß Wörter zu Symbolen von emotionalen Erlebnissen werden können? Zunächst einmal sind in einem Kulturkreis die Situationen, dic Erregung hervorrufen, gleich oder ähnlich. Die soziale Reaktion (Billigung, Mißbilligung, Lohn, Strafe) ist ebenfalls genormt. Die in solchen — bis zu einem gewissen Grad standardisierten — Komplexen aktivierte Emotion wird sprachlich etikettiert. Das Etikett benennt zwar ein subjektives Gefühl und damit ein inneres Ereignis, zugleich bezieht sich das Eitkett aber auch auf die Rahmenbedingungen (Situation und Verstärkung).

Analysiert man die Begriffe, die für emotionale Zustände in einer Sprache vorhanden sind, so lassen sie sich gewöhnlich nach wenigen Dimensionen ordnen. Die zwei wichtigsten sind Lust-Unlust und Aktivation (*Traxel & Haide,* zit. nach *Traxel,* 1963; *Davitz,* 1969; *Block,* 1957). Demnach hat ein Begriff wie „traurig" einen bestimmten Platz auf der Lust-Unlust-Dimension wie auf der Aktivations-Dimension (in letzterem Falle geringe Aktiviertheit). Zu diesen Dimensionen kommen andere, wie „interpersonale Beziehung" (*Block,* 1957), Dominanz-Submission (*Traxel,* 1963, bei *Osgood* et al., 1957: Potency). *Davitz* (1969, 1970) hat in sorgfältiger Analysearbeit aus 400 Emotionsbezeichnungen durch Befragung von Versuchspersonen 137 Begriffe ausgewählt. Diese wiederum wurden reduziert auf Begriffe, in denen sowohl die Definition wie die Beschreibung des eigenen Erlebens dieser Emotion von 20 Beurteilern übereinstimmte. So erhielt *Davitz* ein Wörterbuch der Emotionen mit objektivierten Bezeichnungen.

Wie sich die Übernahme solcher Begriffe während des Sozialisierungsprozesses vollzieht, beleuchtet eine Untersuchung von *Farmer* (1967). Er studierte die Äußerungen über emotionale Erfahrungen von Kindern im Alter von 7 bis 14 Jahren. Mit zunehmendem Alter glich sich die sprachliche Beschreibung von Emotionen denen der Erwachsenen an. Weiterhin tauchten die Emotionsbereiche, die auch im Erwachsenenalter eine wichtige Rolle spielen, in der Beschreibung früher auf als andere Bereiche. Mit Hilfe der Sprache wird die Sozialisationsnorm, angesichts bestimmter Situationen so zu fühlen wie der Erwachsene fühlt, gefördert und beschleunigt.

## 3.3 Kulturelle und subkulturelle Unterschiede

Als *Davitz* sein Emotions-Wörterbuch in den USA entwickelte, verwendete er zwar Personen beiderlei Geschlechts und sowohl Weiße wie Neger, jedoch nur Personen mit hohem sprachlichen Niveau. Schon innerhalb des gleichen Landes ist aber die Gefühlswelt je nach Sozialisationsprozeß differenzierter oder weniger differenziert. Auch qualitativ ergeben sich beträchtliche Unterschiede. Wie unterschiedlich etwa der Gefühlszustand „glücklich" definiert wird, zeigen Untersuchungen des Verfassers (*Oerter,* 1970).

Bei der Beurteilung von Berufen nach Eigenschaften konnten die Eigenschaften hinsichtlich der Ähnlichkeit ihrer Verwendung im Urteil geordnet werden. Dabei erwies sich der Begriff „glücklich" als ein Schlüsselbegriff. Für viele Probanden gehört er zu Eigenschaften, wie „freundlich", „höflich", „gutaussehend", „gesellig". Andere wieder setzten ihn in die Nähe von „tüchtig", „sich durchsetzend", „selbstbewußt", „draufgängerisch". Eine weitere Gruppe bringt ihn mit Körpereigenschaften („gesund", „kräftig") in Zusammenhang. Auch zu moralischen Qualitäten („charakterfest", „aufrecht", „ehrlich") wurde „glücklich" geordnet. Schließlich gab es noch Probanden, die „glücklich" gerade unvereinbar mit moralischen Eigenschaften hielten. Obwohl alle Probanden eine annähernd gleiche Ausbildung hinter sich hatten (PH-Studenten mit Abitur), hingen manche Unterschiede in der Definition von „glücklich" mit der sozialen Herkunft zusammen. Studenten, deren Eltern praktisch-handwerkliche Tätigkeiten ausübten, bevorzugten beispielsweise eine Definition von „glücklich" durch Merkmale der Tüchtigkeit (sich durchsetzend, tüchtig) oder der körperlichen Leistungsfähigkeit (gesund, kräftig, robust)*.

---

* Die Gruppierung nach Schichtzugehörigkeit war übrigens nicht ergiebig. Die Art der beruflichen Beschäftigung (z. B. unmittelbarer Umgang mit Dingen) erwies sich als gravierender.

Die Anzahl und Differenziertheit von Gefühlen hängt unmittelbar mit der Anzahl und Differenziertheit der Person-Umwelt-Bezüge (*Heckhausen,* 1963a) zusammen. Daneben spielt die sprachliche Entwicklung eine entscheidende Rolle. Psychologen, die mit relativ differenzierter Sprache einen Katalog von Gefühlen aufstellen (z. B. *Lersch*, 1964; *Pfänder,* 1925), gliedern wohl ihre eigene Gefühlswelt und zugleich auch in die Kultur eingegangene emotionale Erfahrung, aber sie erfassen damit keineswegs die Gefühlswelt einzelner Individuen in Subgruppen der Bevölkerung.

Es ist bezeichnend, daß fast sämtliche Untersuchungen über Werthaltungen wie über Gefühle mit Akademikern durchgeführt wurden. Akademiker bzw. Studenten eignen sich wegen ihres höheren sprachlichen Niveaus besonders gut für Untersuchungen. Sie haben keine Instruktionsschwierigkeiten und können gewandt mit Bedeutungen umgehen. Gefühle von Arbeitern und deren Ordnungsdimensionen sind weitgehend unbekannt. Ein Arbeiter würde mit Zuordnung von Gefühlen zu Begriffspaaren wie „seicht“ — „tief“, „schwach — „stark“ (Methode des semantischen Differentials) nicht viel anfangen können und dies unter Umständen für einen „Krampf“ erklären. Aus seiner Erfahrungswelt hätte er damit recht. Bei interkulturellem Vergleich ergeben sich bemerkenswerte Übereinstimmungen, solange man innerhalb der westlichen Zivilisation bleibt. Immerhin gibt es einige Gefühlsbegriffe, wo bezeichnenderweise Unterschiede auftreten. Amerikaner und Norweger unterscheiden sich beispielsweise hinsichtlich vieler Begriffe nicht (Korrelationen über 0.90). In bezug auf die Begriffe „Heimweh“ und „Traurigkeit“ gibt es hingegen kaum Übereinstimmungen. Amerikaner scheinen unter diesen beiden Gefühlen etwas gänzlich anderes zu verstehen als Norweger (*Block,* 1957).

Ein Vergleich zwischen Deutschen und Amerikanern erbrachte unterschiedliche Auffassungen über den Begriff „Einsamkeit“ (*Hofstätter,* 1957).

Abb. 9 zeigt einen Ausschnitt aus dem Polaritätsprofil* zu diesem Begriff. Für die Amerikaner, die sehr auf sozialen Kontakt ausgerichtet sind, ist Einsamkeit eine negative Erscheinung und nicht nur unangenehm getönt („traurig“), sondern auch als minderwertig und „krankhaft“ anzusehen („krank“, „schwach“, „klein“).

---

* Das Polaritätsprofil ist ein von *Osgood* und Mitarbeitern erprobtes, für spezifische Zwecke von *Hofstätter* weiterentwickeltes Verfahren zur Ermittlung des „connotativen“ semantischen Gehaltes von Begriffen.

*Abb. 9:* Ausschnitt aus dem Polaritätsprofil zum Begriff „Einsamkeit" für Amerikaner (durchgezogene Linie) und Deutsche (gestrichelt). Nach *Hofstätter* (1957)

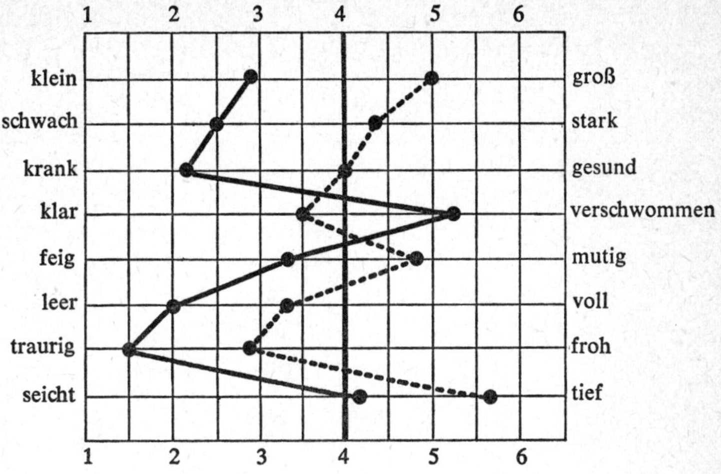


Die Kultur bestimmt nicht nur inhaltlich Gefühle, sie legt auch fest, bis zu welchem Grad Gefühle beherrscht werden müssen. In der alten japanischen und chinesischen Kultur war die Beherrschung von Gefühlen ein bestimmendes Prinzip der Sozialisation. Einem anderen offen seine Gefühle zeigen, galt als in hohem Maße unkultiviert, „ungezogen".
Untersuchungen an Indianern zeigen eine weite Variationsbreite der Gefühle. Die Indianer der Ebene sind bekannt durch ihre stoische Ruhe, sie zeigen kaum Gefühlsregungen. Die Assiniboin in Nordamerika fielen ihren Entdeckern durch reichliche Tränenergüsse auf, die sie bei der Begrüßung bekannter aber auch fremder Personen produzierten (*Haring*, 1949). Die Huichol von Mexiko sind als lebhaft und geschwätzig beschrieben worden (*Hartley & Hartley*, 1955).
Die Kultur bestimmt weiterhin, bei welchen Anlässen man welche Gefühlsäußerungen zeigen darf. Weinen ist bei manchen Stämmen (z. B. bei den Maori auf Neuseeland) nach Friedensschluß oder bei der Rückkehr nach langer Abwesenheit üblich (*Best*, 1924). *Brown* (1922) berichtet von Eingeborenen, die ihm auf Kommando etwas vorweinten. In Montenegro weinte man bei der Beerdigung eines völlig Fremden genauso wie bei dem Tod eines nahen Verwandten. Männer weinten ebenso heftig wie Frauen (*Klineberg*, 1940).

Schließlich kann eine Kultur die Art der emotionalen Beziehungen zum sozialen Partner weitgehend festlegen. Die Arapesh, ein kleiner Stamm auf Neuguinea, entwickeln zu allem, besonders zu ihren Kindern eine positive Beziehung des Pflegens und Behütens. Hier gibt es kaum Unterschiede zwischen Männern und Frauen. Nicht allzuweit weg davon, bei den Mundugumor, wird das Leben durch feindselige Beziehungen zwischen den Menschen bestimmt. Nicht einmal die Beziehungen zu den Kindern bilden hier eine Ausnahme. Niemand erwartet, daß die Mutter ihr Kind gern mag. Sie lehnt ihr eigenes Kind in einer Welt feindselig-aggressiver Gefühlsbeziehungen ab (*Mead,* 1959). Die Kaska-Indianer in Kolumbien führen ein einsames Leben. Frauen werden oft tagelang mit ihren Kindern alleingelassen, während der Mann nach den aufgestellten Fallen sieht. Die Kinder gewöhnen sich frühzeitig an Einsamkeit. In dieser Welt werden die Erwachsenen schweigsam und zurückgezogen. Emotionaler Kontakt mit anderen Personen außerhalb der Familie wird nicht gewünscht. Man findet in der Einsamkeit Befriedigung (*Hartley & Hartley,* 1955). Landbewohner auf Haiti leben dagegen von der Geburt bis zum Tod in Gruppen zusammen. Man hat auch über längere Zeitstrecken kaum jemand beobachten können, der allein arbeitet oder seine Zeit ohne Gesellschaft mit anderen verbringt (*Haring,* 1949).

Es scheint, als seien Sozialbeziehungen auch bei uns durch bestimmte Gefühlsinhalte kulturell determiniert. Die „Unbefangenheit" gegenüber einem Partner schwindet im Laufe der Sozialisation mehr und mehr, er wird zum potentiellen Gegner und Konkurrenten. Enge Beziehungen und emotional spannungsfreie Bindungen können sich bei uns nur in der Kleinfamilie ausbilden, und auch hier nur unter besonders günstigen Bedingungen und für begrenzte Zeitabschnitte.

Der schulischen Sozialisation kommt bei dieser eigenartigen affektiven sozialen Beziehungsstiftung entscheidende Bedeutung zu. Die Struktur der Schule fördert Konkurrenzbeziehungen und Individualisierung, da die Unterschiede zwischen Schülern gegenüber ihrer Gleichheit hervorgehoben werden.

Erich Weber

# Emotionalität und Erziehung

(Ein pädagogischer Orientierungsversuch)

## *Vorbemerkung*

Obwohl wir es im täglichen Leben, gerade auch im Erziehungsbereich, häufig mit Emotionen zu tun haben, sind wir über sie nur unzulänglich orientiert. Nicht nur die Eigenart und Bedeutung der menschlichen Emotionalität, sondern auch die emotionale Dimension der Erziehung wurden bisher erst unzureichend erforscht. So fehlt es in der Psychologie immer noch, wie eine Durchsicht der internationalen Fachliteratur erkennen läßt, an einer umfassenden Gefühlstheorie, mit deren Hilfe man die vielschichtigen Aspekte emotionaler Phänomene adäquat interpretieren könnte (vgl. z. B.: *Arnold,* 1960; *Arnold,* 1968; *Arnold,* 1970; *Traxel,* 1963; *Ewert,* 1965; *Reykowski,* 1973). Die Theorie und Praxis der emotionalen Erziehung bzw. der Erziehung im emotionalen Bereich zählen zu den von der Pädagogik stark vernachlässigten und deshalb bedenklich verkümmerten Gebieten (vgl. z. B.: *Feldmann-Duda & Feldmann,* 1972; *Peters,* 1970). Man kann sogar der Meinung sein, daß „kaum je eine Gefühlserziehung oder wenigstens Aufklärung über Emotionen stattfindet" (*Roth,* 1971, 321).

Angesichts dieser Problemlage können die folgenden Ausführungen nur einen groben Orientierungsversuch darstellen, in dem lediglich einige pädagogische Hauptaspekte in bezug auf den Emotionalbereich kurz erörtert werden. Wichtige Spezialfragen, die sich mit der emotionalen Dimension von Erziehung und Unterricht befassen, werden im zweiten und dritten Teil dieses Bandes gesondert behandelt.

Im vorliegenden, pädagogischen Einführungsbeitrag wird nach terminologischen und phänomenologischen Vorüberlegungen zunächst die unterschiedliche Bewertung der Emotionalität und zwar aus prinzipieller und historischer Sicht aufgezeigt. Dann werden die emotionalen Fundamente der pädagogischen Interaktionen und die emotionalen Momente der moralischen Erziehung diskutiert. Schließlich folgt eine grundlegende Analyse der Aufgaben und Möglichkeiten der Erziehung im emotionalen Bereich.

# 1. Was verstehen wir unter Emotionalität und Erziehung?

## 1.1 Emotionalität

Was den Emotionalbereich betrifft, wird allgemein der ungenaue und uneinheitliche Sprachgebrauch beklagt. Er ist nicht nur in der Umgangssprache, sondern auch in der wissenschaftlichen Fachsprache festzustellen (vgl. z. B.: *Ewert*, 1965, 229 f.; *Traxel*, 1963, 215 f.). Die Autoren des vorliegenden Bandes einigten sich auf eine Terminologie, die sich unter Berücksichtigung des einschlägigen Schrifttums als brauchbar erweist und die mit einem weitgehenden Konsensus der Fachleute rechnen darf. *R. Oerter* hat die Bedeutung der wichtigsten Begriffe, wie sie in diesem Band zur Bezeichnung emotionaler Sachverhalte verwendet werden, in seinem psychologischen Einführungsbeitrag näher charakterisiert (vgl. S. 15 f.). Ergänzend dazu werden hier noch einige Bemerkungen angefügt, die für die folgenden pädagogischen Ausführungen bedeutsam sind.

Wenn man den Beziehungen zwischen Emotionalität und Erziehung nachgeht, wird mit der Kategorie der Emotionalität der Gesamtbereich der emotionalen Phänomene verstanden, also das Insgesamt der emotionalen Prozesse und Zustände sowie Verhaltensweisen und Erlebnisse, die sowohl das Lernen und die sie fördernde Erziehung fundieren und beeinflussen als auch durch diese hervorgebracht und verändert werden*.
Mit dem Substantiv „Emotionen" und dem entsprechenden Adjektiv „emotional", die als umfassende Ausdrücke zur Kennzeichnung von Stimmungen und Gestimmtheiten, Gefühlen und Anmutungen, Erregungen und Affekten sowie von Gemütserlebnissen und -bindungen verwendet werden, meint man jene psychischen Phänomene, die sich durch folgende, noch näher zu umschreibende, interdependente Merkmale bestimmen lassen und die auf Grund dieser spezifischen Gemeinsamkeiten alle dem Oberbegriff der „Emotionen" subsumiert bzw. als

* Synonym mit dem Begriff der „Emotionalität" wird zur Kennzeichnung des Insgesamts der emotionalen Phänomene zum Teil auch der Ausdruck „Affektivität" verwendet. Diese Kategorie ist vor allem in der modernen Curriculumforschung beim Bemühen um eine Taxonomie der Lernziele gebräuchlich, wo zwischen kognitiven, affektiven und motorischen Lernzielen unterschieden wird (vgl. *Krathwohl, Bloom & Masia,* 1964 sowie den im 3. Teil des vorliegenden Bandes folgenden, einschlägigen Beitrag von *Mauermann,* S. 296 ff.). *Mitscherlich* spricht aus tiefenpsychologischer Sicht anstelle von „emotionaler Erziehung" weitgehend gleichsinnig von „Affektbildung" (*Mitscherlich,* 1963, 36 ff.; vgl. dazu die im vorliegenden Beitrag noch folgenden Ausführungen, S. 107 ff.).

„emotional“ charakterisiert werden können. Emotionen bzw. emotionale Phänomene sind stets gekennzeichnet durch eine je spezifisch erlebte *Valenz,* die der jeweiligen *Relevanz* des Erlebten in der betreffenden Situation entspricht und eine entsprechende *Tendenz* zum antwortenden Verhalten auslöst.

Mit der *Valenz* der Emotionen meint man jene Komponente ihrer spezifischen Eigenart, „die auf einer intuitiven Einschätzung der Sachlage als gut oder schlecht (schädlich)“ in der betreffenden Situation beruht (*Arnold,* 1970, 78). Wenn man die emotionale Einschätzung als „intuitiv“ bezeichnet, heißt dies: „sie ist weder bedacht noch gewollt. Sie ist so ungesucht und direkt wie etwa die Art und Weise, mit der man die Schnelligkeit eines Tennisballs und seine eigene Schnelligkeit abschätzt, um den Ball sofort zu parieren. Nur so kann man die Urteilssicherheit erklären, mit der man bestimmten Dingen entgegenkommt oder sie ablehnt, noch ehe man Gelegenheit hat, sie verstandesmäßig zu bewerten“ (*Arnold,* 1970, 78). Diese intuitive Unmittelbarkeit der Einschätzung ist aber auch der Grund dafür, daß es zu Fehleinschätzungen kommen kann, so wie man — in Fortführung des obigen Beispiels — den Ball bei rascher Reaktion ebenfalls verfehlen kann. Was hier als „intuitiv“ charakterisiert wird, entspricht weitgehend jener Besonderheit des Emotionalen, die von anderen Autoren als „endothym“ bezeichnet wird (vgl. *Lersch,* 1964, 92 ff.). Den endothymen Erlebnissen ist gemeinsam, daß wir von ihnen pathisch ergriffen werden, d. h. daß sie ohne verstandesmäßige und willentliche Aktivitäten zustande kommen, jedoch von diesen, dem personellen Oberbau zuzuordnenden Erlebnissen des Denkens und Wollens, zum Teil überformt, wenn auch nicht beliebig beeinflußt und verändert werden können. Die emotional eingeschätzte Valenz ist es, die bestimmte Gegenstände bzw. Menschen oder bestimmte Situationen bzw. Ereignisse, wenn sie eine vorteilhafte Wirkung auf ein Subjekt ausüben, als „angenehm“, sofern sie jedoch eine ungünstige Wirkung haben, als „unangenehm“ erleben lassen (vgl. *Arnold,* 1970, 77). In diesem Sinne kann man „Gefühle charakterisieren als diejenigen psychischen Erscheinungen, die die Qualität des Lustvollen oder Unlustvollen (bzw. des Angenehmen oder Unangenehmen) als wesentliches Merkmal besitzen“ (*Traxel,* 1963, 215). Emotionen verleihen also Sachverhalten, je nach der Bedeutung, die sie für ein Subjekt besitzen, ein wertendes „Vorzeichen“. „Eine positive Emotion entsteht dann, wenn ein Ereignis positiv, eine negative, wenn es negativ beurteilt wird“ (*Reykowski,* 1973, 29). In diesem „Erlebnis der Wertigkeit eines Falles" (*Petzelt,* 1954, 90) ist die eminente pädagogische Bedeutung der Emotionen begründet. Das Gefühl vertritt also eine „Qualitätsnote", erteilt eine „Zensur" (*Monakow,* 1950, 123), die unser Verhältnis zur betreffenden Lebenssituation intuitiv bewertet und zwar gemäß der jeweiligen Bedürfnislage.

Insofern signalisieren Emotionen die *Relevanz* der konkreten Erlebnissituationen für das Subjekt. Im emotionalen Eindruck, den wir von unserem jeweiligen Erlebnishorizont gewinnen, interpretieren wir dessen Bedeutung für uns, und zwar entsprechend unserer momentanen Bedürfnislage. In den spezifischen Gefühlsregungen kommt es also zu Anmutungserlebnissen, in denen die Bedeutung der betreffenden Lebenslage, bezogen auf die jeweils vorherrschende Strebungsthematik bzw. Bedürfniskonstellation des Subjekts, von diesem emotional erlebt wird (vgl. *Lersch,* 1964, 180 ff.). Die Emotionalität läßt sich deshalb — in Übereinstimmung mit der psychologischen Gefühlsforschung (vgl. *Arnold,* 1970) — als „ein wertendes Signal für die Erfüllung bzw. Nichterfüllung unserer Bedürfnisse" verstehen (*Roth,* 1971, 320). Gefühle sind also umweltbezogen und implizieren die Erfassung und Einschätzung einer Situation durch das emotional erlebende Subjekt gemäß seiner jeweiligen Bedürfniskonstellation, was zumindest bei „höheren", d. h. differenzierten und weniger leibnahen, also sog. „geistigen" Gefühlen ansatzweise auch eine kognitive Komponente für die Beurteilung der Lage voraussetzt. „Obwohl Gefühl und Denken häufig und mit guten Gründen als Antipoden gesehen werden, sind Gefühle ohne das kognitive Erfassen von Situationen nicht möglich" (*Ewert,* 1965, 242). Die emotionale Bewertung umschließt also hinsichtlich ihrer „Einschätzung" der jeweiligen Situation neben der „Gefühls-Seite" noch eine charakteristische Eigenschaft, die *Peters* als „kognitiven Kern der Bewertung" bezeichnet (*Peters,* 1972, 97). Er ist von zentraler pädagogischer Bedeutung, da Erziehung als „Aufklärung" im Sinne einer an Mündigkeit interessierten Lernhilfe auch in bezug auf den Emotionalbereich diesen „kognitiven Kern" der Gefühle vernünftig anzusprechen und durch rationale Werturteile eine emotionale Differenzierung sowie eine Kultivierung der Emotionalität zu erreichen vermag (*Peters,* 1970, 188; vgl. auch *Arnold,* 1970, 78 f.).

Gemäß der als Valenz erlebten Relevanz einer bestimmten Situation für ein Subjekt, das sich jeweils in einer spezifischen Bedürfniskonstellation befindet, ist mit der betreffenden Emotion auch eine *Tendenz* zu entsprechendem Verhalten verbunden. Deshalb „ist das Gefühl

nicht passiv“, sondern „eine dynamische Disposition, die den Übergang zur Handlung möglich macht“ (*Arnold,* 1970, 77). „Die Einschätzung der Handlungsmöglichkeiten bestimmt dann das subjektive Verhalten. Der gefühlsmäßige Handlungsimpuls, der aufgrund einer intuitiven Bewertung zustande kommt, wird dann dem sekundär verstandesmäßigen Urteil nach entweder ausgeführt oder unterdrückt“ (*Arnold,* 1970, 78). „Charakteristisch für die meisten Gefühlserlebnisse ist es, daß in ihnen zugleich mit der ‚Anmutungsqualität‘ (*Lersch*) auch ein Antrieb zum Handeln gegeben ist“ (*Traxel,* 1963, 216). Mit den Gefühlen sind deshalb motorische Komponenten verbunden, die als „Handlungsentwürfe“ interpretiert werden können (*Ewert,* 1965, 241). Emotionen wirken sich also auf die Verhaltensbereitschaft fördernd oder hemmend aus und erfüllen, gekoppelt mit physiologischen Reaktionen, eine Schutz- (z. B. Ruhe, Erholung) bzw. eine Aktivierungsfunktion (z. B. Arbeit, Kampf). Zwischen Emotion und Motivation bestehen also enge Zusammenhänge. Wenn aber den Emotionen eine grundlegende Bedeutung im Motivationsgeschehen zukommt, dann lassen sich über die Gefühle auch die Beweggründe für das Verhalten beeinflussen, eine Tatsache, die für Erziehung und Unterricht von großer Bedeutung ist.
Wie aus den vorausgegangenen Ausführungen ersichtlich ist, dürfen Emotionen, z. B. bestimmte Gefühle, nicht als isolierte Vermögen völlig unabhängig für sich betrachtet werden. Sie sind vielmehr unlösbar und interdependent mit den übrigen, z. B. kognitiven und motorischen Dimensionen unseres totalen Erlebnis- und Verhaltenszusammenhanges verbunden und lassen sich deshalb nur in theoretischer Sicht als jeweils primär anvisierte Aspekte des umfassenden psychischen Gesamtphänomens akzentuierend unterscheiden.

## 1.2 Erziehung

Für den Begriff und das Phänomen der Erziehung genügen wenige Andeutungen, da nähere Ausführungen dazu, die eine umfassende und gründlichere Orientierung ermöglichen, bereits vorliegen (vgl. *Weber,* 1974a und b; 1973a und b).

Da der Mensch, wie die moderne Anthropologie belegt, von Natur aus ein Kulturwesen ist, dessen kulturelle Lebensweise ihm weder gebrauchsfertig angeboren ist, noch sich von selbst biomechanisch entwickelt, muß er seine kulturelle Lebensform im sog. Prozeß der *Enkulturation,* die in unserer Kultur neben der Sozialisation auch die Personalisation einschließt, erst erlernen. Wo ihm dabei absichtliche Lernhilfe (Enkulturationshilfe) geboten wird, spricht man von *Erziehung.* Sie ist dann erforderlich, wenn einzelne oder Gruppen notwendige bzw. wünschenswerte Lernprozesse, auf sich allein gestellt, nicht zureichend zu bewältigen vermögen.

Von der Erziehung im aufgezeigten weiten Sinne einer umfassenden intentionalen Enkulturationshilfe, zu der nicht nur die Lernhilfen beim Erwerb und bei der Abänderung von instrumentellen Kenntnissen und Fähigkeiten (Wissen und Können), sondern auch von ideellen Wertüberzeugungen und Normen zählen, läßt sich auch ein engerer Begriff von Erziehung, nämlich im Sinne der moralischen (bzw. sittlichen) Erziehung abheben. Unter *moralischer Erziehung* versteht man jene Lernhilfen, die auf die normative Dimension der kulturellen Lebensweise bezogen sind, also auf den Erwerb und die Änderung von erstrebenswerten und verbindlichen Verhaltensmustern. Dabei lassen sich zwei Hauptformen der moralischen Erziehung unterscheiden. Moralische Erziehung als Sozialisationshilfe fördert die Eingliederung des einzelnen in das Normengefüge seiner Bezugsgruppen und seiner Gesellschaft, seine Anpassung an die sozialen Rollenerwartungen, die Aneignung, Verinnerlichung und Verwirklichung der kollektiven Sitten. Moralische Erziehung als Personalisationshilfe will den einzelnen unterstützen, daß er zum selbständigen, kritischen und produktiven Urteilen, Stellungnehmen und Handeln in moralischer Hinsicht und damit zur autonomen, persönlichen Sittlichkeit disponiert wird. Diese moralische Mündigkeit ist die Voraussetzung dafür, daß der einzelne, wenn erforderlich, auch bereit und fähig ist, in Abweichung von den herkömmlichen und üblichen Gruppenerwartungen an der humanisierenden Veränderung der gesellschaftlichen Lebensverhältnisse und der sozialen Normen mitzuwirken.

Erziehung im umfassenden, d. h. instrumentell-pragmatischen und ideell-normativen Sinne erfolgt zwar immer intentional, kann jedoch entweder informell-situativ (z. B. in der Familie) oder formell-institutionalisiert (z. B. in der Schule) erfolgen. Wo man die Erziehung im allgemeinen und weiten Sinne in Schulen organisiert, d. h. sich um eine möglichst zweckrationale und effektive und deshalb systematisierte, methodisierte und ökonomisierte Auslösung, Steuerung und Kontrolle von Lernprozessen bemüht, spricht man von *Unterricht.* Er hat zumindest in den sog. „allgemeinbildenden Schulen“ neben seinem Lehrauftrag (bei dem es um die Steigerung von Wissen und Können geht) auch einen Erziehungsauftrag — im engeren Sinne der moralischen Erziehung — zu erfüllen (der die Aneignung von kollektiven und autonomen Werteinstellungen und Normen sowie ein ihnen entsprechendes Verhalten intendiert).

# 2. Unterschiedliche Bewertung der Emotionalität

## 2.1 Prinzipielle Gegenpositionen

Die Emotionalität des Menschen und damit die emotionale Dimension der Erziehung können unterschiedlich gedeutet und bewertet werden, wie ein Rückblick in die Geschichte der Pädagogik zu belegen vermag. Dabei lassen sich prinzipiell zwei Positionen unterscheiden, die zunächst zur Verdeutlichung der Gegensätze in ihren extremen Ausprägungen konfrontiert werden (vgl. dazu z. B. *Bollnows* Ausführungen über „die Vernunft und die Mächte des Irrationalen“ in *Bollnow,* 1962, 9 ff., sowie *Bollnow,* 1958a).

Von der *einseitig rationalistischen Position* aus, die z. T. auch als Intellektualismus bezeichnet wird, sieht man das Wesen des Menschen im Besitz seiner Vernunft, die es ihm ermöglicht, sein Leben aus eigener Einsicht zu bestimmen und seine ihn umgebende Natur seinen rationalen Zwecksetzungen technisch zu unterwerfen. Man ist hier von der Allmacht der Vernunft und des Verstandes überzeugt und verspricht sich von ihnen die Daseinserhaltung und -bereicherung. Bei der Erkenntnisgewinnung mißt man nur dem rationalen Argument und der empirisch kontrollierten Erfahrung Bedeutung zu. Der Intellekt im Sinne des formal-logischen Verstandes, des kausal-analytischen und diskursiven Denkens gilt als die höchste Fähigkeit des Menschen, durch die auch der ständige Forschritt garantiert werde. Es wird ein Lebensstil gepflegt, bei dem man sich stets seines eigenen Verstandes bedienen, nur vernünftige Begründungen anerkennen und nichts rational ungeprüft lassen will, weshalb man auch alles dogmatische und mythologische Denken bekämpft. Bemüht um Objektivität und Sachlichkeit, ist man an technischer Perfektion und Leistungssteigerung, an der Durchsetzung des Prinzips der totalen Machbarkeit, an der Überwindung der Unaufgeklärtheit, am Abbau von Unwissenheit, Halb- und

Scheinwissen interessiert. Die Autonomie der Vernunft soll auch für die eigene Daseinsführung bestimmend sein. Pflicht und Ordnung, Besonnenheit und Bescheidenheit, Nüchternheit und Fleiß, Mäßigung der Begierden, Bändigung der Affekte, Zügelung der Leidenschaften, Beherrschung der Emotionen gelten als zentrale Tugenden. Abgelehnt wird alles Sich-treiben-lassen und Abenteuerliche, alles Träumen und Vertrauen auf die bloße Intuition. Die Maßlosigkeit der Leidenschaften und die Preisgabe des Menschen an die irrationalen Mächte werden für chaotisch und zerstörerisch gehalten.

Von der *einseitig irrationalistischen Position* aus, die z. T. auch als Emotionalismus bezeichnet wird, hält man die Tiefe, den Reichtum und die Lebendigkeit der Gefühle und der Phantasie, die Kraft der Leidenschaft und die Spontaneität des ungebrochenen Lebens für das Wertvollste der „menschlichen Natur“. Man vertraut hier auf die irrationalen Mächte im Menschen, auf die Kräfte seiner Innerlichkeit und seines Gemütes. Was die Erkenntnis betrifft, so verläßt man sich auf die „Wahrheit des Gefühls“, die „Logik des Herzens“, die intuitive Schaukraft und Ahnung. Es wird ein Lebensstil kultiviert, bei dem man von der Empfindsamkeit und Maßlosigkeit des Lebens und Erlebens, von Abenteuer und Wagnis, von Enthusiasmus und Ekstase eine Aufgipfelung und Erfüllung des Daseins erwartet. Alles Große wird nach dieser Auffassung allein aus der Leidenschaft geboren. Unmittelbarkeit und Unbedingtheit, Lebendigkeit und Lebensfülle, Hingabe und Maßlosigkeit gelten als wichtigste Tugenden. Man hofft auf das organische Wachstum und die Selbstregulationskräfte des irrationalen Lebens. Das Bemühen, das Leben durch Vernunft zu beherrschen, erscheint als Illusion und wird als Fesselung der irrationalen und schöpferischen Kräfte abgelehnt. Wo man gegen die Vorherrschaft des Verstandes ankämpft, wird die Aufklärung als „flach“, „seicht“ und „borniert“ abgewertet. Der „trockene“ Verstandesgebrauch tauge nur für eine kleinbürgerliche, entseelte und mechanisierte, verkrampfte und verknöcherte Daseinsfristung.

## 2.2 Historischer Rückblick

Die beiden in prinzipieller Gegenüberstellung aufgezeigten Positionen lassen sich auch historisch nachweisen als wechselnde Akzentverlagerungen zwischen rationalistischen und irrationalistischen Strömungen, was ein kurzer Rückblick in die Geschichte der Pädagogik zu belegen vermag (vgl.

z. B.: *Reble,* 1955; *Blättner,* 1966). Er kann im Folgenden nur eingeschränkt auf die deutsche Pädagogik seit der Aufklärungsepoche und lediglich durch knapp angedeutete Beispiele erfolgen, also mit dem Vorbehalt, daß bei einem solchen Vorgehen Simplifizierungen unvermeidbar sind.
Schon seit den Anfängen der griechischen Philosophie über die scholastisch-christliche Überlieferung bis in die Neuzeit galt der Mensch vor allem als „animal rationale". Es gab zwar auch immer wieder irrationalistische Strömungen, wie z. B. die Mystik und den Pietismus, die jedoch Randphänomene blieben. Im 18. Jahrhundert erreichte der Rationalismus in der *Aufklärungsepoche* einen Höhepunkt. Nun trat man mit Nachdruck für die vernunftbestimmte Autonomie des Menschen ein. Er sollte dazu ermutigt werden, sich selbständig seines eigenen Verstandes zu bedienen, um mit Hilfe der Ratio das individuelle und gesellschaftliche Leben auf eine höhere Stufe zu heben und mündig zu gestalten. Durch „Aufklärung" wollte man alle Menschen zu „vernünftigen" Menschen heranbilden, die zur Überwindung der irrationalen Mächte bereit und fähig sind. Erziehung erfolgte dabei primär durch Belehrung, durch Anleitung zum selbständigen Verstandesgebrauch, durch Abbau von Unwissenheit und Vorurteilen. Man war z. T. sogar der naiven Überzeugung, daß die „Bildung des Herzens ... ein Werk der Aufklärung des Verstandes" sei: „Der Wille folgt auf das Urteil nicht anders als der Donnerschall auf den Blitz ... Man vermehre nur die Einsichten des Verstandes, so hat man dadurch auch schon die Güte des Herzens befördert" (Graf Morawitzky: Akademische Reden vom Nutzen der Wissenschaften in Rücksicht auf die Bildung des Herzens; gehalten in der bayerischen Akademie der Wissenschaften, 1763; zitiert nach *Heimpel-Michel,* 1928, 29).

Als Gegentendenz zur einseitig rationalistischen Einstellung der Aufklärungsepoche setzte in der „Goethezeit" jene moderne irrationale Bewegung ein, die seit dem Ende des 18. Jahrhunderts in mehreren Wellen ein neues Lebensgefühl sowie die emotionalen und affektiven Kräfte des Menschen vorrangig zur Geltung bringen wollte. Diese sog. *„Deutsche Bewegung"* (*Nohl,* 1949a, 28 und 40) wird als eine Lebens- und Weltansicht verstanden, in der „der deutsche Geist" seinen Ausdruck und seine Befriedigung findet. *H. Nohl* bezeichnet diese Bewegung als „Durchbruch des höheren Lebens in unserem Volke", als „höchste Verkörperung unseres Eigenlebens", als die „erste volle Synthese unserer nationalen geistigen Existenz" und im Hinblick auf die Reformpädagogik im ersten Drittel unseres Jahrhunderts als „einen Prozeß, dessen Wollen wir auf einer neuen Stufe wieder aufnehmen ... ohne daß damit unsere subjektive schöpferische Unmittelbarkeit gestört würde, wie umgekehrt das Selbstgefühl unserer Gegenwart und das persönliche kleine Dasein im tiefen Strom dieser Bewegung seine historische Sicherheit findet" (*Nohl,* 1949b, 94 f.). Die Hochschätzung dieser „Bewegung“ mit ihrer Überbewertung des Irrationalen und ihre Identifizierung mit dem „Deutschen“ schlechthin, wird nicht nur unserer Geschichte nicht voll gerecht, sondern hat sich auch im politischen und pädagogischen Bereich verhängnisvoll ausgewirkt (vgl. *Groothoff*, 1971, 212 f.).

Die Revolte gegen die Herrschaft des trockenen Verstandes kam im Geniekult der *„Sturm-und-Drang“*-Dichtung, als der ersten Phase der „Deutschen Bewegung“, in aller Radikalität zum Durchbruch (z. B. beim jungen *Herder* und *Goethe*, bei *Lenz* und *Klinger*, *Hamann* und *Jacobi*). Im Namen des Urwüchsigen verherrlichte diese junge Generation jene titanischen und originalen Kraftnaturen, die alle überkommenen Regeln und Ordnungen sprengen. Mit der Geringschätzung des Denkens war die Überzeugung verbunden, daß allein die ekstatische Steigerung Außerordentliches und Überragendes hervorbringe, daß starke Gefühle und Leidenschaften den Menschen sicher leiten und seine Stärke ausmachen. Der Verstand könne dem elementaren, irrationalen Geschehen nur hilflos zuschauen. Was er bewirke, sei nur die Erstarrung und Verknöcherung des Lebens, der Zwang gesellschaftlicher Konventionen, die erdrückende Gelehrsamkeit wirklichkeitsfremden Wissens. Erziehung habe deshalb nicht primär die Aufgabe, den Verstand auszubilden, sondern vorrangig, die ungebrochene Lebenskraft und das überschäumende Lebensgefühl auszulösen, Enthusiasmus und Leidenschaft zu wecken. Die bedeutendsten Gestalten der „Sturm-und-Drang“-Bewegung haben in ihrem persönlichen Werdegang die Ruhelosigkeit und Formlosigkeit, das Unbegrenzte und Chaotische dieses ekstatischen Anfangs durch die Weiterentwicklung zur Klassik überwunden. Sie brachte mit ihrem Bemühen um eine ausgewogene, harmonische Humanität eine Abklärung und Läuterung, Zügelung und Mäßigung der rauschhaften Übersteigerung, einen gewissen Ausgleich zwischen den irrationalen und rationalen Momenten, den Versuch einer Synthese von Freiheit und Gesetz.

Doch schon mit der *Romantik* gelangte wieder eine neue Phase der „Deutschen Bewegung“ mit einseitiger Betonung des Irrationalen zum Durchbruch. Zwar weniger gigantisch eingestellt als die „Sturm-und-Drang“-Generation, gewannen bei den Romantikern ebenfalls die Kräfte des Gefühls und der Leidenschaft den Vorrang gegenüber dem abstrakten Verstand. Gefühl und Stimmung, Sehnsucht und Erlösungsbedürfnis, Intuition und Ahnung, Unbewußtes und Symbolisches, Märchenhaftes und Mythologisches, Volkstum und Nationalgeist erfreuten sich hoher Wertschätzung. Von dieser irrationalen Lebensauffassung und Weltsicht war auch die romantische Pädagogik bestimmt, z. B. bei *E. M. Arndt, F. L. Jahn, J. Paul* und *F. Fröbel* (vgl. *Bollnow,* 1952).

Um die Mitte des 19. Jahrhunderts kam es dann, auch in pädagogischer Hinsicht, zu einer Unterbrechung der irrationalen Bewegung. Unter dem Einfluß des nun an Bedeutung gewinnenden Positivismus und Materialismus sowie der zunehmenden Vorherrschaft des naturwissenschaftlichen Denkens und der fortschreitenden Industrialisierung setzte sich jetzt ein *positivistischer Rationalismus* durch. Er war von einem Fortschrittsglauben bestimmt, der sich einseitig den positivistischen Wissenschaften und der Technik verschrieben hat. Im Gefolge dieser Entwicklung wurden auch Erziehung und Unterricht immer mehr vom naturwissenschaftlichen und technischen Denken erfaßt. Bildung wurde primär als Schulung des Intellekts und als Anhäufung von Wissen verstanden, die man vor allem für das ökonomische und soziale Leben nutzbar machen wollte.

Mit dieser Entwicklung korrespondierten die pädagogischen Auswirkungen des *Herbartianismus,* die man allerdings nicht *Herbart* selbst anlasten darf, der neuerdings wieder differenzierter und gerechter beurteilt wird, sondern den Simplifizierungen seiner Epigonen zurechnen muß, die im letzten Drittel des 19. Jahrhunderts, vor allem über die Lehrerbildung, einen starken Einfluß auf die Schulpädagogik ausübten (vgl. z. B.: *Schwenk,* 1963; *Asmus,* 1968 und 1970; *Geißler,* 1970; *Gerner,* 1971). *Herbart*s Vorstellungspsychologie, in der die Kategorie der Vorstellung in einem sehr umfassenden Sinne verstanden wurde, so daß sie neben kognitiven auch emotionale und dynamische Komponenten mit einbezieht, sowie seine Pädagogik, vor allem sein subtiles Konzept des erziehenden Unterrichts, das von der Annahme ausgeht, daß der Wille im Gedankenkreis wurzelt, weshalb es darauf ankommt, die Vorstellungen der Schüler zu bereichern und zu fördern, wurden von den Herbartianern (z. B. von *T. Ziller* und *W. Rein,* sowie insbesondere von deren Schülern) beim Bemühen um Popularisierung folgenschwer mißverstanden und primitivisiert. Als Konsequenz stellte sich in den Schulen ein naiver Intellektualismus und moralisierender Gesinnungsunterricht ein, der mit Hilfe der Formalstufen schablonisiert wurde und weitgehend mechanisiert ablief. Dabei hat man das Einprägen des möglichst umfangreich dargebotenen Wissensstoffes und die jeweils angefügten moralischen Belehrungen durch verbale Sentenzen für das Wichtigste gehalten. Als Folge davon kam es in den Schulen zu einem streng reglementierten und einseitig intellektualisierten Paukbetrieb, gegen den dann zu Beginn des 20. Jahrhunderts die pädagogische Reformbewegung zu Felde zog (vgl. S. 81 ff.). Diese wurde in ihren irrationalistischen Strömungen durch die Lebensphilosophie und Kulturkritik ausgelöst, die gegen Ende des 19. Jahrhunderts zunehmend an Einfluß gewannen.

Für die *Lebensphilosophie* (z. B. *F. Nietzsche, W. Dilthey, L. Klages*) bestimmte sich das lebendige Leben primär als Gefühl (vgl. *Bollnow*, 1958b). Es konstitutiert die Erlebnisfähigkeit des Menschen und ist für seine ganzheitliche Persönlichkeitsentwicklung von zentraler Bedeutung. Nur das gefühlsmäßig Erlebte habe Wert für uns und aktiviere das Handeln. Von den „Gefühlen, Gemütszuständen, Affekten werden Begehrungen und Willensakte getrieben" (*Dilthey*, 1961, 185). Der Verstand mit seinen abstrakten Begriffen sei unfähig, die bunte Mannigfaltigkeit des Lebens und Erlebens einzufangen. Sie lasse sich allein gefühlsmäßig und intuitiv adäquat erfassen. *Dilthey*, der die Erlebnispädagogik (vgl. S. 83 f.) sowie die geisteswissenschaftlich-hermeneutische Pädagogik wesentlich beeinflußt hat, betont den Zusammenhang von Erlebnis-Ausdruck-Verstehen. Im Erlebnis als einer strukturierten, in sich zusammengehörigen Einheit des Lebens, die durch eine bestimmte Bedeutung aus dem allgemeinen Lebensstrom herausgehoben wird, legt sich das Leben selbst aus. Das Erlebnis drängt nach Ausdruck, in dem das subjektiv Erlebte objektiviert wird. Die den Objektivationen des Erlebnisausdrucks immanenten Sinnzusammenhänge werden im Verstehen in ihrer Bedeutung intuitiv erfaßt. Dieses resubjektivierende Verstehen der Ausdrucksobjektivationen löst im Subjekt wiederum Erlebnisse aus, die eine Differenzierung seiner Erlebnis-, Verstehens- und Ausdrucksfähigkeit bewirken. In diesem Zusammenhang, den die Erlebnispädagogik erzieherisch und unterrichtlich umzusetzen trachtete, kläre sich das Leben über sich selbst auf. Dabei erschließe das Gefühl auch jene Tiefen, die der Intellekt allein nicht zu erhellen vermag.

Die Lebensphilosophie war eng mit *Kulturkritik* verbunden. In ihr nahm der Irrationalismus aggressive Formen an (z. B. bei *F. Nietzsche* und *J. Langbehn*). Angegriffen wurde in pädagogischer Hinsicht vor allem der kalte, zergliedernde Intellektualismus und die spezialisierende, registrierende Verwissenschaftlichung der Bildung. Die Verstandesherrschaft sei die Ursache für den Verfall des geistigen Lebens des deutschen Volkes, das nur durch die schöpferischen, künstlerischen, irrationalen Kräfte erneuert wer-

den könne, wobei Rembrandt von *J. Langbehn* zum Vorbild erkoren wurde (vgl. dazu das von *J. Langbehn* 1890 verfaßte und anonym veröffentlichte Werk „Rembrandt als Erzieher. Von einem Deutschen." Verlag Hirschfeld, Leipzig).
Lebensphilosophische sowie kulturkritische Vorstellungen und Impulse kamen dann mit aller Entschiedenheit in der *Reformpädagogik* zum Durchbruch, die sich im ersten Drittel unseres Jahrhunderts in einer vielgestaltigen, die Erziehungs- und Unterrichtspraxis stark beeinflussenden breiten Bewegung entfaltete (vgl. *Wilhelm,* 1959; *Flitner & Kudritzki,* 1961 u. 1962; *Scheibe,* 1969; *Hoof,* 1969). Im vorliegenden Zusammenhang interessieren nur die irrationalistischen und subjektivistischen Richtungen dieser Bewegung. Sie umfaßte jedoch auch Strömungen, in denen das Rationale und Objektive mit Nachdruck vertreten wurde, z. B. in der Arbeitsschulbewegung, insbesondere bei *G. Kerschensteiner,* dessen Reformpädagogik realistisch eingestellt und primär vom Prinzip der Sachlichkeit bestimmt war.

Schon gegen Ende des 19. Jahrhunderts setzte, eng verknüpft mit der Kulturkritik, die *Kunsterziehungsbewegung* ein. Von einem neuen Lebensgefühl aus erstrebte man eine Erziehung zur Kunst und durch die Kunst, anfänglich vor allem durch rezeptives, künstlerisches Erleben, später primär durch eigenes produktives, künstlerisches Gestalten der Kinder und Jugendlichen. Seit den zwanziger Jahren erfolgte eine Ausweitung dieser Intentionen zur „musischen Bildung", worunter man die menschenbildnerische Vereinigung aller musischen Kräfte verstand. Die Kunsterziehungsbewegung wandte sich gegen die Herrschaft der Zweckrationalität und Technik der modernen, „entseelten" Zivilisation, gegen den einseitigen Intellektualismus und Wissenskult der verknöcherten, alten Schule. Sie engagierte sich für die Erfahrung der Sinne, für die irrationalen Erlebnisse und die schöpferischen Fähigkeiten. „Als Grundlage der neuen Bildung galten die Gefühle, die Phantasie, die Anschauung, das Empfinden, das Genießen und die Darstellungsfähigkeit. Die emotionalen Kräfte seien zu bilden und mit ihnen und durch sie der ganze Mensch in allen seinen Qualitäten" (*Scheibe,* 1959, 142). Diese Tendenzen kamen insbesondere in der Gestaltung des Schullebens sowie im Bereich der Ausdrucksfächer zum Durchbruch, vor allem in entsprechenden Reformen des Zeichen-, Musik- und Turnunterrichts, aber auch im Deutschunterricht, wo neben einer Neuorientierung im Bereich der Jugendliteratur jetzt die Pflege des „freien Aufsatzes", meist im Sinne des „Erlebnisaufsatzes", einsetzte. Auch in der *Jugendbewegung,* die als Emanzipations- und Selbsterziehungsbewegung der jungen Generation um die Jahrhundertwende entstand, kam ebenfalls unter dem Einfluß der Lebensphilosophie und Kulturkritik das neue Lebensgefühl zum Ausdruck. Die Flucht der Jugend aus den naturfernen Städten und ihre Rückkehr zum ursprünglichen Leben, etwa die Begeisterung für Wanderfahrten, Lagerfeuer und Abenteuer, aber auch ihr Bedürfnis nach urtümlichem Gemeinschaftserlebnis und ihre Aufgeschlossenheit für das Musische entsprachen der vorherrschenden, irrationalen Grundeinstellung. Sie manifestierte sich auch in der Tatsache, daß die Jugendbewegung „bei übervollen Herzen politisch allzu leere Köpfe besaß“ (*Spranger,* 1955, 44).

Im Schulwesen gelangten die irrationalen Strömungen der Reformbewegung vor allem durch die „Pädagogik vom Kinde aus“ und durch die „Erlebnispädagogik“ zur Auswirkung. Die *„Pädagogik vom Kinde aus“* war in sich eine vielgestaltige Bewegung (vgl. *Dietrich,* 1973; *Gläss,* 1960). Kennzeichnend für sie ist die Hinwendung zum Subjekt, das man aus den Fesseln des „Objektiven“ befreien wollte sowie die Parteinahme für die Eigenart und das Eigenrecht des Kindes. In Wiederanknüpfung an Rousseaus pädagogischen Naturalismus verstand man Erziehung als „Wachsenlassen“, d. h. man vertraute auf die spontanen entelechialen Kräfte und das Selbstregulationsvermögen der Kinder. Ihre Entwicklung solle nicht vorangetrieben, sondern auf jeder Stufe voll durchlebt werden, wobei es insbesondere alle intellektuellen Verfrühungen zu vermeiden gelte. Von dieser Position aus bekämpfte man die dirigistische „Lehrerschule“ und intellektualistische „Stoffschule“. In der kindgemäßen Schule, die von Heiterkeit und Fröhlichkeit bestimmt ist und in der das Lernen nur freiwillig und spielerisch und deshalb lustvoll erfolgt, werde das Kind ernst genommen und zum Maß seiner selbst. Deshalb habe alle Erziehung und Unterrichtung der Kinder von deren Bedürfnissen und Interessen auszugehen. Vor allem die Hamburger Reformer (z. B. *C. Götze, W. Lottig, J. Gläser)* setzten sich in ihren „Lebensgemeinschaftsschulen“ mit aller Radikalität für die Verwirklichung einer freiheitlichen, einseitig am Kinde und seinen irrationalen Kräften orientierten Erziehung ein, mit der hier auch Momente der Kunsterziehungsbewegung und gesellschaftsreformerische Tendenzen verbunden waren (vgl. *Schmid,* 1973). Ihre extremen Versuche mußten jedoch bald zur „Wiederentdeckung der Grenze“ führen (*Zeidler,* 1926). Die hohe Wertschätzung des Emotionalen sowie das Vertrauen auf die spontanen Kräfte und die intuitiven Fähigkeiten der Kinder sei wenigstens durch folgendes Zitat von

*J. Gläser* belegt, das seinem Aufsatz „Vom Kinde aus" entstammt: „Der Mensch ist mehr als Verstand; in seinen Tiefen ist er Gefühl ... Menschen der Intuition werden in unseren Schulen hinfort nicht mehr als Träumer und Unkorrekte unter unserer Zurechtsetzung zu leiden haben, schon deshalb, weil der Zwang, Dinge zu begreifen und sich klar über sie auszudrücken, unserer Geduld weichen wird, die die Stunde abwarten kann, die einer inneren Erleuchtung auch äußere Form gibt" (*J. Gläser,* abgedruckt in *Gläss,* 1960, 82).

In der *Erlebnispädagogik* (vgl. *Neubert,* 1932), die in der Schule insbesondere durch die Bremer Schulreformer (z. B. *F. Gansberg* und *H. Scharrelmann*) verwirklicht wurde (vgl. *Günther,* 1960, 13 ff.) und die unter dem Einfluß der Lebensphilosophie und Kunsterziehungsbewegung stand, erreichte die irrationale Bewegung eine extreme Version. Das „Erlebnis" im emphatischen Sinne, als das uns emotional tief Bewegende, das uns das Bedeutungsvolle, das „Eigentliche" und „Wesentliche" offenbare, wurde einerseits vom bloßen, oberflächlichen und schablonisierten Dahinleben abgehoben und andererseits zum Kampfwort gegen die Vorherrschaft der rationalen Erkenntnis und Zweckhaftigkeit. Was unter „Erlebnis" zu verstehen ist, charakterisiert *Fischer* (1950, 276 f.) durch folgende Merkmale: erstens durch die „Einmaligkeit und Ausnahmemäßigkeit" des Erlebnisses, verglichen mit den sonst gewohnten und gleichgültigen Erfahrungen; zweitens, durch die „psychologische Zentralstellung und Produktivität" des Erlebnisses, also auch das erlebnismäßige Ergriffenwerden im emotionalen Kern, woraus die Tiefen- und Weitenwirkung auf das Seelische resultiert; drittens, durch die „Selbstenträtselung des eigenen Lebens", da im wirklich Erlebten nicht nur überpersönliche Sinnzusammenhänge aufleuchten, sondern auch Hindeutungen stecken auf das, was wir selbst sind. (Zur Analyse des *Dilthey*schen Erlebnisbegriffs und dessen Übertragung in die Erlebnispädagogik vgl. *Neubert,* 1932, 12 ff.). Das fließende und ursprüngliche Leben, das sich nicht in feste Formen einfangen lasse, müsse die verknöcherten Unterrichtsmethoden und den erstarrten Schulbetrieb überwinden. Der Erlebnisunterricht habe deshalb von der unmittelbaren Berührung mit dem wirklichen Leben auszugehen und dieses zum „Erlebnis" werden zu lassen, das sich im Ausdruck entäußert, der das Erlebte zum deutlichen Bewußtsein bringt, ausschöpft und zum eigenen Besitz werden läßt. Schule und Unterricht sollen durch „Erlebnisse" umgeformt werden. Dabei geht es primär darum, die Schaffenskraft der Lehrer und Schüler zu entfalten. Nicht die Menge des aufgenommenen Wissensstoffes, sondern der Grad der inneren Beteiligung ist maßgebend. Nicht auf die abschließende Erledigung von Stoffpensen, sondern auf das Aufschließen von Interesse kommt es an. Der improvisierende Gelegenheitsunterricht, der an der jeweils fruchtbaren Erlebnislage anknüpft, gewinnt deshalb den Vorrang gegenüber dem systematischen Unterricht. Die uniformen und schematisierten Unterrichtsmethoden der „alten Schule" werden abgelehnt. Jede Unterrichtsstunde soll ein Kunstwerk sein und zum „Erlebnis" werden „in dem das Gefühl den Hauptton trägt" (*Neubert,* 1932, 48). Das Erlebnis wende „sich innerhalb des seelischen Zusammenhangs vornehmlich an das wertende Gefühl" (*Neubert,* 1932, 59), das durch seine psychische Zentralität und Dynamik auch die Erkenntnis und das Handeln bestimme. Der Erlebnisunterricht will Stimmung und Begeisterung erwecken, Intuition und Phantasie ansprechen, Herz und Gemüt bewegen, lustbetontes Lernen ermöglichen und die Schule mit Frohsinn und Heiterkeit erfüllen. „Erlebnisse" im Schüler könne der Lehrer am besten provozieren, wenn er am Erlebnishorizont der Kinder anknüpft und sie durch faszinierende Erzählungen packend anzusprechen vermag. Diese Kunst des fesselnden Erzählens, durch die man nachempfindende Erlebnisse auslösen wollte, wurde vor allem durch ausmalendes Detaillieren, einfühlendes Motivieren und aktualisierendes Modernisieren erreicht, insbesondere im Religions-, Geschichts- und Heimatkundeunterricht (vgl. dazu die Unterrichtsbeispiele aus der Erlebnispädagogik in *Schwerdt,* 1955, 80 ff., sowie in *Dietrich,* 1972, 56 ff.). Der Erlebnisunterricht versuchte aber auch an unmittelbaren Erlebnissen der Kinder selbst anzuknüpfen, die diese ungebrochen zum Ausdruck bringen sollten, wovon man sich eine Ausschöpfung des Erlebnisses und eine Entfaltung der schöpferischen Kräfte versprach, so z. B. durch den „freien Erlebnisaufsatz", bei dem sich die Schüler ohne Rücksicht auf orthographische und grammatikalische Regeln äußern durften. Kritisch sei wenigstens kurz darauf hingewiesen, daß dieser Erlebnisunterricht sich gewiß nicht für alle Unterrichtsbereiche eignet, daß der ihn beherrschende Subjektivismus und Irrationalismus die objektiven Sachverhalte allzu leicht verfälscht und dem objektiven Anspruch der Sinngehalte der Kultur häufig nicht gerecht wird, daß die bloße „Befreiung" der Lebenskräfte nicht selten im Chaos endet, daß die einseitige Stimulation der Phantasie rasch zur unkontrollierten Phantastik entartet und daß die permanente emotionale Beanspruchung schließlich nur noch sentimentale Gefühlchen hervorbringt. „Er-

lebnisse“ im nachdrücklichen Sinne sind Ausnahmeerscheinungen, die sich nicht künstlich arrangieren lassen. Eine Überhäufung mit Erlebnissen bewirkt auf die Dauer eine emotionale Abstumpfung und pervertiert den Unterricht zur bloßen Unterhaltung. Aus solchen Erwägungen heraus hat man deshalb die Erlebnispädagogik schon früh kritisiert und relativiert sowie durch eine stärker am Objektiven und Rationalen orientierte Pädagogik zu korrigieren und komplettieren versucht, vor allem durch die Arbeitsschulbewegung, als deren Hauptexponent *G. Kerschensteiner* gelten darf, und durch die Kulturpädagogik, wie sie z. B. von *Th. Litt* vertreten wurde.
Mit der Machtergreifung des *Nationalsozialismus* fand 1933 die Reformpädagogik ihr Ende. Pädagogik und Bildungswesen wurden nun politisch-totalitär gleichgeschaltet. Die Politik erhielt den eindeutigen Vorrang gegenüber der Pädagogik. Erziehung pervertierte zur Typenzucht. „Deutschheit“ und „Deutschtum“ galten als Zielidee und Inhalt der politischen Bildung, wobei man den in der „Deutschen Bewegung“ zum Ausdruck gekommenen Hang zum Irrationalen mit dem „deutschen Wesen“ identifizierte und die irrationalistischen Tendenzen politisch radikalisierte. Der Reichsjugendführer *Baldur von Schirach* schrieb in seinem Buch: Die Hitler-Jugend. Idee und Gestalt (Berlin, 1934, 130): „Unsere Weltanschauung ist eine Sache des Herzens. Für uns ist das Gefühl mehr als der Verstand. Ein Arbeiterjunge, dessen Herz heiß für unseren Führer schlägt, ist für Deutschland wesentlicher als ein hochgebildeter Ästhet, der jede Regung seines schwächlichen Gefühls mit verstandesmäßigen Überlegungen bekämpft. Er wird in der Stunde der Not unseres Vaterlandes bestimmt nicht wissen, wo er hingehört, wird immer außerhalb der Gemeinschaft stehen, weil er nicht die Kraft hat, die Gemeinschaft zu erleben. Für ihn ist der Marschrhythmus unserer Jungen etwas Unverständliches und Unnötiges. Unsere Begeisterung scheint ihm unverständlich. Er ist vielleicht reich an Geist, aber arm an Gemüt, und das herrliche Gefühl unserer Kameradschaft, das man in Worten nicht auszudrücken vermag, kann von ihm nie mit seiner Bücherweisheit errungen werden“ (zitiert nach Dokument 62 im Quellenteil von *Gamm,* 1964, 327). Der Mensch ist nach nationalsozialistischer Sicht vor allem ein emotionales Wesen (vgl. *Wilhelm,* 1959, 159 f.). Gläubige Hingabe an Volk und Führer, an die sich der einzelne vor allem emotional gebunden fühlen sollte, sei nicht durch Belehrung, sondern durch Weckung des Gemeinschaftsgefühls zu erreichen, vor allem im gemeinsamen Kampf gegen die Feinde. Die

Schlüsselkategorien des Nationalsozialismus wie Volksgemeinschaft, Rasse, Blut und Boden waren äußerst diffus und stark emotional geladen. Die NS-Tugenden, die man durch politische Erziehung anstrebte, wie z. B. Gefolgschaftstreue, Zähigkeit und Härte, Kampfbereitschaft und Durchsetzungsfähigkeit, Begeisterungsfähigkeit und Rücksichtslosigkeit sollten nicht Angelegenheiten der verantwortlichen Vernunft, sondern des Blutes und der Rasse sein. Den Aufbau dieser irrationalistischen und soldatischen Haltung versprach man sich insbesondere durch die Formationserziehung in den Organisationen der NSDAP. Die Schulerziehung war dagegen nur von sekundärer Bedeutung. Körperliche Erziehung und Charakterformung hatten den eindeutigen Vorrang gegenüber der intellektuellen Ausbildung. Gläubige Begeisterungsfähigkeit und Einsatzbereitschaft, die man in die weltanschaulich gewünschte Richtung zu lenken trachtete, versuchte man primär durch emotionale Mittel zu erreichen, insbesondere durch Gemeinschaftserlebnisse und die „Technik nationalsozialistischer Massenerregung und Massenführung" (*Krieck,* 1934, 37). Bei *E. Krieck,* dem führenden NS-Pädagogen, heißt es unverblümt: „Aus einem revolutionären Instinkt heraus arbeitet die nationalsozialistische Agitation vorwiegend nicht mit intellektuellen Beweisen und Argumenten, sondern mit der Urkraft des Rhythmus, der auf der Grenze alles Rationalen und Irrationalen beheimatet ist, und mit allem, was dem Rhythmus verwandt ist und seine erregende Kraft ausströmt. Der Sprechchor ist dieser Art und die ganze Kunst der Beherrschung, der Erregung und Lenkung von Massenversammlungen. Aus demselben Instinkt heraus arbeitet der Nationalsozialismus auch lieber mit dem Symbol und seiner eindringlichen Anschaubarkeit als mit dem rationalen Begriff: Hakenkreuz, Grußform, Drittes Reich haben die unmittelbare, dem Unterirdischen verwandte Bewegungskraft alles Symbolischen. Man nenne das romantisch, primitiv, chaotisch — und hat recht damit. Aber es ist damit nichts bewiesen und nichts widerlegt: es gibt sich darin das Bewegende, das Irrationale und Elementare kund, aus dem zuletzt die Kraft geschichtsbildender, schicksalhafter Bewegung stammt, ohne die ein Volk sterben, Geschichte aufhören müßte, mit der aber neues Sein und Werden in Volk und Geschichte heraufkommt" (*Krieck,* 1934, 38). Was mit dieser irrationalen politischen Bewegung des Nationalsozialismus dann an Unmenschlichkeit heraufkam, haben die Erfahrungen, die wir mit dem Nationalsozialismus und seinen begeisterungsfähigen Anhängern bis 1945 machen mußten, erschreckend gezeigt.

*Nach 1945* stellte sich als Folge der großen geschichtlichen Katastrophe ein allgemeines Krisenbewußtsein ein, aus dem heraus man, auch in pädagogischer Hinsicht, eine Neuorientierung anstrebte. Sie knüpfte *zunächst* wieder an der geistigen Situation der zwanziger Jahre an, was einer *Wiederaufnahme der irrationalen Bewegung* gleichkam. So forderte z. B. *Lersch* (1947) in seinem Buch „Der Mensch in der Gegenwart" eine neue „Verinnerlichung als Gegenbewegung zu Rationalismus und Rationalisierung" (*Lersch,* 1947, S. 88). Als deren Folgen beklagte er vor allem die Verzweckung der Welt und die Vermassung, den Verlust der Lebensunmittelbarkeit und der seelischen Einheit sowie die Entinnerlichung des Menschen (*Lersch,* 1947, 25 ff.). In kritischer Abhebung vom lediglich vitalistischen Irrationalismus des Nationalsozialismus, der nur das Triebhaft-Ursprüngliche bejahte und die biologischen Werte verabsolutierte sowie in einem geistlosen Willensathletentum den Intellekt schlechthin verächtlich machte und die Gefühlsbelebung durch Exaltation aufgepumpter Affekte versuchte (*Lersch,* 1947, 171), sollte es nun zu einer dem humanen „Geist" verpflichteten „Verinnerlichung" kommen: „Weckung der Kräfte des Gemütes, Vergeistigung der im Gemüt verinnerlichten Welt und Vertiefung unseres Verhaltens und Handelns nach der Innerlichkeit des Gewissens ist die dreifache Aufgabe, die in der Forderung nach Verinnerlichung enthalten ist" (*Lersch,* 1947, 122). Die Meisterung dieser Herausforderung erhoffte man sich von der letztlich religiös fundierten Erziehung zu Ehrfurcht und Liebe, von der geistig-ideellen Erhellung des Verinnerlichten, wobei uns vor allem die Kunsterziehung der Sphäre der Ideen nahebringen solle, und von einer Erziehung zur Verantwortung (vgl. *Lersch,* 1947, 88 ff., 97 ff., 108 ff. und 156 ff.).

Diese Tendenzen bestimmten die pädagogischen Erneuerungsbemühungen der Nachkriegszeit, wobei man reformpädagogische Bestrebungen wieder aufgriff. Wenn inzwischen auch weniger enthusiastisch, „vertraut man erneut den schöpferischen und den Gemüts-Kräften und möchte beides in der Schule pflegen" (*Dietrich,* 1970, 273). So vertritt z. B. *Kroh* in seiner „Revision der Erziehung" (1. Aufl. 1954) das *„Prinzip der Innerlichkeit"* als Grundsatz des pädagogischen Handelns. Es gelte „den Menschen von innen, d. h. von seinen zentralen Schichten her zu bilden und zu erziehen". Der Innerlichkeit des Menschen diene alles, „was der Pflege und Kräftigung seiner tieferen, namentlich seiner emotionalen Schichten und seinem Bedürfnis nach nachhaltiger Ausrichtung an Werten zugute kommt" (*Kroh,* 1957, 153 f.).

Insbesondere glaubte man durch die *musische Erziehung und Bildung* die Ganzheit des heilen Menschen zurückgewinnen zu können (vgl. z. B. *Haase,* 1951; *Götsch,* 1953/56). Aus antiintellektualistischer Position versprach man sich von der Förderung der emotionalen und schöpferischen Kräfte im musischen Leben ein Gegenmittel gegenüber den Gefährdungen der Zeit. „Geistige Mündigkeit und Verantwortung für die Welt", setze eine „Verinnerlichung" voraus, deren Grundbedingungen der „intellektuellen Orientierung vorausliegen" und die als *„Gemütsbildung"* gefordert wird, die letztlich „im Gottesdienst wurzelt" *(Brezinka,* 1. Aufl. 1957, zitiert nach der 2. Aufl. 1961, 297 ff.; ähnlich bei *Henz,* 1964, 330 ff.). Das Gemüt wird als „Hort der Innerlichkeit" verstanden, als „jener seelische Bereich, in dem wir wertfühlend an Menschen und Dingen Anteil nehmen und unser Verbundensein mit ihnen erleben" (*Brezinka,* 1961, 301). Will man das Gemüt bilden, dann kann dies nur auf indirektem Wege geschehen. Man muß dafür sorgen, daß im Leben des Kindes jene Werte und wertgerichteten Tätigkeiten einen bevorzugten Platz finden, die Hingabe verdienen... Die Bindung an geliebte Personen ist die Grundlage für die Empfänglichkeit gegenüber allen anderen Gehalten... Der behütete Raum der Familie weitet sich zur Gemeinschaft der Gläubigen; neben der begrenzten elterlichen wird die Unbedingtheit der göttlichen erfahren... Immer geht es dabei um den Anspruch fordernder Personen und Ordnungen", die das Gemüt ansprechen (*Brezinka,* 1961, 302 f.). Auch in bezug auf „die Begegnung mit der Natur und der Kunst... kann der Erzieher nicht mehr tun, als an Situationen und Dinge heranführen, die so gehaltvoll sind, daß man hoffen darf, das Gefühl werde auf sie ansprechen. Es muß viel gewandert, beobachtet und angeschaut werden, bis das Stück durchseelte Welt gewonnen ist, das wir Heimat nennen. Es muß mit Hingabe gezeichnet und gemalt werden, bis sich die anhaltende Freude am edlen Ausdruck und der gute Geschmack einstellen... Auf diese Weise wächst die personale Mitte im Menschen. Er wird unabhängig von der Außenwelt, denn er ist an Wesentliches gebunden und damit weniger anfällig für den Betrug des leeren Scheins" (*Brezinka,* 1961, 303 f.). Wenn auch darauf hinzuweisen ist, daß ergänzend dazu die „Bildung des Verstandes" (*Brezinka,* 1961, 304 ff.) gefordert wird, so kommt es aber auch hier darauf an, „die Wahrheit zu suchen", was mehr bedeute als Wissen zu erwerben und das Denken zu üben, denn „Wahrheit sucht und verwirklicht nur, wer von ihrem Wert ergriffen ist" (*Brezinka,* 1961, 307), also letztlich wieder emotionale Bindungen eingeht. Als zentrale pädagogische Aufgabe galt deshalb in der Nachkriegszeit die Gemüts- und Gewissensbildung, die primär als emotionale Erziehung erfolgen sollte, weil man überzeugt war, daß die „Inhalte des Gewissens, die nur verstandesmäßig aufgenommen wurden, niemals so fest und tief wurzeln wie gefühls- und gemütsgetragene Erlebnisse und Werte" (*Dürr,* 1963, 79 f.).

Im Verlaufe der sechziger Jahre wurden gegenüber dieser einseitig emotionalen „Innerlichkeitspädagogik" zunehmend Bedenken angegemeldet. Die Kritik wandte sich einerseits gegen die Geringschätzung der rationalen Komponenten, die gerade auch im Sinne einer vernünftigen Verantwortungsethik zur Legitimation der Normen, zur Situationsauslegung und zum Bedenken der Handlungsfolgen von größter Bedeutung sind. Die Fehleinschätzung des Rationalen zeige sich besonders deutlich im Konzept der „musischen Bildung". Hier werden die emotionalen und schöpferischen Kräfte primär als Gegengewichte zum intellektuellen Unterricht und rationalisiertem Leben verstanden und alle Hoffnungen auf eine Emigration in ein „musisches" Refugium gesetzt. Zum anderen kritisierte man den gesellschaftsfremden und unpolitischen Ansatz dieser individualistisch auf Verinnerlichung ausgerichteten Pädagogik, die die persönliche Freiheit des einzelnen überschätzt, einer harmonisierenden Gemeinschaftsideologie erliegt und die sozioökonomischen und politischen Determinanten und Konflikte des individuellen und gesellschaftlichen Lebens verkennt, welche es rational zu erhellen und zu bewältigen gilt.

Zur Überwindung der irrationalistisch-privatistischen Einstellungen der Nachkriegszeit setzte eine *„neue Aufklärung"* ein, die zu einer Korrektur der landläufig geringschätzigen Beurteilung der Aufklärung führte und sich um eine gerechtere Bewertung der Vernunft im menschlichen Leben und Zusammenleben bemühte (vgl. z. B.: *Bollnow,* 1962; *Picht,* 1967; *Glaser,* 1967). Im Zusammenhang damit traten *seit den sechziger Jahren* auch im pädagogischen Bereich immer mehr und stärker aufklärerische Tendenzen hervor (vgl. z. B. die zusammenfassenden Darstellungen dieser Entwicklung bei *Nipkow,* 1968, 149 ff. und *Oppolzer,* 1970, 445 ff.). „Erziehung zur Rationalität" (*Cube,* 1965, 7 ff.) und „Erziehung zur Mündigkeit" (*Adorno,* 1971) heißen nun die pädagogischen Leitvorstellungen.

Es können hier nur einige Symptome für die neue rationalistische Orientierung der Schulpädagogik exemplarisch genannt werden. Im Schulwesen setzte sich als Folge des zweckrationalen Denkens zunächst eine einseitige Vorherrschaft des primär intellektualistisch verstandenen Leistungsprinzips durch, das erst in allerletzter Zeit einer kritischen Revision unterzogen wird (vgl. *Lichtenstein-Rother,* 1973; *Klafki,* 1974, 73 ff.; *Weber,* 1974b, 91 f. und 100 ff.). Als weitere Konsequenz der an Bedeutung gewinnenden rationalen und rationellen pädagogischen Grundeinstellung kam es zum Ausbau des „programmierten Unterrichts" und der „Unterrichtstechnologie", die sich für das intellektuelle Lernen als am besten geeignet erwiesen haben und auf deren Gefahren, Grenzen und Ergänzungsbedürftigkeit nach allzu optimistischen Anfangserwartungen neuerdings wieder mit Nachdruck aufmerksam gemacht wird (vgl. z. B. *Nicklis,* 1969; *Heinze,* 1972, 347 ff.; *Kuckartz,* 1974). Auch die an der Rationalisierung des Unterrichts interessierte moderne Curriculumrevision, bei der man sich vor allem um eine möglichst exakte Operationalisierung der Lernziele und objektive Messung der Lernerfolge bemüht und die unvermeidbar eine Bevorzugung des intellektuellen Lernens mit sich bringt, wird seit kurzem ebenfalls verstärkt der Kritik unterzogen (vgl. z. B. *Flügge,* 1971 und 1972).

*Gegenwärtig* lassen sich immer häufiger und deutlicher Indizien feststellen, die für eine *zunehmend neue Wertschätzung der irrationalen Momente* in der Theorie und Praxis der Erziehung und des Unterrichts sprechen. Auch dazu können hier nur einige symptomatische Andeutungen gemacht werden. So wird z. B. neuerdings der Ruf nach Akzentuierung der moralischen Erziehung (vgl. z. B. *Weber,* 1973b) sowie nach vermehrter Berücksichtigung der sozialen Erziehung (vgl. z. B. *Halbfas, Maurer & Popp,* 1974) immer lauter, was in jedem Falle auch eine stärkere Betonung der emotionalen Dimension von Erziehung und Unterricht mit sich bringt. „Nach der einseitigen Welle der intellektuellen Bildung, die auf die ‚Gefühlswelle' der Nachkriegszeit gefolgt war, finden wieder Ziele zur Erreichung emotionaler Kompetenz Eingang in die Schule" (*Einsiedler,* 1974, 67). Die neue Wertschätzung des Irrationalen ist in der jüngsten Zeit aber, gerade auch mit pädagogischer Relevanz, teilweise in sehr bedenklicher Einseitigkeit zum Ausdruck gekommen. So hat in der antiautoritären Bewegung, z. B. im Anschluß an A. S. Neill, dessen extreme Bevorzugung des Emotionalen gegenüber dem Rationalen noch im Geiste der reformpädagogischen Bewegung verwurzelt war, der pädagogische Irrationalismus gegen Ende der sechziger Jahre eine begeisterte Renaissance erfahren, die jedoch infolge der inzwischen erfolgten Kritik bereits wieder abklingt (vgl. z. B. *Neill,* 1969, 42 und 127, sowie *Neill,* 1971, 146 und zur Kritik *Weber,* 1974b, 48 u. 63 f.). Als weiteres Symptom für einen neuen Irrationalismus sei nur noch auf jene Subkultur der Gegenwartsjugend verwiesen, deren Ablehnung einer verabsolutierten Leistungsgesellschaft zum Teil so weit geht, „daß sie mittels Drogen ekstatische Freisetzung der Emotionen in Rauschzuständen erstrebt, die ein neues Glück versprechen" (*Roth,* 1971, 321). Aus Resignation sucht man hier durch den in Gruppen praktizierten Drogenkonsum einen Ausweg aus tief empfundener emotionaler Unbefriedigtheit und fällt damit unter eine gesellschaftlich definierte Form von Delinquenz (vgl. *Cloward & Ohlin,* 1960). Diese Flucht in eine irrationale Scheinwelt macht uns einerseits auf die anscheinend doch weithin unberücksichtigt gebliebenen emotionalen Bedürfnisse der Gegenwartsjugend aufmerksam und zeigt uns andererseits aber auch, wie leicht rational unkontrollierte Affekte den Menschen in ein verfälschtes und chaotisches Leben abgleiten lassen.

Der historische Rückblick sollte jene Informationen bereitstellen, die zum besseren Verständnis der folgenden systematischen Überlegungen erforderlich sind, in denen zunächst die emotionalen Voraussetzungen der Erziehung und dann die Leitvorstellungen und Möglichkeiten der emotionalen Erziehung zu erörtern sind.

# 3. Emotionale Grundlagen der Erziehung

## 3.1 Emotionale Bedingungen für die Möglichkeit von Erziehung

Es ist eine gesicherte Grundeinsicht der psychosomatischen, tiefen- und sozialpsychologischen Forschung, daß die physische und psychische Gesundheit sowie die ungestörte körperliche und seelische Entwicklung der Kinder ohne positive emotionale Annahme, Zuwendung und Zufuhr unmöglich ist (vgl. *Bowlby,* 1973). Die *emotionale Fundierung* durch wohlwollende Bezugspersonen, im Regelfall durch die Mutter, ist für das gesamte Leben eines Menschen von entscheidender Bedeutung. Es wird „als unerläßliche Voraussetzung geistiger Gesundheit (mental health) bezeichnet, daß Säugling und Kleinkind in einer herzlichen, intimen und dauerhaften Beziehung zur Mutter (oder einem Muttterersatz) Glück und Befriedigung finden. Das Kind braucht das Gefühl, für seine Mutter Anlaß zur Freude und zum Stolz zu sein" (*Bowlby,* 1973, 95). „Die schlimmsten und schädlichsten Folgen eines Mangels an emotionaler Zuneigung treten auf, wenn dem Kind die Möglichkeit vorenthalten wird, liebevolle Zuwendung zu erfahren. Von anderen geliebt zu werden ist eine Erfahrung, die den Wert der eigenen Person hebt" (*Hurlock,* 1970, 203). Wie *R. Spitz,* gestützt auf empirisch gesicherte Befunde, zeigt, „bahnt der Affekt der Entwicklung den Weg", was für alle psychischen Funktionen gilt (*Spitz,* 1967, 102). Unzureichende positiv-emotionale mütterliche Zuwendung in der frühesten Kindheit bewirkt eine dürftige Allgemeinentwicklung (vgl. *Robertson,* 1968, 271 ff.).

Säuglinge, die Zuneigung und Zärtlichkeit länger entbehren müssen, weil sie z. B. in Heimen und Hospitälern mit überbelasteten und wechselnden

Pflegepersonen, wenn auch biologisch und hygienisch einwandfrei versorgt werden, beginnen nicht nur körperlich, sondern auch seelisch zu leiden. Dieser als *Hospitalismus* bezeichnete Störungs- und Verkümmerungskomplex, bei dem die Sterblichkeitsziffern stark ansteigen, läßt sich z. B. durch folgende Symptome charakterisieren: Ernährungsstörungen, Gewichtsabnahme, Entkräftungszustand, erhöhte Anfälligkeit für Infektionen, reaktionsloses Im-Bett-Liegen, monotones Kopfwackeln, Depressionen, Mißtrauen, Aggressivität, Verzögerung und Verarmung der motorischen, sprachlichen und kognitiven Entwicklung. Als Ursache dafür hat man die unzulängliche „affektive Zufuhr", gleichsam eine „emotionelle Verhungerung" nachgewiesen, d. h. es fehlt den Kleinkindern an der erforderlichen, verweilenden, geduldigen, zärtlichen, liebevollen Zuwendung (vgl. *Spitz,* 1957, 1967 u. 1968; *Bowlby,* 1973, 23 ff.; *Weber,* 1974a, 21 ff.). Aufgrund mehrerer Untersuchungen wird ergänzend und korrigierend zu den Forschungsergebnissen *R. Spitzs* darauf hingewiesen, daß die retardierten Entwicklungsverläufe von Heimkindern, insbesondere in motorischer und kognitiver Hinsicht, nicht allein auf die unzulängliche Befriedigung ihrer emotionalen Bedürfnisse, sondern vor allem auch auf die in den schlecht ausgestatteten Heimen unzureichenden Lernangebote und Lernziele, also auf eine sensorisch und motorisch anregungslose Umwelt zurückzuführen seien (vgl. *W. Dennis,* 1973, 175 ff.).
Die fehlende positive emotionale Fundierung, d. h. der Mangel an erlebtem Wohlwollen und die permanente Erfahrung von affektiven Konflikten in der Familie lösen jene Gefühlsarmut und -kälte sowie jene emotionalen Störungen aus, die zu den wichtigsten Verursachungsfaktoren der *Kriminalität* zählen (vgl. z. B. *Bowlby,* 1973, 48 ff.; *Weber,* 1974a, 22 ff.). In einer umfassenden Vergleichsuntersuchung wurde nachgewiesen, daß sich die familiären Lebens- und Erziehungsverhältnisse der kriminellen von den nichtkriminellen Jugendlichen u. a. in folgender Hinsicht auffällig unterscheiden: „Weit mehr ihrer Elternhäuser waren gestört; viel mehr von ihren Müttern erlaubten den Kindern, in ihrer Freizeit für sich allein herumzustrolchen; es waren weit weniger Väter, die für ihre Jungen Sympathie und Liebe aufbrachten; und während zwar ganz allgemein von den Müttern mehr Wärme ausging, so hatten doch die Mütter der Kriminellen weit seltener normale liebevolle Beziehungen zu ihren Jungen. Umgekehrt fühlten sich die Kriminellen in geringerem Maße mit ihren Eltern herzlich verbunden" (*Glueck,* 1963, 189).

Die emotionale Fundierung ist für die gesamte Persönlichkeitsentwicklung und -strukturierung von ausschlaggebender Bedeutung. Die Art der frühkindlichen emotional-affektiven Erlebnisse entscheidet darüber, ob es zur Ausprägung des „Urvertrauens" bzw. des „Urmißtrauens" kommt. Unter *Urvertrauen* versteht man „eine auf die Erfahrungen des ersten Lebensjahres zurückgehende Einstellung zu sich selbst und zur Welt", jene häufig nicht voll bewußte und nicht offen zur Schau getragene Grundeinstellung, von der die späteren Erlebnisse mit geprägt werden. Sie läßt sich umschreiben „als ein Gefühl des Sich-Verlassen-Dürfens ... und zwar in bezug auf die Glaubwürdigkeit anderer und die Zuverlässigkeit seiner selbst" (*Erikson,* 1953, 15). Die frühkindliche positive emotionale Fundierung, die in wohlwollenden sozialen Interaktionen der frühen Kindheit zustande kommt, vermittelt den „sozialen Optimismus", der für die Entwicklung der sozialen Kontaktfähigkeit und -bereitschaft von entscheidender Bedeutung ist. Diese *„Soziabilisierung"*, durch die der Mensch gesellschaftsfähig wird, ist die unerläßliche Voraussetzung für die „soziale Formbarkeit" (vgl. *Claessens,* 1962, 74 ff.; *Hierdeis,* 1974, 41 f.). Sie ermöglicht erst Sozialisation, Enkulturation und Erziehung. Die insbesondere durch die sozialen Interaktionen mit der Mutter erlebte „Nestwärme" und „Geborgenheit", die das Vertrauen zu Mitmensch und Welt, aber auch das Selbstvertrauen hervorbringen und tragen, sind erforderlich, damit das Kind jenen Mut aufbringt, den es benötigt, um sich entdeckend und lernend mit noch unbekannten Menschen und Dingen einzulassen.

*W. Metzger* hat die „Bedingungen des immer zugleich leiblichen und seelischen Gedeihens" der Kleinkinder wiederholt näher analysiert und als *„Voraussetzungen der Erziehbarkeit"* bezeichnet, die es durch die Erzieher erst herzustellen gilt, was zunächst auf emotional-affektiver Ebene geschieht (*Metzger,* 1968, 9 ff.; vgl. auch *Metzger,* 1971, 68 ff.). Vor allem komme es darauf an, daß sich das Kind geborgen, zufrieden und glücklich fühlt. Das ist dort der Fall, wo es wohlwollende Umsorgung, Zärtlichkeit und Wertschätzung erlebt.

Die Erfahrungen der Fürsorgeerziehung sprechen ebenfalls dafür, daß wirksame Erziehungsarbeit so lange unmöglich ist, wie in den Jugendlichen nicht ein Gefühl der Zuneigung zum Erzieher entsteht (vgl. *Aichhorn,* 1957, 107). Und aus tiefenpsychologischer Sicht wird festgestellt: „Man kann niemand beeinflussen, wenn nicht zuvor eine freundliche Beziehung hergestellt worden ist" (*Dreikurs,* 1967, 70).

Durch die emotional positiv getönten Beziehungen, insbesondere mit der Mutter, aber auch mit anderen Erziehern, werden vor allem durch deren emotionale Annahme und Bestätigung erst die affektiven Bedingungen dafür geschaffen, daß ein Kind die erzieherisch vermittelten Verhaltensnormen internalisiert und realisiert. Man darf jedoch nicht der irrigen Meinung verfallen, daß der gesamte „affektive Austausch" zwischen Mutter und Kind, aber auch zwischen Lehrer und Schüler, immer nur lustvoll erfolgen darf (vgl. *Spitz,* 1967, 164 ff.). Wenn erforderlich, müssen dem Kind auch Versagungen zugemutet werden, die um der Triebregulierung und um des Realitätsprinzips willen nicht völlig vermeidbar sind und als Katalysatoren der Entwicklung wirken. Solche Frustrationen werden dann bewältigt und tragen zum notwendigen Aufbau der *Frustrationstoleranz* bei, wenn sich die Kinder grundsätzlich bejaht erleben und wenn sie in einer emotional positiven, also wohlwollenden und beglückenden Gesamtatmosphäre aufwachsen, die ein stabiles Fundament für konstruktive Erlebnisverarbeitung, auch angesichts erzieherischer Konflikte, abgibt (vgl. *Roth,* 1971, 327 ff.; *Weber,* 1974b, 275 ff.).

## 3.2 Die emotionale „pädagogische Atmosphäre" und die erzieherischen Interaktionen

Mit „Atmosphäre" bzw. „Klima" bezeichnet man aus sozialpsychologischer und pädagogischer Sicht die Gesamtqualität der emotionalen Komponenten, durch die ein soziales Interaktionsgefüge seine jeweils spezifische Erlebnistönung erhält und fundiert wird. *O. F. Bollnow* versteht unter *pädagogischer Atmosphäre* „das Ganze der gefühlsmäßigen Bedingungen und menschlichen Haltungen, die zwischen dem Erzieher und dem Kind bestehen und die den Hintergrund für jedes einzelne erzieherische Verhalten abgeben ... Es geht in ihr also um die pädagogische Situation im ganzen und insbesondere die Kind und Erzieher gemeinsam übergreifende Gestimmtheit und Abgestimmtheit des einen auf den anderen, die für das Gelingen der Erziehung erforderlich ist" (*Bollnow,* 1964, 11 u. 12). Diese erfahrungswissenschaftlich nur schwer faßbaren Zusammenhänge, die empirisch bisher noch nicht zureichend erforscht wurden*, hat *O. F. Bollnow* phänomenologisch zu erhellen versucht, wobei er Erscheinungen wie z. B. Vertrauen, Geborgenheit, Dankbarkeit, Gehorsam, Liebe, Verehrung, Geduld, Hoffnung, Heiterkeit, Humor und Güte näher analysiert hat. Er wollte damit jene Gedanken wieder aufgreifen und umfassender weiterführen, die von *H. Nohl* mit dem Terminus des „pädagogischen Bezugs" auf den Begriff gebracht worden waren (vgl. *Bollnow,* 1964, 13).

Das reformpädagogisch geprägte und durch die geisteswissenschaftliche Pädagogik vertretene *Konzept des „pädagogischen Bezugs"* muß

* Über die Ansätze zur empirischen Erforschung des „Schulklimas", das z. T. jedoch über die sozialen Komponenten hinaus noch umfassender verstanden wird, berichtet *Schreiner* (1973).

im engen Zusammenhang mit der korrespondierenden Vorstellung der „pädagogischen Autonomie" (vgl. *Weber,* 1974a, 72 ff.) gesehen werden und hat dazu beigetragen, daß das „pädagogische Verhältnis" als ein emotional stark geladenes, teilweise emotional sogar überlastetes Interaktionsgefüge interpretiert wurde (vgl. *Kluge,* 1972). *H. Nohl,* der die Kategorie des „pädagogischen Bezugs" einführte (vgl. *Hertz,* 1932) und als „Grundlage der Erziehung" verstand, definierte ihn als „das leidenschaftliche Verhältnis eines reifen Menschen zu einem werdenden Menschen, und zwar um seiner selbst willen, daß er zu seinem Leben und seiner Form komme". Dieses erzieherische Verhältnis baue sich auf einer „instinktiven Grundlage" auf*. Es ist darüber hinaus aber auch ein „geistiges Verhalten selbständiger Art, das sich auf den jungen Menschen richtet um seiner höheren Form willen" (*Nohl,* 1949b, 134). „Die wahre Liebe des Lehrers ist die hebende, nicht die begehrende, und das pädagogische Verhältnis ist eine wirkliche Gemeinschaft, wo dem Gefühl der einen Seite das entsprechende auf der anderen gegenübersteht. Das Verhältnis des Erziehers zum Kind ist immer doppelt bestimmt: von der Liebe zu ihm in seiner Wirklichkeit und von der Liebe zu seinem Ziel, dem Ideal des Kindes" (*Nohl,* 1949b, 135 f.). Die „pädagogische Gemeinschaft" werde getragen von: „Liebe und Autorität, oder vom Kinde aus angesehen: Liebe und Gehorsam. Diese zwei Mächte bestimmen die eigene pädagogische Struktur der Erziehungsgemeinschaft" (*Nohl,* 1949b, 138). Vom Erzieher wird eine „Liebesgemeinschaft mit dem Kinde" gefordert, „die ihm alle Türen in ihm öffnet und sein ganzes kleines Leben im Vertrauen solcher Liebe sammelt und bindet, trägt und steigert" (*Nohl,* 1949b, 138). Sie fundiert auch die erzieherische Autorität. Sie wird nicht als Gewalt verstanden, sondern als „freie Aufnahme des Erwachsenenwillens in den eigenen Willen und spontane Unterordnung als Ausdruck eines inneren Willensverhältnisses, das gegründet ist in der überzeugten Hingabe an die Forderungen des höheren Lebens, das durch den Erzieher vertreten wird. Dies Verhältnis hat seine eigene Gewißheit, und eine Reihe der schönsten Gefühle sind in ihm gegründet: Ehrfurcht, Achtung, Pietät und Dankbarkeit" (*Nohl,* 1949b, 139).

---

* In dieser natürlich-sinnlichen Grundlage des erzieherischen Verhältnisses sind auch sexuelle Momente wirksam, die unbewußt mit in den pädagogischen Bezug eingehen können und deshalb der Bewußtmachung, Kontrolle und Sublimierung bedürfen (vgl. *Nohl,* 1949b, 135). Dem Problem der Pädophilie ist das Heft 4 der Zeitschrift „betrifft: erziehung", Jg. 1973, gewidmet.

Dieses idealistische, emotional überladene Konzept des „pädagogischen Bezugs" bedarf einer ernüchternden, *kritischen Revision* (vgl. *Kluge*, 1972, 67 ff.; *Mollenhauer*, 1968, 24 ff.). Die eindimensionale Betrachtung des pädagogischen Bezugs sieht diesen nur als zwischenmenschliche Relation, die einseitig gefühlsbestimmt interpretiert wird, so daß die sachlichen Gehalte, also das gegenständliche, die Lerninhalte und Lernziele, um die es bei der Erziehung geht, zu wenig berücksichtigt werden. Das für den pädagogischen Bezug geforderte leidenschaftlich emotionale Verhältnis einer „Liebesgemeinschaft", das an den Modellen der idealisierten, intimen Kleinfamilie bzw. den analogen Verhältnissen des Hofmeisters und Hauslehrers orientiert ist, überfordert den Erzieher in öffentlichen Erziehungsinstitutionen, noch dazu, wenn er, wie Lehrer in der Regel, eine größere Zahl von Schülern zu betreuen hat. Außerdem ist die Vorstellung vom pädagogischen Bezug allzu utopisch nach dem Muster konfliktfreier Sozialverhältnisse konzipiert. Diese der Vorstellung „prästabilisierter Sozialharmonie" entsprechende Gemeinschaftsidylle verschleiert die Interessengegensätze und Konflikte, die auch in erzieherischen Sozialverhältnissen vorkommen und der Bewältigung bedürfen. Der pädagogische Bezug wird in der Tradition der geisteswissenschaftlichen Pädagogik in eine abgeschirmte pädagogische Provinz verlagert, ohne daß seine gesellschaftlichen und politischen Implikationen und Determinanten erfaßt werden. Erziehung wird hier vielmehr „in einem vorgesellschaftlichen, herrschaftsfreien, unpolitischen Raum angesiedelt, in dem das Kind zu ‚seinem Wohle' kommen könnte, wenn nur der Erzieher sich entschlösse, das ‚Wesen des erzieherischen Verhaltens' (Nohl) zu realisieren". Dieses „idealistische Konzept des guten Willens und der reinen pädagogischen Gesinnung" ist jedoch der sozialen Realität der industriellen Gesellschaft und ihrer Erziehungsverhältnisse unangemessen (*Mollenhauer*, 1968, 24).

Auch wenn man den genannten kritischen Bedenken zustimmt, ist es nicht angebracht, in die *Gegenextreme* einer rein sachlich-funktionalen, ausschließlich zweckrationalen, also nur erziehungstechnologischen Sicht des pädagogischen Verhältnisses bzw. einer völlig politisierten und total konflikttheoretischen Betrachtung der erzieherischen Verhältnisse zu verfallen. Erziehung als Lernhilfe setzt sowohl die Kompetenz (d. h. das Helfenkönnen) als auch die Tendenz zur Hilfe (d. h. das Helfenwollen) auf seiten der Erzieher voraus. Auf sie sind jene angewiesen, die eine bedeutsame Lernaufgabe nicht selbständig zu bewältigen vermögen. Sie müssen sich aber auch selbst vom Erzieher helfen lassen wollen und dazu müssen auf seiten der zu Erziehenden ebenfalls entsprechende emotionale Momente gegeben sein. Die für den Erzieher und die Erziehung unerläßliche Kompetenz meint man, wenn von pädagogischer Autorität die Rede ist (vgl. *Weber,* 1974b, 235 ff.). Damit sie nicht autoritär entartet, muß jene wohlwollende Hilfsbereitschaft hinzu kommen, die den Lernenden als prinzipiell gleichberechtigten, wenn auch hilfsbedürftigen Menschen betrachtet, der aber nicht in Abhängigkeit gehalten werden darf, sondern dem zur Mündigkeit verholfen werden soll, so daß er später keiner vormundschaftlichen Hilfe mehr bedarf. Dazu ist weder eine autoritäre noch eine antiautoritäre, sondern eine emanzipatorisch interessierte Erziehung erforderlich (vgl. *Weber,* 1974b).

Aber auch eine auf individuelles und gesellschaftliches Mündigwerden ausgerichtete *Erziehung kann bei aller nötigen Rationalität nicht auf emotionale Momente verzichten,* wenngleich diese nicht im Sinne des kritisierten emphatischen, privatistischen und harmonistischen Konzepts des pädagogischen Bezugs mißverstanden werden dürfen. Wenn dort allzu abstrakt und anspruchsvoll von erzieherischer „Liebe“ die Rede war, wird man heute bescheidener von Hilfsbereitschaft, Wohlwollen, Solidarität, Wertschätzung, Verständnis und Rücksicht sprechen, auf die eine humane Erziehung angewiesen ist. Auch durch ihre Realisierung wird man nicht alle Konflikte vermeiden können. Die genannten, emotional fundierten Einstellungen sind jedoch die Voraussetzung dafür, daß sie menschlich ausgetragen werden. Wo die genannten Komponenten, die keine spezifisch und exklusiv pädagogischen, sondern allgemeine soziale Haltungen sind, die erzieherische Interaktionen bestimmen, werden auch die mit jeder Erziehung gegebenen Machtrelationen nicht mißbraucht, sondern immer wieder kritisch in Frage gestellt und nur in erzieherisch notwendigen Fällen in erzieherisch legitimer Weise verwirklicht (vgl. *Weber,* 1974b, 271 ff. u. 293 ff.; *Ulich,* 1974, 110 ff.). Bei so verstandenen erzieherischen Interaktionen ist man ebenfalls auf wechselseitiges Vertrauen angewiesen, das letztlich zwar emotional disponiert ist, hier aber nicht nur naiv „gläubig“ fundiert, sondern auch rational kontrolliert wird. Ein solches kritisches Vertrauen ist nicht „blind“, sondern reflektiert, also jene Form des Vertrauens, die auch für eine am Mündigwerden interessierte Erziehung konstitutiv ist (vgl. dazu später, S. 105 f.; *Weber,* 1974b, 201 ff.).

Die genannten emotionalen Momente sind Bestimmungsfaktoren der jeweiligen „pädagogischen Atmosphäre" bzw. des jeweiligen „pädagogischen Klimas". Diese emotionale Dimension von Erziehung und Unterricht bestimmt das *Lernklima,* das im konkreten Fall mehr oder weniger positiv bzw. negativ getönt sein kann, was sich auf das Lernen förderlich bzw. störend auswirkt. Ob z. B. Wohlwollen, Wertschätzung, Vertrauen, Verständnis, Wärme, Freundlichkeit und Frohsinn oder Gleichgültigkeit, Feindseligkeit, Mißtrauen, Verständnislosigkeit, Kälte, Unfreundlichkeit und Mißmut vorherrschen, ist entscheidend für das Erziehungsklima und analog für das Unterrichts- und Schulklima. Die jeweilige emotionale Tönung des pädagogischen Interaktionsgefüges wirkt sich auf das emotionale Befinden der Lernenden aus und trägt mit dazu bei, daß diese z. B. angsterfüllt oder voller Selbstvertrauen sind, sich in gehobener oder gedrückter Stimmung befinden, als aufnahmebereit oder verschlossen erweisen. Wir haben es hier mit emotionalen Faktoren zu tun, durch die die Einstellung zum Lernen und der Erfolg des Lernens entscheidend mit beeinflußt werden. Auf die emotionalen Komponenten der pädagogischen Interaktionen wird in speziellen Beiträgen dieses Bandes noch näher eingegangen (vgl. z. B. *Domke,* S. 209 ff.; *Gehlert,* S. 164 ff.; *Weber,* S. 224 ff.).

## 3.3 Emotionale Fundierung der moralischen Erziehung

*Moralische* (bzw. sittliche) *Erziehung* (vgl. oben S. 74 u. *Weber,* 1973b), die beim Erlernen von Werteinstellungen und Normen sowie dem ihnen entsprechenden Verhalten Hilfen bieten will, *ist unlösbar mit der emotionalen Erziehung integriert.* Emotionalität als die durch intuitive Wertung erlebte Valenz einer relevanten Situation samt der damit verbundenen Tendenz zu entsprechendem Handeln (vgl. oben S. 70 ff.) ist von zentraler und fundamentaler Bedeutung für die moralische Erziehung. Selbst für I. Kant, der in seiner rigorosen Pflicht-Ethik zu keinen Zugeständnissen an das Neigungs- und Gefühlsmäßige bereit war, ist die Erziehung zur Moralität auf eine Kultivierung des „moralischen Gefühls" angewiesen, da dieses allem Bewußtsein der Verbindlichkeit von Vernunftvorstellungen zugrunde liegt (vgl. *Ballauff,* 1970, 430 f.). Aus pädagogisch-anthropologischer Sicht läßt sich die „emotionale Ansprechbarkeit" als „angeborene Ausstattung des Wertungssystems" bezeichnen und dementsprechend die „Gefühlsansprechbarkeit" als „Ausgangspunkt für das Wertungssystem" des Menschen bezeichnen (*Roth,* 1966, 401 u. 394). Auch aus entwicklungspsychologischer Sicht erscheint es angebracht, „die Ausdifferenzierung der affektiven Komponente bei der moralischen Gesinnung im

Zusammenhang mit der Bildung von Wertkonzepten zu sehen. Die Ausdifferenzierung, Spezifizierung und Strukturierung der Wertkonzepte ist gleichzeitig eine Verfeinerung, Spezifizierung und Strukturierung der moralischen Gefühlserlebnisse" (*Oerter,* 1972, 251).

Dieser Zusammenhang wird verständlich, wenn man bedenkt, daß Einstellungen (attitudes), damit aber auch *Werteinstellungen und -haltungen* (Gesinnungen), *stets affektive, kognitive und aktionale Komponenten umfassen* (vgl. *Oerter,* 1972, 233 ff.; *Weber,* 1973b, 158 ff.), die auch bei der Entwicklung und Erziehung der moralischen Gesinnung zu berücksichtigen sind (vgl. *Oerter,* 1972, 244 ff.). Moralisches Wissen bestimmt das praktische Handeln erst dann, wenn es zur Wertüberzeugung wird, an der das Ich affektiv beteiligt ist.

Für die phänomenologische Psychologie, die im Unterschied zum gegenwärtig vorherrschenden Behaviorismus nicht nur das objektiv meßbare Verhalten, sondern auch die innere Bewußtseinswelt untersucht, ist die emotionale Fundierung des moralischen Handelns in der „Innerlichkeit" des Menschen begründet, als deren personaler Kern der Zusammenhang von *Gemüt und Gewissen* interpretiert wird (vgl. *Lersch,* 1964, 240 ff.; *Wellek,* 1950, 244 ff.; *Rudert,* 1958, 53 ff.). Unter Gemüt, einem nur der deutschen Sprache eigentümlichen, schwerer bestimmbaren Begriff, wird der seelische Ort der tief reichenden und fest verwurzelten Gefühlsbindungen verstanden, durch die der Mensch an etwas „hängt", das ihn wertfühlend ergriffen hat, für das er deshalb aufgeschlossen ist und das ihn über sich selbst hinaus zur Teilhabe an Sinnwerten gelangen läßt. Solche Gemütsbindungen können z. B. gegenüber den Eltern, einem Lebenspartner, der Heimat, einem Interessengebiet oder bestimmten Ideen entstehen. Sie stellen sich nur dort ein, wo der Mensch im Zusammenhang damit starke positive Gefühlserfahrungen macht, z. B. beim Erlebnis von Liebe und Wohlwollen, von Güte und Zuverlässigkeit, von Wert- und Sinnzusammenhängen. Aus den Gemütsbindungen entstehen Gewissensverbindlichkeiten. „Gemüt ist der Ort unserer Bindungen, Gewissen der verantwortlichen unter ihnen" (*Wellek,* 1950, 48). „Wenn sich ... im Gemüt die Fähigkeit zu Bindungen des Über-sich-hinaus-Seins erweist, so entspringt diesen Bindungen immer ein Gefühl der Verantwortung für die im Gemüt erlebten überindividuellen Werte. Dieses Gefühl ist verankert in dem, was wir das Gewissen nennen. Im Gewissen wird das, was wir in den Regungen des Gemüts an Bindungen erleben, auf unser Handeln bezogen. Denn wie alle Gefühlsregungen, so enthalten auch die des Gemütes eine Antriebskomponente, die im Handeln ihre Verwirklichung findet" (*Lersch,* 1964, 243). Das Gewissen wird aus dieser Sicht als die im Gemüt wurzelnde sittliche Steuerungsinstanz verstanden, die sich in moralischen Konfliktfällen gleichsam als „innere Stimme" meldet und den Menschen veranlaßt, sein Handeln verantwortlich zu regulieren (vgl. z. B. *Spranger,* 1963, 22 ff.; *Metzger,* 1971, 98 ff.). Auch aus dieser Sicht zeigt sich, wie Moralität emotional fundiert ist. Diesen Zusammenhang belegen auch die negativen Beispiele des gewissenlosen Verhaltens. Wo Kinder z. B. von klein an abgelehnt und vernachlässigt werden, keine positive emotionale Annahme und Zuwendung erfahren, zwischen verschiedenen Pflegestellen und Heimen hin und her geschoben werden, kommt es zu keinen positiven emotionalen Bindungen und Werterlebnissen, damit aber auch zu keinen Gemütsbindungen. In einer derart negtiv erlebten Welt erscheint alles kalt, ablehnend, feindselig, so daß man das eigene Verhalten nur danach ausrichtet, egoistisch die eigene Lust zu maximieren, ohne Rücksicht auf die Mitmenschen. Infolge der Gemütslosigkeit kann sich hier keine Gewissensverbindlichkeit ausbilden, so daß die Kriminalitätsanfälligkeit steigt.

Deshalb bemüht man sich bei der moralischen Erziehung gerade auch von verwahrlosten und kriminellen Kindern und Jugendlichen zunächst um deren emotionale Umstimmung und Bindung. Die Bedeutung einer *emotionalen Fundierung der moralischen Erziehung* soll durch zwei klassische *Beispiele aus der Geschichte der Pädagogik* kurz belegt werden. *J. H. Pestalozzi* und *A. S. Makarenko* haben uns lebendige, durch grundsätzliche Reflexion bereicherte Erfahrungsberichte hinterlassen, die zeigen, wie sie trotz unterschiedlicher weltanschaulicher und pädagogischer Ausgangspositionen zu einer analogen „Methode" der sittlichen Erziehung von verwahrlosten und kriminellen Kindern und Jugendlichen gelangten. Bei ihrem Vorgehen hatten sie die affektiven, aktionalen und kognitiven Momente integriert, wobei die emotionale Komponente die fundierende Funktion zu übernehmen hatte (vgl. *Weber,* 1963, 102 ff.).
*Pestalozzi* (1961, 18 ff.) berichtet in seinem „Stanser Brief" anschaulich, wie er im Jahre 1799 durch Kriegswirren in Not geratene, äußerlich und innerlich verwahrloste Kinder in seine Erziehungsanstalt aufgenommen und dort selbstlos betreut hat. Die Grundsätze seiner dabei verwirklichten Erziehungsmethode faßt er thesenartig folgendermaßen zusammen: „Suche deine Kinder zuerst weitherzig zu machen und Liebe und Wohltätigkeit ihnen durch die Befriedigung ihrer täglichen Bedürfnisse, ihren Empfindungen, ihrer Erfahrung und ihrem Tun nahezulegen, sie dadurch in ihrem Inneren zu gründen und zu sichern, dann ihnen viele Fertigkeiten anzugewöhnen, um dieses Wohlwollen in ihrem Kreise sicher und ausgebreitet ausüben zu können! Endlich und zuletzt komme mit den gefährlichen Zei-

chen des Guten und Bösen, mit den Wörtern: Knüpfe diese an die täglichen häuslichen Auftritte und Umgebungen an und sorge dafür, daß sie gänzlich darauf gegründet seien, um deinen Kindern klarer zu machen, was in ihnen und um sie vorgeht, um eine rechtliche und sittliche Ansicht ihres Lebens und ihrer Verhältnisse mit ihnen zu erzeugen" (*Pestalozzi,* 1961, 26; vgl. dazu *Klafki,* 1961; *Weber,* 1963, 105 ff.).

*Makarenko* (1960) schildert in seinem „pädagogischen Poem" mit dem Titel „Der Weg ins Leben", wie er im Jahre 1920 vagabundierende jugendliche Rechtsbrecher in seiner „Gorki-Kolonie" aus marxistischem Geist in selbstlosem Einsatz kollektiv erzogen hat. Dabei läßt sich trotz charakteristischer Abweichungen eine ähnliche Grundstruktur der moralischen Erziehung feststellen, wie wir sie von *Pestalozzi* kennen. Auch bei *Makarenko* folgen, basierend auf dem emotionalen Fundament der wohlwollenden und fürsorgenden Existenzsicherung, die eine Vertrauensbasis schafft, das gewohnheitsbildende, praktische Üben des konkreten sittlichen Verhaltens und erst im Anschluß an die erlebte Wirklichkeit die moralische Belehrung und Besinnung durch klärende Gespräche.

Wie ein Vergleich der Erziehungsmethoden *Pestalozzi*s und *Makarenko*s erkennen läßt, hüteten sich beide vor bedenklichen Einseitigkeiten. Sie beschränkten sich nicht auf eine rein intellektualistische moralische Erziehung, wie sie z. B. von den Herbartianern vertreten wurde, bei der man sich häufig mit unverbindlichem Gerede zufrieden gab. Sie begnügten sich auch nicht mit einer vorwiegend auf das praktische Handeln ausgerichteten sittlichen Erziehung, wie sie z. T. in der Arbeitsschulbewegung verwirklicht wurde, die nicht selten in unbeteiligter und blind agierender Geschäftigkeit aufging. Sie setzten auch nicht allein auf eine die Emotionalität ansprechende moralische Erziehung, wie sie etwa der Erlebnispädagogik entsprach und meist nur Sentimentalität auslöste. Ihre umfassende moralische Erziehung verknüpfte vielmehr die sich gegenseitig ergänzenden und korrigierenden affektiven, praktischen und kognitiven Momente zu einer Einheit, die emotional fundiert und zentriert war. *Pestalozzi* und *Makarenko* haben angesichts der konkreten Aufgaben der Erziehungswirklichkeit bereits intuitiv erfaßt, was die psychologische Forschung inzwischen wissenschaftlich erkannt hat, daß nämlich das wertende Gefühl erst die Handlungsmotivation hervorbringt, die jedoch noch der kognitiven Klärung und Kontrolle bedarf. Deshalb hat moralische Erziehung immer auch emotionale Erziehung zu sein, zu der jedoch kognitive und auf das praktische Handeln bezogene Lernhilfen hinzukommen müssen.

# 4. Aufgaben und Möglichkeiten einer emotionalen Erziehung

## 4.1 Mündigkeit und Emotionalität

Zunächst ist nach den Leitvorstellungen einer emotionalen Erziehung zu fragen, die dem umfassenden und obersten *Ziel der Erziehung* zu entsprechen haben. Dieses wird weithin mit der Formel von der „Mündigkeit" bezeichnet und neuerdings auch häufig durch die davon nicht immer präzise abgehobene, mit verschiedenen, z. T. extrem politisch geladenen Bedeutungen besetzte Kategorie der „Emanzipation" zum Ausdruck gebracht (vgl. dazu die Definitionen und kritischen Explikationen dieser Begriffe in *Weber,* 1974a, 89 ff.; *Weber,* 1974b, 242 ff.)*. Beide Termini sind engstens mit der Aufklärungsbewegung verbunden und deshalb rationalistisch akzentuiert. Dementsprechend befinden sie sich in einem gewissen Spannungsverhältnis zu den irrationalen Momenten des menschlichen Lebens, damit auch zu seiner Emotionalität. *Mündigkeit* — im pädagogischen Sinne — meint die Fähigkeit und Bereitschaft eines Menschen, sein Leben soweit wie möglich aus eigener Vernunft, gestützt auf Einsicht und kritisches Urteil, durch selbständige Entscheidungen (auch im Sinne gemeinsamer Entscheidungen) verantwortlich zu führen, was auch das fortwährende Bemühen um eine Verbesserung der gesellschaftlichen Lebensverhältnisse einschließt, da die individuelle Mündigkeit auf eine mündige Gesellschaft angewiesen ist.

Der *naive, einseitige und eindimensionale, utopische Rationalismus* will alle irrationalen Momente eliminieren. Für ihn ist die Emotionalität ein Widerspruch zur Mündigkeit. Mündige Rationalität schließt nach dieser Auffassung alle irrationalen Kräfte, damit auch alle Emotionalität, aus. Eine solche „Verkopfung" des Menschen und Überschätzung seines Intellekts, eine derartige Verdrängung des Irrationalen und Emotionalen ist nicht nur unmenschlich und anmaßend, sondern auch zwecklos. Als Folge derartiger Einseitigkeiten und Absolutsetzungen kommt es immer wieder zum Durchbruch radikaler irratio-

* Wegen der Vieldeutigkeit und der damit verbundenen Mißverständlichkeit des Wortes „Emanzipation", das im vorliegenden Zusammenhang nicht näher erläutert und präzisiert werden kann, wird im folgenden auf die Verwendung dieses Terminus verzichtet.

naler Bewegungen, die dann leicht in das Gegenextrem eines absolutgesetzten Irrationalismus ausschlagen (vgl. oben S. 76 ff.).
Der *kritische Rationalismus* hingegen leugnet weder die irrationalen Komponenten im Leben des Menschen (samt seiner Emotionalität), noch lehnt er sie pauschal und total ab. Er ist sich der Begrenztheit der rationalen Erkenntnis- und Handlungsmöglichkeiten sowie der Wirksamkeit irrationaler — also auch emotionaler — Kräfte bewußt, die es einerseits, soweit sie eine humane Lebensführung bedrohen, kritisch bewußt zu machen und verantwortlich rational zu kontrollieren gilt, die andererseits aber auch zur beglückenden Lebensbereicherung beizutragen vermögen und insofern zu kultivieren sind (vgl. später S. 109 ff.). Dennoch bleibt die Rationalität — anthropologisch betrachtet — das, was den Menschen gegenüber allen anderen Lebewesen auszeichnet und deshalb gilt die Kultivierung der Rationalität auch als letztes Ziel aller Erziehung (vgl. *Brubacher,* 1969, 104; vgl. dazu *Weber,* 1974b, 246 ff.). „Man kann philosophisch sehr wohl an dem Begriff der absoluten Vernunft Kritik üben und an der Illusion, die Welt sei das Produkt des absoluten Geistes, man wird deshalb nicht verleugnen dürfen, daß anders als durch Denken, und zwar durch unbeirrbares und insistentes Denken, so etwa die Bestimmung dessen, was zu tun richtig sei, richtige Praxis überhaupt nicht vollziehbar ist" (*Adorno,* 1971, 137). Dennoch erkennt der kritische Rationalismus auch die vorrationale Basis sowie die Grenzen und Unzulänglichkeiten der Rationalität und damit deren Ergänzungsbedürftigkeit durch das Irrationale (einschließlich des Emotionalen) an, soweit es sich dabei nicht nur um „blinde" Abhängigkeit und „chaotische" Mächte handelt.

Der *naive und absolute Rationalismus* ist schon logisch unhaltbar, da die rationalistische Einstellung, die dem Argument und der Erfahrung große Bedeutung zumißt, letztlich „auf einem irrationalen Entschluß oder auf dem irrationalen Glauben an die Vernunft" begründet ist und eine „moralische Entscheidung" darstellt (*Popper,* 1970, 2. Bd., 285). Dieser Option für das Rationale liegt dessen emotional fundierte Wertschätzung zugrunde, weil die praktischen Konsequenzen das menschliche Zusammenleben betreffen und beim Rationalismus im Unterschied zum Irrationalismus eher die Verhütung und Verminderung von Leid und Ungerechtigkeit erwartet werden darf. „Aber weder ein logisches Argument noch die Erfahrung reichen aus zur Begründung der rationalistischen Einstellung; denn nur Menschen, die bereit sind, Argumente oder Erfahrungen in Betracht zu ziehen (und die daher bereits eine rationalistische Einstellung angenommen haben), werden von ihnen beeindruckt werden. Das heißt, daß man zuerst eine rationalistische Einstellung annehmen muß und daß erst dann

Argumente oder Erfahrungen Beachtung finden werden; woraus folgt, daß jene Einstellung nicht selbst auf Argumente und Erfahrungen gegründet werden kann (und diese Überlegung ist ganz unabhängig von der Frage, ob es überzeugende rationale Argumente gibt, die die Annahme der rationalistischen Einstellung begünstigen)" (*Popper,* 1970, 2. Bd., 283 f.).

Außer diesem erkenntnistheoretischen Einwand sprechen auch zahlreiche *Befunde verschiedener Wissenschaften vom Menschen gegen einen naiven und totalen Rationalismus,* worauf hier nur kurz verwiesen werden kann. So macht z. B. die moderne Verhaltensforschung auf die — wenn auch im Vergleich zu den Tieren reduzierten — z. T. überformbaren instinktiven Verhaltensweisen des Menschen als Teil seiner Animalität aufmerksam, wozu, was umstritten ist, z. B. auch seine Aggressivität gezählt wird. Die Erziehung habe auch das Unbelehrbare im Menschen zu berücksichtigen (vgl. *Kuckartz,* 1971, 143 ff.). Die Tiefenpsychologie hat nachgewiesen, daß unbewußte und irrationale Kräfte im Menschen am Werk sind, die, selbst wenn man sie verdrängt, nicht unwirksam werden. Das verstandeslogische Ich ist also nicht ungestört Herr im eigenen Hause und die Wirksamkeit einer nur rationalen Erziehung darf nicht überschätzt werden. Die kritische Gesellschaftstheorie zeigt auf, wie stark das Verhalten der Menschen von gesellschaftlich determinierten Vorurteilen und Ideologien bestimmt wird und wie schwierig es ist, solche interessengebundene Einstellungen rational aufzuklären. Die Entwicklungspsychologie belegt, daß Kinder zunächst weitgehend irrationale Wesen sind und daß ihre kognitiven Fähigkeiten erst durch langwierige Lernprozesse, die der erzieherischen Unterstützung bedürfen, hervorzubringen sind. Nur allmählich gelangen sie über verschiedene Entwicklungsstadien zum formal-logischen Denken. Aber auch dann spielen weiterhin noch vorrationale, intuitive und emotionale Formen des Weltinnewerdens und des sich äußernden Verhaltens eine wichtige Rolle, die von den Erziehern weder zu ignorieren noch völlig zu negieren sind, sondern — durch Lernhilfen unterstützt — soweit sie sich förderlich auswirken, der Kultivierung und, soweit sie gefährlich sind, der rationalen Regulierung bedürfen.
Ein *unkritischer und umfassender Rationalismus* bedarf aber auch deshalb der kritischen Relativierung, weil selbst mündige, kognitiv voll funktionsfähige Menschen *überfordert* sind, wenn man von ihnen erwartet, daß ihr gesamtes Handeln stets völlig rational und einsichtig erfolgt. Irrational-emotional bedingte Verhaltensweisen erweisen sich immer dann als notwendig, wenn eine kognitive Beurteilung und Ent-

scheidung in einer komplizierten und/oder rasches Agieren verlangenden Situation infolge ihrer Komplexität und/oder des Zeitdrucks nicht möglich sind. In solchen Fällen vermag die intuitiv-emotionale Einschätzung der Lage und ein gefühlsbestimmtes Verhalten für die Bewältigung der rational nicht zu meisternden Situation hilfreich zu sein. Gerade der moderne Mensch lebt in einer so dynamischen und komplizierten Welt, daß er, auch bei Ausschöpfung seiner Lernfähigkeit, überfordert und handlungsunfähig ist, wenn er alle für sein Verhalten erforderlichen Informationen und Orientierungen selbst unmittelbar einsichtig gewinnen bzw. wenn er auch nur die für ihn nötigen, durch andere vermittelten Informationen und Orientierungen vollständig kritisch-rational überprüfen sollte, weshalb auch in der Gegenwart die Bedeutung und Macht der Experten ständig zunimmt. Deshalb ist der Mensch immer wieder auf das letztlich irrational-emotional fundierte *Vertrauen* angewiesen, das, wie *Luhmann* (1973) in seiner soziologischen Analyse des Vertrauens nachweist, die Funktion einer „Reduktion sozialer Komplexität" erfüllt. Dadurch, daß der Vertrauende sich zwar nicht auf vollständige und objektiv bewiesene Informationen und Argumentationen stützt, diese aber für zureichend und glaubwürdig hält, bleibt er handlungsfähig, auch wenn es ihm an eigener, hinreichender Einsicht fehlt. Das Vertrauen kann jedoch als rein emotionale Einstellung leicht zur blinden und leichtsinnigen Vertrauensseligkeit entarten und mißbraucht werden. Im Unterschied zum naiven Vertrauen vermag das kritische Vertrauen aufgrund vorausgegangener Erfahrungen mit den betreffenden Personen und Institutionen sowie eines soweit wie möglich kritischen Abwägens und Prüfens rational gerechtfertigt zu werden. Solches dann nicht nur irrationale, sondern auch vernünftige Vertrauen bleibt zwar ebenfalls ein Wagnis, dessen Risiko aber rational minimalisiert und, gestützt auf emotionale Wertschätzung, bewußt eingegangen wird. Aber selbst bei skeptischer Kontrolle der Glaubwürdigkeit bleibt jene Verifizierung versagt, die als Gewißheit das Vertrauen überflüssig werden ließe. Das kritische Vertrauen ist, neben anderen möglichen Faktoren, eines der Fundamente für die erforderliche und legitime pädagogische Autorität. Bei ihr dürfen die zu Erziehenden nicht der blinden Autoritätshörigkeit verfallen, sondern sollen sich, soweit wie möglich, jener Gründe bewußt sein, die sie bestimmen, sich durch förderliche Lernhilfen ihrer Erzieher orientierend und regulierend beeinflussen zu lassen (vgl. zur näheren Charakterisierung, Fundierung und Legitimierung einer am Mündigwerden der zu Erziehenden interessierten Autorität: *Weber,* 1974b, 184 ff. und 271 ff.). Auch der mündige Erwachsene in einer demokratischen Gesellschaft kann, bei aller geforderten Skepsis und erforderlichen kritischen Rationalität, auf Vertrauen und Autorität nicht völlig verzichten (vgl. *Weber,* 1974b, 217 ff.; *Kielmansegg,* 1974). Zur Mündigkeit gehört deshalb nicht zuletzt auch das Wissen um die Grenzen der eigenen Kompetenz sowie die Fähigkeit und Bereitschaft, sich kompetenter und vertrauenswürdiger Beratungs- und Orientierungsinstanzen zu bedienen, um selbständig oder in Kooperation mit anderen persönliche und gemeinsame Interessen wahrnehmen und durchsetzen zu können. „Die Fähigkeit, ‚Autoritäten' zu wählen, ist Teil einer Rationalität, die sich ihrer Grenzen bewußt ist. Zudem lassen sich für eine solche Wahl selbst rationale Gesichtspunkte beibringen" (*Schmidt,* 1972, 136).

Die *Emotionalität* ist für den Menschen nicht nur bedeutsam, weil sie Unzulänglichkeiten der Rationalität zu kompensieren vermag. Sie ist vor allem auch deshalb zu kultivieren, weil sie dem Menschen *beglükkende Erlebnisbereicherung und Selbstdarstellung* ermöglicht *und* die *Voraussetzung für* sein *Werterleben* ist. „Emotionsloses Denken wäre wertgleichgültig" (*Petzelt,* 1954, 90). Eine umfassend und human verstandene Vernunft und Mündigkeit ist nicht wertindifferent, sondern an der Vermenschlichung des Lebens interessiert. Sie orientiert sich an jenen Ideen, die den Basiswerten des freiheitlichen und rechtsstaatlichen, demokratischen Ethos entsprechen, das in den Grundrechten des Menschen verankert ist. Eine verantwortliche, mündige Lebensführung erfordert *Ich-Identität und Ich-Stärke.* Sie *umfassen* außer ihren unverzichtbaren rationalen Komponenten *auch emotionale Momente,* z. B. eine von neurotischen Störungen freie emotionale Stabilität, insbesondere ein sicheres und gehobenes Selbstgefühl, aber auch Einfühlungsfähigkeit in die Interaktionspartner (Empathie), die Fähigkeit zum Aushalten von Widersprüchen und Konflikten sowie zum Ertragen des Aufschubs bzw. der Versagung von Bedürfniserfüllungen (Ambiguitäts- und Frustrationstoleranz) (vgl. dazu *Krappmann,* 1973; auch *Oerter* im vorliegenden Band S. 33 ff. und S. 45 ff.).

*Mündigkeit* verlangt also nach einer *Synthese von kritischer Rationalität und reifer Emotionalität.* Die Vernunft entspringt „einer Mischung von rationalem Denken und Gefühl. Wenn die beiden Funktionen auseinandergerissen werden, verkümmert das Denken zu einer schizoiden intellektuellen Aktivität und das Fühlen zu einer neurotischen, lebensschädigenden Leidenschaftlichkeit" (*Fromm,* 1971, 51). Gerade dann, wenn man die Führungsrolle der Rationalität im menschlichen Leben nicht preisgeben und alle seine rationalen Möglichkeiten voll ausschöpfen will, darf man die Emotionalität nicht verkümmern lassen, sondern muß beide in enger Verbindung miteinander optimal ausbilden. Wo man jegliches Handeln nur aus rationaler Begründung resultieren lassen will, liegt ein „Mißverständnis der Vernunft" gegenüber den „Emotionen" (oder „Affekten") vor, denn: „Ohne den Antrieb unserer Emotionen wären wir nicht lebendige Menschen, könnten wir weder handeln noch leiden, noch reden, noch denken. Das vernünftige Beraten und Überlegen kann und soll dafür sorgen, daß unser Handeln nicht aus ‚bloßen Emotionen', aus ‚blinden Affekten' hervorgeht" (*Kamlah,* 1973, 60). Rationalistische und irrationalistische Einseitigkeiten sind gleich gefährlich. Deshalb darf es *bei der Erziehung weder* zu einer *Vernachlässigung der rationalen noch* zu einer Geringschätzung *der emotionalen Fähigkeiten und Kräfte* kommen.

Über die Erziehung zur Rationalität, zum selbständigen, problemlösenden und kritischen Denken liegt bereits ein umfangreiches, neueres psychologisches und pädagogisches Schrifttum vor (vgl. z. B. *Weber,* 1974b, 262 ff.; *Skowronek,* 1968; *Roth,* 1971; *Ausubel,* 1974). Im folgenden soll deshalb — der vorliegenden speziellen Thematik entsprechend — nach den von der neueren psychologischen und pädagogischen Literatur wenig berücksichtigten Teilaufgaben einer emotionalen Erziehung gefragt werden, die z. T. auch als Affektbildung und Kultur der Affekte, Herzensbildung und Gemütsbildung bezeichnet wird und im engsten Zusammenhang mit der sozialen und moralischen Erziehung zu sehen und zu verwirklichen ist.

## 4.2 Spezielle Aufgaben der emotionalen Erziehung

Die emotionale Erziehung bzw. die Affektbildung wird in der Gegenwartspädagogik vernachlässigt und soweit man sich damit befaßt, geschieht dies — zumindest hierzulande — meist nur in sehr dürftiger, abstrakter und prinzipieller Weise (vgl. *Feldmann-Duda & Feldmann,* 1972, 19 ff.). Man erkennt zwar z. T. die Wichtigkeit der emotionalen Erziehung an, verweist aber auch auf ihre enorme Schwierigkeit, was die zwei folgenden Zitate von *H. Roth* und *A. Mitscherlich* belegen sollen, die beide etwas näher auf die Affektbildung eingegangen sind: „Die Kultivierung der affektiven Seite des Menschen ist eine der zentralsten Aufgaben der Erziehung" (*Roth,* 1971, 330) — und „Die Kultur der Affekte ist das eigentlich schwerste Bildungsziel" (*Mitscherlich,* 1963, 41).

*A. Mitscherlich* unterscheidet die Affektbildung von der eng damit verbundenen aber nicht mit ihr identischen Sozialbildung sowie von der Sachbildung im Sinne „der intellektuellen Fähigkeiten des Erlernens von Sachwissen“ (*Mitscherlich,* 1963, 32). Aus tiefenpsychologischer Sicht bezeichnet er die *Affektbildung* als „Kultiviertheit eines Menschen“. „Er soll sich in dem von seiner Kultur vorgeschriebenen Verhaltensstil und dennoch persönlich ausdrücken können ... Ein solcher Mensch will wissen, wie er ist, wie er sich verhält, wenn er erregt ist; er will auch in der Erregung ein Gefühl für den Partner behalten. In den Affekten erfahren wir innere Triebregungen im Zusammenspiel oder im Zusammenprall mit den Objekten der Außenwelt, die zur Milderung der Triebspannung verhelfen können. Wir sind gierig, hungrig, zornig, liebesverlangend. Diese inneren Gestimmtheiten entsprechen unseren in diesem Augenblick ungesättigten Triebwünschen. Wie verhelfen wir solchen Wünschen zur Befriedigung? Dafür gibt es kein arteigenes, angeborenes Verhaltensmuster wie bei den sozial lebenden Tieren, sondern unser Verhalten wird gruppenspezifisch nach affektiven Verhaltensmustern bestimmt“ (*Mitscherlich,* 1963, 36 f.). Diese an Affekte geknüpften kulturspezifischen Verhaltensweisen, die dem Menschen anerzogen werden, sind ungesichert und konfliktträchtig. Die sozialen Normen, gerade auch die verinnerlichten, verlangen uns von früher Kindheit an zahlreiche Verzichte in bezug auf die Befriedigung unserer triebhaften und emotionalen Bedürfnisse ab. Insbesondere die autoritäre Erziehung (vgl. *Weber,* 1974b, 16 f. und 19 ff.) mit ihren rigiden Repressionen und Tabuisierungen verhindert die Aufarbeitung von Triebspannungen und Konflikten, bewirkt kritiklose Überanpassung, ängstliche Unsicherheit und unerträgliche Schuldgefühle, bringt aber auch heuchlerische Doppelmoral mit sich und löst aggressive Abreaktionen aus, die sich gegen „Sündenböcke“ richten. Die zur unbewußten Wirksamkeit gezwungenen Triebregungen und die durch sie unbewußt arrangierten Scheinbegründungen gilt es durch „kritische Ichleistungen“ aufzuklären und in mitmenschlich akzeptables Handeln umzusetzen. Emotionale Erziehung will deshalb dem einzelnen helfen, zu lernen, „daß man mit den Triebanlagen sozial angepaßt umgehen muß, um in einer kulturell erträglichen Weise leben zu können. Nur unter dieser Voraussetzung kann langsam aus Aggressivität, das heißt ‚blindem‘, sozial nicht geprägtem Drang, Aktivität in gekonnter Leistung werden, aus purem Sexualdrang eine liebende mitmenschliche Beziehung“ (*Mitscherlich,* 1963, 40 f.). Affektbildung ist „Einübung der Kontrolle

über unsere Triebregungen im Miteinander des sozialen Lebens" (*Mitscherlich*, 1963, 115). Sie zielt dementsprechend darauf ab, „daß die Konflikte zwischen den unausweichlichen inneren Drangerlebnissen und den sozialen Normen gemildert werden, daß wir eine innere Toleranz für den Umgang mit Konflikten entwickeln" (*Mitscherlich*, 1963, 41), was Selbsteinsicht voraussetzt. „Der Grad unserer Selbsteinsicht ist um so höher, je weniger es unseren Affekten gelingt, am Ich vorbeizulaufen und damit direkten Einfluß auf Urteilsbildung und Handlung zu gewinnen. Soweit die Integrationskraft des Ichs reicht, verliert man den Kopf nicht, das heißt, man vermag sich in seinem Verhalten treuzubleiben, wie unterschiedlich und erregend die Lebenslagen auch sein mögen, in denen man sich befindet. Identität ist also Stabilität sowohl des sozialen Verhaltens als auch der Selbsteinsicht" (*Mitscherlich*, 1963, 115). Im Anschluß an *A. Mitscherlich* schreibt *H. Scheuerl* zusammenfassend: „Aufgabe der Affektbildung und der emotionalen Erziehung wäre es demnach, eine kritische und individuelle Bearbeitung der Konflikte anzubahnen, die das Aufeinanderstoßen von Triebansprüchen und sozialer Realität auslöst, und außerdem affektive Befriedigung und positive Erfahrungen im Gefühlsbereich zu gewähren oder zu erschließen. Das sich seiner Affekte und Konflikte bewußte Ich, dem auch Befriedigungen gewährt werden, bleibt offen für neue Erfahrungen; es erhält sich mit der kindlichen Neugierhaltung auch die Bereitschaft, offene, mehrdeutige und ambivalente Situationen und Problemanlagen wahrzunehmen und sich von ihnen zu produktivem Denken und kreativen Verhalten anregen zu lassen" (*Scheuerl*, 1970, 677).
Eine vor allem aus psychoanalytischer Sicht konzipierte Affektbildung sieht, von ihrem therapeutischen Ansatz her, die Hauptaufgabe der emotionalen Erziehung in der Vermeidung bzw. in der Überwindung von Störungen und Fehlentwicklungen im affektiv-emotionalen Bereich. So wichtig dieser Aspekt für die Ermöglichung eines zufriedenen individuellen Lebens und für die Humanisierung des Zusammenlebens auch ist, bedarf er doch der Ausweitung im Hinblick auf eine *umfassende Kultivierung des Emotionalbereichs*. Sie darf sich nicht nur damit begnügen, Gefährdungen und Konflikte des affektiven Bereichs zu verhindern und zu verringern, sondern hat auch die Aufgabe, die Verwirklichung der positiven Möglichkeiten menschlicher Emotionalität zu fördern, d. h. ihre für das gesamte Leben bedeutsamen, fundierenden und haltgebenden, wertfühlenden und verbindenden, erlebnisbereichernden und beglückenden Potenzen zu aktualisieren und kultivieren.

Im Rahmen einer derart umfassend verstandenen emotionalen Erziehung lassen sich folgende theoretisch nicht scharf zu trennende sowie praktisch unlösbar miteinander verbundene Teilaufgaben unterscheiden, die hier lediglich umgangssprachlich und nur sehr grob charakterisiert werden können. Sie sollten — soweit möglich — noch differenziert und in operationalisierte Lernziele umgesetzt werden, wie dies für den affektiven Bereich bereits versucht worden ist (durch *Krathwohl, Bloom & Masia,* 1964; vgl. dazu den Beitrag von *L. Mauermann* im vorliegenden Band). Eine umfassende, die Ambivalenz der Emotionalität berücksichtigende emotionale Erziehung hat jene Lernhilfen zu bieten, die erforderlich sind, damit der einzelne bereit und fähig wird, seine Emotionen zu sensibilisieren, zu differenzieren, zu stabilisieren und zu kontrollieren.

Eine erste Teilaufgabe der emotionalen Erziehung ist die *Sensibilisierung der Emotionalität.* Damit meint man eine Steigerung der Gefühlsansprechbarkeit, der Feinfühligkeit und Einfühlungsfähigkeit. Wenngleich die emotionale Potenz und Sensibilität auch genetisch unterschiedlich disponiert zu sein scheint, spricht doch viel dafür, daß ihre Ausprägung, also ihre Verkümmerung bzw. Verfeinerung nicht unwesentlich durch die individuelle Lebensgeschichte, insbesondere durch die frühkindlichen emotionalen Erfahrungen erfolgt, also durch Lernprozesse, die durch Erziehung in positiver Richtung unterstützt werden können (vgl. *Ewert,* 1965, 264 ff.). Aus der Sicht der pädagogischen Anthropologie „ist die Verfeinerung des Gefühlslebens die Voraussetzung für alles Werterleben, ja die seismographische Empfindlichkeit unserer Gefühle ist geradezu die Voraussetzung für alle feinere Wertansprechbarkeit“ (*Roth,* 1971, 330). Die emotionale Sensibilität ist vor allem in sozialer Hinsicht bedeutsam. Deshalb identifizieren manche Autoren die emotionale Erziehung bzw. die Affektbildung mit den Hilfen beim Erlernen der Einfühlungsfähigkeit, die wiederum das Verstehen der eigenen Emotionalität voraussetzt. Affektbildung wird dann definiert als „das Lehren der Fähigkeit des Verstehens eigener, und der Einfühlung in fremde Gefühle bzw. Gefühlsäußerungen“ und ergänzend zur Wissensbildung in der Schule gefordert (*Schraml,* 1974, 182). Diese emotionale Sensibilisierung und Steigerung der Einfühlungsfähigkeit stellt sich nicht als funktionaler Nebeneffekt der Wissensvermittlung ein und läßt sich auch nicht in derselben Weise lehren wie z. B. Erdkunde oder Grammatik. Sie ist jedoch intentional anzustreben dadurch, daß man entsprechende Ereignisse im Schulalltag zum Anlaß nimmt, „das Verständnis für eigenes oder fremdes Seelisches anzusprechen. So ist es z. B. sehr hilfreich, den Schüler bei einem Zornesausbruch dazu zu bringen, nach dem Anlaß zu diesem Zornesausbruch zu forschen und über das Motiv nachzudenken. Ebenso dient es der Affekt- bzw. Sozialbildung, die Motive zu erkennen, die einen Schüler zur Ablehnung eines Mitschülers brachten. Das Einfühlen in das Denken oder Handeln der anderen ist ein wichtiges Element zur Vermeidung von Aggressionen gegenüber Fremdem und Fremden" (*Schraml*, 1974, 182). Familie und Schule müssen einen Ausgleich finden zwischen einer humanen Leistungserziehung (vgl. *Weber*, 1974b, 102 ff.; *Klafki*, 1974, 73 ff.) und „dem ebenso wichtigen Anspruch, soziale Kontaktfähigkeit, Kooperation, Teamarbeit, Einfühlungsfähigkeit (affiliation) und Empathie zu entwickeln" (*Roth*, 1971, 507). Vor allem aber sollte sich der Lehrer selbst um verständnisvolle Einfühlung in seine Schüler und deren Bedürfnisse bemühen. „Diese Empathie erlaubt es dem Erwachsenen, die unvermeidlichen Forderungen und Verbote für das Erleben der Kinder auszugleichen und zugleich die eigene affektive Erregtheit zu kontrollieren" (*Mitscherlich*, 1963, 192). Dadurch wird nicht nur die „pädagogische Atmosphäre" entspannter und erfreulicher, sondern für die zu Erziehenden wird dann auch in emotionaler Hinsicht die Möglichkeit zu einem wünschenswerten Imitationslernen sowie zur Identifikation mit dem Erzieher gewonnen.

Eine zweite Teilaufgabe der emotionalen Erziehung ist es, die *Differenzierung der Emotionalität* zu fördern. Unter emotionaler Differenzierung versteht man einen Ausgliederungsprozeß, der aus zunächst komplexen und diffusen fortschreitend spezifischere und prägnantere, also zunehmend verschiedenartige, subtiler zu unterscheidende und nuanciertere emotional-affektive Phänomene hervorbringt. Dadurch entfaltet sich eine immer reichhaltigere Skala von Erlebnisqualitäten, die unsere Gefühlswelt ausmachen. Diese Ausdifferenzierung der Emotionalität geht von undifferenzierten Erregungszuständen aus, die zunächst nach Lust und Unlust akzentuiert und dann nach jeder Seite wieder in spezifischere affektive Erlebnisse ausgegliedert werden, bei der Unlustdimension z. B. in Abscheu, Furcht und Ärger. Die emotionale Differenzierung wurde von der Entwicklungspsychologie näher untersucht (z. B. von *Bridges*, 1932; *Keilhacker*, 1950; *Ewert*, 1965, 259 ff.; vgl. den Beitrag von *R. Oerter* im vorliegenden Band). Dabei wurde nachgewiesen, wie sich aus den anfänglich nur empfindungsbedingten, leibnahen und vitalen Gefühlen allmählich soziale und persönlichkeitsbedingte, sog. „höhere" Gefühle ausdifferenzieren (vgl.

*Rohracher,* 1953, 427 ff.). Die moderne Entwicklungspsychologie interpretiert diesen Differenzierungsvorgang nicht als primär genetisch programmierte Reifung, sondern vor allem als Lernprozeß, der durch die Sozialisation und Erziehung entscheidend beeinflußt wird, wofür auch die kulturspezifischen Ausprägungen der emotionalen Erlebnisse sprechen. „Die Gefühle entfalten sich nicht nur als Anzeichen der Erfüllung oder Nichterfüllung der Bedürfnisse, Interessen, Aktivitäten usw. Sie sind nicht nur ‚Begleiter der Antriebe', sondern sie scheinen auch die gesamte Gleichgewichtslage zwischen Mensch und Welt, innerer und äußerer Lage, anzuzeigen. Sie wachsen nicht nur unseren Bedürfnissen nach, sondern auch unseren Erfahrungen, Erkenntnissen usw." (*Roth,* 1971, 322). Insofern lassen sie sich auch kognitiv beeinflussen, was insbesondere schulpädagogisch bedeutsam ist. „Die Gefühle scheinen sich im Normalfall mit den Kräften und Fähigkeiten, die wir entwickeln, mitzuentwickeln." Beim mündigen Menschen reagieren deshalb die Gefühle nicht nur wertanzeigend auf die elementaren Bedürfnisse, „sondern ebenso auf die Erfüllung und Nichterfüllung ästhetischer, sprachlicher, logischer, ethischer und anderer sogenannter ‚geistiger Bedürfnisse' " (*Roth,* 1971, 320), die erst im Laufe der individuellen Lerngeschichte, unterstützt durch Lernhilfen, entstehen. Dabei spielt die sprachliche Identifikation, Artikulation und Interpretation des emotional Erlebten eine wichtige Rolle (vgl. dazu den Beitrag von *H. Domke* im vorliegenden Band).

Eine dritte Teilaufgabe der emotionalen Erziehung stellt die *Stabilisierung der Emotionalität* dar. Die stabile Emotionalität ist das Gegenteil einer labilen, leicht störbaren, im extremen Fall der neurotischen Emotionalität, also die Fähigkeit, auch negative emotionale Erlebnisse zu ertragen, ohne abnorm zu reagieren. Emotionale Stabilität deckt sich weithin mit der Potenz, unangenehme Spannungen, Widersprüche und Konflikte sowie schmerzliche Versagungen und Verzichte durchzustehen und diese, wenn möglich, sogar konstruktiv zu verarbeiten. Die Erziehung zur emotionalen Stabilität entspricht also weitgehend den Lernhilfen beim Aufbau der Ambiguitäts- und Frustrationstoleranz (zur Verwirklichung einer Erziehung zur Frustrationstoleranz vgl. *Weber,* 1974b, 275 ff.). Sie setzen ein sicheres, positives Selbstgefühl voraus, das durch das sozial vermittelte „Urvertrauen" und die Erfahrung der emotionalen Annahme und Bestätigung fundiert (vgl. S. 91 f.) sowie durch Erfolgserlebnisse und Ermutigung stabilisiert wird. Die emotionale Stabilisierung wird dort nicht erreicht, wo ein Kind in keiner wohlwollenden pädagogischen Atmosphäre aufwächst, in seiner emotionalen Belastbarkeit — z. B. durch permanente Konflikte zwischen den Eltern — überfordert und immer wieder durch Mißerfolgserfahrungen entmutigt wird sowie infolge repressiver und autoritärer Erziehung auch seine berechtigten Bedürfnisse nicht befriedigen kann und keine Gelegenheit zur Selbstdarstellung und zum befreienden emotionalen Ausdruck erhält. Emotionale Stabilität ist eine Voraussetzung für Ich-Identität, ein Ausdruck von Ich-Stärke, also ein wichtiger Faktor für eine mündige Lebensführung.

Als vierte Teilaufgabe der emotionalen Erziehung sei noch die Anleitung zur verantwortlichen, kritisch-rationalen *Kontrollierung der Emotionalität* genannt. Da blinde Emotionen und ungezügelte Affekte das individuelle und soziale Leben auch belasten und gefährden können, müssen sie von der Vernunft unter Kontrolle gebracht, in einem mitmenschlich akzeptablen Sinne reguliert werden, wovon im Zusammenhang mit dem von *A. Mitscherlich* vertretenen Konzept der Affektbildung bereits die Rede war (vgl. S. 108 f.). Diese Kontrolle und Regelung darf nicht als totale Verneinung, repressive Unterdrückung und unaufgeklärte Verdrängung der emotionalen und affektiven Bedürfnisse und Kräfte mißverstanden werden. Es kommt vielmehr darauf an, daß sich der Mensch seiner Gefühle und Affekte bewußt wird, daß er es lernt, sie auch sprachlich-begrifflich zu fassen, wodurch es möglich wird, sie zu klären und zu bewerten, ein Vorgang, der durch Erziehung, auch in den Schulen, unterstützt werden kann und soll.
Gefühle sind für den mündigen Menschen „ein Anlaß, sich über seine wertende Einstellung Klarheit zu verschaffen, z. B. also gewisse Gefühle als Neid, Eifersucht, Angst usw. zu erkennen, um sie zu bejahen oder zu verneinen, d. h. ihnen auch rational und willentlich zuzustimmen oder sich ihrer doch mitunter zu schämen“ (*Roth,* 1971, 321). Wenn man auch anzuerkennen bereit ist, daß es beglückende Leidenschaften und edle Affekte gibt, wie z. B. die „große Liebe“ oder den „heiligen Zorn“, die sogar produktiv zu sein vermögen, so sollten die Affekte doch nicht unkontrolliert bleiben, da sie sonst den Menschen in jene Vermessenheit fortreißen, an deren Ende oft die eigene Vernichtung oder die der anderen steht. Deshalb darf sich der Mensch von den Affekten nicht überwältigen lassen, sondern muß „ihnen gegenüber die innere Freiheit bewahren, indem er sie durch die überlegene Kraft

der Vernunft zu bändigen weiß" (*Bollnow*, 1962, 49). Der Entwicklungsgang des Menschenkindes wird von den verschiedenen Sozialisationstheorien übereinstimmend als ein Lernprozeß interpretiert, durch den die zunächst ungezähmten Motivationen und Emotionen „schrittweise zu einer kontrollierteren und reiferen Ausdrucksform verfeinert und zivilisiert werden" (*Baldwin*, 1974, 2 Bd., 326). Deshalb ist es auch pädagogisch unvertretbar, wenn man in Hoffnung auf die als unhaltbar nachgewiesene „Katharsis-Hypothese", z. B. in extremen Fällen antiautoritärer Erziehung, den Kindern ein ungezügeltes Ausleben ihrer Affekte, auch solche aggressiver Art, gestattet, weil eine derart permissive Erziehung, wie die Erfahrung zeigt, keine emotionale Entlastung und Beruhigung für die Kinder bringt, sondern vermehrte und gesteigerte Entladungen der ungehemmten Affekte nach sich zieht und im Chaos endet (vgl. *Weber*, 1974b, 57 ff.). Allerdings darf dieser Hinweis nicht als Forderung nach autoritärer und repressiver Erziehung restaurativ fehlgedeutet werden. Nötig ist vielmehr eine Erziehung, die weder autoritär noch antiautoritär pervertiert, sondern im liberal-aufklärerischen, emanzipatorischen Sinne an der Förderung individueller und gesellschaftlicher Mündigkeit interessiert ist, die neben einer kritischen Rationalität auch auf emotionale Reife angewiesen ist.
Emotionale Reife läßt sich — im Sinne der vorausgegangenen Charakterisierungen — umschreiben als sensible, differenzierte, stabilisierte und kontrollierte Emotionalität. Im folgenden soll noch angedeutet werden, welche Möglichkeiten bestehen, die erforderliche Sensibilität, Differenziertheit, Stabilität und Kontrolle des emotional-affektiven Bereichs durch Lernprozesse und die sie unterstützenden Lernhilfen zu erreichen.

## 4.3 Lernprozesse und Lernhilfen im emotionalen Bereich

Es wird immer wieder die Befürchtung geäußert, daß der emotional-affektive Bereich keiner Erziehung zugänglich oder doch durch Lernhilfen kaum zu verändern sei. Diese Annahmen kommen einer Kapitulation vor den irrationalen Mächten gleich, „die dem menschlichen Zusammenleben die härtesten Probleme aufgeben. Wenn die Erziehung an der Erziehung der Affekte scheitert, scheitert sie an den Kräften, die die Welt sowohl beleben als auch bedrohen" (*Roth*, 1971, 319).
Die weit verbreitete Auffassung, daß die Emotionalität und Affektivität

eines Menschen als Ausdruck seines ererbten Naturells und angeborenen Temperaments unbeeinflußbar hinzunehmen sei, ist unhaltbar. Zahlreiche tier- und humanpsychologische Befunde sprechen dafür, daß unsere Grundstimmungen sowie die Gefühls- und Affektansprechbarkeit zwar genetisch verwurzelt sind, jedoch ihre jeweils spezifische Ausprägung durch Umwelteinflüsse, also auch durch solche der Erziehung, möglich ist (vgl. *Ewert,* 1965, 264 ff.). In der modernen Entwicklungspsychologie vertritt man z. T. sogar die Überzeugung, „daß die emotionalen Verhaltensweisen überwiegend eine Folge des Lernens sind" (*Hurlock,* 1970, 212). Wenn die Emotionen auch biogenetisch verwurzelt sind, so ist ihre konkrete Entwicklung doch wesentlich von Milieufaktoren, insbesondere von Sozialisationseinflüssen abhängig und durch Erziehung kultivierbar. Es stellt sich damit die pädagogisch bedeutsame Frage, wie das emotionale Lernen stattfindet und wie es sich durch Lernhilfen fördern läßt. Beim gegenwärtigen Kenntnisstand darf der Erzieher keine umfassende, detaillierte und fundierte Theorie des emotionalen Lernens und der emotionalen Erziehung erwarten. Selbst kompetente Fachleute müssen sich diesbezüglich immer noch mit der bescheidenen Feststellung begnügen: „Gefühle sind also ebenso lernbar wie andere Fähigkeiten und Fertigkeiten, wenn uns auch die Lernprozesse, die sie aufbauen und abbauen, weniger bekannt sind" (*Roth,* 1971, 324). Deshalb kann auch im folgenden nur versucht werden, einige Befunde über das emotionale Lernen zu referieren sowie auf deren Bedeutung für die Erziehung hinzuweisen, wobei die Darstellung den verschiedenen lerntheoretischen Ansätzen folgt.

*Emotionales Lernen* kann sich *als konditionierendes Lernen* ereignen. Beim klassischen Konditionieren im Sinne des Signallernens wird — wie in Pawlows berühmtem Experiment — ein ursprünglich neutraler Reiz (z. B. ein Klingelzeichen) durch wiederholte gleichzeitige bzw. fast gleichzeitige Darbietung mit einem unbedingten Reiz (z. B. Futter), der eine unbedingte Reaktion (z. B. Speichelsekretion) auslöst, so konditioniert, daß er dann auch für sich allein (z. B. nur das Klingelzeichen ohne Futter) die gleiche, nun aber bedingte Reaktion (= konditioniertes Verhalten) bewirkt. Analog lassen sich neutrale Reize, wenn sie in enger zeitlicher Verbindung mit einem Reiz verknüpft werden, der imstande ist, Emotionen zu evozieren, zu emotionalen Reizen umformen. Auf diese Weise können Gegenstände, Tiere, Personen und Situationen, die zuerst keine Emotionen auslösten, als Folge eines Konditionierungsprozesses emotionale Reaktionen hervorrufen, wie das bekannte, moralisch fragwürdige Experiment von *J. B. Watson,* über das vielfach berichtet wurde, belegt (*Watson & Rayner,* 1920, 1 ff.; vgl. z. B. *Bredenkamp & Bredenkamp,* 1973, 82 ff.; *Mietzel,* 1973, 177 ff.; *Reykowski,* 1973, 98 ff.; vgl. dazu auch *R. Oerter* im vorliegenden Band, S. 55 ff.). Dem 9 Monate alten Jungen Albert, der zunächst weißen Ratten und Kaninchen gegenüber nur positive Reaktionen zeigte, wurde im Verlauf dieses Experimentes durch mehrmalige Auslösung lauter Geräusche, sobald er seine Hand nach dem Kaninchen ausstreckte, Furcht eingeflößt, die sich dann auch ohne den anfänglich furchtauslösenden Lärm einstellte, sobald Albert nur ein Kaninchen sah. Derart konditionierte Emotionen werden auch auf andere Lebewesen, Objekte und Situationen übertragen, wenn sie jenen ähnlich sind, mit denen die Emotionen assoziiert wurden. Dieser als Generalisierung bezeichnete Vorgang bewirkte, daß Albert im berichteten Experiment dann auch Furcht vor Hunden, Katzen, ja sogar vor Pelzen und Watte zeigte. Die Genese vieler emotionaler Reaktionen läßt sich mit diesem lerntheoretischen Konzept erklären. Vor allem in der frühen Kindheit finden zahlreiche emotionale Konditionierungen statt, die Generalisierungen auslösen. So kann sich z. B. die bei einer Zahnbehandlung konditionierte Furcht vor dem Arzt auch auf andere Menschen in weißen Kitteln, etwa einen Friseur, ausdehnen. Manche Schüler haben z. B. deshalb Angstgefühle vor Lehrern, weil sie etwa mit dem Vater oder einer anderen Autoritätsperson schlechte Erfahrungen gemacht hatten oder sie fürchten sich, obwohl sie gelernt haben und ihre Aufgaben beherrschen, unbegründet vor Examen, weil für sie frühere Prüfungssituationen mit unangenehmen Erlebnissen verbunden waren. Auf ähnliche Weise können vermutlich viele irrationale Ängste auf frühkindliche emotionale Konditionierung zurückgeführt werden. Aber auch positiv erlebte Emotionen können konditioniert werden. „Wenn z. B. ein Kind bei der Auseinandersetzung mit den Unterrichtsproblemen im allgemeinen Erfolge und die sozialen Kontakte in der Klasse als befriedigend erlebt, wird sich die Tendenz zeigen, diese positiven Gefühle mit der Schule, den Lehrern und den von ihnen angebotenen Sachproblemen zu verbinden" (*Mietzel,* 1973, 179). Abneigungen und Vorlieben (auch Vorurteile) gegenüber bestimmten Phänomenen können als generalisierte und relativ konstante emotionale Reaktionen verstanden werden (vgl. *Hurlock,* 1970, 211). Die Sympathie der Amerikaner dem Jazz gegenüber läßt sich als Konditionierung durch diese Musik von frühester Kindheit an interpretieren (*Babkin,* 1950).

Es ist aber auch möglich, konditionierte emotionale Reaktionen wieder abzubauen oder zu ändern. So hat man z. B. in Fortführung des bereits erwähnten Experiments von *J. B. Watson* bei einem Kleinkind, das sich vor Kaninchen fürchtete, diese Furcht durch Umkonditionierung überwunden. Es genügte allerdings nicht, diese Tiere nur längere Zeit aus der Umgebung des Kindes zu entfernen. Erfolg hatte jedoch eine direkte Konditionierung, bei der man das Kaninchen zunächst aus weiter Entfernung zeigte und von Tag zu Tag näher an das Kind heranbrachte, wobei es gleichzeitig etwas zu essen bekam, das es gerne mochte. Auf diese Weise gelang es allmählich, die Furcht zu überwinden und das Kind sogar zum Spielen mit dem Kaninchen zu veranlassen (vgl. *Jones,* 1924a, 308 ff. und 1924b, 382 ff.; vgl. dazu auch *Smith & Hudgins,* 1972, 2. Bd., 550 ff.; *Reykowski,* 1973, 100 ff.). Aber auch die soziale Nachahmung, d. h. die Beobachtung gleichaltriger Kinder, die ohne Frucht mit Kaninchen spielten, erwies sich als wirksam beim Bemühen um Abbau der Furcht. Das geschilderte Vorgehen entspricht dem Konzept der sog. „Gegenkonditionierung", einem Verfahren, das neuerdings in der sog. „Verhaltenstherapie" häufig verwendet wird.

Zur emotionalen Konditionierung kommt es nicht nur mit konkreten, realen Sachverhalten, sondern auch mit Symbolen, insbesondere mit solchen sprachlicher Art. So werden, wie Experimente belegen, bestimmte Wörter, die aufgrund vorausgegangener Erfahrungen emotional getönte Phänomene bezeichnen, ebenfalls mit entsprechenden Emotionen assoziiert (vgl. dazu *Reykowski,* 1973, 106 ff. sowie die Ausführungen von *R. Oerter* über die semantische Konditionierung im vorliegenden Band S. 57 ff.).

Werbung und Propaganda, aber auch Dressur und dressurähnliche Formen der Erziehung (vgl. *Weber,* 1974b, 197 ff., 254 ff. u. 298 ff.) arbeiten bei ihrem Bemühen, das Verhalten zu beeinflussen, mit emotionaler Konditionierung. So versucht man z. B. durch Belohnung und Bestrafung, also durch Lust-Unlust-Balance, d. h. durch die Zufuhr von angenehmen oder unangenehmen Reizen, die auch durch entsprechende sprachliche Äußerungen erfolgen kann, erwünschte Verhaltensweisen zu disponieren. Selbst bei der Internalisierung derart vermittelter Verhaltensmuster gewinnen diese ihre kontrollierende und regulierende Kraft aus den in entsprechenden Situationen erlebten Gefühlen der Schuld bzw. der Anerkennung, die hier als verinnerlichte, selbst veranlaßte Bestrafungen bzw. Belohnungen interpretiert werden können.

Wenn die Konditionierung im Emotionalbereich auch eine große Rolle spielt, so lassen sich doch nicht alle Emotionen durch konditionierendes Lernen erklären. Außer dem Beobachtungslernen, das allerdings meist mit dem konditionierenden Lernen eng verbunden ist, darf die Bedeutung kognitiver Tätigkeiten für die Entstehung und Veränderung von Emotionen nicht unterschätzt werden.

*Emotionales Lernen* kommt häufig *als Beobachtungslernen* zustande, das mitunter synonym als Modellernen bzw. Imitations- und Identifikationslernen bezeichnet wird. Darunter versteht man, daß ein Individuum Verhaltensweisen anderer Menschen beobachtet und nachahmt, d. h. daß es auf diese Weise eine im eigenen Repertoire noch nicht verfügbar gewesene Verhaltensweise erwirbt bzw. schon vorhandene verstärkt oder vermindert. Die Aneignung imitierter Verhaltensweisen, die besonders rasch und effizient erfolgt, kann dadurch erklärt werden, daß bei deren Wahrnehmung im Beobachtenden physiologische Erregungsvorgänge stattfinden, die den bei der Ausführung des betreffenden Verhaltens ähnlich sind und/oder daß das imitierte Verhalten beim Modell in irgendeiner Form belohnt wurde (vgl. *Tausch & Tausch,* 1971, 49 ff.; *Bandura & Walters,* 1963; *Weber, Domke & Gehlert,* 1974, 53 ff.). Von Imitation und Identifikation, bei denen wir es mit Formen sozialen Lernens zu tun haben, wird häufig gleichsinnig gesprochen. Wo man die Bedeutung beider Begriffe voneinander abhebt, kann man, was jedoch nicht immer vollständig geschieht, folgende Merkmale zur Unterscheidung verwenden. Mit dem Terminus Imitation, der vor allem in der experimentellen Lernpsychologie gebräuchlich ist, meint man die Nachahmung einzelner, partieller, peripherer Verhaltensfiguren, wobei das Modell, dessen Verhalten imitiert wird, präsent sein muß, sei es durch unmittelbare Anwesenheit oder durch anschauliche Vermittlung (z. B. mit Hilfe eines Films). Mit dem Terminus Identifikation, der vor allem in psychoanalytisch orientierten Persönlichkeitstheorien gebräuchlich ist, meint man die Übernahme umfassender Verhaltenskomplexe samt der Verinnerlichung der sie fundierenden Einstellungen, wobei das Modell nicht immer selbst präsent sein muß, sondern die Angleichung des Verhaltens auch durch ein vorstellungsmäßiges Sich-Hineinversetzen in das Vorbild gelingt. Im Zusammenhang mit Identifikationsvorgängen kommt es auch zur Imitation, aber nicht jede Imitation muß mit Identifikation verbunden sein. Sowohl bei der Imitation als auch bei der Identifikation spielen emotionale Momente eine entscheidende Rolle. „Personen, die für jemand einen emotionalen Wert darstellen, wecken eine Tendenz zur Imitation und führen dadurch zur Schaffung einer neuen emotionalen Reaktion" (*Reykowski,* 1973, 101). Unter Identifikation versteht man ein Lernen, „das den Lernenden, getragen von sympathetischer Einfühlung, veranlaßt, sich mit seiner gesamten Lebensorientierung nach der Person des geliebten oder verehrten Vorbildmodells zu richten"

(*Roth,* 1971, 487). *S. Freud* bezeichnete die Identifizierung als „Mechanismus der Gefühlsbindung" (*Freud,* 1969, 113).

Imitation und Identifikation sind aber nicht nur emotional fundiert, sondern bringen auch Emotionen hervor. „Emotionale Reaktionen auf bestimmte Situationen können gelernt werden, indem man andere beobachtet. Das Kind ahmt das emotionale Verhalten nach, das es bei anderen sieht, und reagiert in emotionaler Weise auf Situationen, die ihm vorher keine emotionalen Reaktionen entlocken konnten" (*Hurlock,* 1970, 211). Diese Lernprozesse kennen wir unter den Bezeichnungen „Gefühlsansteckung" und „Gefühlsübertragung". Durch Identifikation werden im affektiven Bereich auch Überzeugungs- und Wertsysteme übernommen. „Die Identifikation mit den Forderungen und Normen der Umwelt erfolgt charakteristischerweise derart, daß das Individuum die übernommenen Wertgeltungen als eigenen Besitz ansieht, der nichts mit Umwelteinflüssen zu tun hat" (*Oerter,* 1972, 270). Das Beobachtungslernen im emotionalen Bereich läßt die pädagogische Verantwortung deutlich werden, unter der Eltern, Erzieher und Lehrer stehen, hinsichtlich ihrer emotionalen und affektiven Äußerungen, insbesondere im Umgang mit Kindern und Jugendlichen. So überträgt z. B. eine Mutter, die bei Gewitter Aufgeregtheit und Ängstlichkeit zeigt, die eigene Furcht auf ihr Kind, während eine Mutter, die selbst ruhig bleibt und ihr von Blitz und Donner verstörtes Kind auf den Arm nimmt, besänftigend mit ihm spricht und es anlächelt, diesem ein Gefühl der Geborgenheit vermittelt. In der Pädagogik weiß man seit langem schon um die Bedeutung und Wirksamkeit von Beispiel und Vorbild, gerade auch in bezug auf die moralische Erziehung. Es gibt inzwischen zahlreiche, erfahrungswissenschaftlich gesicherte Befunde, die das emotionale und affektive Modellernen belegen. Im folgenden kann nur auf einige dieser Untersuchungen kurz hingewiesen werden (vgl. dazu die zusammenfassenden Berichte bei *Tausch & Tausch,* 1971, 57 ff.). So entdeckte man z. B. einen starken Zusammenhang zwischen der Anzahl und der Eigenart von Furchtreaktionen bei Müttern und ihren Kindern im Vorschulalter (*Hagman,* 1932, 110 ff.). *Bandura, Grusec & Menlove* (1967, 16 ff.) teilten Kindergartenkinder, deren Ausmaß an Angst sie vorher ermittelt hatten, zufällig 4 Gruppen zu, die an vier aufeinander folgenden Tagen an insgesamt acht 10-Minuten-Sitzungen teilnahmen. In Gruppe I und Gruppe II konnten sie dabei ein etwa gleichaltriges Kind (Modell) beim furchtlosen, immer zutraulicher werdenden Umgang mit einem Hund jeweils drei Minuten lang beobachten. In der Gruppe I geschah dies in einer fröhlichen Party-Atmosphäre, in Gruppe II in einer neutralen Atmosphäre. Gruppe III beobachtete lediglich den Hund ohne kindliches Verhaltensmodell. Die Gruppe IV nahm nur gleichlang an fröhlichen Aktivitäten teil, ohne diesen Hund und ein mit ihm spielendes Kind beobachten zu können. Nach Ende des Experiments und im Abstand von einem Monat konnte durch einen unwissentlichen Versuchsleiter festgestellt werden, daß die Kinder der Gruppen I und II, verglichen mit denen der Gruppen III und IV, ihr Angstverhalten gegenüber Hunden signifikant verringert hatten. Am stärksten war der Angstabbau in Gruppe I. Bei der Untersuchung von globalen Unterrichtsstilen wurde festgestellt, daß in Schulklassen, deren Lehrer dominative, unfreundliche und unhöfliche bzw. integrative, freundliche und höfliche Verhaltensweisen im Unterricht praktizieren, deren Schüler untereinander die jeweils entsprechenden Verhaltensstile verwirklichen (*Anderson, Brewer & Reed,* 1946, 3 ff.; vgl. dazu *Weber,* 1973a, 244 ff.; vgl. im vorliegenden Band S. 224 ff.). Diese zirkulären Reaktionsketten lassen sich durch die Theorie des Beobachtungslernens erklären. Das emotionale Beobachtungslernen findet auch dann statt, wenn das Modell nicht unmittelbar in der Realität wahrnehmbar ist, sondern nur, z. B. durch Film oder Fernsehen, anschaulich vermittelt wird, was vor allem *W. Bandura* und seine Mitarbeiter in zahlreichen Experimenten nachgewiesen haben. So wurde festgestellt, daß Kinder, die Feindseligkeit und Aggressivität von Personen im Fernsehen beobachteten, sich anschließend signifikant feindseliger und aggressiver verhielten als Kinder ohne derartige Modelle in der Kontrollgruppe (vgl. *Bandura, Ross & Ross,* 1963a, 3 ff. und 1963 b, 601 ff.). Wie weitere Untersuchungen aus dem Forschungskreis um *A. Bandura* zeigen, scheint die eigene Realisation der durch Beobachtungslernen erworbenen Disposition zu aggressiven Verhaltensweisen auch davon abzuhängen, ob das Modell mit seiner Aggressivität erfolgreich war, also positiv verstärkt wurde. Man muß deshalb zwischen dem Lernen im Sinne eines Erwerbs von Verhaltensdispositionen und der Praktizierung des konkreten Verhaltens unterscheiden. Wenn sich die Bedingungen für ein bestimmtes Verhalten verändern, so daß z. B. die zunächst infolge erlebter Bestrafung entstandenen Hemmungen entfallen, ist die betreffende Person sofort in der Lage, das zuvor zwar disponierte, aber nicht aktualisierte Verhalten manifest werden zu lassen (vgl. dazu *Mietzel,* 1973, 199 ff.).

Im vorliegenden Zusammenhang kann nur noch kurz darauf aufmerksam gemacht werden, daß die „Gefühlsübertragung" und die „affektive Ansteckung" ein Machtinstrument darstellen, das pädagogisch und politisch mißbraucht werden kann, weil sich der einzelne, aber auch Gruppen und insbesondere größere Menschenmassen auf diese Weise irrational leicht mitreißen und manipulieren lassen. Es kommt deshalb darauf an, die rein emotional-affektiven Beeinflussungsformen so bald und so weit wie möglich kritisch-rational bewußt zu machen und dadurch ihnen gegenüber eine gewisse Immunisierung zu erreichen. Bei der Erziehung, insbesondere im frühen Kindesalter, kann man jedoch, zumindest so lange kognitives Lernen und rationale Lernhilfen noch keinen Erfolg versprechen, auf das konditionierende, emotional-affektive Lernen sowie die sie auslösenden und unterstützenden Lernhilfen nicht verzichten. Man muß sich jedoch darüber klar sein, daß dressurähnliche, vormundschaftlich fremdbestimmte Erziehungsprozesse die Lernenden nicht auf Dauer in Abhängigkeit halten dürfen und deshalb, wenn möglich, durch befreiende Lernprozesse und zur Selbstbestimmung provozierende Lernhilfen, die kognitiv erfolgen und auf das Mündigwerden der jungen Menschen abzielen, zu überformen und abzulösen sind (vgl. *Weber,* 1974b, 253 ff., 287 ff. und 293 ff.).

*Emotionales Lernen* ist auch *als kognitives Lernen möglich.* Hier haben wir es mit einer spezifisch humanen Art des Lernens zu tun, nämlich mit jenem einsichtigen, meist sprachlich gebundenen Lernen, das Zusammenhänge und Probleme, Prinzipien und Regeln, auch solche emotional-affektiver sowie normativ-moralischer Art rational erfaßt. Das kognitive Lernen erfolgt weder mechanisch noch zufällig, sondern intelligent, also unter Einsatz von Denkmitteln. Es ermöglicht Erkenntnis und Verständnis auch in emotional-affektiver Hinsicht. Wir haben es hier mit einem sinnvollen Lernen zu tun, bei dem symbolisch ausgedrückte Vorstellungen zufallsfrei und inhaltlich auf bereits bestehende relevante Aspekte einer Wissensstruktur bedeutungsvoll bezogen werden (vgl. *Ausubel,* 1974, 1. Bd., 39 ff.). Dadurch werden nicht nur Einsichten und Einstellungen, sondern auch die damit verbundenen emotionalen Momente gedanklich geklärt, beurteilt und verändert, denn zwischen Kognition und Emotion bestehen enge Zusammenhänge, kommt es zu wechselseitiger Beeinflussung. Einerseits unterliegen kognitive Prozesse emotionalen Einflüssen, die sich auf jene förderlich bzw. störend auswirken können (vgl. *Reykowski,* 1973, 158). Andererseits lassen sich Emotionen auch durch kognitive Prozesse beeinflussen, eine Möglichkeit, die für eine schulische emotionale Erziehung von zentraler Bedeutung ist. Die Bedingung für die rationale Beeinflussungsmöglichkeit der Emotionalität ist die Tatsache, daß Emotionen einen kognitiven Kern haben (vgl. oben S. 72), daß sie, wie die moderne neurophysiologische Forschung nachgewiesen hat, nicht nur im Stammhirn (Thalamus) verankert, sondern auch eng mit Vorgängen im Großhirn (Cortex) verknüpft sind (vgl. *Ewert,* 1965, 247 ff.; *Arnold,* 1960, 2. Bd.).

„Die emotionalen Reaktionen eines Menschen im komplexen oder in neuen Situationen, in denen keine starken natürlichen oder bedingten emotionalen Reize auftreten, sind davon abhängig, wie dieser eine bestimmte Situation interpretiert bzw. welche Bedeutung er ihr zuschreibt" (*Reykowski,* 1973, 110). Solche Situationsinterpretationen und Bedeutungsverleihungen erfolgen weitgehend kognitiv. Hier vermag auch die im Unterricht mögliche, rationale Orientierung auf die Emotionalität Einfluß zu gewinnen. Denken und Fühlen sind eben nicht völlig getrennt, sondern interdependent. Die zumindest in höheren Gefühlen erfolgende Einschätzung enthält auch ein kognitives Moment und das Denken wiederum ist nicht frei von emotionalen Komponenten der Einschätzung und Wertschätzung (vgl. *Peters,* 1970, 187 ff.; *Peters,* 1972, 96 ff.; *Hirst & Peters,* 1972, 89 ff.). „Furcht fühlen heißt z. B. eine Situation als gefährlich anzusehen; Stolz fühlen heißt, etwas mit Vergnügen als unser Verdienst zu betrachten oder als etwas, an dem wir unseren Anteil beim Gelingen hatten. Neid ist verknüpft damit, daß wir da noch jemand sehen, der etwas besitzt oder jemandes Zuneigung hat, auf das wir oder auf dessen Zuneigung wir ein Recht zu haben glauben. Und so fort. Die (Ein-) Schätzung hat in jedem Fall eine Gefühlsseite ... Aber Fühlen läßt sich nicht vom Erkennen trennen; wir können solche Gefühle (wie die erwähnten) nicht identifizieren, ohne daß wir uns auf das Verständnis der Situation beziehen, die sie hervorrufen" (*Hirst & Peters,* 1972, 89 f.), was durch kognitive Prozesse geschieht. „Die meisten dieser Situationen liegen im Feld der Sozialbeziehungen ... Emotionen wie Eifersucht, Schuldgefühl, Erbarmen und Neid können nicht charakterisiert werden ohne Bezug zu moralischen und sozialen Begriffen, wie z. B. Regeln, Eigentum und Rechten. Eines der wichtigsten Merkmale emotionaler Entwicklung ist es zu lernen, welche zahllosen unterschiedlichen Möglichkeiten es gibt, andere Menschen und sich selbst einzuschätzen in Ausdrücken für ein begriffliches Schema, das seinem Wesen nach sozialer Art ist. Die Erziehung im Bereich der Emotionen besteht weithin aus der Entwicklung von Einschätzungen dieser Art, die ihren angemessenen Ausdruck in Bezeichnungen für moralische und ästhetische Kriterien finden und die in realistischen Ansichten darüber begründet sind, welchen Platz wir in der Welt haben" (*Hirst & Peters,* 1972, 90). Hier bestehen auch die Chancen für die im Unterricht möglichen kognitiven Lernhilfen in bezug auf den emotionalen Bereich. Aber auch die Erziehung zur Rationalität kommt ohne emotionale Momente nicht aus. „Jeder der sich bemüht, Dingen auf den Grund zu kommen, muß Argumente und Überlegungen einschätzen (können) als zwingend, in sich stimmig, relevant usw.; das sind nichtneutrale Formen des Urteils. Ein wichtiger Teil der Erziehung im Bereich der Emotionen besteht in der Entwicklung dieser ‚Leidenschaft' der Vernunft" (*Hirst & Peters,* 1972, 91 f.).

Die skizzierte emotionale Entwicklung und Erziehung, die mit der sozialen und moralischen Entwicklung und Erziehung integriert sind, erfolgen in engstem Zusammenhang mit der sprachlichen Entwicklung und Erziehung. Das Kind erlernt allmählich die Worte, mit denen zunehmend spezifischere emotionale Phänomene zum Ausdruck gebracht werden können, und andererseits erhalten zunächst rein informative Bedeutungen von Wörtern im Zusammenhang mit bestimmten Erlebnissen entsprechende emotionale Beitöne (vgl. dazu den Beitrag von *R. Oerter* im vorliegenden Band S. 57 ff. u. S. 64 ff.). „Wenn die Gefühle allmählich sprachfähig werden, werden sie gedanklich faßbar und damit an Gütemaßstäben kritisierbar und reflektierbar. Die ursprünlichen Formen von Impulsivität und Affektivität werden im Ansatz bewußt, begrifflich benennbar und erkennbar und können so aus einer zunehmenden Distanz heraus reguliert werden. Allerdings laden sich auch die Worte, die in bestimmten Situationen zur Darstellung von Gefühlen benutzt werden, mit eben diesen Gefühlen auf, und die so mit Gefühlen aufgeladenen (konnotativ erlebten) Worte wirken wieder zurück auf die Emotionen, indem sie als Signal für diese dienen" (*Roth,* 1971, 326 f.).

Kinder und Jugendliche müssen es lernen, über ihre Emotionen zu sprechen und diese angemessen auszudrücken, was klärend und entlastend zu wirken vermag. Erzieher haben die Aufgabe, „schon dem kleinen Kind bei der verbalen und rationalen Klärung seiner Affekte und Impulse zu helfen" (*Bittner,* 1969, 40). Das Verbalisieren von Emotionen vermag auch im Sinne einer Abreaktion negativer emotionaler Erlebnisse zu wirken. Schimpfworte können z. B. zur momentanen Entlastung beitragen und sollten, wenn sich Kinder in Konfliktsituationen befinden, von Erziehern auch toleriert und als Symptom für Schwierigkeiten interpretiert werden. Probleme lassen sich aber nur bewältigen, wenn emotionale Zustände nicht lediglich verbal geäußert werden, sondern wenn das Verbalisieren zur Einsicht in jene Zusammenhänge führt, die die negativen Emotionen und Affekte auslösen. Nur dann wird es möglich, die störenden Ursachen rational zu überwinden, oder, wenn diese unvermeidbar und nicht zu beseitigen sind, einsichtig zu ertragen. „Die Angelegenheit mit anderen durchzusprechen, besonders mit Menschen, deren Urteilskraft reifer ist, ist die beste Form des Abreagierens, was die psychischen Aspekte der kontrollierten Emotionen anbetrifft. Seine Gedanken und Gefühle in Worten auszusprechen, hilft dem Kind, seinen emotionalen Druck loszuwerden; was aber noch wichtiger ist, es ermöglicht ihm, sie objektiver mit den Augen einer anderen Person sehen. Wenn es mit seinen Eltern, Lehrern und Freunden über das spricht, was ihm Kummer bereitet, wird es deren Meinung zu hören bekommen; das gibt ihm eine bessere Einsicht in seine eigenen Probleme. Wenn es seine Schwierigkeiten mit anderen bespricht, stellt das Kind oft fest, daß sie ähnlichen Kummer haben. Dieses Wissen hilft ihm sein eigenes Problem besser zu erkennen“ (*Hurlock,* 1970, 252).

Sprachliche und kognitive Entwicklung, die unlösbar miteinander verbunden und durch Erziehung zu fördern sind, bewirken ein immer differenzierteres und nuancierteres Erfassen emotional erregender Ereignisse und Situationen (vgl. *Schachter,* 1962, 379 ff.). Die sprachliche und die damit zugleich erfolgende begriffliche Diskriminierung und Klassifizierung des Gefühls- und Affektlebens trägt wesentlich zur Sensibilisierung und Differenzierung des emotionalen Erlebens bei. Hier liegt eine Möglichkeit zur emotionalen Erziehung durch den literarischen Unterricht. Mit Hilfe der Sprache wird eine kritisch-rationale Distanzierung von den erlebten Emotionen sowie deren Interpretation und Bewertung, damit aber zugleich deren kontrollierende und regulierende Beeinflussung — auch im erzieherischen Sinne — möglich. „Die Tatsache, daß der Mensch rationelle Werturteile abgeben kann, beeinflußt unwillkürlich auch seine intuitiven Einschätzungen. Diese Tatsache macht es uns möglich, unsere Gefühle zu erziehen. Selbstverständlich kann dies nicht durch einfache Belehrung geschehen, denn Gefühle sind unserem Willen nicht unterworfen. Aber es ist möglich, sie durch unsere gewohnheitsmäßigen Werturteile zu beeinflussen; und diese wiederum unterstehen dem Lebensziel, das ein Mensch erreichen will“ (*Arnold,* 1970, 78 f.). Die emotionale und moralische Erziehung darf sich deshalb nicht mit einer rein intellektualistischen Unterweisung und mit der Vermittlung emotionaler Worthülsen und moralischer Sentenzen begnügen, wie es im mißverstandenen „erziehenden Unterricht" der Herbartianer geschah, sondern verlangt nach Lernhilfen, die eine entsprechende Veränderung der Einstellungen und Wertüberzeugungen fördern, welche kognitive, emotionale und praktische Komponenten umfassen (vgl. oben S. 99 ff.).

Die Möglichkeiten, Werteinstellungen und damit auch emotionale Wertschätzungen und affektives Verhalten durch erzieherisch unterstützte Lernprozesse zu modifizieren, können und brauchen im Rahmen dieses Beitrages nicht mehr erörtert zu werden. In bezug auf die im Unterricht möglichen Ansätze zur Wertklärung und zur erzieherischen Beeinflussung der Wertüberzeugungen informiert *L. Mauermann* im vorliegenden Band (vgl. S. 296 ff.), wo auch einschlägige weiterführende Literatur genannt wird. Über pädagogisch relevante Forschungsergebnisse zur Einstellungsstruktur und Einstellungsänderung berichtet z. B. *Freyn* (1973, 158 ff.) und speziell unter dem Aspekt des affektiven Lernens zeigen *Smith & Hudgins* (1972, 2. Bd., 523 ff.) wichtige Determinanten der Einstellungsänderung auf.

# II. Emotionales Verhalten in Erziehung und Unterricht

Jutta Klinkers

# Das Verhältnis von Emotion und Kognition in psychoanalytischer Sicht

Unter Zuhilfenahme psychoanalytischer Erkenntnisse soll aufgezeigt werden, inwieweit emotionale und kognitive Bildungsprozesse gebunden sind an die Vorgängigkeit sozialer Normen und der Bedürfnisstruktur von Individuen, die in gesellschaftlichen Institutionen (Familie, Schule, Beruf) sozialisiert werden. Zunächst möchte ich von dem Konstrukt der „Ich-Identität“ (*Erikson* 1966) ausgehen, das in der neueren Sozialpsychologie eine zentrale Rolle spielt. Das erscheint sinnvoll, weil dieses Konstrukt und die Zielformulierungen des gesellschaftlichen Erziehungsprozesses die gleichen *„Bildungsideale“* anzustreben scheinen: eine „reife Persönlichkeit“, ein „verantwortungsbewußtes Mitglied unserer Gesellschaft“ etc.

## *Schein-Stabilität versus Ich-Identität*

Ist aber ein Schüler, der nach mehrjährigem Schulbesuch sein Abschlußzeugnis für die Haupt-, Real- oder Oberschule erhält „reif“ im Sinne der „Ich-Identität“? Schulabgänger scheinen in der Lage zu sein, sowohl sachlich, als auch psychisch, in die neue Rolle des Berufsanfängers überzutreten und nach einer gewissen fachlichen Ausbildung einer Berufstätigkeit vollwertig nachzukommen. Damit einher geht auch die „Reife“ zur Familiengründung. Sie können sich selbst ernähren, sie füllen einen Platz in der Gesellschaft aus, sie sind „erwachsen“. Wie aber ist es zu erklären und wie hängt das mit dem Konstrukt der „Ich-Identität“ zusammen, daß viele Menschen, die „stabil“ genug sind, ihre gesellschaftlich geforderte Rolle lange Zeit ohne irgendwelche Auffälligkeiten auszufüllen, plötzlich bei scheinbar nichtigen Anlässen „dekompensieren“, d. h. ihr bisheriges psychisches Gleichgewicht verlieren und aufgrund lähmender Angstzustände, scheinbar unmotivierter Wutausbrüche, wegen Zuständen der Empfindungslosigkeit, völliger Apathie, erschreckender Wünsche und Handlungsimpulse o. ä. gezwungen sind, psychotherapeutische Hilfe in irgendeiner Form zu beanspruchen.
Für tiefenpsychologisch orientierte Therapeuten stellt sich hier die

Frage nach der lebensgeschichtlichen und sozialpsychologisch erfaßbaren Herkunft dieser *„Schein-Stabilität"*, die sich bei der Mehrzahl ihrer Patienten feststellen und bei einem hohen Prozentsatz der Gesamtbevölkerung unterstellen läßt. Die Frage ist, wieso sich ein scheinbar guter emotionaler Kontakt zur eigenen Person, zu den Mitmenschen und zur Arbeit (Stabilität) scheinbar ohne einen besonderen Anlaß zersetzen kann. Offensichtlich läßt sich daraus schließen, daß der äußere Schein von Stabilität nicht unbedingt der Ausdruck einer inneren Stabilität (Ich-Identität) sein muß.

### *Ich-Identität und subjektive Bedürfnisse*

Ein reifer sozial-emotionaler Realitätsbezug basiert nach psychoanalytischen Erkenntnissen auf der Möglichkeit, die Bedürfnisse in den Reflexions- und Handlungsprozeß miteinzubeziehen. Das aber setzt ein Bewußtsein, eine *Kenntnis der subjektiven Bedürfnisse* voraus. Aber im gesellschaftlichen und zunehmend auch im familialen Erziehungsprozeß wird die individuelle Bedürfniskonstellation des Heranwachsenden nicht offen interpretativ im Interaktionsprozeß zugelassen; die Konflikte, die sich ergeben aus den widerstreitenden Bedürfnissen in ein und demselben Individuum und aus den noch undifferenzierten (unsozialisierten) Bedürfnissen gegenüber gesellschaftlichen Normen, werden weitgehend aus der bewußten Kommunikation und Interaktion ausgeschlossen. Die Bedürfnisse und die mit ihnen verbundenen Konflikte müssen verdrängt werden, ihre Darstellung und Befriedigung kann nicht mehr bewußt betrieben werden, dennoch werden aber Rituale zu ihrer unbewußten und unartikulierten Befriedigung und Darstellung angeboten: sie können ausagiert werden (vgl. *Wellendorf* [1973], „Rituale und Zeremonien" und *Marcuses* [1970] „repressive Entsublimierung").

Dieses Angebot einer doppelbödigen Kommunikation und Interaktion ist zwar in der Lage, beim einzelnen auf emotionaler und kognitiver Ebene den Schein eines sozial-konformen Verhaltens zu erzeugen (der „disziplinierte Schüler" z. B.), erreicht aber nur eine äußerliche Anpassung und Sozialisierung, die eine emotionale und kognitive Unflexibilität und Fragilität impliziert, da die Bedürfnisse und Interessen unbewußt und unsozialisiert bleiben und von daher ständig drohen, das Individuum zu „überfluten". Jemand, der etwas „leistet", weil er von der infantilen Angst beherrscht ist, sonst „vernichtet" zu werden,

kann kein bedürfnis- und interessenorientiertes Verhältnis zu seiner Tätigkeit finden, er kann sich nicht reflektierend von einer ihm angetragenen (z. B. Berufs-) Rolle distanzieren, um sie sozialen oder individuellen Bedürfnissen gemäß auszugestalten, sie sich damit anzueignen und zu einem Teil seiner Lebensgeschichte zu machen.
Diese Möglichkeit der Interpretation und Ausformung einer sozialen Rolle (oder Identität) nach den Kriterien und Bedürfnissen der persönlichen, individuellen Identität des jeweiligen Rollenträgers wird als ein wesentliches Kriterium der Ich-Identität als Identitätsbalance betrachtet (*Habermas,* 1970). Diese Identitätsbalance, dieses bewußte Verhältnis zum eigenen Leben kann aber nur jemand entwickeln, der die Möglichkeit hatte, seine Bedürfnisse kennenzulernen, sie anzuerkennen und auszudifferenzieren und der zugleich damit Gelegenheit hatte, die „Welt" als seinen Bedürfnissen zugänglich und damit für ihn als interessant zu erfahren. (Man könnte so sagen: wer sich selbst fremd und feindlich gegenübersteht, d. h. wem die eigenen Bedürfnisse fremd und feindlich bleiben, dem kann auch die Realität nur fremd und feindlich bleiben, er kann sie weder anerkennen noch kritisieren oder verändern). Die Konstrukte Ich-Identität und Identitätsbalance versuchen also den Traum eines freien und bewußt-handlungsfähigen Menschen festzuhalten, der weder durch die eigenen Bedürfnisse, noch durch die soziale Umwelt bewußtlos-zwanghaft gesteuert wird, sondern der beidem gegenüber erfahrungs-, reflexions- und handlungsfähig ist.

### *„Bedürfnisfeindlichkeit" in der Sozialisation*

Die Psychoanalytiker verweisen noch immer mit Recht, aufgrund der Erfahrung mit ihren Patienten und der daraus abgeleiteten Überlegungen zu den gesellschaftlichen Sozialisationsbedingungen, auf „eine gewisse *Bedürfnisfeindlichkeit*", die sich in unmittelbaren Interaktionen, in Moralvorstellungen und Institutionen wirksam niederschlägt. Im Hinblick auf die vorbereiteten Möglichkeiten zur Entfaltung und Entwicklung des gesamten Menschen kritisieren sie in unserer Gesellschaft einen Sozialisationsprozeß, der durchschnittlich nur mangelhaft und großenteils nur unbewußt auf eine an die Bedürfnisse anknüpfende Affekt- und Sozialbildung ausgerichtet ist bei gleichzeitig sorgfältigem Bemühen um eine ausgedehnte Sachbildung. Diese bestimmte Form der Sozialisation wird für bedenklich gehalten,

— weil sie vermittels einer Fixierung von Triebziel und -objekt auf ein infantiles Niveau eine Ausdifferenzierung und bewußte Anerkennung und Integration der Bedürfnisse behindert,
— weil sie zugleich dazu beiträgt, Über-Ich und Ich-Ideal-Strukturen herauszubilden, die übermäßig streng und irreversibel sind,
— weil sie damit die „Ich-Leistungen" Denken, Wahrnehmen und Handeln eher unter unbewußten Motiven — Angst, Abwehr, infantile Wünsche — ablaufen läßt, als sie nach bewußten — durch Überlegungen und Abwägung auf individuelle und soziale Bedürfnisse bezogenen — Motiven zu fördern.

## 1. Verschränkung von emotionaler und kognitiver Bildung im familialen Sozialisationsprozeß

Zunächst soll am subjektiven, familialen Entwicklungsprozeß aufgezeigt werden, inwieweit Emotion und Kognition miteinander verknüpft sind, bzw. um welchen Preis und wie sie auseinandergerissen werden. Im folgenden werde ich im Anschluß an *Mitscherlich* (1963) emotionale Bildungsprozesse unter den Begriffen „Affekt- und Sozialbildung" fassen, die kognitiven Prozesse werde ich als „Sachbildung" bezeichnen.

### *Bedeutung der frühen „Objektbeziehungen" für emotionale und kognitive Entwicklung*

Das Kind kommt als „bedürftige Natur", als „undifferenziertes Triebbündel" auf die Welt und ist darin völlig abhängig in seiner weiteren Entwicklung von seiner Umwelt.
Die „frühen Bezugspersonen" sind dabei von vielfältiger Bedeutung: Untersuchungen von Spitz haben gezeigt, daß ohne befriedigenden emotionalen Kontakt, selbst bei ausgezeichneter Ernährung und Hygiene während der ersten Lebensmonate, das Kind nicht nur psychisch-geistig, sondern auch physisch die schwersten Mängel davonträgt (30% Sterblichkeit). Das sich in den ersten Lebensmonaten entwickelnde *Urvertrauen* (*Erikson,* 1966) ist verwiesen auf überwiegend *befriedigende physische und emotionale Erfahrungen,* die ein unerläßlicher Grund-

stein sind für alle weiteren Erfahrungen und Entwicklungen. Sie geben dem Kind genügend Sicherheit, sich auch auf neue Erfahrungen einzulassen, sich entwickelnde Fähigkeiten auszuprobieren und sie ermöglichen es dem Kind auch, Versagungssituationen eine gewisse Zeit lang zu ertragen, ohne von traumatischen Verlassenheits- und Vernichtungsängsten überflutet zu werden, die eine Auseinandersetzung mit dieser Situation und aktive Bewältigungsversuche (durch Kennenlernen und Umgang mit zunächst unlustvollen Realitätsaspekten) vorab verhindern.

Hier konstituieren sich auch die für die Sozial-, Affekt- und Sachbildungsprozesse so wichtigen stabilen *„Objektbeziehungen"*, d. h. Personen und Dinge werden als kontinuierliche äußere Objekte wahrgenommen, wiedererkannt, und nicht nur punktuell im Zusammenhang der Triebbefriedigung gesehen. Das ist bedeutsam für die Weiterentwicklung, weil diese Beziehungen es dem Kind gestatten, über die widersprüchlichen Erfahrungen mit diesen Objekten (Lust, Unlust) zugleich die eigene *Widersprüchlichkeit der Bedürfnisse* als Einheit zu erfahren, d. h. zu lernen, daß beides sich nicht unbedingt ausschließt, und, an dem zunächst wichtigsten „Objekt", der Mutter, die Modi des Umgangs mit und der Mischung von widerstreitenden Triebregungen zu erfahren (vgl. *Spitz,* 1967).

### *Verdrängung oder Sublimierung der Bedürfnisse*

Die *konkrete Entwicklung des Realitätsprinzips* aus dem Lustprinzip, d. h. die Entwicklung des selbständigen und realistischen Verhältnisses zum eigenen Selbst (Bedürfnisse und Emotionen, Wahrnehmungs- und Steuerungsmöglichkeiten im Verhältnis zur Realität, deren Möglichkeiten und Normen), ist wesentlich bestimmt durch die ersten Erfahrungen mit der Realität, die durch die primären Bezugspersonen — gemeinhin bei uns die *Familie* — vermittelt wird. Von ihr, ihren Möglichkeiten und den Normen, denen sie sich verpflichtet fühlt, hängt es ab, inwieweit die Sozialisation ein vorwiegend befriedigender (einen reifen emotionalen und kognitiven Bezug ermöglichender) Aufstufungsprozeß des Selbst- und Weltverständnisses ist, oder aber eine, die Bedürfnisse nicht befriedigende und von daher stets gefährdete Dressur.

Ersterer Bildungsgang wäre gekennzeichnet durch überwiegende *„Sublimationsprozesse"* (vgl. dazu *Mitscherlich,* 1963, S. 126): lebens-

geschichtlich frühere, unmittelbare, — nur an den Qualitäten Lust und Unlust orientierte — libidinöse und aggressive Bedürfnisse und Befriedigungen werden transformiert in mittelbare differenziertere soziale Formen der Bedürfnisse und Befriedigungen, und werden damit der Reflexion und Kontrolle zugänglich. (Legierung von libidinösen und aggressiven Bedürfnissen, z. B. in Zärtlichkeit; Aufgabe alter und Suche neuer Triebobjekte, Ausdifferenzierung des klaren Gegensatzes von Lust und Unlust, neue Befriedigungsmodi und „Triebziele").
Die keine befriedigenden Konfliktlösungen anbietende Dressur dagegen fordert überwiegend *Verdrängungsleistungen,* wodurch die Triebe und ihre Befriedigungsformen sich nicht sozialisieren können („Fixierung" auf ein „infantiles Niveau") und auch die neugierigen Suchanstrengungen gegenüber der Realität, die bedürfnisgebundenen Interessen, abgetötet werden.
Gelernt werden können (und müssen für ein Sozialwesen) die Modi der Triebmischung bzw. zunächst die Toleranz gegenüber den widerstreitenden Wünschen, neue erweiterte Befriedigungsformen und damit die Wahrnehmung und Untersuchung der Umwelt als Befriedigung versagend oder gewährend, weiterhin die über Verbote oder Versagungen erfahrenen Normen und der Umgang mit ihnen.
Diese Lernprozesse sind nun mannigfach störbar und beeinflußbar. Allgemein läßt sich sagen, daß die Triebe durch plötzliche und zu harte Versagungen, durch mangelnde Angebote neuer, befriedigender Bewältigungsmöglichkeiten, durch Widersprüchlichkeiten zwischen verbietenden und gewährenden Erziehungshaltungen (entweder launenhaft oder versteckt — durch einen Widerspruch zwischen bewußten und unbewußten Kommunikationsanteilen — oder durch eine doppelte Moral: das Kind darf nicht, der Vater darf) von der Sozialisierung ausgeschlossen werden (Verdrängung und Fixierung auf infantiles Niveau). Verstärkend wirkt sich aus, daß die frühen Bezugspersonen für das Kind Vorbilder darstellen, an und mit denen Handeln und Werten exemplarisch gelernt wird. In diesem Prozeß macht sich das Kind gerade die konflikthaften Anteile seines Vorbildes zu eigen. Besonders diese, da sie in der starren Regelmäßigkeit des Wiederholungszwanges auch im Umgang mit dem Kind die Interaktion bestimmen. Gerade die negativen Züge des Vorbildes sind besonders haltbar: einerseits wegen der eben beschriebenen Regelmäßigkeit, andererseits weil darin sowohl rigide Normen, als auch die Wege, sie zu umgehen übermittelt werden (vgl. *Mitscherlich,* 1963).

Die emotionale und kognitive Entwicklung wird durch dies eher dressierende Eingehen auf die Bedürfnisse des Kindes eingeengt und gehemmt. Die weitere Entwicklung, Auseinandersetzung und Anpassung an die Realität — die sehr wohl äußerlich stattfinden kann zu einem Charakterbild des „Sozialautomaten" — wird dabei durch Angst und Abwehrinteressen geleistet, nicht aber unter Beteiligung vitaler offener Interessen und Bedürfnisse, die die Umwelt als einen Bereich erfahrbar machten, in dem unbekannte und erstrebenswerte Möglichkeiten der Befriedigung sich entdecken und realisieren ließen.

*Affektive und soziale Dummheit*

Letzteres nämlich würde eine bewußte Neugier- und Befriedigungserwartung und Interessiertheit gegenüber der Realität bedeuten (Besetzung der Realität mit psychischer Energie) und zugleich eine Ausdifferenzierung der Bedürfnisse und der Person in ihren emotionalen und kognitiven Möglichkeiten. Unter Bedingungen von Fixierung und Verdrängung, Angst und Abwehr verheißt dagegen die Realität nur Gefahren: Angebot verbotener Triebbefriedigung (weil Objekt und Ziel des Triebes infantil geblieben sind) und Strafe für diese Wünsche.

„Dummheit ist ein Wundmal. Sie kann sich auf eine Leistung unter vielen oder auf alle, praktische und geistige, beziehen. Jede partielle Dummheit eines Menschen bezeichnet eine Stelle, wo das Spiel der Muskeln beim Erwachen gehemmt anstatt gefördert wurde. Mit der Hemmung setzte ursprünglich die vergebliche Wiederholung der unorganisierten und täppischen Versuche ein. Die endlosen Fragen des Kindes sind je schon ein Zeichen eines geheimen Schmerzes, einer ersten Frage, auf die es keine Antwort fand und die es nicht in rechter Form zu stellen weiß" (*Adorno*, 1955, 309).

Der Umgang mit der Realität zielt nicht auf diese selber, sondern auf ihr infantiles Zerrbild, das Resultat ist Dummheit. Die unter solchen Bedingungen erworbenen Beziehungen zu der Realität und Kenntnisse über sie haben keinen Sinn für das Subjekt und sein aktuelles Verhältnis zur Umwelt, sondern erhalten ihren Sinn aus infantilen Konflikten und Erlebnissen und deren hilflosen Verarbeitungsformen. Damit werden die Kenntnisse zu fungiblem Wissen, das zur Münze wird im Erwerb der Freiheit von neurotischer Schuld und Angst und sind nicht zur Aneignung individueller und sozialer Befriedigungsmöglichkeiten geeignet. Die emotionalen Bezüge zur Realität bleiben von infantilen Ängsten, Wünschen und Abwehrformen bestimmt.

Schreiben kann z. B. gelernt werden, weil es ein Mittel an die Hand gibt, die Trennung von geliebten Personen, z. B. durch Briefeschreiben zu überwinden, um Aggressionen irgend jemand gegenüber weniger vernichtend auszutragen („Fritzchen ist doof"), um eine Fähigkeit zu erwerben, die einen Teil der Macht und Vorbildhaftigkeit der Erwachsenen ausmacht oder aber es kann erworben werden, weil der Lehrer oder die Eltern bei Nicht-Folgsamkeit „gerechterweise" das Kind vernichten würden (weil Ungehorsam vom Kind selbst als Vernichtungswunsch gegenüber Autoritäten und damit als strafbar erlebt werden kann). Dieses Kind wird vielleicht schon, wenn es einen Fleck macht, in Panik geraten, weil hier ein „verbotener" Wunsch realisiert wurde; jedenfalls wird es nicht von sich aus schreiben wollen, es findet in der Tätigkeit selbst keine Befriedigung.

Diese Beispiele sind extrem und vereinfacht, veranschaulichen aber wohl dennoch, welch unterschiedliche Motiv- und Sinnstrukturen sich gegenüber ein und derselben Fertigkeit herstellen können in Abhängigkeit von dem Sozialisiertheitsgrad der Bedürfnisse, Affekte und Objektbeziehungen — d. h. in Abhängigkeit von der Entfaltungsmöglichkeit der Emotionalität.

Freud bestimmte das Denken als „Probehandeln", Lorenzer faßte es unter dem Begriff des „Symbolbildungsprozesses"; beide zielten dabei darauf ab, festzuhalten, daß Denken und intellektuelle Aktivität idealiter einen sinnhaften, bewußtseinsfähigen Bezug zu den Bedürfnissen des Individuums und damit eine positive emotionale Bedeutung für es hat und darin erst seinen Sinn erhält.

Schaut man sich demgegenüber das institutionalisierte Denken, die Wissenschaften und die Philosophie an, so muß man feststellen, daß hier im allgemeinen die Frage nach dem subjektiven Sinn gerade ausgeklammert wird. Neutralität und die Freiheit von subjektiven Intentionen sind die Ideale der positivistischen Wissenschaften — das Reich der Wünsche und Bedürfnisse, des subjektiven Sinns sind in die Sonderdisziplin der „Kunst" verbannt. Dieser Sachverhalt geht sicherlich mit ein in die Formen der gesellschaftlich organisierten Ausbildung, und wird nicht ohne Folgen sein für die innerpsychische Struktur der Sozialisierten ebenso wie für ihr Verhältnis zueinander und zu der Arbeit, die sie leisten werden.

## 2. Bedürfnis, Emotion und Kognition in der Institution Schule

Der dem Kind das Selbst und die Welt erschließende Erzieher in der frühen Kindheit ist die Mutter und im weiteren die Familie. Das Kind lernt in der sozialen Situation der Familie auf dem Hintergrund der sich dort bildenden sozialen Beziehung (libidinöser Bezug zur Mutter und später auch zum Vater und den Geschwistern) die eigenen Bedürfnisse (Triebimpulse), die befriedigenden und frustrierenden Objekte in der Realität und die dabei auftretenden Emotionen kennen und ausdifferenzieren; es lernt mit ihnen umzugehen nach sozialen Ge- und Verboten, die es sich nach und nach zu eigen macht.
Diese Entwicklung der Bedürfnisse, des emotionalen und kognitiven Zugangs zur Realität und zum Selbst, findet mit zunehmendem Alter in stets sich ausweitenden sozialen Erfahrungsräumen statt. Das Kind lernt nicht mehr nur in der sozialen Situation der Familie, sondern es bewegt sich zunehmend auch in komplexeren Situationen: peer-groups, Kindergarten, Schule. Es tritt dabei zunehmend mehr mit Personen in Kontakt, die, mit einem „öffentlichen Auftrag" versehen, sich ihm nähern und zu den Bezugspersonen werden, die weiterhin maßgeblich darüber mitentscheiden, welche soziale Rolle dem Kind auf den Leib geschneidert wird.
In welchem Verhältnis steht der Lehrer als Vertreter der gesellschaftlichen Erziehungsinstaz „Schule" zu diesem „privaten" Erziehungsprozeß: führt er ihn fort, isoliert er einzelne seiner Dimensionen, setzt er einen besonderen Schwerpunkt der Entwicklung? Um diese Fragen etwas aufzuhellen, seien zunächst die unterschiedlichen Situationen „Familie" — „Schule" verglichen.

### *Differenz der „sozialen Situationen" Schule und Familie*

Der augenfälligste Unterschied besteht wohl in der Anzahl der beteiligten Personen und der Intensität und Dauerhaftigkeit der zwischen ihnen bestehenden Beziehungen: eine Familie hat durchschnittlich vier bis fünf Mitglieder, die über viele Jahre hinweg recht eng zusammenleben; eine Schulklasse wird von 30 und mehr Personen gebildet, die — zumindest partiell — jährlich variieren (Sitzenbleiben, Umzug, Umschulung, neue Lehrer etc.).

Diese Unterschiede werden ergänzt durch eine Verschiebung in den Alters- und Geschlechtskonstellationen: die Familie umfaßt gerade Personen unterschiedlichen Alters und Geschlechts, mit und an denen die allgemeinen Grundlagen der sozialen Identität erworben werden (Generationen- und Geschlechtsrolle), aber unter Berücksichtigung der individuellen Eigenarten der Kinder. In der Schule dagegen stehen viele Gleichaltrige — oft auch Gleichgeschlechtliche — nur einem, durch eine Generationsschranke von ihnen getrennten älteren Menschen gegenüber, dem Erzieher.

Diese Differenzen sind Ausdruck doch recht *unterschiedlicher sozialer Verkehrsformen,* die verschieden breite Spektren unterschiedlicher Situationen und Erfahrungsmöglichkeiten anbieten und zugleich *differente Modi der Auseinandersetzung* und Verarbeitung bereitstellen und verlangen: die Vielfalt der familialen Konflikte und Erlebnisse ist gemeinhin begleitet von Verarbeitungsformen, die individuelle Eigenarten gerade mit berücksichtigen und herausarbeiten. Allerdings sind die von den Familien angebotenen Spielräume zur Konfliktbewältigung schichtspezifisch different (vgl. *Habermas,* 1970). Demgegenüber zeichnet sich die schulische Realität eher aus durch Uniformität, Gleichmaß und enge Strukturiertheit der Umgangs- und Beurteilungsformen. Hier finden die Interaktionen, Auseinandersetzung und Beurteilungen eher öffentlich statt und orientieren sich an abstrakten, „neutralen" allgemeinverbindlichen Normen.

Für unsere Fragestellung sind gerade diese Unterschiede in der normativen Orientierung, in Verhaltenserwartungen und -mustern sehr bedeutsam: ein Erziehungsprozeß, in dem das Kind in einer sozialen Rolle als *„Schüler"* angesprochen wird, verlangt offensichtlich anderes von ihm als einer, in dem es *„Mitglied der Familie"* ist.

### *Beziehung Mutter-Kind versus Lehrer-Schüler*

Im ersten Abschnitt wurde dargestellt, daß die Entwicklung eines Selbst- und Weltverständnisses und die Ausdifferenzierung der affektiven und sozialen Beziehungen wesentlich sich orientierte an einem *einfühlenden emotionalen Kontakt zur Mutter,* die in den unterschiedlichsten Situationen ihre Vermittlerrolle spielt und auch aufgrund dieser Kontinuität die spezifischen Eigenarten und Bedürfnisse des Kindes miteinbeziehen muß, soll die Sozialisation nicht zum Dressat werden. Der Lehrer kann sich allein aufgrund institutioneller Voraussetzungen

nicht in gleicher Weise auf jeden seiner Schüler beziehen. Er steckt in dem Dilemma: die Kinder tragen an ihn durchaus Erfahrungen und Erwartungen heran, die sie in ihrer familialen Sozialisation gewinnen, und das sind überwiegend auch emotionale Bezüge. Er hingegen muß sich auf die *Kinder als „Schüler"* beziehen, d. h., er muß viele Aspekte der Individualität der Kinder vernachlässigen.
Verpflichtet wird er zu diesem reduktionistischen Bezug durch die *institutionelle Vorschrift* der „Neutralität", der „Gerechtigkeit" gegenüber allen Schülern. Dazu werden ihm, wie in allen bürokratischen Organisationen, Regeln und Verfahrensweisen als Grundlage der Beurteilung angeboten (z. B. bei der „Leistungsbewertung"), die allgemeine Geltung beanspruchen. Die Bewältigung dieser, für Lehrer und Schüler gleichermaßen auftretenden Schwierigkeit wird auch bezeichnet als der Prozeß der *Vermittlung von persönlicher Identität* (gebildet in der individuellen Lebensgeschichte) *und sozialer Identität* (gebildet durch soziale Rollen, wie z. B. „Lehrer", „Schüler").

### *Förmliches Rollenverhalten und Bedürfnisausklammerung*

Der Schüler trägt seine lebensgeschichtlichen Erfahrungen in Form von Konflikten, Abwehrstrukturen, Ängsten, Bedürfnissen, Interessen und Eigenarten, die sich im engen Bereich der Familie herausgebildet haben, in die zunächst unbekannte Schulsituation hinein und bezieht sich dabei mit allen Dimensionen seiner Individualität auf die Person des Lehrers. Wie groß die zu erwartenden Frustrationen des Schulanfängers in der neuen sozialen Realität der Schule und in der Rolle des Schülers sein werden, wird sichtbar in dem Brauch der „Zuckertüte", die den Anfänger versöhnen und ihm helfen soll, das Leid durch „Versüßung" zu ertragen. Früher war es sogar Brauch, daß der Lehrer am ersten Schultag jedem Schüler eine Brezel schenkte, um, so könnte man sagen, das Kind vorab positiv für sich einzunehmen, damit es trotz der Versagungen, mit denen es konfrontiert werden wird, den Lehrer nicht nur als „böses Objekt" erlebt (*Adorno*, 1969).
Worin bestehen diese Frustrationen und Versagungen und welche Konflikte und Prägungen finden darin ihren Grund? Die Institution Schule verlangt von beiden, Lehrern und Schülern, ein an ihren Organisationszwecken orientiertes *förmliches Rollenverhalten*, das sie auch mit Zwangsmitteln durchsetzt. Die Regeln des Verkehrs in der Schule stellen somit eine *Ausklammerung* fast aller *familiären Regungen und*

*Neigungen* bei allen Beteiligten dar, die von diesen als Aggression gegen ihre persönliche Identität erlebt werden kann: denn diese Tendenzen werden unter Strafe aus der offiziellen Interaktion und Kommunikation ausgeschlossen. Die Frage entsteht allerdings, ob ein solcher Ausschluß ohne weiteres möglich ist und welche Folgen er hat.
Spontane Lust- oder Unlustartikulationen, libidinöse oder aggressive Regungen gegenüber Mitschülern oder Lehrern, Interesse am eigenen Körper, an Bewegung, bedürfnisgeleitete Verteilung der Aufmerksamkeit sind verboten, wenn sie sich nicht den *schulischen Disziplin- und Leistungsnormen* einpassen. Das Ziel dieser Normierung ist die *„Unterrichtsfähigkeit“*, das meint die Gleichschaltung der Bedürfnisse der Kinder soweit, daß sie in ihrer Befriedigung auf den Lehrer und dessen Urteil — in Form von Lohn und Strafe — sich fixieren und damit einer Lenkung, deren Schwerpunkte der Lehrer bzw. der Lehrplan setzt (und nicht die sich entfaltenden Interessen der Schüler) zugänglich werden (vgl. *Fürstenau,* 1964). Das Kind soll während der Schulzeit, so kann man überspitzt formulieren, alle heterogenen Bedürfnisse ausrichten auf das eine: vom Lehrer geliebt zu werden und zwar vom Lehrer als Rollenträger, der das im Leistungsstreben sich äußernde „Liebesverlangen“ der Schüler mit guten Noten befriedigt oder mit schlechten Zensuren unbefriedigt läßt.
Die Neutralität und Gerechtigkeitsnorm, so wie sie in der Schulordnung postuliert ist, gestattet keine andere Zuneigungsäußerung als diese leistungsbezogene. Nun ist aber leicht einzusehen, daß kein Lehrer während seiner Berufsausübung so gründlich von seiner lebensgeschichtlich verankerten persönlichen Identität abstrahieren kann; die Schulkinder diskutieren nicht von ungefähr mit großem, auch emotionalem Engagement über die Ungerechtigkeiten und persönlichen Eigenarten ihrer Lehrer; d. h., die Schüler, offiziell verpflichtet auf die *Eindimensionalität schulischer Interaktion,* wachen dann auch ihrerseits sorgfältig auf deren Einhaltung, obwohl oder gerade weil jeder von ihnen in mehr oder weniger krasser Form schon einmal eine tiefe Kränkung und Frustration durch Normierung erfahren hat.
So werden zum Beispiel oft gerade die Aufsätze, die mit sehr viel Interesse und Lebhaftigkeit, also mit Lust, geschrieben wurden, in denen also sehr stark die Individualität des Schülers zum Ausdruck kommt, als „schlechte Leistungen“ eingestuft, oft sogar verbunden mit dem erniedrigenden Verfahren des öffentlichen Vorlesens und Lächerlichmachens. Vergleiche hierzu die kontrastierenden Anregungen zum

Umgang mit ich-thematischen Schüleraufsätzen, die Selbstbewußtsein und Solidarität fördern können, bei K. *Wünsche* (1972).
Wie nun wird die Überlagerung von persönlicher und sozialer (durch Schulordnung vorgegebener) Identität institutionell behandelt? Betrachten wir zunächst einmal *das Verhältnis zwischen Lehrer und Schulbürokratie*. Die Institution verfügt über eine umfangreiche Palette von Strafen, die sie gegen Lehrer zur Anwendung bringt, die Rollenüberschreitungen entweder zugeben oder nicht geschickt genug die von der Bürokratie zur Verfügung gestellten Normen zur Legitimation zu nutzen wissen. Damit ist schon der Aspekt genannt, auf den es mir hier wesentlich ankommt: die Schulordnung läßt dem Lehrer einen recht weiten Spielraum zur Definition dessen, was z. B. „Leistung" ist und stellt ihm damit ein „Rationalisierungsinstrumentarium" zur Verfügung. Nur wenn er sich auf die angebotenen Legitimationsmöglichkeiten nicht einläßt, trifft ihn die Strafe oder gar der Ausschluß aus der Institution. Dem Lehrer geschieht also ähnliches wie den Schülern: auch seine Bedürfnisse werden eindimensionalisiert.
Dem Lehrer steht also — wie dem kleinen Kind in Gestalt der Eltern — die Schulbürokratie mit ihren Normen zugleich als *rationale gesellschaftliche Institution* und *unbewußt als Hilfs-Über-Ich* zur Seite. Das Über-Ich hat die „Aufgabe", das Verbot der Befriedigung gesellschaftlich verpönter Bedürfnisse im Individuum selbst zu verankern. Ist das Über-Ich (noch) zu schwach oder sind die Triebansprüche zu mächtig, so muß eine äußere Institution (Eltern, Schulbürokratie) seine Aufgabe unterstützen (Hilfs-Über-Ich). In welcher Triebgefahr aber steht denn der Lehrer — immerhin ein Erwachsener, also sozialisierter Mensch — vor der er so nachhaltig geschützt werden muß?

### *Rationalisierung und Anpassung*

Er steckt allerdings in einer besonderen Situation: zum einen ist er ständig mit Kindern konfrontiert, die ihre „polymorph-perversen" Bedürfnisse zur Darstellung bringen und auch an ihn herantragen. Er wird durch die Kinder an seine eigene frühe Kindheit erinnert und dadurch werden seine eigenen frühkindlichen Konflikte mit Eltern, Geschwistern und den eigenen Bedürfnissen aktualisiert. Er steht, wie *Bernfeld* (1967) treffend formulierte, vor *zwei Kindern, dem vor ihm und dem in ihm,* und er erlebt mit beiden die schwierige ödipale Situation noch einmal durch. Das bedeutet, daß auch von seiten des Lehrers sehr viele emotionale Konflikte in den Unterricht hereingetragen werden. Er verhält sich, wenn dies unbewußt bleibt, unter Wiederholungszwang, ob er dem Schüler vor ihm die selbsterlittenen Schmerzen zufügt, die ihm sein eigener Vater zugefügt hat, oder ob er das Gegenteil dessen zu tun bemüht ist. Beide Male bezieht er sich auf den Schüler eher projektiv (geleitet von seiner eigenen nicht bewältigten Konfliktgeschichte) und weniger auf das reale Kind vor ihm, dessen individuell geprägte Lebenserfahrung er nicht anerkennt.

Diese nicht durchschaute Problematik steckt oft dahinter, wenn beim Lehrer eine zunächst verständnisvolle Haltung umschlägt in zu Aggressivität verarbeitete Angst. Nehmen wir einen Lehrer, der aus der Unterschicht stammt, und dessen Berufswahl wesentlich mitbestimmt war von dem Wunsch, den Vater, demgegenüber er seine Aggressionen nie hat voll austragen können, den er als übermächtig erlebt hat, zu kränken oder zu schwächen, indem er selbst Akademiker wurde, also einen sozialen Aufstieg erreichte. Dieser Lehrer wird sehr empfindlich reagieren auf alle Äußerungen von Aufsässigkeit (unordentliches Schreiben, Unaufmerksamkeit, Streiche, Getuschle unter den Schülern etc.), weil er all dies unbewußt versteht über die nicht offen austragbaren Aggressionsakte, die er seinem Vater gegenüber praktiziert hat mit der Intention, ihn zu schwächen, zu kränken, ihm überlegen zu sein. Nun ist aber in der Schulsituation *er* in der Position des Vaters und fühlt sich selbst angegriffen; er muß sich „verteidigen“, kann kein Verständnis mehr aufbringen für die Probleme der Schüler, sondern ist vollauf mit seinen eigenen Schwierigkeiten beschäftigt, aus denen ihn die Schulordnung zunächst zu retten scheint: sie bietet ihm Disziplinmittel an, sie gestattet ihm darüber zu urteilen, ob ein Schüler „begabt“ oder „dumm“ ist, ob er der Förderung bedarf oder einfach „unwillig“ ist etc. Hierin stehen ihm viele Möglichkeiten zur Auswahl, seine „Widersacher“ zu bekämpfen, zu strafen, niederzuhalten, zu demütigen etc. ohne sich Rechenschaft darüber ablegen zu müssen, wie er dabei seine eigenen Wünsche befriedigt und hilflos versucht, *seine* Probleme aus der Welt zu schaffen. Nach außen und auch vor sich selbst kann er sich rationalisierend als „Lehrer, der seine Pflicht tut“ darstellen.

Die Schulsituation (Schulordnung, Lehrplan vs. Lehrer vs. Schüler) begünstigt geradezu die *„Wiederkehr des Verdrängten“* und das *Ausagieren frühkindlicher Konflikte.* Die Kommunikationssituation ist asymmetrisch, d. h. sie verbietet den Beteiligten, sich offiziell und verbal begründend oder erklärend auf individuelle Konflikte oder Bedürfnisse zu beziehen, läßt andererseits aber soviel an Agieren zu, daß Tendenzen faktisch wirksam werden, die man mit dem militärischen Terminus des „Grabenkampfes“ umschreiben könnte, denn es geht hier tatsächlich um beiderseitig vernichtende Kämpfe mit dem Mittel *„doppelbödiger Kommunikation“*.

Dies wird besonders deutlich, wenn man sich der *Situation der Schüler* zuwendet. Sie sind in diesen Interaktionen der weitaus schwächere Teil, ihnen stehen nicht wie dem Lehrer die unhinterfragbaren Sanktionsmittel zur Verfügung. Sie können dem Lehrer keine schlechten Noten geben. Sie können zwar versuchen, ihn zu ärgern, aber sie lernen dabei auch recht schnell, daß so etwas meist wieder auf sie zurückfällt. Sie müssen beginnen, ihren Unmut in eine Form zu kleiden, die nicht die offiziellen Regeln verletzt, d. h., sie müssen sich darin üben, die doppelte Kommunikation für ihre Interessen einzusetzen. Der passive Widerstand gegen Lehrer ist eine vielgeübte und gefürchtete Frucht dieses Bemühens: der Lehrer wird scheinbar aufmerksam angeschaut. Fragen an einzelne werden höflich, aber äußerst einsilbig beantwortet, auf Fragen an die ganze Klasse wird nicht reagiert. Auf diese Art und Weise ist schon mancher Lehrer „ausgehungert“ worden. Er hat allerdings die Möglichkeit, die Schüler durch gesteigerte Anforderungen seinerseits unter Druck zu setzen, so daß den Schülern dieser „Kalte Krieg“ nur für begrenzte Zeit Erleichterung und Befriedigung verschafft.

Die Schüler stecken in einer recht verzwickten Lage. Sie bekommen nicht die Liebesbeweise, die sie möchten (z. B. emotionale Zuwendung), können sich aber auch keine „befriedigendere“ Bezugsperson aussuchen, da sie schulpflichtig sind. Sie dürfen sich nicht ihren Bedürfnissen entsprechend auf den Lehrer beziehen, können aber auch nur unter Strafe aufhören, sich überhaupt auf den Lehrer zu beziehen. Ihnen bleibt nur die Möglichkeit, sich mit der Situation zu arrangieren, sich ihr in möglichst befriedigender Weise anzupassen.

Sie können versuchen, sich vom Druck der Schulsituation in gewisser Weise zu befreien dadurch, daß sie die Doppelstruktur der dort herrschenden Kommunikation und Interaktion durchschauen und sich ihrer bedienen. Gemeint ist damit, ihre Fähigkeit am eigenen Urteil über eine Situation festzuhalten, den institutionellen Normen nicht umstandslos sich unterzuordnen und ihnen dadurch nicht mehr in so bedrohlich einengender Weise ausgeliefert zu sein; so, daß sie gegen Argumentationen, die sie als „Rationalisierung mit Hilfe der Normen“ durchschauen, auch Widerstand leisten können, oder zumindest an ihrer abweichenden Einschätzung festhalten können. Das können sie allerdings in der gegenwärtigen Schulrealität nicht ohne ein Ideal, an das sie außerhalb der Schule libidinös gebunden sind und das sie in dieser Haltung bestätigt. Diese *stützende Autorität,* mit der sie sich identifizieren können, finden sie entweder in der Familie oder später in Persönlichkeiten aus Kultur und Politik.

Einschränkend ist dazu zu bemerken, daß diese Möglichkeit überwiegend nur Schülern aus der Oberschicht offensteht. Das kann man Untersuchungen entnehmen, die das schichtspezifische Verhältnis der Eltern zur Schule und zu den Lehrern näher charakterisieren. Hinzu kommt, daß diesen Schülern aufgrund spezifisch durchschnittlicher Einstellungen der Lehrer wesentlich mehr Freiheit in der Artikulation zugestanden wird; ihnen gegenüber werden wesentlich häufiger positive Interpretationen angewandt (vgl. *Combe,* 1971). Diese Schüler werden auch die Möglichkeit haben, in gewissem Umfang ihr eigenes Interesse in den Lernprozeß mit hineinzutragen.

Als eine andere Anpassungsform läßt sich die allmähliche *Zurücknahme jeglichen individuellen Interesses* an dem was in der Schule geschieht, verstehen. Hier fügt sich der Schüler notgedrungen den gegebenen Normen, ohne daß ihm selbst klar ist, was dabei in ihm und um ihn herum geschieht. Er hat dann nur die Möglichkeit, entweder seine Frustrationen und Aggressionen blind auszuagieren, sei es indem er sie auf seine Mitschüler ablädt, indem er sich mit ihnen schlägt, mit ihnen heftig konkurriert, sie demütigt, anschwärzt etc. oder aber indem er sie gegen sich selbst wendet, in Zuständen latenter oder manifester Angst lebt, krank wird oder eine sadomasochistische Sucht nach Bestrafung entwickelt. Wichtig scheint mir, darauf hinzuweisen, daß die erstgenannten, eher als „asozial" oder „verhaltensgestört" bezeichneten und die letztgenannten, eher als „neurotisch" etikettierten Verhaltensmuster von seiten der Schulinstitution her die gleiche Ursache haben: Eindimensionalisierung der Bedürfnisse und Ausschluß aus der Kommunikation. Welche der beiden Spielarten sich eher entwickelt, hängt wesentlich von den *familialen Erfahrungen* und *Verhältnissen* ab, aus denen der Schüler kommt und die durch die bisherige Schulpraxis eher in ihrer Wirkung gestützt als korrigierend beeinflußt werden. Weiterhin ist noch anzumerken, daß die neurotischen Anpassungsformen, die überwiegend bei Kindern aus der aufstiegsorientierten Mittelschicht anzutreffen sind, von den Lehrern eher toleriert werden, als die auffälligeren Abreaktionsformen (vgl. auch hier *Combe,* 1971).

Bislang haben wir nur wenig Aufmerksamkeit darauf verwandt, welche Konsequenzen die Eindimensionalisierung der Bedürfnisse für den Lernprozeß bzw. dessen Ergebnisse (Sachbildung) mit sich bringt. Die angegebene Einengung emotionaler Zuwendung des Lehrers zum Schüler auf die Honorierung von „Leistungen“ findet statt unter Abstraktion von den qualitativen Inhalten der „Leistungen“; belohnt wird die abstrakte *„Bereitwilligkeit zur Leistung“* (*Fürstenau,* 1964). Generell läßt sich sagen, daß die institutionellen Bedingungen für den Lernprozeß eine *Abstraktion von den immanenten Interessen des Lebenshorizonts* des Schülers erzwingen und damit Aneignungsformen produzieren, die unter „Isolation“ von Erfahrungen und gefühlsbehafteten, konkreten Problemstellungen stattfinden. Dies geschieht durch die *„Isolierung“* einiger Gegenstandsaspekte aus dem komplexen Bedeutungszusammenhang, durch *„Vermeidung“* bestimmter Themenkomplexe und durch *„Reizdosierung“*, d. h. ein bestimmtes Gebiet wird nur in kleinen Portionen den Schülern bekannt gemacht, und der Prozeß zieht sich oft über viele Schuljahre hin. Insgesamt läßt sich eine systematische Beschneidung der Zugangsangebote und -möglichkeiten zum Lernstoff — besonders des emotional-interessierten Einstiegs — konstatieren (vgl. hierzu *Fürstenau,* 1964 und *Höchstetter,* 1970).
Man könnte versucht sein, mir Ungerechtigkeit vorzuwerfen: stehen doch die Lehrer im Ruf und haben die Selbsteinschätzung, vieles mit den „naiven Augen“ eines Kindes wahrzunehmen (als „Berufskrankheit“) und proklamiert doch gerade die Reformpädagogik die Liebe zum Kind und das Eingehen auf die Kinder. Dem möchte ich entgegenhalten, daß diese sicherlich ernstgemeinten Anstrengungen unter den Bedingungen unseres gegenwärtigen Schulsystems lediglich zu einem Zerrbild dessen werden können, was die psychoanalytischen Erkenntnisse als *„Einfühlung“* und „Bezugnahme“ auf die Bedürfnisse der Heranwachsenden im Hinblick auf einen geglückten Sozialisationsgang fordern. „Das Kind ist noch nicht mit den Rollen der Gesellschaft vertraut, es ist schon deswegen viel individueller als die es umgebenden Erwachsenen. Die Art, wie diese sich nun zu ihm herunterbeugen und mit ihm sprechen, zeugt oft von einem erschütternden Mangel an Einfühlungsvermögen. Sie projizieren ein Rollenbild des Kindes — wie es die Gesellschaft übermittelt — auf das vor ihnen stehende Wesen. Der gekünstelte Tonfall, die zur Schau getragene Affektiertheit, die falsche Verständnisinnigkeit mit den Interessen des Kindes, mit seiner Spielwelt — all das soll die faktische Unfähigkeit der Kommunikation über-

spielen. Und noch der verständnislose ablehnende Blick des Kindes wird mißdeutet" (*Mitscherlich,* 1963, S. 70). Die Möglichkeit, sich auf das Kind einfühlend zu beziehen, steht und fällt mit der Möglichkeit, mit ihm offen auch über die Bedürfnisse und Interessen, wie sie sich bei den Kommunikationspartnern stellen, zu sprechen. Hier tauchen zwei Barrieren auf: die lebensgeschichtlich verdrängten Konflikte des Lehrers produzieren Abwehr dagegen, und die Schulorganisation läßt individuelle Bedürfnisse und Emotionen in der offiziellen Kommunikation nicht zu.

## 3. Das Auseinanderfallen von Emotion und Kognition als gesellschaftliches Problem

Bislang habe ich mich überwiegend auf die Darstellung der Probleme in Familie und Schule beschränkt. Beide Bereiche stehen aber in gesellschaftlichem Kontext und bekommen erst hier ihre spezifische Bedeutung: der Sozialisationsprozeß ist ja eine Vorbereitung und Zurichtung auf die Gesellschaft.

Vergleichende Untersuchungen verschiedener Kulturen haben ergeben, daß die Sozialisationsgänge sich nach je unterschiedlichen Normen und Prinzipien ausgestalten und in differenten „Charakterformationen" resultieren. Das kulturspezifische „Realitätsprinzip" (Freud) hochindustrialisierter Gesellschaften wird von namhaften Sozialpsychologen als *„Leistungsprinzip"* näher gekennzeichnet.

Ein besonders von *Marcuse* (1970) hervorgehobenes Charakteristikum dieses Leistungsprinzips besteht darin, daß es „Lust" und „Leistung" zeitlich und räumlich trennt: Arbeitszeit und Freizeit; Arbeitszeit, in der nur sekundär und partikular Bedürfnisse des Individuums befriedigt werden, die über die Not des „Broterwerbs" hinausreichen; der Bezug auf den Arbeitsgegenstand und die Menschen, mit denen zusammen gearbeitet wird, ist weitestgehend eingeengt auf und durch *funktionelle Notwendigkeiten.* Das Hauptinteresse gilt überwiegend der Notwendigkeit des Geldverdienens, es ist keines am Arbeitsprozeß und an den daran auch beteiligten Menschen: diese werden zu „Arbeitskollegen".

Hier eröffnet sich eine Parallelität zu den Prinzipien, die in der Schule bestimmend sind: *Geldverdienen* und *Notenerwerben.* Auch im Lern-

prozeß steht der Erwerb von „Belohnung" im Vordergrund. Wie schon im letzten Kapitel ausgeführt, verliert dadurch der libidinöse, inhaltliche Bezug auf den Gegenstand an Bedeutung. Dies kommt selbstverständlich einem Lern- und Arbeitsprozeß entgegen, in dem Planung und Zwecksetzung nicht von den Lernenden und Arbeitenden, sondern weitgehend von funktionalen Regeln und technischen Verfahrensweisen bestimmt werden, die für die Betroffenen in ihrer Entstehung nicht mehr durchschaubar sind. Durch die schulische Sozialisation wird also unter anderem die „Fertigkeit" vorbereitet, Kenntnisse, in die bewußt kaum individuelle Interessen integriert sind, zu einem *von außen gesetzten Zweck* abzurufen und zweckrational anzuwenden (vgl. *Hopf* im vorliegenden Band). Unbewußt und unkontrolliert realisieren sich darin allerdings doch mannigfaltige, durch Verdrängung unsozialisiert verbliebene Bedürfnisse. (Vgl. hierzu die Studie von *Adorno* über die Autoritäre Persönlichkeit, 1973.)
Dementsprechend sind die individuellen, emotionalen, die subjektiven Interessen betreffenden Bedürfnisse und deren Befriedigungserwartungen in die *„Freizeit"* verwiesen. Hier bieten Familien- und Freundschaftsbeziehungen und die sich ständig ausweitende Freizeitindustrie Kontrasterfahrungen an. Man sollte vielleicht besser sagen: „komplementäre Erfahrungen", denn die zunehmend zerfallenden Familienstrukturen, die sich häufenden „Kontaktprobleme" und die oft verblüffend phantasielosen Angebote kommerzialisierter Freizeitbeschäftigungen zeigen, daß auch in diesem Bereich nur ein Zerrbild befreiter und befreiender Lust anzutreffen sind. Die Bedürfnisse haben sich kaum über ihr infantiles Niveau hinausentwickeln können, selbst nicht in dem *„Freiraum" Familie.*
„Freiraum" setze ich deswegen in Anführungszeichen, weil hier zwar einfühlender als z. B. in der Schule Bezug genommen wird und werden kann auf die individuellen Konflikte und Eigenarten des Heranwachsenden; aber die gesellschaftlichen Normen setzen hier doch nur schwer überschreitbare Grenzen: so hat z. B. bei uns eine berufstätige Mutter einen Schwangerschaftsurlaub, der sich über ganze 6 Wochen erstreckt — das „Urvertrauen" entwickelt sich aber in einem Zeitraum von einem Jahr; der Vater verbringt durchschnittlich lediglich 6 Stunden seiner wachen Zeit in seiner Familie (10 Stunden Arbeit mit An- und Abfahrt, 8 Stunden Schlaf, 6 Stunden Freizeit); der gemeinsame Bezug auf die Massenmedien ersetzt oft die interindividuelle Verständigung, statt sie zu erweitern (Zeitmangel); enge, hellhörige Stadt-

wohnungen setzen dem Betätigungsspielraum, besonders der Kinder, empfindliche Grenzen etc. Der Zugang zur Welt ist durch Geld und Besitz reguliert (*Brückner,* 1972), wer wenig besitzt, erfährt auch wenig.

Ein weiterer, bedeutender Bereich, der bislang kaum berücksichtigt wurde, gerät hier in den Blick: die *Sprache.* Sie wird unter anderem wichtig in ihrer Qualität, Erlebnisse differenziert festzuhalten, innerpsychisch zu repräsentieren und sie darin erinnerungsfähig und vergleichbar zu machen. Erfahrungen, die nicht erinnert und kommuniziert werden können, müssen unreflektiert bleiben und können für eine bewußte Motivation keine Bedeutung gewinnen. Beurteilt man Sprache als praktisches Bewußtsein, so läßt sich allein am Wortschatz und den offiziellen Regeln ihres Gebrauchs schon einschätzen, welche Erfahrungsdimensionen systematisch vernachlässigt bzw. unterschlagen werden. So ist es beispielsweise erstaunlich und bezeichnend, wie wenig sprachliche Ausdrucksmöglichkeiten es für sexuell-erotische Beziehungen gibt. Die Bezeichnungen für diesen doch sehr wichtigen zwischenmenschlichen Bereich sind entweder medizinischer Färbung — wie zum Beispiel auch in den Aufklärungsschriften, die in der Schule verwendet werden — oder aber sie werden als „inoffiziell-obszön" denunziert, derer „man sich schicklicherweise nicht bedient". Diese partielle *Armut unserer Sprache* erstreckt sich über den ganzen emotionalen Bereich. Eine recht empfehlenswerte, anschauliche Konkretisierung dieser Probleme findet sich bei *K. Wünsche* (1972).

Zusammenfassend läßt sich also sagen, daß die Emotionalität, ihre Ausdifferenzierung und Darstellung aus der öffentlich-gesellschaftlichen Sphäre ferngehalten und in den privaten-familialen Bereich verwiesen werden. Und selbst für diesen Bereich lassen sich Reglementierungen durch verschiedene gesellschaftliche Einflüsse feststellen, die sprachanalytisch recht gut rekonstruierbar sind.

Es mag als ein Widerspruch erscheinen, daß ich so ausführlich über die Auslagerung und das Zukurzkommen der „Affekt- und Sozialbildung" spreche, das aber in einem Buch tue, in dem Psychologen und Pädagogen sich explizit mit dem Problem der emotionalen Bildung beschäftigen. Ich halte das aber nur für einen angemessenen Ausdruck dessen, daß in letzter Zeit die Vernachlässigung der emotionalen Dimension der Erziehung zu einem eklatanten Problem geworden ist.

Unter bestimmten Bedingungen tauchen massive Störungserscheinungen auf: im familialen Bereich haben das die im ersten Kapitel an-

gesprochenen Untersuchungen von Spitz nachgewiesen. Aber auch in gesellschaftlichem Maßstab können *systematische Sozialisationsmängel* auftauchen, die dann eine *Umorganisation des Erziehungssystems* zu ihrer Bewältigung erfordern. Erscheinungsformen eines solchen Defizits sind schwerwiegende Motivationskrisen, besonders auch bei Jugendlichen, zunehmend beobachtbare Destruktionstendenzen (in den USA gehen einige Lehrer nur noch bewaffnet in die Schule), durch schulische Disziplinarmittel nicht mehr kontrollierbare Verhaltensauffälligkeiten (Psychopharmakakonsum ist schon bei Schülern „nötig" etc.). Psychoanalytisch ließen sich diese Phänomene dadurch erklären, daß die geforderten Lernleistungen nicht in einen subjektiv-emotionalen Sinnzusammenhang integriert werden, d. h. nicht libidinös besetzt sind. Dadurch werden vermehrt aggressive Triebanteile freigesetzt, die sonst zusammen mit libidinösen Befriedigungen entladen oder befriedigt werden (*Mitscherlich,* 1963). Als diesen Phänomenen zugrundeliegend werden einerseits Umstrukturierung und *Zerfall der Familie* (*Mitscherlich,* 1963; *Cooper,* 1972) und Veränderungen im Produktionsprozeß angegeben, also *Prozesse gesellschaftlichen Wandels,* an den Institutionen und Ideologien sich noch nicht angepaßt haben.
Das Problem der Sozialisation von Emotionalität erfährt gegenwärtig gesellschaftliche und wissenschaftliche Aufmerksamkeit, weil sie erst jetzt beginnt, zu einem Problem der gesellschaftlich organisierten, öffentlichen Erziehung zu werden. Reformanstrengungen in Kindergarten-, Vorschul- und Schulerziehung bemühen sich, den neuen Anforderungen (Affekt- und Sozialbildung, die früher überwiegend von den Familienverbänden geleistet wurde und erhöhte oder spezialisierte Qualifikation auf der Ebene der Sachbildung, die durch die Komplizierung der Produktion erfordert werden) gerecht zu werden. Sie griffen dabei zum Teil auf die antiautoritären Erziehungsmodelle zurück, die von privaten Initiativen der Interessenorganisation ausgingen. Dabei taucht die Schwierigkeit auf, daß diese Modelle, die inhaltlich den Anforderungen gerecht würden, unvereinbar erscheinen mit den üblichen bürokratischen Organisationen (*Negt & Kluge,* 1972).
Mit diesen Ausführungen sollte die Breite des Spektrums der Bedingungen angesprochen werden, die hinter den Phänomenen stehen, mit denen der Lehrer sich in der Schule auseinandersetzen muß. Diese Bedingungen müssen mitreflektiert werden, soll ein Bemühen um die Probleme der Apathie, des „Fachidiotentums" und der zunehmenden psychischen Instabilität erfolgreich sein.

Peter Schäfer

# Schachters kognitive Theorie der Emotion und ihre Bedeutung für den Unterricht

Stanley *Schachter*s Idee, Emotionen als Interaktionen von physiologischen und kognitiven Faktoren zu betrachten, hat die Tür zu einem neuen Bereich der Emotionsforschung aufgestoßen: dem der kognitiven Emotionstheorien (*Schachter,* 1962, *Lazarus, Averill & Opton,* 1970 u. a.).
*Schachter* hat mit seiner Theorie der Emotion gleichzeitig einen Schlußstrich gezogen unter einen lange andauernden Streit, der sich von der Veröffentlichung der Theorien von *James* über *Cannon* bis in die jüngste Vergangenheit hinzog. Die Frage, ob Emotionen das Resultat peripherer (*James,* 1890) oder zentraler (*Cannon,* 1929) Prozesse sind, stellt sich in dieser Form nicht mehr, heute steht die Frage im Vordergrund, in welcher Weise zentrale und periphere Prozesse am Zustandekommen emotionaler Vorgänge beteiligt sind oder diese beeinflussen (*Lacey & Lacey,* 1970). Dennoch lohnt es sich, die Ansichten von *James* und *Cannon* kurz zu umreißen, weil sie trotz ihrer Einseitigkeit historisch gesehen Grundlage der neueren Emotionstheorien sind, und weil sie auf Probleme hinweisen, die auch heute noch nicht zufriedenstellend geklärt sind.

## 1. Die frühen physiologischen Theorien

### 1.1 James' periphere Theorie der Emotion

Seine Theorie, die ihren Niederschlag in dem bekannten Satz „wir weinen nicht, weil wir traurig sind, sondern wir sind traurig, weil wir weinen" fand, besagt, daß Emotionen durch körperliche Veränderungen verursacht werden, die direkt auf die Wahrnehmung des erregenden Tatbestandes folgen. Diese körperlichen Veränderungen werden durch das autonome Nervensystem bzw. Drüsen ausgelöst.
Ein spezifisches Muster der Veränderung der Skelettmuskelspannung, des Kontraktionsgrades der Gefäße und vor allem der viszeralen Funk-

tionen wie Blutdruck, Herzrate, Schweißdrüsen und Motorik ruft über die nervöse Rückkopplung zum Cortex (Großhirnrinde) eine bestimmte Emotion hervor. Den verschiedenen emotionalen Zuständen wie Angst, Ärger, Freude oder Trauer liegen demnach verschiedene Muster solcher körperlichen Veränderungen zugrunde. Zentralnervöse Prozesse sind nach *James** für das Zustandekommen von Emotionen ohne Bedeutung.

## 1.2 Cannons zentrale Theorie der Emotion

*Cannon* (1929) übte aufgrund verschiedener zwischenzeitlich vorhandener experimenteller Befunde Kritik an *James*. Einmal war das allgemeine Muster der physiologischen Erregung von Untersuchung zu Untersuchung dermaßen konsistent, daß dieselben viszeralen Veränderungen (Blutdruck, Herzschlag usw.) in sehr verschiedenen emotionalen Zuständen auftraten, zum anderen ließen sich über die künstliche Erzeugung solcher körperlicher Veränderungen keine Emotionen hervorrufen (*Maranon*, 1924).
Diese Kritik der *James-Lange*-Theorie, die hier nur exemplarisch aufgezeigt wurde, führte *Cannon* zur Formulierung seiner thalamischen Theorie. Nach *Cannon* liegt in der Wechselwirkung zwischen Cortex und Thalamus das eigentliche Korrelat der Gefühlserlebnisse. Der Thalamus ist ein Hirnteil, der als Schaltstelle für den gesamten sensorischen input fungiert, der aber nach *Cannon* auch als Speicher für emotionale Verhaltensmuster angesehen werden kann. Das heißt nichts anderes, als daß der Thalamus den Ort der Modulation von sensorischem input darstellt, der nur dann emotionales Verhalten und Erleben in Gang bringt, wenn die kortikale Hemmung verringert oder beseitigt wird. Körperliche Veränderungen spielen sich nach *Cannon* gleichzeitig mit der emotionalen Erfahrung ab, sind aber keineswegs konstituierend für Emotionen.

* *Lange* entwickelte zur selben Zeit und unabhängig von *James* eine ähnliche Theorie, so daß in der Literatur meist von der *James-Lange*-Theorie die Rede ist.

# 2. Die theoretischen und experimentellen Grundlagen des Schachterschen Ansatzes

## 2.1 Schachters Theorie der Interaktion von kognitiven und physiologischen Zuständen

*Schachter* (1957, 1959, 1962, 1964, 1970) setzt sich mit beiden Theorien auseinander. Im Unterschied zu *James* nimmt er an, daß Emotionen nicht ausschließlich durch körperliche Veränderungen bedingt sind, sondern daß körperliche Veränderungen nur *ein* wesentlicher Bestandteil eines emotionalen Zustands sind, der erst über die kognitive Interpretation seinen tatsächlichen emotionalen Gehalt gewinnt.
Im Unterschied zu *Cannon* nimmt *Schachter* an, daß nicht die Wechselwirkung von Cortex und Thalamus, sondern vielmehr die Interaktion physiologischer und kognitiver Faktoren Emotionen hervorrufen kann. Nach *Schachter* spielen eher subjektive und situative Faktoren eine Rolle als ein irgendwie beschaffener Speicher für emotionale Verhaltensmuster (Thalamus).
*Schachter* zieht aus seinen Ergebnissen den Schluß, daß eine rein periphere Theorie der Emotion ebenso inadäquat ist wie eine rein zentrale Theorie. Den eher physiologisch-mechanistischen Ansätzen von *James* und *Cannon* stellt er eine Theorie gegenüber, die sowohl periphere als auch zentrale Prozesse als notwendige, aber nicht hinreichende Bedingungen für das Entstehen eines emotionalen Zustands betrachtet. Dabei fällt den kortikalen Prozessen der Benennung und Interpretation physiologischer Erregung eine entscheidende Rolle zu.
*Schachter*s Ansatz ist also eher ein psychologischer, der individuelle Erfahrung und spezifische Situationsfaktoren berücksichtigt und sie als wichtigste Determinanten eines emotionalen Zustandes begreift: ob ein Individuum eine Emotion erfährt und welche es erfährt, hängt nicht mehr primär von der physiologischen Erregung ab, sondern eine auftretende physiologische Erregung wird je nach den Erklärungsmöglichkeiten, die Situation und Erfahrung dem Individuum anbieten, als „Freude" benannt oder als „Ärger", als „Liebe" oder als „Eifersucht" usw.
Das physiologische Muster der Erregung wird von *Schachter* als *relativ* gleichförmig beschrieben, unterscheidet sich in den allermeisten Fällen nur nach dem Grad der Erregtheit (ähnlich wie bei *Cannon*). Somit

kann die Variabilität der Emotionen nur mit der Variabilität kognitiver Faktoren (oder Strukturen) zu erklären sein.
Bei *Cannon* wäre diese Variabilität der Emotionen genetisch im Thalamus verankert, den er ja als Speicher emotionaler Verhaltensmuster ansieht, in dem der sensorische input moduliert wird, d. h. emotional getönt wird oder nicht.
Bei *James* wäre die Variabilität der Emotionen direkt abhängig von der Variabilität körperlicher Zustände, d. h. jede Emotion ist beschreibbar, unterscheidbar und auslösbar durch ein ihr spezifisches Muster körperlicher Begleitsymptome.
Freilich, wenn *Schachter* aussagt, daß die Unterschiede in den Mustern physiologischer Erregung *relativ* gering sind, dann leitet er das von einigen wenigen Untersuchungen her, die verschiedene Muster physiologischer Erregung als Indikatoren verschiedener Emotionen gefunden haben (*Wolf & Wolff,* 1947, *Ax,* 1953, *Schachter,* 1957). Er schließt eine solche Möglichkeit nicht aus, doch glaubt er nicht, daß sie kognitive Faktoren als Hauptdeterminanten emotionaler Zustände in Frage stellen könnten.
Fassen wir *Schachter*s Theorie zusammen:
Ein allgemeines Muster physiologischer Erregung (sympathischer Entladung) ist charakteristisch für alle emotionalen Zustände. Das Individuum „labelt", interpretiert und identifiziert diese Erregung nach den Charakteristiken der Situation und nach früher gemachten Erfahrungen.
Ein emotionaler Zustand ist demnach beschreibbar als Funktion von physiologischer Erregung und einer entsprechenden (angemessenen) Kognition. Die Kognition determiniert, ob man einen Zustand physiologischer Erregung als „Freude", „Ärger" usw. benennt. Sie übt somit auch eine steuernde Funktion aus. Physiologische Erregung allein ist nicht ausreichend, um Emotionen zu erfahren (*Maranon,* 1924).
Im Falle einer unmittelbar nicht vorhandenen zufriedenstellenden und angemessenen Kognition bei vorhandener sympathischer Erregung, entstehen nach *Schachter* „evaluative needs" (*Festinger,* 1954), d. h. das Individuum fühlt ein Bedürfnis, seine körperlichen Gefühle zu verstehen und zu benennen. Da die körperlichen Veränderungen stark jenen ähneln, die es in Zeiten emotionaler Erregung erfahren hat, wird es sie also in Ausdrücken benennen, die seinen Kenntnissen und der jeweiligen Situation entsprechen.

## 2.2 Experimentelle Überprüfung

Um seine Theorie experimentell zu untermauern, führte *Schachter* mit seinen Mitarbeitern eine Reihe von Untersuchungen durch, wovon wir eine der bedeutendsten genauer betrachten wollen: *Schachter & Singer* (1962).

Sie gingen von drei theoretischen Annahmen aus:

1. Bei einem gegebenen Zustand physiologischer Erregung, für den das Individuum keine unmittelbare Erklärung hat, wird es diesen Zustand in Kognitionen benennen, die es seiner Erfahrung und der aktuellen Situation entnimmt (es entsteht ein Bedürfnis nach Interpretation: „evaluative needs").
2. Ist eine vollständige Erklärung des physiologischen Erregungszustands gegeben, so werden keine „evaluative needs" auftreten und es ist unwahrscheinlich, daß das Individuum seine Gefühle in Begriffen alternativer, in der Situation ebenfalls gegebener Kognitionen benennt und interpretiert.
3. Bei gegebenen gleichen kognitiven Umständen (d. h. vorhandene und ausreichende Situationsinterpretation) wird das Individuum nur in dem Ausmaß emotional reagieren, in dem es physiologische Erregung erfährt.

Diese Annahmen wurden an zwei wohlunterschiedenen Emotionen untersucht: Euphorie und Ärger.

1. Die Autoren manipulierten den Grad der physiologischen Erregung mit „verdecktem" Injizieren von Adrenalin (Erregung des sympathischen Nervensystems) bzw. einer Placebo-Lösung (Kochsalzlösung), „verdeckt" deswegen, weil die Versuchspersonen über die Art der Injektion falsch informiert wurden (Vitaminlösung).
2. Über die nach der Injektion auftretenden körperlichen Gefühle wurden die Versuchsgruppen entweder informiert, nicht informiert oder falsch informiert.
3. Die Situationen wurden durch sog. Strohmänner entweder euphorisch oder ärgerlich gestaltet.
   Jeder Versuchsperson wurde der Strohmann als weitere Versuchsperson vorgestellt. Er hatte in beiden Situationen eine standardisierte Abfolge von Verhaltensweisen durchzuführen, die zunehmend alberner bzw. zunehmend wütender wurden. In der Euphorie-

situation zerknüllt er Papier und spielt damit Basketball, tanzt mit einem Hula-Hoop-Reifen, schießt mit einem Gummi und kommentiert all das mit euphorischen Bemerkungen. In der Ärgersituation schimpft er über die Injektion, äußert sich abfällig über den vorgelegten Fragebogen, dessen Fragen fortlaufend intimer werden, wirft ihn schließlich auf den Boden und verläßt das Zimmer in höchster Wut.

4. Der eigentliche Zweck des Experiments wurde den Versuchspersonen nicht mitgeteilt. Sie wurden informiert, daß sie an einem Wahrnehmungstest teilnehmen, der den Einfluß von Suproxin (Vitaminlösung) auf die visuellen Fähigkeiten untersucht.

Im Experiment wurden 7 Bedingungen überprüft:

| | Situation | Information über körperliche Empfindungen | Manipulation der physiologischen Erregung | erwarteter emotionaler Zustand |
|---|---|---|---|---|
| 1. | Euphorie | informiert | Adrenalin | — |
| 2. | Euphorie | nicht informiert | Adrenalin | Euphorie |
| 3. | Euphorie | falsch informiert | Adrenalin | Euphorie |
| 4. | Euphorie | nicht informiert | Placebo | — |
| 5. | Ärger | informiert | Adrenalin | — |
| 6. | Ärger | nicht informiert | Adrenalin | Ärger |
| 7. | Ärger | nicht informiert | Placebo | — |

Die 3. Bedingung wurde zu Kontrollzwecken benützt.

Die Ergebnisse dieses Experiments unterstützen im wesentlichen die theoretischen Annahmen der Autoren, auch wenn — wie *Schachter & Singer* selbst angeben — einige Abweichungen vom idealen Design die Interpretierbarkeit im Sinne der zugrundeliegenden Theorie einengen.
Betrachten wir die Befunde unter dem Aspekt der genannten theoretischen Annahmen.
Die 1. theoretische Annahme impliziert, daß man die Interpretation eines physiologischen Erregungszustandes in diverse Richtungen lenken kann, wenn das Individuum keine unmittelbare Erklärung für seine körperlichen Gefühle bereithält. Wie die Ergebnisse zeigen, haben sich die Versuchspersonen der Bedingungen 2 und 6 in die sehr verschiedenen emotionalen Zustände Euphorie und Ärger manipulieren lassen. Das Experiment bestätigt also diese Erwartung.

Dasselbe gilt für die 2. theoretische Annahme. Diejenigen Versuchspersonen, die eine befriedigende Erklärung für ihren körperlichen Erregungszustand hatten, weil sie über die nach der Injektion auftretenden Symptome informiert wurden, ließen sich in weitaus geringerem Maß zu euphorischem bzw. ärgerlichem Verhalten anstiften (Versuchsbedingungen 1 und 5).
Unter Ausklammerung der experimentellen Artefakte wird auch die 3. theoretische Annahme durch die Ergebnisse unterstützt. Die Versuchspersonen der Bedingungen 4 und 7, bei denen keine physiologische Erregung künstlich hervorgerufen wurde, zeigten sich wenig euphorisch bzw. ärgerlich und ließen sich ebenso schwer manipulieren wie die Gruppe der informierten Versuchspersonen. Damit scheint die Annahme, daß ein Individuum nur in dem Ausmaß emotional reagiert, in dem es physiologische Erregung erfährt, bestätigt zu sein.
Diese Studie schließt zwar die Möglichkeit nicht aus, daß emotionale Zustände durch physiologische Unterschiede determiniert sein können, jedoch legt sie die Vermutung nahe, daß als Hauptdeterminanten für die Benennung von Emotionen kognitive Faktoren zu betrachten sind. *Schachter* hat in einer Reihe von Untersuchungen immer wieder den Hinweis erhalten, wie wesentlich Kognitionen das emotionale Verhalten und Erleben des Individuums bestimmen. Emotionen können also betrachtet werden als eine Funktion eines Zustands physiologischer Erregung und einer diesem Erregungszustand angemessenen (geeigneten) Kognition, wobei letztere determiniert, wie das Resultat (Emotion) benannt und interpretiert wird.

## 2.3 Kritik an Schachters Theorie

Die Kritik an der *Schachter*schen Theorie der Emotion soll hier nur kurz umrissen werden. Der wohl schwerwiegendste Einwand richtet sich gegen die Annahme eines (nicht näher gekennzeichneten) eindimensionalen Kontinuums physiologischer Erregung. Einige Experimentatoren (darunter auch *Schachter*) fanden unterscheidbare Muster physiologischer Reaktionen bei unterschiedlichen emotionalen Zuständen wie z. B. Angst und Ärger. *Schachter* enthebt sich der Schwierigkeiten, die der Versuch einer Integration dieser (noch dünn gesäten) Befunde für seine Theorie mit sich führen würde, indem er sie bewußt vernachlässigt (*Schachter & Singer*, 1962).

Ein weiterer Einwand, der manchmal gegen *Schachter* gebraucht wird, ist sicher nicht haltbar: das kognitiv-bewertende System sei bei ihm gleichgesetzt mit bewußter Reflexion über die informationsverarbeitenden kortikalen Prozesse. Emotion muß auch nach *Schachter* als ein Informationsverarbeitungsprozeß betrachtet werden, der mehr oder weniger bewußt erfolgen kann.
Dagegen ist die Kritik, die sich aus der Hypothese von *Lacey & Lacey* (1970) herleiten läßt, schwerwiegender. Diese Autoren nehmen an, daß die bei emotionaler Erregung auftretenden körperlichen Begleiterscheinungen hauptsächlich dazu dienen, die Erregung zu mindern (siehe auch *Oerter*, S. 19). Demnach wären die autonom aktivierten Merkmale einer Emotion (Blutdruck, Herzrate usw.) kein konstituierender Faktor derselben, wie *Schachter* annimmt, auch nicht nur emotionsbegleitend (*Cannon*) oder die Emotion an sich (*James*), sondern direkt am Emotionsabbau beteiligt. Dabei darf nicht übersehen werden, daß die Hypothese von *Lacey & Lacey* selbst sehr umstritten ist.
Das zeigt, wie weit der Rahmen psychologischer Emotionstheorien gesteckt ist, ohne daß man heute in der Lage wäre, Urteile über Relevanz und Gültigkeit der neuen Theorien und Hypothesen abzugeben. Es bleibt unklar, von welcher theoretischen Basis aus die entscheidenden Fortschritte in der Emotionsforschung zu erwarten sind.

Die Leistungen *Schachter*s faßt *Wolff** (1973) in folgenden Punkten zusammen:

1. Sein Vorgehen stellt ein Beispiel genialer Experimentiertechnik und konsequenter Theorieüberprüfung dar.
2. Für eine Reihe von emotionalen Reaktionen hat er den Beweis für die Interaktion von kognitiven und physiologischen Variablen liefern können.
3. Er hat einen großen Bereich möglicher sozialpsychologischer Forschung eröffnet (auch neue Therapiemöglichkeiten)
4. Weiterhin ist seine Betonung der interpretatorischen feed-back-Prozesse hervorzuheben, wie sie etwa im Experiment von *Valins* (1966) untersucht wurden, das wir kurz darstellen wollen:

Die Versuchspersonen erhielten beim Betrachten von Pin-up-Bildern ein feed-back über ihre vermeintliche (nicht die tatsächliche!) Herzschlagrate.
Im Anschluß daran bekamen sie die Aufgabe, die Bilder nach ihrer Attraktivität zu ordnen.

---

* unveröffentlichte Hauptdiplomarbeit am Psychologischen Institut der Universität München

Die Ergebnisse zeigen, daß jene Bilder, bei denen der Herzschlag am vermeintlich höchsten war, signifikant attraktiver eingeschätzt wurden als solche, bei denen eine relativ niedrige Herzrate rückgemeldet wurde.

## 3. Anwendungsmöglichkeiten der Theorie im Unterricht

Wie können uns nun die theoretischen und experimentellen Arbeiten von *Schachter* bei den Problemen des Schulalltags behilflich sein? Welche Möglichkeiten geben sie dem Lehrer in die Hand, um die emotionale Dimension des Unterrichts aus ihrem Schattendasein herauszuführen?
Obgleich man davon ausgehen kann, daß allein ein bestimmtes Wissen über den emotionalen Bereich das Verhalten des Lehrers beeinflußt und sein Verständnis für im Unterricht ablaufende emotionale Prozesse erhöht, sollte man sich stets vor Augen halten, wie schwer es auch bei fundiertem Wissen über Emotion ist, eine systematische Anwendung solcher Kenntnisse im Unterricht zu verwirklichen.

Betrachten wir ein Beispiel:
Eine dem Experiment von *Schachter & Singer* vergleichbare Unterrichtssituation soll hier besprochen werden.

### 3.1 Beispiel: Unterricht in der letzten Stunde

Unterricht am Ende eines Schultages ist seit jeher ein Problem gewesen. Konzentrationsfähigkeit und „Disziplin" der Schüler lassen nach. Fast immer kann man in diesen Stunden ein bestimmtes Potential an Unruhe, Unaufmerksamkeit, Desinteresse bei den Schülern voraussetzen, das überwiegend auf die geringen Möglichkeiten emotionaler Selbstdarstellung im Schulalltag zurückzuführen ist. In der letzten Stunde macht sich das oft kumulativ bemerkbar. Dieses Potential an Erregung hat noch keine spezifische Bewertung erfahren, ist also im kognitiven Bereich noch wenig formuliert. Es entsteht ein Bedürfnis nach Interpretation der körperlichen Gefühle. Diesen Zustand kennzeichnet *Schachter* mit dem Begriff „evaluative needs".
Versucht der Lehrer nun über formale (in diesem Fall disziplinäre) Maßnahmen ein gewisses Soll an Aufmerksamkeit und Ruhe herzustel-

len, so beinhaltet dies die Gefahr, daß die zunächst eher physiologische denn kognitive Unzufriedenheit und Unruhe der Schüler nun eine Richtung erhält, die nicht wünschenswert ist: der Lehrer wird für sie zum „Verursacher“ von Unlust und Ärger, an dem sie ihre Erregung abreagieren können und wollen. Da dies aber in den meisten Fällen nicht auf direktem Wege möglich ist (Angst vor Bestrafung), vermeiden sie dieses Risiko und versuchen die Störung des Unterrichts aus relativ ungefährlichen Positionen zu betreiben, d. h. ohne die eigene Person zu exponieren. Aufgrund der zunehmenden Disziplinlosigkeit sieht der Lehrer seine Interpretation der Situation bestätigt und legt es auf einen Machtkampf an: „Wenn ich mich jetzt nicht durchsetzen kann, dann machen die in Zukunft mit mir, was sie wollen.“

In dieser gespannten Atmosphäre, in der die Schüler (im Gegensatz zum Lehrer) keine Gelegenheit haben, ihren emotionalen Zustand adäquat zu äußern, bedarf es nur einer kleinen zufälligen oder absichtlichen irritierenden Äußerung eines Schülers (z. B. heftiges Niesen) oder des Lehrers (z. B. Versprechen), um die Klasse in lautes Gebrüll ausbrechen zu lassen. Es bedarf sozusagen nur des Anstoßes eines „Strohmannes“, um eine Lawine emotionaler Äußerungen in Gang zu setzen. Diese heftige Entladung der aufgestauten physiologischen Erregung wird erst durch die Uminterpretation der Situation ermöglicht. Nicht mehr „Ärger“ ist die determinierende Kognition, die die Schüler zur Benennung des Erregungszustandes heranziehen, sondern jetzt dominiert der belustigende Aspekt der Situation und bestimmt ihr Verhalten.

Unter dem Gesichtspunkt der Entladung der aufgestauten Erregung wird deutlich, warum sich die Uminterpretation der Situation für die Schüler als wirkungsvoll erweist. Die Abfuhr physiologischer Erregung bleibt minimal, solange sie mit dem Etikett „Ärger“ versehen auf den Lehrer gerichtet ist, weil aggressives Verhalten ihm gegenüber unter erheblicher Strafandrohung steht. Lachen dagegen wird eher toleriert, selbst wenn es auf Kosten des Lehrers geht, erst recht wenn es sich um kollektives Verhalten handelt. Dadurch gelingt es, das Erregungspotential zu reduzieren.

Anders der Lehrer. Das Chaos, dem er gegenübersteht, verstärkt seine bisherige Interpretation der Situation. Seine Erregung nimmt zu. Somit tendiert er eher dazu, die disziplinären Maßnahmen zu verschärfen als — was befreiend wirken könnte — mitzulachen. Die Wahrscheinlichkeit des erneuten Auftretens solcher und ähnlicher Ereignisse, die den

Unterrichtsablauf merklich erschweren, erhöht sich von Mal zu Mal. Die Chance des Lehrers liegt nach *Schachter* in einer anderen Interpretation der Situation:
Er antizipiert ein gewisses Maß an Unruhe und toleriert es. Er betrachtet es nicht als gegen seine Person gerichtet und reagiert darauf nicht emotional bzw. nicht negativ emotional. Ist er physiologisch erregt, so wird er nicht mehr den Grad der vermeintlichen Disziplinlosigkeit der Klasse als Interpretationsrahmen nehmen, sondern alternative Kognitionen aus der Situation und seiner Erfahrung zur Benennung dieses Zustandes heranziehen (z. B. „. . . dieser Stundenplan ist eine Zumutung . . ." oder „. . . das vorhandene Aktivitätspotential der Klasse werde ich mir zunutze machen . . ."). Er bedenkt, daß er zumindest teilweise das emotionale Verhalten und Erleben der Schüler steuern kann. Er wird — möglicherweise mit den Schülern zusammen — eine Form des Unterrichts zu finden versuchen, die deren Bedürfnis nach Handlung und emotionalem Ausdruck berücksichtigt und in den Unterrichtsablauf integriert. Ein solcher Versuch könnte das gegenseitige Verständnis fördern und Falschinterpretationen des Verhaltens auf beiden Seiten vermeiden helfen. Dabei könnten die Schüler auch lernen, wie man unbefangener, aber dennoch kontrollierter mit den eigenen Emotionen umgeht.

## 3.2 Beispiel: Der schlechte Schüler als Störer

Bisher haben wir emotionales Erleben und Verhalten der Klasse als Ganzes betrachtet. In jeder Klasse gibt es jedoch auch Schüler, deren Verhalten für den Lehrer ein häufig wiederkehrendes Problem darstellt. Gerade das Verhalten leistungsschwacher Schüler scheint oft von negativ getönten Emotionen bestimmt zu sein. Diese Schüler können meist nur wenig zum Unterricht beisteuern (fehlende Kenntnisse, Mangel an Motivation), sind somit während der Unterrichtsstunde weitgehend isoliert und werden von den Lehrern auch oft genug ignoriert. Ihre Versuche, Aufmerksamkeit zu erregen, können von daher kaum mehr inhaltlich bestimmt sein, sie sind vielmehr auf das bloße Stören des Unterrichts angelegt.
Obwohl sie so nach außen ihr Mißfallen, ihr Desinteresse und ihre Langeweile dokumentieren, kann man vermuten, daß sie im Grunde auf etwas anderes aufmerksam machen wollen: auf ihre Isolation im Un-

terricht, ihren geringen sozialen Kontakt und ihre mangelnde soziale Anerkennung (im Hintergrund stehen oft defekte Familienverhältnisse oder Identitätskrisen, die sich z. B. in der Auflehnung gegen jede Form von Autorität äußern können).

Interpretiert nun der Lehrer die Aktivitäten dieser Schüler als „blanke Destruktion", für die er bestimmte Sanktionen bereithält und anwendet, so wird er in vielen Fällen den zugrundeliegenden Intentionen dieser Schüler nicht gerecht werden können, läßt ihnen aber dennoch die gewünschte Aufmerksamkeit zukommen, so daß ein Teil des Impulses, der das störende Verhalten in Gang brachte, befriedigt wird. Das verbessert ihre Situation aber kaum. Eher ist das Gegenteil der Fall. Ihre Isolation verfestigt sich, da immer deutlicher wird, daß sie zum inhaltlichen Teil des Unterrichts in keiner Weise etwas beitragen können, so daß man es mit der Zeit schon gar nicht mehr von ihnen erwartet. Was der Lehrer trotzdem von ihnen erwartet, ist Disziplin und Aufmerksamkeit.

Würde ein guter Schüler den Unterricht in gleicher Weise stören, so könnte der Lehrer vielleicht über diese „Gags" hinwegsehen („... ein Schüler kann ja nicht immer und überall mit größtem Ernst bei der Sache sein ..."), d. h. er würde jetzt anders interpretieren.

Es gibt genug Bedingungen, aufgrund derer ein Lehrer das beschriebene Verhalten als störend und rein destruktiv beurteilen kann (z. B. seine eigene Unsicherheit oder seine autoritäre Persönlichkeit etc.). In den meisten Fällen wird er sich angegriffen fühlen und seine emotionale Erregung als „Ärger über diesen Schüler" oder als „Angst um die Disziplin in der Klasse" interpretieren und mit Sanktionen reagieren. Es ist evident, daß ein solches Vorgehen die Probleme des schwachen Schülers verstärkt und nur wenig Hoffnung auf Veränderung seiner Situation zuläßt.

Hätte der Lehrer aber die Vermutung, daß es sich bei den Aktivitäten solcher Schüler nicht um Verhalten handelt, das einzig auf die Störung des Unterrichts abzielt, sondern daß dies nur das Äußerliche ist, hinter dem Prozesse der Desintegration, des Abbaus von Selbstgefühl usw. ablaufen können, so könnte er die Situation, in der er erregt ist, anders interpretieren. Über die Uminterpretation des eigenen und des Gefühlszustandes des Schülers könnte er behutsam einen Prozeß einleiten, in dessen Verlauf die wechselseitig abhängigen schulisch-leistungsspezifischen und sozial-emotionalen Defizite abgebaut werden könnten. Dies würde dem Schüler nach und nach adäquatere Formen der Beteiligung am Unterricht ermöglichen, die einen Großteil seines früheren Verhaltens überflüssig machen. Es ist dabei von wesentlicher Bedeutung, daß das emotionale Klima im Unterricht für ihn nicht nur die negativen Vorzeichen verliert, sondern eindeutig positive gewinnt. Freilich wird das meist ein langwieriger Prozeß sein, bei dem es trotz Geduld und Einsicht ohne Rückschläge selten abgehen wird. Für den Lehrer wäre es hier sicher von Nutzen, einige der wichtigsten verhaltenstherapeutischen Techniken zu kennen.

Um zusammenzufassen und auf Parallelen zum beschriebenen Experiment einzugehen:

Im 1. Beispiel findet der Lehrer die Schüler in einem (kognitiv wenig formulierten) Zustand physiologischer Erregung vor, ähnlich den Versuchspersonen, denen verdeckt Adrenalin injiziert worden ist. Es liegt also nur an ihm, welche „Strohmann-Rolle" er nun ausübt: die des Ärgers oder die der Euphorie. Wie er diese Ausgangssituation nutzt, hängt u. a. auch von seinem Wissen über den Verhaltensaspekt Emotion ab.

Hat er einmal erkannt, welche Möglichkeiten ihm diese Kenntnisse etwa zur Steuerung des Unterrichts eröffnen, so wird er nach und nach die Kapazitäten dieses Instruments für seine Unterrichtsgestaltung ausschöpfen, was aber erst dann über das rein Didaktische hinausreicht, wenn es ihm gelingt, nicht nur die Effizienz der Wissensvermittlung zu steigern, sondern auch die erzieherische Seite des Unterrichts miteinzubeziehen. Bemüht er sich in diesem Zusammenhang, den Schülern Einsicht in das Wesen und Zustandekommen von Emotionen zu vermitteln (anhand der *Schachter*schen Theorie relativ leicht darzustellen), insbesondere in die hohe Manipulierbarkeit des Gefühlsbereichs, was beispielsweise jede Art von Werbung auszunutzen versucht, so leistet er einen wesentlichen Beitrag zur emanzipatorischen Erziehung seiner Schüler. Ein solches Vorgehen beinhaltet notwendigerweise einen Prozeß der Verlagerung von Steuerungskomponenten vom Lehrer auf die Schüler, von externer Steuerung auf Selbststeuerung, von rezeptivem auf selbsttätiges Lernen.

So kann er z. B. im „Rollenspiel" einige exemplarische Situationen aus der Lehrer-Schüler-Beziehung aufgreifen und diese von Schülern durchspielen lassen, wobei er auf Interpretationsmöglichkeiten (alternative Kognitiven in einer gegebenen Situation) oder auf auftretende Fehlinterpretationen hinweist. Oder er kann über aktuell im Unterricht auftauchende emotionale Prozesse oder Probleme ein Gespräch beginnen, um die verschiedenen Situationsinterpretationen deutlich zu machen. Es ließen sich noch mehr solcher Ansätze nennen, durch die man den emotionalen Bereich des Unterrichts in Anlehnung an die *Schachter*sche Theorie aus seinem Schattendasein herausholen kann, und an denen man die Nützlichkeit dieser Theorie für den Lehrer aufzeigen kann. Nicht zuletzt ihre Nützlichkeit legt es nahe, gerade sie im Schulalltag anzuwenden.

Siegmund Gehlert

# Emotion als interner Konflikt
(Am Beispiel der Prüfungsangst)

## 1. Konflikt zwischen Ausbildung und Auslese

Die Schule ist der Ort, an dem unsere Kinder in zweifacher Weise für ihr späteres Leben disponiert werden: der Ort der Ausbildung und Auslese.
Unter Ausbildung können hier alle Lernprozesse und Lernziele — einschließlich sozialer Aspekte — des schulischen Lebens verstanden werden. Auslese weist auf die im Verlaufe der historischen Entwicklung unseren Schulen maßgeblich zugefallene Aufgabe der Bewertung für die später dem Schüler noch oder nicht mehr zugänglichen beruflichen Möglichkeiten hin.
Der *Konflikt* zwischen Ausbildungsfunktion und Auslesefunktion in der Schule wirkt sich auf das Rollenverständnis des Lehrers und des Schülers aus. Der Schüler darf und soll sich als Auszubildender verstehen — hier kommt es darauf an, daß er Fortschritte macht, daß er „sein Bestes“, sein individuelles Optimum erreicht. In seiner Rolle als Auszulesender aber wird entscheidend, ob „sein Bestes“ im Wettbewerb mit anderen *gut genug* ist. Unter dem Aspekt der Ausbildung kann der Lehrer den *individuellen Fortschritt* betonen und die Leistungsanforderungen den subjektiven Möglichkeiten anpassen (siehe unten „dosierte Diskrepanzerlebnisse“). Auslese aber erzwingt objektive, dem Individuum zwingend auferlegte Normen. Unter diesem Auslesezwang kann Ausbildung nur noch ungestört erfolgen, wenn das Kind auf den Wettbewerb vorbereitet ist, wenn die Schule den Wettbewerb nicht nur betreibt, sondern auch dazu erzieht und wenn in der Zusammensetzung der Schüler gewährleistet ist, daß jedes Kind eine ausreichende Chance hat, die zur Auslese herangezogenen Fremdnormen zu erreichen.
Die Auslese im Bereich der Schule ist durch Beurteilung und Prüfungen — möglichst weitgehend systematisiert und *objektiviert* — zu einer wichtigen Aufgabe geworden. Die Wettbewerbssituation kann anspornen, sie kann aber auch zu einer schädlichen Quelle der *Angst* werden.

In seiner pädagogischen Verantwortung als Auszubildender muß sich der Lehrer mit den Ursachen und Konsequenzen einer solchen Angst in der Auslesesituation befassen.

## 2. Definitionsfragen

Unter internen *Konflikten* können wir von einem Individuum als unvereinbar erlebte Handlungstendenzen von annähernd gleicher Stärke verstehen. In der Tiefenpsychologie *Freud*s wird die menschliche Persönlichkeit als Prozeß und Ergebnis interner Konflikte zwischen Es, Ich und Über-Ich verständlich gemacht. Für das Verhalten des Menschen wird die Frage entscheidend, welche dieser Instanzen in ihm dominiert bzw. im Laufe der Lerngeschichte des Individuums die stärkste wird.

Wichtige Beiträge zur *theoretischen* Fassung des Konfliktbegriffs leistete *Lewin* (1935) und *Miller* (1959). *Miller* unterscheidet in seinem Konfliktmodell einen Annäherungs- und Vermeidungsgradienten. (Gradient: das Steigungsmaß einer Funktion). Z. B. entspricht bei einem Kind, das verbotenerweise Zucker naschen möchte, der Wunsch, den Zucker zu nehmen, dem Annäherungsgradienten, die Angst vor der möglichen Strafe dem Vermeidungsgradienten. Für die Konstruktion dieses Konfliktmodells ist die Annahme wichtig, daß der *Vermeidungsgradient steiler* ansteigt als der Annäherungsgradient, damit sich die Geraden in einem Punkt schneiden können. Es wird also vermutet, daß zunächst — bei räumlicher oder zeitlicher Distanz zum Ziel — die Annäherungstendenz vorherrscht. Bei zunehmend verringerter Distanz zum Ziel wächst der Vermeidungsgradient rascher an, bis beide Tendenzen als gleich stark erlebt werden (am Schnittpunkt der beiden Geraden). *Thurner* (1970), dessen Angstmodell noch näher dargestellt wird, hat dieses Konfliktmodell von *Miller* zur Analyse der Angstauswirkung auf die Leistung angewandt.

*Freud* faßt *Angst* als die Reaktion des Individuums auf eine Gefahr auf. Als Quelle der Angst kann das Über-Ich wirken (Gewissensangst), das Es (neurotische Angst) und die Realität (Realangst). Zum Gegensatz von Realangst und neurotischer Angst schreibt *Freud:* „Realgefahr ist eine Gefahr, die wir kennen, Realangst die Angst vor einer solchen bekannten Gefahr. Die neurotische Angst ist Angst vor einer Gefahr, die wir nicht kennen. Die neurotische Gefahr muß also erst gesucht werden; die Analyse hat uns gelehrt, sie ist eine Triebgefahr" (*Freud,* 1948, S. 198). *Freud* verwendet auch den Begriff *Phobie,* der von *Sarason* u. a. übernommen wird: „Der phobische Prozeß beginnt, wenn das Ich die Gefahr der Kastration erkennt und folglich ein Angstsignal von sich gibt. Diese Angst wird verarbeitet, indem einerseits die drohende Regung oder die Wahrnehmung des gefährlichen Konfliktes unterbunden wird und andererseits die Gefahrenmerkmale auf ein äußeres (bisher harmloses) Objekt oder eine Situation verschoben oder projiziert werden" (*Sarason* u. a., 1971, S. 63).

Zum Teil werden die Begriffe *Angst* und *Furcht* differenziert. Dabei werden vor allem zwei Unterscheidungsmerkmale herangezogen: Die Quelle der Furcht ist dem Individuum bekannt (spezifische „Furcht"), die Quelle der Angst aber unbekannt (freischwebende „Angst"). Weiterhin soll die Furcht der tatsächlichen Größe der Gefahr entsprechen, während die Angst eine unverhältnismäßig intensive Reaktion darstelle (vgl. hierzu *Levitt,* 1971, S. 15—22). In der gegenwärtigen wissenschaftlichen Literatur wird jedoch diese Unterscheidung im allgemeinen nicht mehr aufrechterhalten. Dazu führten sowohl methodische Schwierigkeiten, im Einzelfall Furcht von Angst valide zu trennen, als auch entwicklungspsychologische Gründe. So hat z. B. *Erikson* (1961) darauf hingewiesen, daß das Kind noch nicht gelernt hat, zwischen äußeren Gefahren und angstauslösenden inneren Trieben zu unterscheiden. Daher wird beim Kinde die Unterscheidung zwischen Furcht und Angst um so schwieriger, je jünger es ist. Denn das Kind ist noch nicht in der Lage, spezifische, klar umrissene äußere Gefahrenquellen isoliert wahrzunehmen.

Für die Entwicklung von Diagnoseverfahren wurde hingegen die Unterscheidung zwischen *allgemeiner* und *situationsspezifischer* Angst relevant. Die situationsspezifische Angst entsteht als Reaktion auf einen äußeren Reiz, während die allgemeine Angst als ein Merkmal der Person (ängstlicher Mensch) anzusehen ist und das Verhalten des Menschen immer mitbeeinflußt. Zwischen situationsspezifischer und allgemeiner Angst muß man eine Wechselwirkung annehmen: ein „ängstlicher Mensch" wird mehr angstauslösende Reize in der Umwelt *selektiv wahrnehmen* und intensiver darauf reagieren als ein weniger ängstlicher Mensch. Die Unterscheidung dieser beiden Angstformen wird insbesondere von *Cattell* und *Scheier* (1961) dargelegt, der Gesichtspunkt der Wechselwirkung wird z. B. von *Spielberger* (1956) und *Gärtner-Harnach* (1972) behandelt.

Untersuchungen über den Einfluß der *Ängstlichkeit* als Persönlichkeitseigenschaft auf die Wahrnehmung referiert *Thurner* (1970). Er berichtet z. B. über eine unveröffentlichte Arbeit von *Hildebrandt* bei N = 38 Schülern einer 8. und 9. Realschulklasse. Danach ergab sich zwischen der Ängstlichkeit einerseits und der Selbsteinschätzung der Beliebtheit bei anderen andererseits eine negative Korrelation von r = —.39 (sig. bei 5%). Dies bedeutet, daß sich der Ängstliche für unbeliebter hält, als er ist (*Thurner,* 1970, S. 210). Zu ähnlichen Ergebnissen kommt *Gärtner-Harnach* in einer Literaturübersicht zum Selbstbild des ängstlichen Schülers: „Leistungsängstliche sind gekennzeichnet durch Zentrierung der Gedanken auf die eigene Person, schwaches Selbstwertgefühl und erhöhte Bereitschaft, sich selbst zu kritisieren und in Frage zu stellen. Anderen gegenüber jedoch scheinen sie nicht kritischer eingestellt zu sein als Nichtängstliche. Sie sehen ihre schulische Umwelt als feindlicher und fühlen sich stärker durch sie belastet" (*Gärtner-Harnach,* 1972, S. 102).

Die Unterscheidung von allgemeiner und spezifischer Angst ist *methodisch* begründbar, da verschiedene Angstmaße, die einerseits allgemeine Angst und andererseits Leistungsangst messen, nur in einem mittleren Bereich miteinander korrelieren. In einer Übersicht über die Interkorrelationen von verschiedenen Angstmaßen referiert *Gärtner-Harnach* Korrelationen zwischen r = .15 und r = .69 (*Gärtner-Harnach,* 1972, 64). Diese Ergebnisse zeigen, daß es sich bei Angst nicht um einen eindimensionalen Begriff handeln kann, wie man fälschlicherweise annehmen könnte, wenn bei einem Fragebogen ein globaler „Angstkore" berechnet wird. Ebensowenig wie Intelligenz läßt sich Angst angemessen durch eine einzige Zahl repräsentieren. Vielmehr handelt es sich um ein *Konstrukt,* es müssen also eine Vielzahl von Variablen angenommen werden, die untereinander in Beziehung stehen. Eine wichtige Hilfe zur Klärung dieser Variablen und ihrer Wechselwirkungen sind Faktorenanalysen.

Für die wissenschaftliche Forschung mußte aus der Einsicht in die Kompliziertheit der Emotion Angst zunächst die Konsequenz gezogen werden, daß man das Forschungsinteresse möglichst präzise eingrenzbaren Fragestellungen — also Formen situationsspezifischer Angst — verstärkt zuwandte.

# 3. Angstmodelle

## 3.1 Das Triebmodell von Spence und das Habit-Interferenzmodell von Mandler und Sarason

*Hull* (1943) entwickelte eine Lerntheorie, in der das Reiz-Reaktions-(S-R)-Konzept des Behaviorismus durch die Annahme intervenierender Variablen (die nicht direkt beobachtbar, sondern nur erschlossen sind) erweitert wurde. Auf der Grundlage dieser Lerntheorie erklärte *Spence* (1958) und *Taylor* (1956) Angst als *erlernten Antrieb*. Es wird angenommen, daß die Reaktionsstärke eines Individuums auf einen Reiz von seinem Reaktionspotential abhängt. Dieses wiederum wird vor allem von der Habitstärke und dem Triebniveau determiniert. Habits sind Gewohnheiten, verfestigte Reaktionsfolgen, die ein Individuum im Laufe seines Lebens durch Verstärkung (in der *Hull'schen* Lerntheorie erfolgt Verstärkung durch Triebreduktion) gelernt hat. Die Beziehung zwischen der Reaktionsstärke (E), der Habitstärke (H) und dem Triebniveau (D) wird in dem Gesetz formuliert: $E = H \times D$. Mit dieser Formel läßt sich z. B. ein empirisch häufig bestätigtes Ergebnis der Angstforschung theoretisch begründen: das Leistungsniveau wird bei einfachen Aufgaben durch eine Steigerung der emotionalen Erregung verbessert, bei komplexen Aufgaben jedoch verschlechtert. Wird nämlich D, die emotionale Erregung, größer, wird auch das entsprechende Reaktionspotential größer. Liegt *nur eine* mögliche Reaktion vor (= einfache Aufgabe, in Laboratoriumsexperimenten z. B. Konditionierung des Blinzelreflexes), wird diese Reaktion bei Angst schneller gelernt als ohne Angst (denn die Reaktionsstärke ist hier geringer). Liegen aber *mehrere* mögliche Reaktionen vor, und zwar richtige und falsche (= komplexe Aufgabe), so wirkt sich die erhöhte Reaktionsbereitschaft auch auf die Produktion der *falschen* Lösungen aus, die Wahrscheinlichkeit von fehlerhaften Reaktionen wird bei emotionaler Erregung größer. Mögliche Fehlreaktionen würden nämlich aufgrund ihrer geringen Habitstärke evtl. nicht zur Reaktion führen. Wird aber die Triebstärke groß, überschreiten auch sie (auf Grund der Beziehung $E = H \times D$) die Reaktionsschwelle.

Negative Auswirkungen der Angst auf die Leistung lassen sich nach diesem Modell nur dann verhindern, wenn die Habitstärke für richtige Reaktionen, also für solche, die mit großer Wahrscheinlichkeit für die

Lösung einer Aufgabe einsetzbar sind, groß ist. „Der Wert von Arbeitsschritten, Arbeitstechniken, Strategien zur Aufbereitung von Information, das Einüben von Techniken der Zielanalyse, der Situations- und Materialanalyse für die Bewältigung kreativer Aufgaben erfährt auch von daher gesehen seine didaktische Grundlegung" (*Prell,* 1973, S. 389 f.).

*Mandler* und *Sarason* (1952) sowie *Sarason* u. a. (1960 und 1971) gehen in ihrem Angstmodell nicht von einem im Laufe der Lerngeschichte des Individuums erworbenen Triebniveau aus, sondern von *angstauslösenden* Situationen (Angst als Stimulus, vgl. *Gärtner-Harnach,* 1972, S. 14 f.).

Die Autoren (*Sarason* u. a., 1960 und 1971) wählten zur Erforschung situationsspezifischer Angstformen die Prüfungsangst. Sie begründen diese Entscheidung mit folgenden Überlegungen: Erstens werden in unserem Kulturkreis Prüfungssituationen von annähernd allen Mitgliedern der Gesellschaft, mehr oder weniger häufig, erlebt. Zweitens werden Prüfungssituationen von den Beteiligten im allgemeinen ernst genommen. Drittens wird das Leben der Mitglieder unserer Gesellschaft häufig und entscheidend durch Prüfungsleistungen bestimmt. Die vordringliche Erforschung der Prüfungsangst wird weiterhin damit begründet, daß Prüfungen mit ernsthaften und manchmal dramatischen Persönlichkeitsgefährdungen einhergehen können, es sich also um eine Form der Angst handelt, die vom Individuum sehr intensiv erlebt werden kann.

Aufbauend auf der psychoanalytischen Lehre, formulieren die Autoren folgende Hypothesen zur Prüfungsangst: „1. Die Reaktion des prüfungsängstlichen Kindes auf Prüfungen und prüfungsähnliche Situationen in der Klasse spiegelt seine Erfahrungen in psychologisch oder interpersonal ähnlichen Situationen in seinem Zuhause wider, vor und nach Beginn der formellen Einschulung. 2. Die Prüfungsreaktion hat, zusätzlich zu ihrer bewußten Bedeutung, eine gleichzeitige unbewußte Bedeutung, die sich vornehmlich auf die Erfahrungen bezieht, die das Kind in der familiären Situation gemacht hat" (*Sarason* u. a., 1971, S. 22). Die familiäre Situation kann das Kind zu Angstreaktionen disponieren, indem Eltern das Verhalten des Kindes und seine Leistungen häufig abwerten und indem sie verhindern, daß das Kind so in ihm erzeugte Aggressionen offen äußert.

Die Wirkung der Angst auf die intellektuelle Leistungsfähigkeit formulierten die Autoren in zwei Hypothesen: „Die erste besagte, daß es für die Leistung des prüfungsängstlichen Kindes ungünstige Folgen hat, wenn es in einer Situation, die ein Problem zu lösen aufgibt, unabhängig handeln soll. Die zweite Hypothese behauptete, daß die Leistung des prüfungsängstlichen Kindes die nachteiligen Wirkungen der Angst nicht aufweisen wird, wenn die Situation, die Probleme zu lösen aufgibt, in einer Weise strukturiert ist, die dem prüfungsängstlichen Kind die Erfüllung seiner starken Abhängigkeitsbedürfnisse erlaubt (*Sarason* u. a., 1960, S. 82). Mit Abhängigkeit ist in diesem Zusammenhang u. a. das Bedürfnis des Kindes nach Rückmeldungen über den Erfolg seiner Bemühungen gemeint. Eine experimentelle Studie zu dieser Problematik wird später referiert.

Es wird deutlich, daß *Sarason* u. a. eine Forschungsrichtung entwickelt haben, in der es nicht lediglich um die Feststellung der nachteiligen Wirkungen von Angst auf Leistung geht, sondern ausdrücklich auch um die Möglichkeit der Vermeidung nachteiliger Folgen von Angst. Grundlage dieser Arbeit ist das theoretische Angstmodell von *Sarason* u. a., nach dem es zwei Formen der Angstreaktion, eine *leistungsfördernde* und eine *leistungshemmende,* gibt. Steht das Individuum vor einer Leistungssituation, so werden zwei Hauptkategorien von Reaktionen aktiviert: 1. Aufgabenrelevante Reaktionen, die zur Lösung der Aufgabe führen, wenn die sachlichen Voraussetzungen, z. B. die notwendigen Grundkenntnisse gegeben sind. 2. *Angstreaktionen* — entweder in einer leistungsfördernden oder in einer leistungshemmenden Form. Die leistungsfördernden Angstreaktionen sind geeignet, durch Lösung des Problems die Angst zu reduzieren, sie beschleunigen oder verbessern also die Leistung. Die leistungshemmenden Reaktionen dagegen sind aufgabenirrelevant. Vor allem kommt es zu Unsicherheitsgefühl, somatischen Reaktionen, und zur Erwartung eines Mißerfolgs, wodurch jetzt die Leistung beeinträchtigt wird. Die Bereitschaft zu einer solchen Reaktion erwirbt das Individuum, wie bereits angedeutet, grundlegend in seiner familiären Lerngeschichte. Die aufgabenirrelevanten Reaktionen gehören zum Persönlichkeitsinventar des Individuums (Habit-Bildung im Sinne der Lerntheorie *Hulls*), während die aufgabenrelevanten Angstreaktionen erst im Verlaufe der Aufgabenlösung, durch die verstärkende Wirkung der Triebreduktion, gelernt werden. Kann bei Personen generell ein hohes Maß an Angst diagnostiziert werden, so dominieren also aufgabenirrelevante (die Persönlichkeit kennzeichnende) Reaktionen. Ängstliche Personen werden bei leichten Aufgaben (die aufgabenrelevanten Reaktionen führen hier *ohne* sachliche *Schwierigkeit* zur Lösung), verstärkt durch den Angsttrieb, zu besseren Lösungen kommen. Bei komplexen Aufgaben aber werden sie (die aufgabenrelevanten Reaktionen sind hier *nicht* zur Lösung *ausreichend*) schlechter abschneiden, da nun die aufgabenirrelevanten Reaktionen interferieren (dazwischentreten, stören) und das Finden einer Lösung behindern. Die unterschiedliche theoretische Erklärung dieses empirisch bestätigten Tatbestandes durch *Spence* und *Sarason* u. a. ist darin begründet, daß *Spence* annimmt, Angst verstärke *als Trieb* die vorhandenen richtigen bzw. falschen Lösungstendenzen, während *Sarason* u. a. vermuten, Angst *interferiere* mit der individuellen Leistungsfähigkeit.

## 3.2 Annäherungs- und Vermeidungsmodelle: Die Theorie der Leistungsmotivation von Heckhausen und die Theorie zur ängstlichen Persönlichkeit von Thurner

Die Theorie der Leistungsmotivation von *Heckhausen* hat weite Beachtung gefunden und wird in entwicklungspsychologischen Lehrbüchern eingehend dargestellt (z. B. *Oerter,* 1972, S. 154 ff.). Entscheidend ist die Annahme *Heckhausens,* daß die Leistungsmotivation von zwei Variablen bestimmt wird: der Hoffnung auf Erfolg und der Furcht vor Mißerfolg. Damit wird Motivation auf die Grundformen der Annäherung und Vermeidung zurückgeführt: „Den beiden gegengerichteten Grundtendenzen des Verhaltens entsprechen die beiden Grundformen motivierender Emotionen. Dem Aufsuchen liegen Erwartungszustände positiver Gefühlstönung vom Typ der Hoffnung, dem Meiden dagegen Erwartungszustände negativer Gefühlstönung vom Typ der Furcht zugrunde" (*Heckhausen,* 1963b, S. 11).

Hoffnung auf Erfolg bzw. Furcht vor Mißerfolg können als eine *besondere Form* der Motivation begründet werden, weil *Heckhausen* in empirischen Untersuchungen zu zeigen vermochte, daß beide Variablen nicht ausschließlich eine Funktion der Erfahrungen erfolgreicher oder erfolgloser Tätigkeiten eines Individuums sind. Z. B. setzen sich Erfolgsmotivierte „auch nach ausreichenden Erfahrungen mit den gestellten Aufgaben und ihren Schwierigkeitsgraden" weiterhin deutlich „überhöhte Ziele" (*Heckhausen,* 1963b, 121).

*Heckhausen* bezeichnet als mißerfolgsmotivierte Personen solche mit extrem niedriger bzw. extrem hoher Zielsetzung. Beim Versuch, letztere zu erklären, nimmt *Heckhausen* an, daß solche Individuen einen starken Konflikt (zwischen Hoffnung und Furcht) zu bewältigen haben. Für dieses Konfliktgeschehen postuliert *Heckhausen* ein zweischichtiges Motivationsmodell: den *latenten* Grundkonflikt und die dem Individuum zur Verfügung stehenden *manifesten* Bewältigungsformen. Für einen latenten Motivationskonflikt spricht eine hohe Gesamt(-leistungs-)motivation. Eine Bewältigung dieses Konfliktes erfolgt durch Verstärkung der erfolgsgerichteten Tendenzen in Form hoher Zielsetzungen (manifestes Motivationsgeschehen).

Personen, die erfolgsmotiviert sind, zeichnen sich durch ausgeglichene Zielsetzung aus. Sie bevorzugen „realistische bis mäßig hohe Ziele, bei denen sich die Wahrscheinlichkeiten, Erfolg oder Mißerfolg zu haben, die Waage halten, bzw. der Ausgang möglichst offen und ungewiß ist" (*Heckhausen,* 1963b, S. 125).

Heckhausen ist auch der Frage nachgegangen, welche *Voraussetzungen* zu einer angemessenen Entwicklung der Leistungsmotivation führen. Dazu zählt eine ausreichende kognitive Funktionsreife: das Kind muß einen Gütemaßstab besitzen (erfolgreich/nicht erfolgreich) und es muß eine Leistung ursächlich auf die eigene Person beziehen können. Gefördert wird die Leistungsmotivation durch eine frühzeitige Selbständigkeit, die *Heckhausen* als Vorläufermotiv der Leistungsmotivation betrachtet und zu der Eltern ihre Kinder erziehen können. Bei Leistungsanforderungen ist aus pädagogischer Sicht auf ein „dosiertes Diskrepanzerlebnis" zu achten, d. h. es sind Forderungen an das Kind zu stellen, bei denen die Furcht vor Mißerfolg nur mäßig größer sein wird als die Hoffnung auf Erfolg, die Zielerreichung somit möglich (aber nicht sicher) ist. Schließlich sind in der erzieherischen Betreuung eines Kindes die Ergebnisse der Lerntheorie, insbesondere des Verstärkungslernens und des Imitationslernens, zu beachten (*Heckhausen,* 1966, S. 137—159).

Auch bei den Untersuchungen zur Leistungsmotivation wurde übereinstimmend mit den Ergebnissen von *Sarason* u. a. der Einfluß der familiären Situation als maßgebend nachgewiesen: „Es zeigt sich, daß die Hochmotivierten in einer Atmosphäre der ‚Wärme' aufwachsen, d. h. Zuneigung und Wohlwollen, Zärtlichkeit und Freundlichkeit, Vertrauen und Liebe erfahren. Besonders günstig im Sinne einer erfolgszuversichtlichen Motivation wirkt es sich aus, wenn sich die Eltern nach Erfolgen ihrer Kinder diesen liebevoll lobend und anerkennend zuwenden, bei deren Mißerfolgen jedoch neutral reagieren, so daß sie

nicht durch Furcht beeinträchtigt werden und weitere Erfolge herbeizuführen versuchen" (*Weber,* 1973a, S. 154).
*Thurner* (1970) hat ein Angstmodell zur Diskussion gestellt, das ebenfalls die Auswirkung von Angst auf die Leistung aus den gegensätzlichen Wirkungen von Hoffnung und Furcht erklärt. Dieses Modell folgt der bereits erwähnten *Miller*schen Konflikttheorie und beinhaltet folgende Annahmen, die mit Hilfe der Abbildung erläutert werden.

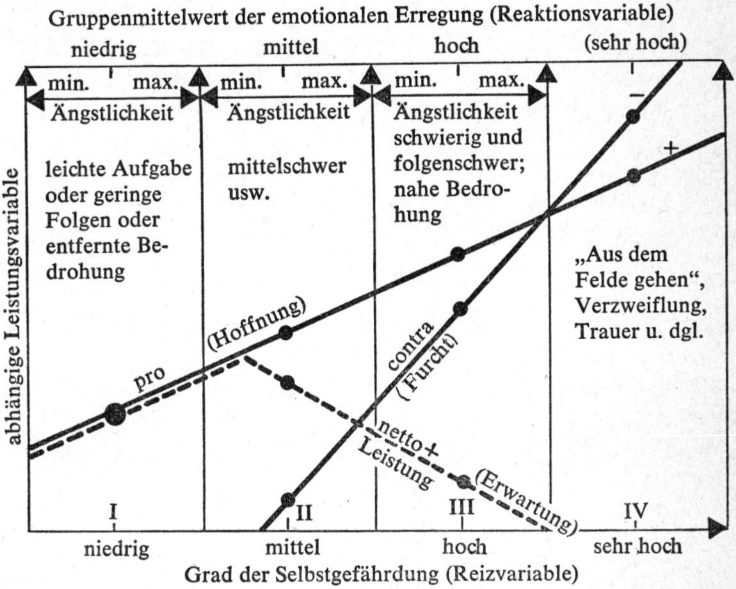


Theoretische Zusammenhänge zwischen Ängstlichkeitsgrad, Selbstgefährdung und Leistung (entnommen *Thurner,* 1970, 191).

In der grafischen Darstellung finden wir auf der Ordinate die jeweilige Leistungsvariable abgetragen. Die Skala auf der Abszisse heißt „Grad der Selbstgefährdung".
Diese objektive oder auch nur vermeintliche Selbstgefährdung, die ein Individuum erlebt, hängt von verschiedenen Angstreizvariablen ab: erstens von dem Intensitätsgrad psychischer Bedrohung, zweitens von der raumzeitlichen Nähe physischer oder psychischer Gefährdung, drittens von dem Ähnlichkeitsgrad einer Reizsituation mit früher als ge-

fährlich erlebten Situationen, viertens von der Schwere der Folgen bei einem Leistungsversagen und fünftens von der Mißerfolgswahrscheinlichkeit (*Thurner,* 1970, S. 189 f.). Die vom Individuum erlebte Selbstgefährdung drückt sich unmittelbar, wie *Thurner* vereinfachend postuliert, in seiner emotionalen Erregung bei einer Leistungsaufgabe aus. Zur Darstellung der *Beziehung* zwischen Angst und Leistung unterscheidet *Thurner* vier Gruppen: niedrige, mittlere, hohe und sehr hohe emotionale Erregung. Eine minimale bzw. maximale Ängstlichkeit wirkt sich verschieden aus, je nach dem Grad der emotionalen Erregung, in der sich das Individuum befindet. Die Wirkung wird theoretisch abgeleitet aus dem Zusammenspiel der Variablen Hoffnung und Furcht. Diese Emotionen faßt *Thurner* als Gradienten der Zielerreichung bzw. -vermeidung auf und nimmt für Furcht einen steileren Anstiegswinkel an.

Als Konsequenz ergibt sich für die Voraussage der Leistung bei Angst: Personen mit niedriger emotionaler Erregung werden durch die Hoffnung auf Erfolg bestimmt. Eine größere Ängstlichkeit eines Individuums in diesem Bereich geringer Gefährdung (leichte Aufgabe) führt zu einer höheren Leistung. Lösen Aufgaben eine mittlere emotionale Erregung aus, so wird die Furcht vor Mißerfolg stärker, und zwar um so stärker, je ängstlicher die individuelle Persönlichkeit ist. Die Furcht vor Mißerfolg macht nun zunehmend die förderliche Wirkung der Hoffnung auf Erfolg zunichte und mit wachsender Ängstlichkeit wird jetzt die Leistung schlechter (Annahme einer additiven Beziehung zwischen Hoffnung und Furcht). In dem Bereich hoher emotionaler Erregung ist die Furcht so stark, daß sie sich immer negativ auf die Leistung auswirkt, natürlich um so stärker, je größer die Ängstlichkeit ist. Am Schnittpunkt der beiden Gradienten Hoffnung und Furcht setzt *Thurner* die sehr hohe emotionale Erregung an. Dieser Schnittpunkt ist ja der eigentliche Konfliktpunkt, weil an dieser Stelle Hoffnung und Furcht gleich stark erlebt werden. *Thurner* nimmt an, daß jenseits dieses Schnittpunktes keine Leistung mehr zustande kommt, das Individuum „geht aus dem Feld", der Leistungseinsatz hört auf. Angst selbst wird von *Thurner* als Antriebskomponente verstanden, die gleichzeitig ablaufende Aktivitäten des Organismus verstärkt. Sie reduziert aber auch die notwendige Hemmung in benachbarten Regionen — wobei aber eine klare Bestimmung der entsprechenden neuralen Vorgänge noch nicht möglich ist (*Thurner,* 1970, S. 194 f.).

## 4. Probleme der Angstdiagnostik

Die empirische Überprüfung theoretischer Modelle hängt von der Operationalisierbarkeit der zur Diskussion stehenden Begriffe ab. Entsprechend ist das Problem der empirischen Zugänglichkeit des Konstrukts Angst für die wissenschaftliche Überprüfung und Verbesserung der vorgeschlagenen Angstmodelle Voraussetzung. Die Forderung nach einer testtheoretisch abgesicherten Diagnose der Angst ist noch keineswegs ausreichend erfüllt. Es können im folgenden nur verschiedene Versuche, dieses Problem zu lösen, angedeutet werden.

Einen Zugang zur Messung der Angst scheinen physiologische Verfahren zu ermöglichen, wie die Messungen von Blutdruck, Herzschlag oder der elektrische Hautwiderstand. In den physiologischen Reaktionen gibt es jedoch erhebliche individuelle Unterschiede und nur aus den physiologischen Indices allein kann nicht auf bestimmte subjektive Emotionen geschlossen werden.

Unter den psychologischen Meßverfahren können die *projektiven* Techniken und die *Fragebogen* hervorgehoben werden. Einen projektiven Test verwendet z. B. *Heckhausen* zur Erfassung der Komponenten Hoffnung auf Erfolg und Furcht vor Mißerfolg. Es handelt sich dabei um wenig strukturierte Bildvorlagen, in die die Probanden noch viel „hineinlesen" können. Durch eine empirische Auswahl wurden zwei Gruppen von Bildern erstellt: eine, die vorwiegend die Produktion von Erfolgserlebnissen, und eine andere, die mehr die Deutung von Mißerfolgserlebnissen anregt. Einen Anhaltspunkt, inwieweit damit gewonnene Aussagen gültig (valide) sind, kann man durch Überprüfung der Voraussagen des Modells treffen (z. B. signifikante Zusammenhänge des Punktskores im Test mit dem Schulerfolg des Probanden). Die eigentliche Schwierigkeit dieses — und prinzipiell aller — projektiven Verfahrens liegt in der unbefriedigenden Meßgenauigkeit (Reliabilität), die durch die mangelnde Objektivität entscheidend mitbedingt ist. Verschiedene Auswerter erreichen oft nicht übereinstimmende Auswertungsergebnisse bzw. müssen sehr lange im Auswertungsverfahren geschult werden, wodurch die Ökonomie des Verfahrens reduziert wird.

Dieser letzte Gesichtspunkt, die Ökonomie des Verfahrens, hat zu einer bevorzugten Verwendung von Fragebogen (die auch Gruppenversuche ermöglichen) geführt. Diese sind außerdem eindeutig anzuwenden und auszuwerten. Die Objektivität des Verfahrens ist dadurch sichergestellt und die Meßgenauigkeit läßt sich mit testtheoretischen Methoden überprüfen und verbessern. Damit sind zwei Grundvoraussetzungen erfüllt, um die Gültigkeit (Validität) des Vorgehens mit Aussicht auf Erfolg überprüfen bzw. verbessern zu können. Die Fragebogen bestehen aus Itemsammlungen, wobei die Probanden die Aufgabe haben, ihre subjektive Stellungnahme zu den einzelnen Items (Fragen oder Feststellungen) abzugeben. Aus diesen Antworten wird der Angstwert eines Probanden errechnet. Einen Überblick und kurze Beschreibung verschiedener Fragebogen geben z. B. *Levitt* (1971, S. 55—66), *Gärtner-Harnach* (1972, S. 24—72) oder *Wieczerkowski* u. a. (1974, S. 10—13).

Einige Fragebogen seien im folgenden kurz skizziert: Der „Test Anxiety Questionnaire“ (T A Q) von *Mandler* und *Sarason* (1952) soll, dem Konzept der Autoren entsprechend, situationsspezifische Angst (Prüfungsangst) messen. Den Probanden werden eine Reihe von Fragen (42 relevante Items und einige Füllitems in der ersten Fassung des Fragebogens) vorgelegt, die durch Ankreuzen auf einer 15 cm langen grafischen Skala beantwortet werden. Inhaltlich beziehen sich die Items auf frühere subjektive Erfahrungen in Leistungssituationen. Es ist deutlich, daß für eine valide Angstmessung mit einem solchen Fragebogen — dies gilt für alle Verfahren dieser Art — der Wille des Probanden zu einer wirklichkeitsgetreuen Beantwortung sowie die Fähigkeit zu einer realistischen Wiedergabe von ihm gemachter früherer Erfahrungen vorausgesetzt werden muß.

Die Autoren wandten später ihre Forschungsinteressen schwerpunktmäßig der Prüfungsangst bei Kindern zu. *Sarason* u. a. (1971) geben eine ausführliche Beschreibung der Prüfungsangstskala und der Allgemeinen Angstskala für Kinder, der Testdurchführung und der Validitätsuntersuchungen (*Sarason* u. a., 1971, bes. S. 103 ff. und 349 ff.).

Aus der Prüfungsangstskala sind folgende Beispiele entnommen: „Wenn du abends im Bett liegst, machst du dir manchmal Sorgen, wie du am nächsten Tag im Unterricht abschneiden wirst?“ oder: „Denkst du gewöhnlich während einer Prüfung, du würdest schlecht abschneiden?“ (*Sarason,* 1971, S. 350 f.). Aus der Allgemeinen Angstskala stammen die Beispiele: „Erschrecken dich manche Geschichten im Radio oder im Fernsehen?“ oder: „Hast du Angst, wenn du nachts alleine zu Hause bist?“ (*Sarason* u. a., 1971, S. 353). Die Items sind so konstruiert, daß die Bejahung einer Frage immer das Eingeständnis eines unangenehmen Zustandes bedeutet. Die Gefahr, daß dadurch Zustimmungstendenzen die Messung verzerren und invalide machen, nehmen die Autoren einerseits des geringen Alters der Kinder wegen (Vereinfachung der Testanweisung) in Kauf, schätzen sie andererseits auf Grund ihrer eigenen Untersuchungen aber auch für wenig schwerwiegend ein.

Für *deutsche Schüler* entwickelt ist der Schulangstfragebogen (Fragebogen für Schüler, F S 11—13) von *Gärtner-Harnach* (1972, S. 32 ff.). Das folgende Zitat zur Validität kann einen Einblick in die methodischen Möglichkeiten (aber auch Grenzen) zur Klärung dieser wichtigsten Testproblematik geben: „So zeigte sich, daß Schüler, die im Fragebogen angaben, sich durch Leistungsprüfungen verschiedener Art persönlich beeinträchtigt zu fühlen, auch im Polaritätsprofil, also bei einer indirekteren Art der Befragung, aussagten, daß sie Unterricht und Prüfung als stärkere Belastung empfanden als die Schüler, die im Fragebogen häufige Erfahrungen dieser Art verneinten. Die SÄ (sehr ängstlichen, d. Verf.) stellten sich selbst auch im Polaritätsprofil als ängstlicher dar als ihre WÄ-Mitschüler (wenig ängstliche, d. Verf.). Wie es der *Sarasonschen* Leistungsangsttheorie entspricht, malten die SÄ ein negativeres Bild von sich selbst als die WÄ; zudem glaubten sie, daß andere, insbesondere ihre Lehrer, sie als noch weniger positiv wahrnähmen. Diese Ergebnisse stehen im Einklang mit den Befunden mehrerer anderer Experimente zum Selbstbild Ängstlicher (*Gärtner-Harnach,* 1972, S. 34 f.).

Neuerdings hat *Wieczerkowsky* u. a. (1974) einen Angstfragebogen für Schüler vorgelegt (A S F). Er ist für Schüler des 3. bis 10. Schuljahres entwickelt und enthält vier Unterskalen: Prüfungsangst, allgemeine (manifeste) Angst, Schulunlust und Tendenz, sich angepaßt zu verhalten. Der Anwendungsbereich des Verfahrens wird von den Autoren sehr weit gefaßt: als Hilfe für den Lehrer zur Erfassung der Angstatmosphäre in der Klasse, zur Individualdiagnose, als Forschungsinstrument und zur Sensibilisierung in der Selbsterfahrung. In der Handanweisung sind die wichtigsten Angaben zu testtheoretischen Kriterien gemacht. Um die Gültigkeit abzusichern, wurden Vergleiche mit einer Neurotizismus-Skala angestellt, die Angstskala mit Einstellungen der Schüler zum Lehrer in Beziehung gesetzt, Selbst- und Fremdeinschätzung (durch den Lehrer) miteinander verglichen und das Angstausmaß mit Begabung, Schulinteresse, Schulzensuren und der Selbsteinschätzung der eigenen Leistung in Beziehung gesetzt. Schließlich wurde noch

das Erziehungsverhalten und intraindividuelle Angstniveauänderungen in die Untersuchung einbezogen. Durch diese vielfältigen und in der Handanweisung belegten Bemühungen um Validität tragen die Autoren den Forderungen nach einer dem gegenwärtigen Stand des Wissens entsprechenden Absicherung des Konstrukts Angst Rechnung.
Auf prinzipielle Schwierigkeiten, die gegenwärtig auch bei einem sorgfältig entwickelten Test nicht gelöst sind, ist jedoch noch hinzuweisen. *Sarason* selbst hat nach jahrelanger Forschungsarbeit Zweifel geäußert, ob und inwieweit mit dem von ihm verwendeten Fragebogen unzweideutig Angst gemessen wird (vgl. hierzu *Gärtner-Harnach*, 1972, S. 39 f.). *Sarason* vermutet, daß die Werte im Angstfragebogen zu einem großen Teil von der Bereitschaft eines Individuums, Angsterlebnisse abzuwehren (Defensivität), beeinflußt und verzerrt werden. Defensivität würde dazu führen, daß Probanden unbewußt Angst haben und sich diese auch in ihren schädlichen Wirkungen bemerkbar macht, aber in der bewußten Selbsterfahrung des Probanden nicht zum Ausdruck kommt.
Ein weiteres schwieriges Problem der Datenerhebung kann in der Neigung bestehen, sich günstig darzustellen. Näherungsweise wird versucht, solche Tendenzen mit Hilfe einer in den Test eingebauten Lügenskala zu erfassen. Es handelt sich dabei um Fragen oder Feststellungen, die fast jeder in einer bestimmten Weise beantworten müßte, es sei denn, er „lügt".
Nicht eindeutig ist die Interpretation des gefundenen Angstskores selbst. Aufgrund von Validitätsuntersuchungen wird man evtl. sagen können, daß ein Proband mit einem höheren Wert in bestimmten Situationen auch mit höherer Wahrscheinlichkeit mit Angst reagiert. Wesentlich schwieriger aber wäre die Frage zu entscheiden (die auch pädagogisch von Interesse ist), ob Personen mit gleichem Angstskore diese Angst auch subjektiv in vergleichbarer Stärke erleben.

Die Verwendung dieser Fragebogen liefert zwar für die wissenschaftliche Forschung einen unentbehrlichen Ansatzpunkt für eine systematische Datensammlung und einen ersten Überblick, der es ermöglicht, weiterführende Fragen präziser zu stellen und zunehmend zu beantworten. Es ist aber wichtig, daß auch der Lehrer sich bei der Verwendung eines Angstfragebogens in der Schule der Vorläufigkeit und Problematik der verwendeten Methode bewußt ist. Ihr Wert liegt in der andere Datenquellen ergänzenden, interindividuell vergleichbaren Information, nicht aber in der Möglichkeit einer definitiven und abschließenden Aussage über „die Angst" eines bestimmten Schülers.

# 5. Pädagogisch relevante Ergebnisse der Angstforschung

## 5.1 Das Yerkes-Dodsonsche Gesetz

Der von verschiedenen Forschern gefundene Zusammenhang zwischen emotionaler Erregung, Leistung und Aufgabenschwierigkeit kann durch das *Yerkes-Dodson-Gesetz* (1908) dargestellt werden, das bereits in der lernpsychologischen Forschung formuliert wurde. Es besagt, daß zwischen dem Erregungs- und Leistungsniveau keine lineare, sondern eine kurvilineare Beziehung besteht. Das heißt, mit zunehmender Erregung steigt auch die Leistung, jedoch nur bis zu einem Optimum. Bei weiterhin steigender Erregung sinkt die Leistung wieder ab. Modifiziert wird dieses Gesetz durch die Schwierigkeit einer Aufgabe. Es gilt die Regel, daß ein Optimum der Leistung (mit einem Absinken bei weiterer Erregung) bei einem um so niedrigeren Erregungsniveau erreicht wird, je schwieriger die Aufgabe ist. Damit ist der Befund erklärt, daß ängstliche Personen bei einfachen Aufgaben einen Leistungsanstieg, bei schwierigen Aufgaben aber einen Leistungsabfall zeigen; denn bei solchen Aufgaben wird durch die hohe emotionale Erregung der Punkt der optimalen Leistung schnell überschritten. Die dargestellten Theorien zur Leistungsangst können als Versuche verstanden werden, dieses empirisch weitgehend (nicht ausnahmslos, vgl. *Foppa,* 1966, S. 52 f.) bestätigte Gesetz aus theoretischen Grundannahmen abzuleiten, wie es z. B. in der Diskussion von *Eysenck* (1964) beim Vergleich der Theorie von *Spence & Taylor* mit der von *Mandler & Sarason* geschehen ist.

## 5.2 Forschungen zur Prüfungsangst

Der Beziehung zwischen Ängstlichkeit und dem Leistungsverhalten bei Schulkindern gingen zahlreiche Untersuchungen nach. Z. B. untersuchte *Tewes* (1971) insgesamt 263 Kinder im Alter von 9 bis 13 Jahren in 10 Volksschulklassen. Die Ängstlichkeit wurde mit dem Kinder-Angst-Test (*Thurner & Tewes,* 1969) erfaßt. Als Leistungsvariablen wurden Diktat und Rechenleistung gewählt. Zusätzlich wurde der Zusammenhang zwischen Ängstlichkeit und Fehlzeiten der Schüler untersucht. Hohe Ängstlichkeit stand in Zusammenhang mit unterdurchschnittlichen Ergebnissen sowohl beim Diktat als bei der Rechenleistung. Ein bestätigendes Ergebnis fanden auch *Nickel* u. a. (1973). Die Autoren wiesen bei schlechten Schülern mehr Angst nach als bei guten. Mit steigenden Angstwerten sank gleichzeitig die Mitarbeit im Unterricht ab. Diese Grunderkenntnis, daß schlechte Schüler mehr Angst haben als gute, wird in vielen weiteren Untersuchungen bestätigt. Eine Beschreibung und Diskussion solcher Ergebnisse findet sich z. B. bei *Gärtner-Harnach* (1972, S. 80—95). Man kann diese Erkenntnisse nicht mit dem ironischen Hinweis abtun, schlechte Schüler hätten eben allen Grund, Angst zu haben. Denn die eigentliche Problematik für den Pädagogen liegt in der Verhinderung eines circulus vitiosus: wegen schlechter Leistung entsteht Angst, diese Angst aber determiniert und verstärkt wiederum erneut schlechte Leistungen. Untersuchungen zeigen auch hier eine negative Korrelation. Ein nachdenkenswertes Ergebnis hierzu erzielte *Broen,* 1959 (zit. nach *Gärtner-Harnach,* 1972, S. 78). Er fand zwischen Angstwerten und IQ einerseits, und der Schulleistung andererseits eine negative Korrelation. Die positive Korrelation zwischen IQ und Schulleistung aber wurde beträchtlich verringert, nachdem auf statistischem Weg der Angstanteil bei der IQ-Messung eliminiert wurde. Das heißt, daß die Voraussage des Schulerfolges schlechter geworden ist, wenn die Intelligenz „angstfrei“ erfaßt wird, oder anders gesagt: in die Voraussage des Schulerfolgs muß die Überlegung mit einbezogen werden, daß ängstliche Schüler in der Schule schlechter abschneiden, als es ihrem IQ entspricht. Dieses Ergebnis verbietet es, kurzschlüssig die Leistungsangst eines Schülers als selbstverständliche Folge geringer Leistungsfähigkeit anzusehen. In einer zusammenfassenden Betrachtung der empirischen Befunde kommt *Gärtner-Harnach* zu dem Resümee: „Prüfungsangst ist mit herabgesetzten Leistungen im Intelligenztest verbunden, obwohl gezeigt werden kann, daß Ängstliche nicht minder begabt sind als Nichtängstliche. Auch Schulnoten bzw. Ergebnisse von Schulleistungstests stehen in signifikant negativer Beziehung zur Angst. Verbale Leistungen fallen unter Angst besonders schlecht aus“ (*Gärtner-Harnach,* 1972, S. 95).

Für die Schule ist daher Gewicht auf die Feststellung zu legen, daß sich in der Prüfungssituation auch die Person des Prüfers — neben dem Schwierigkeitsgrad selbst — als mitbestimmend für die Leistung erweist; denn ein Lehrer, der die soziale Akzeptierung eines Schülers bewußt oder unbewußt von dessen Leistung abhängig macht, schafft damit bereits die Voraussetzungen für die wechselseitige Verstärkung zwischen Angst und reduzierter Leistung. Die Forderung nach einem angstreduzierenden Lehrerverhalten ist allerdings nicht einfach zu erfüllen. Es kann kein eindeutiger Weg, Angst bei Schülern zu vermeiden, gewiesen werden, denn die Reaktionen eines Individuums auf das gleiche Lehrerverhalten können unterschiedlich sein. *Gärtner-Harnach* referiert Untersuchungen, die zeigen, daß „Lob von seiten des Lehrers für einen Schüler der unteren sozialen Schicht angstsenkend wirkt, nicht, oder zumindest weniger, für Kinder der Mittelklasse" (*Gärtner-Harnach,* 1972, S. 120).

*Schell* (1972) legte — ebenfalls zur Erforschung angstreduzierender Lernmethoden — eine Untersuchung vor, die den Lerneffekt ängstlicher Schüler bei Partnerarbeit analysierte. Er formulierte die Hypothese, daß die Gruppe eine angstreduzierende Funktion erfüllt. So konnte er bei dieser Untersuchung zeigen, „daß der Ängstliche durch Kooperation in der Kleingruppe einen höheren Lerngewinn erzielt als ein ängstlicher Schüler, der sich den Lernstoff in der Einzelsituation anzueignen hat" (*Schell,* 1972, S. 122). Die erzieherisch interessante Vermutung, daß ein nichtängstlicher Schüler in Kooperation mit einem ängstlichen Schüler (inhomogene Gruppen) dessen Angst reduziert, ließ sich hingegen nicht bestätigen.

Auf eine weitere pädagogische Möglichkeit, die schädigende Wirkung der Angst auf die Leistung zu mildern, weisen *Sarason* u. a. (1971) hin. Sie betonen das Abhängigkeitsbedürfnis des Ängstlichen und nehmen an, daß ein Eingehen auf diese Wünsche es auch den Ängstlichen erlaubt, gleich gute Ergebnisse wie Nicht-Ängstliche zu erzielen. Sie untersuchten daher die Rolle der Abhängigkeit beim Problemlösen und gingen der Frage nach, ob sich die Leistung des ängstlichen Kindes entsprechend verändert, wenn durch die äußere Situation Abhängigkeitsbedürfnisse befriedigt werden. Die Autoren betonen mit Nachdruck die Wichtigkeit dieser Ergebnisse innerhalb ihrer wissenschaftlichen Konzeption: „Sie bestätigen unsere These, daß es qualitative Aspekte der Prüfungssituation gibt, die mindestens ebenso wichtig, wenn nicht wichtiger sind als bloße quantitative Merkmale, weil sie bestimmten Persönlichkeitsfaktoren ermöglichen, zum Vor- oder Nachteil der geprüften Person zu wirken" (*Sarason* u. a., 1971, S. 198). Zur „Neutralisierung" der Angst erwiesen sich bei dieser Untersuchung zwei Faktoren als wirksam: 1. Das Ausmaß, in dem der Prüfer als hilfreich erscheint, indem er z. B. nicht zur Schnelligkeit oder Bestleistung an-

treibt. 2. Die Möglichkeit der Erfolgskontrolle: bei Aufgaben, die dem Kind vorsichtige Antworten und Kontrolle über die Richtigkeit der einzelnen Lösungsschritte erlauben, wirkt sich Angst weniger leistungshemmend aus.
Für die richtige Beurteilung des ängstlichen Kindes durch den Lehrer sind einige Hinweise auf Persönlichkeitsfaktoren zweckmäßig. *Sarason* u. a. gehen, dem psychoanalytischen Denken folgend, von der Vermutung aus, daß beim ängstlichen Kind eine sein Selbstgefühl bedrohende Erziehungssituation vorliegt bzw. vorgelegen hat. Daher ist eine starke, unbewußte Feindseligkeit gegenüber elternähnlichen Autoritäten zu erwarten. Zeigt sich diese in kindlichen Verhaltensweisen und wird das Kind dafür bestraft, entwickeln sich verstärkt Schuldgefühle und das Kind richtet seine Aggressionen durch Selbstherabsetzung zunehmend gegen sich selbst. „Im Ergebnis wird das Angewiesensein des Kindes auf elterliche Zustimmung, Leitung und Unterstützung zu einer dominierenden Tendenz" (*Sarason* u. a., 1971, S. 271).

## 6. Konsequenzen für die Erziehung

Aus den obigen Überlegungen folgen sicherlich keine ins einzelne gehenden Anweisungen für die Erziehung, wohl aber prinzipielle Gesichtspunkte:
1. Erziehung im Sinne intentionaler Lernhilfe darf sich nicht auf Angst des zu Erziehenden stützen oder gar diese in ihm erst erzeugen. *Roth* fordert, daß Erziehung nicht durch Angstmachen geschehen darf, denn dies führt zu einer Überschätzung der Angst und fördert zusätzlich neue Ängste. „Wer mit Angst erzieht, erzieht mit einem irrationalen Machtinstrument, das unsere rationalen Führungskräfte gefährlich zu überwuchern vermag" (*Roth,* 1971, S. 332). Die vorliegenden empirischen Untersuchungen weisen darauf hin, daß in der Schule — die den Schüler in der Regel vor komplexe Lernaufgaben stellen muß — kaum mit einer fördernden, sondern meist mit einer hemmenden Wirkung der Angst gerechnet werden muß.
2. Auch wenn Erziehung von Angst frei ist, so gehört Angst doch zur erzieherisch bedeutsamen Wirklichkeit. Zum einen findet der Lehrer, der selbst angstfrei erzieht, das Kind in der Schule bereits mit einer Lerngeschichte vor, durch die es schon geprägt wurde und zu der auch

eine erzieherisch erzeugte Disposition zur Ängstlichkeit gehören kann. Zum anderen ist aber Angst auch eine — von Erziehungseinflüssen unabhängige — Reaktion auf Gefahr. Insoweit ist Angst sogar für die Entwicklung des Individuums notwendig. *Mühle* betont daher die positive Rolle der Angst und unterscheidet zwischen einer „privaten" und einer „sozialisierenden" Angst. Letztere stellt eine unentbehrliche Motivation für soziales Lernen dar und führt zur gesellschaftlichen Eingliederung (*Mühle,* 1967, S. 225 ff.).

Erziehung ohne Angst kann also nicht bedeuten, zu verzichten, auf Gefahren und ihre Konsequenzen — auch nachdrücklich — aufmerksam zu machen. Der Erzieher muß sich bewußt sein, daß im zu Erziehenden Angsterlebnisse ausgelöst werden können. Jedoch darf Erziehung durch absichtliche Auslösung von Angstgefühlen das Individuum nicht manipulieren und sie darf nicht selbst zu einer Gefährdung des Individuums und damit zu einer Ursache der Angst werden.

Im Bereich der Schule werden Prüfungssituationen zu einer häufigen und ungerechtfertigten Quelle der Angst, ungerechtfertigt jedenfalls unter dem Aspekt der Ausbildung, also der optimalen Lernhilfe für den Schüler. Die Aufgabe des Lehrers besteht darin, Prüfungen möglichst angstfrei zu gestalten und hemmenden Wirkungen vorhandener Angst entgegenzutreten, beim ängstlichen Kind insbesondere durch ermutigende Lernhilfen und soziale Akzeptierung.

Reinhard Andreas

# Emotion und sozialer Konflikt in Schule und Unterricht

## 1. Einleitung

„Daß es in den Schulen an allen Ecken und Enden kriselt und kracht" (Editorial, b:e, 2/1974), „daß innerhalb der Institution Schule Zerfallsprozesse stattfinden" (*Flügge,* 1972), wissen inzwischen nicht nur die betroffenen Lehrer und Schüler, sondern auch die Öffentlichkeit ist mehr oder weniger verzerrt darüber informiert (vgl. Illustriertenberichte wie „Klassenkampf im Klassenzimmer"). Schule ist ein Konfliktfeld, in der die widersprüchlichsten Verhaltenserwartungen und -dispositionen aufeinandertreffen. In den weitaus meisten Fällen sind die Auseinandersetzungen von emotionalem Verhalten begleitet.
Überschaut man Berichte von der „Schulfront", so entsteht der Eindruck, daß häufig gerade das Auftreten emotionalen Verhaltens als Konflikt gesehen wird. Dies kann dann geschehen, wenn die Schule weitgehend als Ort rationaler Vermittlung kognitiver Lerninhalte gesehen wird. Eine „mangelhafte Einbeziehung des emotionalen Bereichs in die pädagogische Reflexion" konstatieren *Feldmann-Duda* und *Feldmann* (1972, S. 19) sowohl für die pädagogische Theorie wie für die Praxis. Tatsächlich konnte *Fürstenau* (1964) beobachten, daß die emotionale Dimension der Erziehung nach Kräften aus dem öffentlichen Bewußtsein verdrängt, tabuisiert und ignoriert wird, eine Haltung also, die im Gegensatz zu der sowohl der Alltagserfahrung als auch der wissenschaftlichen Analyse zu entnehmenden Erkenntnis steht, daß im konkreten Verhalten, wie z. B. beim Lehren und Lernen, stets kognitive und affektiv-motivationale Faktoren zusammenwirken (vgl. hierzu den Beitrag von *Oerter* im vorliegenden Band).
Während dabei emotionales Schülerverhalten zumindest als Disziplinproblem in der didaktischen Diskussion noch einen hohen Stellenwert hatte und weiterhin besitzt, arbeitete der gesellschaftliche Verdrängungsmechanismus bezüglich des emotionalen Verhaltens des Lehrers so perfekt, daß erst neuere Untersuchungen zur Lehrerrolle und Schulsituation, interessanterweise also eher soziologisch orientierte Ansätze, auch die Emotionalität des Lehrers in das öffentliche Bewußtsein zu-

rückholen und problematisieren konnten (vgl. z. B. *Adorno,* 1965; *Füstenau,* 1964; *Combe,* 1973).
Erscheint hier emotionales Verhalten in Schule und Unterricht häufig als konfliktverursachend, so ist auch umgekehrt argumentierbar, daß Konflikte oft erst durch das Auftreten emotionalen Verhaltens bei den Betroffenen ins öffentliche Blickfeld rücken. Weder die Problematik der Lehrpläne noch die Veränderung der Leistungskontrollen wären wohl ohne das vermehrte Auftreten von Schüleraggressionen und Prüfungsängsten so schnell in die pädagogische Diskussion geraten. Emotionen stellen in dieser Sichtweise individuelle Konfliktsignale für strukturelle Widersprüchlichkeiten dar.
Das Verhältnis von Emotion und sozialem Konflikt in der öffentlichen Erziehung ist, dies sollte zunächst festgehalten werden, keineswegs eindeutig geklärt. Einige wesentliche Aspekte dieses Verhältnisses sollen im Folgenden eingehender diskutiert werden.
Dabei ist es zunächst nötig, das Konzept „sozialer Konflikt" zu präzisieren und seine Beziehungen zum Emotionskonzept zu analysieren, wobei sich der Rollenbegriff als vermittelndes Konstrukt anbietet (Abschnitt 2). Soziale Konflikte und ihre Beziehung zu emotionalem Verhalten werden danach auf zwei Analyseebenen erörtert: Abschnitt 3 problematisiert das „Konfliktfeld Schule" und verschiedene Erklärungsmodelle hierzu. Abschnitt 4 analysiert konkrete Konflikte und Emotionen im Unterricht als Rollenkonflikte bei Lehrer und Schüler. Zum Schluß soll dann am Konzept der Konfliktfähigkeit noch kurz auf curriculare Einbeziehungen emotionaler Erziehung im Rahmen einer „Konfliktdidaktik" eingegangen werden.

## 2. Zur Begriffsbestimmung

### 2.1 Zum Konfliktbegriff

„Konflikt" wird auf verschiedenen Analyseebenen und von verschiedenen Sozialwissenschaften wie Psychologie, Pädagogik, Soziologie, Politologie und anderen als Beschreibungs- und Erklärungskonzept verwendet. Bei der isolierten Untersuchung der „Leib-Seele-Einheit" der individuellen Person (*Wolff,* 1973), wie die Psychologie häufig ihren Gegenstand einengt, erscheint ein Konflikt notwendig als „intrapersonaler Konflikt". Konflikte werden hier als Gegeneinanderwirken verschiedener Motive erklärt, häufig reduziert auf die zwei Gradienten „Vermeidung" und „Annäherung" (vgl. *Mertens,* 1974, S. 11 f.). Aus psychologischen Ansätzen zur Konfliktforschung filtert *Lehr* (1965, S. 308 ff.) 5 Charakteristika von Konflikten aus. Verursachend ist demnach, wie bereits genannt, die Auslösung mehrerer Verhaltenstendenzen sowie ihre Unvereinbarkeit. Als Folgemomente nennt *Lehr* die Störung des energetischen Gleichgewichts (Frustration und Triebstau), die erhöhte affektive Erregung durch Orientierungsverlust sowie eine allgemeine Aktivierung (Lösungsdruck). Die Kritik dieser als „a-sozial' bezeichneten Konfliktkonzeption der Psychologie hebt vor allem darauf ab, daß Personen hierbei einem „sprachlosen und interaktionsunfähigen Organismus" gleichgemacht werden, überdies „von der Komplexität eines Konfliktgeschehens völlig abgesehen wird" (*Mertens,* 1974, S. 13).

Diese kritische Sichtweise kann nun an soziologischen Konflikttheorien anknüpfen, die ihre Analysen auf interindividueller Gruppen- oder Gesellschaftsebene ansetzen. Hier ist Konflikt definiert als ein „Geschehen, das sich zwischen fühlenden, aber nicht unbedingt rationalen Wesen abspielt", wobei mindestens „zwei Personen sich gegenseitig ausschließende Absichten verfolgen" (*Nicholson,* 1973, S. 13). Die Definition wird häufig noch dahingehend erweitert, daß Konflikte auf „gesellschaftliche Beziehungen und Prozesse" bezogen werden, die als „mehrdimensionales Geschehen" zwischen materiellen, ökonomischen, Herrschafts-, Rang- oder Wertdimensionen angesehen werden (*Bühl,* 1972, S. 10—11).

Wenn die psychische Struktur eines Individuums, und damit auch seine emotionale Struktur, als innere Reproduktion oder Widerspiegelung der Struktur des sozialen Systems aufgefaßt werden kann — und dafür sprechen eine Fülle empirischer Befunde (vgl. zu kulturellen und subkulturellen Sozialisationseinwirkungen z. B. den Beitrag von *Oerter* in diesem Band) — erscheint es gerechtfertigt, sich einem solchen erweiterten, gesellschaftliche Determinanten miteinbeziehenden Konfliktbegriff anzuschließen. Die Präzisierung „sozialer Konflikt" soll hierbei zwei Akzentuierungen andeuten: Einmal sollen Konflikte aufgrund akutell intrapersonaler Verhaltensbestimmungen, ohne deren prinzipiell außerpersonale Bedingtheit zu übersehen, weitgehend ausgeklammert bleiben, da diese an anderer Stelle behandelt werden. (Vgl. insbesondere den Artikel von *Gehlert* im vorliegenden Band.)

Zum anderen soll auf den Bezug zu Personen hingewiesen werden, d. h., das Verhalten von mehr als einer Person muß entscheidenden Einfluß haben. Damit wird eine Abgrenzung getroffen z. B. zu Konflikten einzelner mit der Natur.

## 2.2 Rolle und Interaktion

Emotion als zunächst am Individuum festgemachte Erscheinung, sei es als inneres (Gefühl) und äußeres Verhalten oder als physiologisch beschreibbare Erregung, muß in klarer Begrifflichkeit in Beziehung gesetzt werden können zu gesellschaftlichen und institutionellen Konfliktdeterminanten. Ein theoretischer Ansatz mit dem Anspruch, Beziehungen dieser durch verschiedene Analyseebenen getrennt erscheinenden Realitätsbereiche zu rekonstruieren, zentriert sich um den Begriff der Rolle.

Gesellschaftliche Strukturen werden hierbei als System von Positionen angenommen. So gibt es z. B. im Ausbildungsbereich die Position des Kultusministers eines Landes, die Position des Rektors, Lehrers, Schülers und der Eltern. Die Positionen sind politisch mehr oder weniger genau bestimmt und institutionalisiert worden. Personen, die eine dieser Positionen innehaben, sind Ziele bestimmter Verhaltenserwartungen. Diese Erwartungen bestimmen sich vor allem aus der funktionalen Stellung der Position im System der arbeitsteiligen Gesellschaft.

Die Summe der Verhaltenserwartungen an die (austauschbaren) Inhaber einer bestimmten Position wird als Rolle bezeichnet. Die Rolle kann sehr präzise oder unscharf (anomisch) bestimmt sein, die Verhaltenserwartungen können widerspruchsfrei sein oder sich widersprechen. Anomische oder widersprüchliche Rollenanforderungen werden vom Individuum als Konflikt erlebt.

Ohne an dieser Stelle auf prinzipielle Kritik der Rollentheorie eingehen zu können (vgl. *Haug,* 1972), soll anschließend die Revision und Erweiterung dieses funktionalistischen Ansatzes innerhalb der Rollentheorie (in der BRD vor allem durch *Dahrendorf,* 1958 bekanntgeworden) durch Theoretiker des symbolischen Interaktionismus skizziert werden (erste Information bei *Krappmann,* 1971):

Gegenüber dem normativen Paradigma funktionalistischer Verhaltenstheorien berücksichtigen „interpretative Paradigmen" (*Wilson,* 1973), wie die Ansätze des symbolischen Interaktionismus und der interaktionstheoretischen Psychoanalyse (*Lorenzer,* 1973), auch individuelle Bestimmungsmomente des Handelns. Insbesondere wird das gerade auch im Unterricht häufig zu beobachtende Auseinanderfallen von äußeren Verhaltenserwartungen und individuellen Verhaltensimpulsen thematisiert, nämlich, „daß die individuellen Bedürfnisdispositionen den institutionalisierten Wertvorstellungen nicht voll entsprechen" (*Krappmann,* 1971). Konfliktbedingungen werden hier also nicht nur *innerhalb* einer Gruppe von Bestimmungsfaktoren des Verhaltens aufgefunden (in sich widersprüchliche Erwartungen, wie sie das funktionalistische Rollenkonzept vorsieht, sowie widersprüchliche Triebimpulse nach dem psychologischen Konfliktmodell), sondern auch *zwischen* diesen Faktorengruppen. Konflikte können demnach in drei Formen unterteilt werden, die auf die Konstellation der Bestimmungsfaktoren individuellen Verhaltens abheben:

1. Konflikte aufgrund widersprüchlicher Rollenerwartungen an ein Individuum.
2. Konflikte aufgrund aktuell widersprüchlicher Bedürfnisse eines Individuums (vgl. hierzu Abschnitt 2.1.).
3. Konflikte aufgrund von Diskrepanzen zwischen Rollenerwartungen und Bedürfnissen.

Im Unterschied zum funktionalistischen Rollenmodell lenkt der interaktionistische Ansatz die Aufmerksamkeit auf die Vermittlungsebene zwischen den verschiedenen Verhaltensbestimmungen, die Ebene der symbolischen Interaktion. Rollenerwartungen und Triebansprüche lassen einen mehr oder weniger großen Verhaltensspielraum zu. Das Individuum bekommt die Möglichkeit, Kompromisse zwischen den widerstrebenden Verhaltensanforderungen zu finden und dadurch die Widersprüche teilweise oder vollständig aufzuheben.

Dabei ist eine doppelte Integration zu leisten: Einmal muß eine ausreichende Übereinstimmung mit den aktuellen gesellschaftlichen Ansprüchen (soziale Identität), zum anderen auf der Zeitdimension eine inhaltliche Kontinuität im individuellen Verhalten erreicht werden (personale Identität). Symbolische Repräsentation und Interaktion, vor allem Sprache, erhalten bei diesen Interpretationsleistungen im Dienste der Identitätsbalance zentrale Bedeutung (vgl. hierzu auch den Beitrag von *Klinkers* in diesem Band).

Konflikte erscheinen in diesem Modell als Identitätsstörungen von Individuen. Gleichzeitig werden aber auch die Lösungsmöglichkeiten

dem Individuum zugeordnet: Konfliktfähigkeit wäre hier eine stark ausgebildete Symbolisierungsleistung sowohl bei den eigenen Bedürfsen („Selbstdarstellung“) als bei den fremden Erwartungen („Empathie“). Beide Aspekte dieser Symbolisierung begreifen emotionale und kognitive Leistungen als Einheit.
Neben den Vorzügen des symbolischen Interaktionismus, verschiedene psychologische und soziologische Ansätze zu integrieren, darf nicht übersehen werden, daß durch die Betonung symbolischer Interaktionsprobleme, wie Symbolisierung versus Klischeebildung (*Lorenzer*, 1970), Einüben von nichtsprachlicher und Metakommunikation, doch wieder das Individuum in den Mittelpunkt von Konfliktanalysen gerückt ist, die strukturellen Bestimmungen durch Institutionen und Gesellschaft dagegen eher vernachlässigt werden.

## 2.3 Konfliktverlauf und Emotion

Versuchen wir, die Aussagen zur Rolle der Emotion bei Konflikten, wie sie aus den erwähnten theoretischen Ansätzen hervorgehen, in ein (im weitesten Sinne) interaktionistisches Verlaufsmodell von Konflikten einzubringen, so ergibt sich folgendes Bild:
Emotionen treten sowohl als Ursache wie als Folge von Konflikten auf. Beteiligt am Entstehen von Konflikten kann man sie insofern ansehen, als Emotionen Erlebniskomponenten von Bedürfnissen bzw. von physiologischen Erregungsprozessen sind. Sie sind damit den individuellen Verhaltensbestimmungen zuzurechnen.
Als Folgeerscheinung von Konflikten (wobei alle drei in Abschnitt 2.2 unterschiedenen Bedingungskonstellationen gegeben sein können) treten Emotionen in zwei Formen auf. Als *signalisierendes* Erleben oder Verhalten dienen Emotionen dazu, auf den Konflikt, die Störung der Identitätsbalance hinzuweisen. Die Signalangst (*Freud*, 1926) warnt vor identitätsbedrohenden traumatischen Zuspitzungen des Konflikts und kann in solchen Situationen die vorläufige Verdrängung von Triebimpulsen oder Verleugnung von Realitätsforderungen bewirken. Auch in der Interaktion können emotionale Verhaltensweisen des Partners als Signale interpretiert werden; Unmutsäußerungen zeigen Diskrepanzen an, die Stärke der emotionalen Reaktionen signalisiert die Chancen für eine Konfliktbereinigung und dient als feed-back für das eigene Verhalten. Ist allerdings die aufgrund konfligierender Verhal-

tensbestimmungen aktivierte Erregung sehr stark, übersteigen die Anforderungen oder Frustrationen die Toleranzschwelle des identitätsregulierenden Systems, so ruft die Erregung Verhalten hervor, das allein auf den Abbau, die *Abreaktion* der Erregung selbst gerichtet ist (z. B. Aggressionen, aber auch Heiterkeit, Angst etc.). Die Höhe der Toleranzschwelle ist aktuell von zwei Faktoren abhängig: Einmal von der Leistungsfähigkeit des identitätsregulierenden Systems, die sich im Laufe der Sozialisation eines Individuums aus der Summe der erfolgreich gemeisterten Symbolisierungs- und Integrationsleistungen entwikkelt, zum anderen aus der Bedeutsamkeit und Anzahl der konfligierenden Anforderungen sowie dem objektiven Interpretationsspielraum in der gegebenen Situation.
Emotionen erhalten nun, wie in den folgenden beiden (stark schematisierten) Beispielen gezeigt werden soll, im Verlauf eines Konflikts sowohl objektiv nacheinander verschiedene der angesprochenen Funktionen, als auch davon abweichende, von den am Konflikt Beteiligten zugeschriebene subjektive Bedeutungen.

Beispiel 1 bezieht sich auf den in Abschnitt 2.2 an dritter Stelle genannten Konfliktfall zwischen Rollenerwartungen an eine Person und ihren Bedürfnissen:

1. Schüler möchte bestimmtes Verhalten zeigen (z. B. mit dem Nachbarn über eine interessante unterrichtsfremde Angelegenheit schwätzen) bzw. nicht zeigen (stillsitzen und rechnen).
2. Lehrer als Vermittler institutioneller Rollenerwartungen kann dieses Verhalten nicht zulassen, da es den Normen widerspricht.
3. Schüler kann Bedürfnisspannung nicht unmittelbar abführen, ist überdies durch das Lehrerverbot zusätzlich erregt.
4. a) Frühere Erfahrungen mit ähnlichen Situationen werden angeregt. (Signal-) Angst vor negativen Sanktionen des Lehrers bewirkt einen vorläufigen Triebaufschub.
   b) Emotionale Erregung ist so stark, daß die Toleranzschwelle überschritten wird. Aufschub und situationsgerechte Darstellung sind nicht mehr möglich, der Schüler reagiert sich emotional ab (ärgert Mitschüler, wird bockig, etc.).
5. Beide Möglichkeiten stellen ein vorläufiges Ende und eine Lösung der Konfliktsituation dar. Die Reaktion des Lehrers auf das Schülerverhalten kann jedoch beide Lösungsmöglichkeiten blockieren:
6. a) Obwohl der Schüler über längere Zeit sein Bedürfnis aufschie-

ben kann, erhält er keine Gelegenheit zur Befriedigung, weil auch in den folgenden Interaktionssituationen (nächste Schulstunde) keine Darstellungsmöglichkeit für seine Bedürfnisse besteht. Schüler regrediert daher in Konfliktphase 4 auf das Verhalten b (Abreaktion).

b) Lehrer mißbilligt emotionale Abreaktion, da sie der Norm widerspricht. Bei geringem Verständnis der Erregungsursachen schreibt er dem Schüler die Verantwortung für sein undiszipliniertes Verhalten zu. Lehrer reagiert mit Strafe und verschärft dadurch den Konflikt (es entsteht ein Zyklus der Phasen 3 bis 6b, wobei die Lösung über das Verhalten 4a immer unwahrscheinlicher wird, da die Erregung bei Lehrer und Schüler zunimmt, die Symbolisierungsfähigkeit blockiert wird).

Beispiel 2 bezieht sich auf den in 2.2 an erster Stelle genannten Fall konfligierender Rollenerwartungen:

1. Eine wesentliche Rollenerwartung an den Lehrer ist, daß er als Pädagoge den einzelnen Schüler nach besten Kräften in seinen Lernerfolgen fördert.
2. Eine weitere wesentliche Rollenerwartung besteht darin, gerecht zu sein, keinen Schüler anderen vorzuziehen.
3. Der Lehrer kann diesen beiden Forderungen in der konkreten Unterrichtssituation (Zeitmangel, hohe Schülerzahl) nicht gleichzeitig gerecht werden.
4. Die widersprüchlichen Anforderungen aktivieren physiologisch meßbare Erregung, die nicht zu eindeutigen Handlungen führen kann und daher vom Lehrer emotional interpretiert wird.
5. Wieder sind zwei Folgereaktionen möglich:
   a) Die emotionale Erregung aktiviert Verhalten, das sich auf die Erregungsursache bezieht (Emotion ist ein Konfliktsignal: Wie kann der Konflikt vermieden, vermindert, gelöst werden).
   b) Das Verhalten dient allein der direkten Abreaktion der Spannung (Wutausbruch, oft aggressives Verhalten gegenüber einem unschuldigen Sündenbock).
6. a) Wird die Erregung als Signal interpretiert, so bedeutet dies, daß versucht wird, die konfligierenden Faktoren zu benennen und damit ins Bewußtsein zu heben. Eine Lösung des Konfliktes ist aber erst erreicht, wenn es gelingt, die widersprüchlichen Bestimmungen auf symbolischer oder, wenn dort nicht möglich, auf der

Handlungsebene zu verändern (z. B. man versucht zunächst Kompromisse zu schließen, sucht nach besseren didaktischen Methoden, engagiert sich für eine Verbesserung der Schulstruktur).

b) Indem der Lehrer seine Erregung wie ein individuelles Bedürfnis abreagiert, gerät er in die Gefahr, den ursprünglich institutionell angelegten Konflikt als Problem seiner Person zu lokalisieren. Seine Erregung gerät in Widerspruch zu den institutionellen Anforderungen und erscheint ihm als Ursache dafür, daß er den Anforderungen nicht genügt („Ich bin dem Beruf nicht gewachsen, gute Lehrer hätten da keine Probleme").

Die beiden Beispiele auf der Basis interaktionistischer Theorien machen vielleicht bereits die Grenzen dieses Konfliktmodells deutlich: Der entscheidende Verarbeitungsmechanismus des Modells, die Symbolisierung und Bewußtmachung der Verhaltensbestimmungen sowie Aufschub und situationsgerechte Triebabfuhr reicht häufig nicht aus, den Konflikt vollständig zu lösen.
Sicher kann die Konfliktfähigkeit von Individuen gefördert und verbessert werden. Gerade viele Eskalationen von Konflikten, Verhärtungen der Fronten oder die Entwicklung unentrinnbarer Teufelskreise können durch Training verhindert werden (vgl. *Mertens,* 1974). Doch sind die Grenzen dort erreicht, wo auch ein hoher Grad an Ambiguitätstolerenz (*Krappmann,* 1971) oder an Ich-Stärke nicht ausreicht, um Konfliktsituationen zu überwinden. Wenn nach kommunikativen Lösungsversuchen, bei denen, wie in Abschnitt 4 noch deutlicher werden wird, Emotionen eine große Rolle spielen, weiterhin eine Diskrepanz zwischen Bedürfnissen und Rollenerwartungen, bzw. Widersprüche innerhalb von Rollenerwartungen bestehen, dann lassen sich Konflikte nur noch durch Handeln lösen, d. h. durch eine aktive Erweiterung des Interpretationsraumes institutioneller Bedingungen.
Es zeigt sich demnach, daß der Rollenbegriff zwar dazu verholfen hat, überindividuelle Faktoren in die Konfliktanalyse aufzunehmen, er verhilft jedoch nicht zu einem Verständnis institutioneller Strukturen, die dann als Rollenerwartungen erscheinen. Versuche, die Ursache von Schulkonflikten auf dieser Ebene zu untersuchen, wie sie unter dem Stichwort Schulkrise diskutiert werden, müssen daher ergänzend zum obigen Konfliktmodell kurz angesprochen werden.

# 3. Konfliktfeld Schule

## 3.1 Phänomenologie

Die Erscheinungsformen von Schulkonflikten sind vielfältig. So kann man aufzählen, „was den Lehrer am ehesten mürbe macht: die täglichen kleinen, mittleren, großen Sticheleien, Streitereien, Kräche, Explosionen. Disziplinschwierigkeiten, Unachtsamkeiten, Lieblosigkeiten, Aggressionen, das Aufeindertreffen ganz gegensätzlicher pädagogischer Vorstellungen verschiedener Lehrer, die in einer Klasse unterrichten, Disziplinierungen nach politischen Verstößen, erzieherische Kunstfehler oder Intrigen, der Krach im Kollegium, weil das ausgestopfte Reh schon wieder fehlt, (‚wer hat denn bloß wieder das Bambi?'), die Prüfungsangst von Junglehrern, wenn der Schulrat kommt, Differenzen mit Eltern, . . ." (*Geisler & Scholz,* 1974).
An Beispielen kann demonstriert werden, „was heutzutage sich an den Schulen abspielt" (*Flügge,* 1972, S. 49 f.): „In einer 11. Klasse haben die Schüler einen Lehrer mit Apfelsinen beworfen. Herr N. führt dazu aus, daß die Schwierigkeiten an den Schulen heute so groß seien, daß die Junglehrer oft Angst haben, in eine Klasse zu gehen, und daß sie oft schon in den Referendarjahren die Lust am Beruf verlieren . . . Die Gedenktafel für die Gefallenen ist mit Messern zerkratzt und mit Hakenkreuzen beschmiert worden." Die Musiklehrerin wird durch eine Explosion mit Unkrautex und Aluminiumpulver im Unterricht erschreckt. Lehrern wird gedroht, man werde es schon schaffen, daß sie von der Schule gehen, oder: „Haben Sie schon mal gesehen, wie Ihr Auto brennt?" . . .
Lehrer beklagen den mangelnden Leistungswillen der Schüler, die tägliche Überlastung und Überforderung, Gängeleien der Schulverwaltung u. v. a. m. Schüler beschreiben zunehmende Entfremdung in und von der Schule, sie reagieren mit Verweigerung oder Aggression.

## 3.2 Erklärungsmodelle für Schulkonflikte

Trotz einer weitgehenden Übereinstimmung in der Beschreibung von Schulkrise und Schulkonflikten im allgemeinen wie vieler ihrer spezifischen Erscheinungsformen, kann nicht übersehen werden, daß in der

Einordnung und Erklärung dieser Phänomene erhebliche Divergenzen bestehen. In der Einschätzung der Ursachen von Schulkonflikten tritt auch eine unterschiedliche Bestimmung des Verhältnisses von Konflikt und Emotion im Bereich schulischen Lehrens und Lernens auf.

Nach *Naschold* (1974) lassen sich drei Gruppen von Erklärungsmodellen unterscheiden, wobei Erscheinungsformen von Schulkonflikten meist nach einem Ursache-Wirkungs- bzw. Schuld-Strafe-Schema geordnet werden:

Im häufigsten Erklärungsansatz wird die Ursache von Schulkonflikten „nach dem Sündenbockverfahren auf das kollektive Versagen einer oder mehrerer der schulrelevanten Gruppen zurückgeführt" (*Naschold,* 1974, S. 33).

Eine nähere Analyse der oben zitierten Auswahl der Schulkonflikte bei *Flügge* (1972) macht dies deutlicher. Die von *Flügge* aufgeführten Beispiele haben durchweg die gleichen Sünder und Opfer, aggressive Schüler bedrohen oder belästigen verängstigte Lehrer. Die weiteren Überlegungen nach den Ursachen solcher Schülerhandlungen führen *Flügge* dazu (wobei er sich aber „bewußt" ist, daß „zahlreiche Ursachen zu nennen wären"), auf nur eine, für ihn offenbar zentrale Ursache einzugehen, auf das „große Mißtrauen in der Schule". Emotionen bestimmter Personen und Personengruppen werden hier also als Konfliktursache gesehen.

Ebenfalls eher als Sündenbockmodell für Schulkonflikte sind Ansichten wie die von *J. Schiller* einzuschätzen, der zwar richtig feststellt, daß es sich nur selten um allein schulinterne Konflikte handelt, Sündenböcke aber dann doch in den Verteilern von Schriften findet: „Meist wurden die Konfliktsituationen von außen hereingetragen, und zwar mit Hilfe von Flugblättern oder anderen — meist radikalen, linksradikalen — Schriften" (*Schiller,* 1972, S. 65).

Dieser Erklärungssatz für Schulkonflikte greift noch kürzer als das oben vorgestellte interaktionistische Konfliktmodell, da lediglich eine der dort unterschiedenen Konfliktformen (Bedürfnis versus Rollenerwartung) gesehen wird. Überdies verhindert der Verzicht auf den Rollenbegriff eine Problematisierung der institutionellen Erwartungen, gegen die die Emotionen gerichtet sind.

In einer zweiten Gruppe von Erklärungsmodellen werden sozialpsychologische Ansätze zusammengefaßt, zu denen auch die skizzierten interaktionistischen Argumentationen zu zählen sind. Hier werden auch institutionelle Bestimmungsfaktoren, wie die Organisationsform der Schule, widersprüchliche Rollenerwartungen an Lehrer und Schüler und andere berücksichtigt, ohne allerdings den Ursachen dieser Strukturprobleme weiter nachzugehen.

An dritter Stelle erscheint unter anderen *Nascholds* eigenes Erklärungsmodell. Dieser umfassendste Ansatz führt Strukturkonflikte der Schule auf Widersprüche der gegenwärtigen Gesellschaftsformation zurück. Das System Schule mit seinen Positionen und Rollen erscheint hier als Teilsystem eines umgreifenden Systems Gesellschaft. In einem „Simulationsmodell" versucht *Naschold* (1974) „eine auf die grundlegenden Strukturen reduzierte Abbildung des Schulwesens in seiner Wechselwirkung mit den wichtigsten Determinanten für diesen relevanten Gesellschaftsbereich zu gewinnen". Das hierfür modellierte Gesamtsystem Gesellschaft sieht *Naschold* aus acht Teilsystemen zusammengesetzt *(Naschold,* 1974, S. 39 f.):

1. Das Schulsystem hat die Aufgabe, Schülerqualifikationen in bestimmter Art und Menge zu produzieren. Diese Qualifikation sieht *Naschold* an vier Zielen „ausgerichtet", die sich durchgängig z. B. im Strukturplan des Deutschen Bildungsrates sowie im Bildungsbericht der Bundesregierung von 1970 finden:
   Chancengleichheit, Selbstbestimmung, Ausstattung für die sich verändernde Welt, Kritikvermögen.
2. Das ökonomische System dient der Güterproduktion. Die Produktion ist gegenwärtig charakteristischerweise gleichzeitig Arbeits- wie Verwertungsprozeß und besitzt dadurch eine „hohe, widersprüchliche Eigendynamik".
3. Das Berechtigungswesen richtet „den Erziehungsprozeß an die ökonomisch und politisch gestellten Erfordernisse der ‚Leistungsgesellschaft' " aus. Der Lernprozeß wird hierfür (teilweise bereits innerhalb des Schulsystems) „mit Einstufungen, Bewertungen und Berechtigungen" gekoppelt.
4. Die Bildungsverwaltung wirkt vor allem als Agentur anderer Teilsysteme auf das Schulsystem.
5. Die (nicht-) korporativen Organisationen (z. B. Lehrer- oder Elternverbände, Gewerkschaften, Parteien, Kirchen, aber auch spontane Initiativgruppen) haben die Funktion, direkten Einfluß der Betroffenen auf das Schulsystem zu ermöglichen.
6. Der Tertiäre Bildungsbereich hat Einfluß durch die besondere Rekrutierung (Mittelschicht) und Ausbildung der Lehrer.

7. Die Lehr- und Lernmittelindustrie wirkt vor allem auf den Lehr- und Lernprozeß innerhalb des Schulsystems.

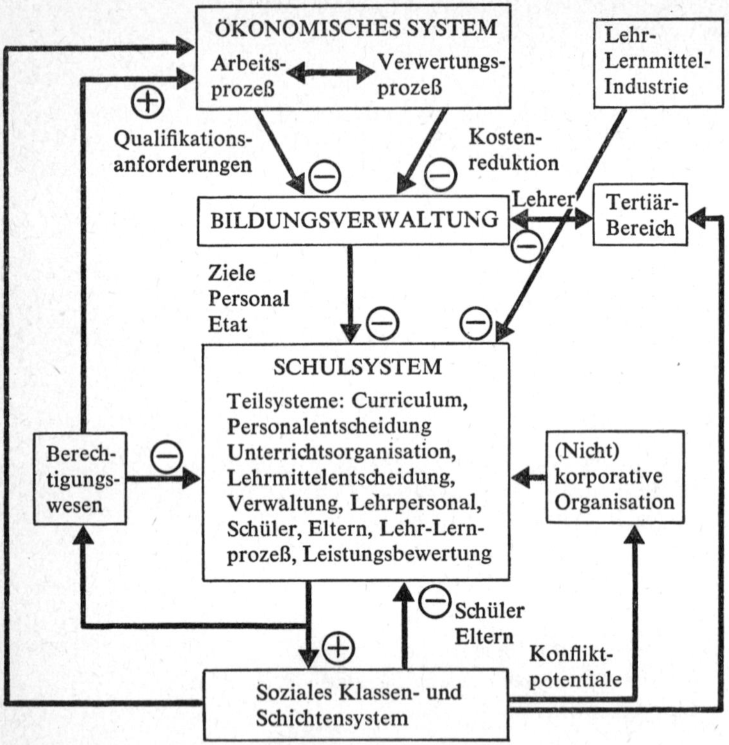


*Simulationsmodell des Bildungssystems* (nach *Naschold,* 1974, S. 38)
(„+" bedeutet systemstabilisierender Einfluß
„—" bedeutet systeminstabilisierender Einfluß)

Aus einer ersten Einschätzung der mannigfachen Wechselwirkungen innerhalb und zwischen den Teilsystemen lassen sich bereits Konfliktursachen identifizieren:

— Wechselwirkungen mit anderen Teilsystemen üben überwiegend „starke und instabile Einflüsse auf die Schule aus, die ihren immanenten Zielsetzungen entgegen wirken" (S. 43); z. B. wirken Schichtunterschiede des sozialen Klassen- und Schichtensystems auch in der Schule instabilisierend.

— „Das Berechtigungswesen wirkt über die schulische Leistungsbewertung unmittelbar auf den Lehr-Lernprozeß ein und verkehrt in der Regel die Zielsetzungen des Schulsystems: Das zentrale Lernziel der Schüler (in geringer Weise auch der Lehrer) liegt weniger in den schulischen Lehr- und Erfahrungsprozessen selber als in der Erreichung bestimmter Leistungsbewertungen, die den Lernzielen — von der Disziplinierungsfunktion abgesehen — äußerlich und hinderlich sind“ (S. 42).

— Dysfunktionale Effekte der Schulverwaltung treten vor allem „bei Versuchen autonomer Innovation von der Basis aus“ auf (S. 42).

— Verstärkt werden diese einzelnen Störungsquellen dadurch, daß sie sich aufgrund der vielfältigen Verknüpfung der Teilsysteme gegenseitig zu stärkerer als additiver dysfunktionaler Wirkung hochschaukeln.

Das System Schule unterliegt aufgrund dieser Einschätzung „wesentlich in fast allen Dimensionen der Außensteuerung des driftenden Gesamtsystems“ (S. 43).
Als Konsequenz räumt *Naschold* einer allein innerschulischen Betrachtung von Konflikten wenig Veränderungspotential für diese systematischen Bedingungsfaktoren ein. „Relativ zwingend“ ergibt sich dagegen für ihn eine Ausweitung des Problembewußtseins im Sinne einer „Horizontalisierung“ von Konflikten mit verwandten Problemen und einer „Vertikalisierung“ von (schulischen) Reproduktionsproblemen zu Produktionsproblemen (*Naschold,* 1974, S. 29).
Trotz der gebotenen Kürze dürfte die Skizzierung dieser drei Erklärungsmodelle für die Frage nach dem Verhältnis von Emotion und schulischen Konflikten folgendes deutlich gemacht haben: Eine Sichtweise, nach der Emotionalität lediglich als Ursache schulischer Konflikte erscheint, versäumt, die mit emotionalem Verhalten konfligierenden institutionellen Erwartungen selbst zu problematisieren. Dadurch können Konflikte nicht als möglicherweise auch durch inadäquate oder widersprüchliche Rollenerwartungen verursacht thematisiert werden. Ebenfalls gerät die Möglichkeit aus dem Blickfeld, emotionales Verhalten als Folge solcher Konflikte zu analysieren. Sozialpsychologische Modelle schulischer Konflikte, wie der bereits ausführlicher vorgestellte interaktionistische Ansatz, beziehen zwar diese Problematisierungen mit ein, neigen aber dazu, Lösungsmöglichkeiten weitgehend im Rahmen individueller Konfliktverarbeitung zu diskutieren. Eine er-

gänzende Perspektive dieses Ansatzes bieten Überlegungen, wie sie am Beispiel des *Naschold*schen Modells erläutert wurden.
Das Dilemma auch der hier vorgenommenen Darstellung besteht nun darin, daß es, einmal abgesehen von dem sehr knappen, thesenhaften Versuch *Ulich*s (1971, S. 89—94), eine umfassende Theorie der Konflikte in der Schule noch nicht gibt (vgl. *Geisler & Scholz,* 1974, S. 14). Schon die hier in Anlehnung an *Naschold* (1974) gewählte Gruppierung faßt unter der Rubrik „sozialpsychologisch-interaktionistischer Ansatz" sehr heterogene, teilweise kontroverse Arbeiten zusammen, deren kritische Integration mit gesamtgesellschaftlichen und bildungsökonomischen Argumentationen wie dem *Naschold*schen Modell zwar, wie zu zeigen versucht wird, dringend erforderlich, aber noch keineswegs geleistet ist.

# 4. Konflikt und Emotion im Unterricht

Nachdem die Reichweite des interaktionistischen Erklärungsansatzes schulischer Konflikte im Vergleich mit anderen Modellen näher bestimmt worden ist, soll nun das Verhältnis von Emotion und Konflikt ausführlicher, als dies in Abschnitt 2 erfolgen konnte, an Problemen des täglichen Unterrichtsgeschehens diskutiert werden. Damit ist wieder die Analyseebene erreicht, auf der Konflikte innerhalb der Erwartungen an das Verhalten bestimmter Personen, sowie Widersprüchlichkeiten zu den Bedingungen und Fähigkeiten der Betreffenden in der Interaktion manifest werden.

## 4.1 Schülermotivation und Disziplin

Emotionalität und Konflikte in der Schulklasse werden wohl am häufigsten unter dem Stichwort Disziplin abgehandelt. Wenn neuerdings neutraler von „abweichendem Verhalten" die Rede ist, so wird dadurch das Modell für die auftretenden Konflikte nur deutlicher: Emotionen weichen von den nicht in Frage gestellten Verhaltensnormen im Unterricht ab, sie sind die Ursache bzw. die sich emotional verhaltenden Personen die Urheber von Unterrichtskonflikten (vgl. das oben dargestellte „Sündenbock-Modell").

Unter interaktionistischer Sichtweise können wir diese Argumentation an mindestens zwei Punkten kritisieren.

1. Einmal wird emotionales Verhalten nicht durch individuellen bösen Willen verursacht, sondern ist natürliches Begleitphänomen von Bedürfnissen.

*Ein Beispiel:* Ein Schüler kann, besonders in jüngeren Klassen, noch stark von der Familiensituation geprägt, im Unterricht spontan das Bedürfnis nach Selbstdarstellung und positiver Zuwendung der wichtigsten Bezugsperson, des Lehrers, empfinden.
Dazu muß er hier aber fähig sein, sich mit den neuen „szenischen Anforderungen der Schule" (*Wellendorf,* 1973) zu arrangieren, seine Selbstdarstellung muß also in der adäquaten Form einer Unterrichtsbemerkung ablaufen: melden, aufgerufen werden, vom Lehrer gelobt werden. Aber selbst dann, wenn dem Schüler etwas vermutlich Unterrichtsrelevantes einfällt (er seine Bedürfnisse in der vorgeschriebenen Weise artikulieren kann) und er sich brav meldet, wird er nur selten „dran kommen".
Vierzig Schüler haben beim herkömmlichen Frontalunterricht wenig Gelegenheit, sich darzustellen. Auch wenn ein Schüler eine Zeitlang diese Blockierung seiner Bedürfnisse ertragen kann (bereits eine gewisse Frustrationstoleranz besitzt), wird er doch, da er häufig auch nach längerem Aufschub (vielleicht einen halben Unterrichtsvormittag lang) keine Gelegenheit zur Selbstdarstellung bekommt, eine andere als die erwartete Äußerungsweise wählen müssen. Überdies erschwert die steigende Erregung eine adäquate Symbolisierung zusätzlich, so daß nun mit dem Nachbarn geschwätzt oder dieser geneckt wird, eine allgemeine motorische Unruhe einsetzt (Zappeln etc.).
Erreichen die Symptome ein gewisses Maß, wird der Lehrer aufmerksam. Leider allzu häufig wird er das Verhalten als disziplinstörend auffassen müssen, vielleicht sogar durch die Störung verärgert sein und den Schüler ermahnen, sein abweichendes Verhalten zu unterlassen. Die Unmöglichkeit für den Schüler, Bedürfnisse, emotionale Beziehungen innerhalb des szenischen Arrangements des Unterrichts angemessen darzustellen, zwingen ihn zur ständigen Verdrängung oder Desymbolisierung (*Lorenzer,* 1970) der Triebimpulse.
Die Folge ist, daß die weiterhin virulenten Triebenergien in einen unbewußten, klischeehaften Beziehungszusammenhang mit Objekten gebracht werden, etwa indem abweichendes Verhalten nun verstärkt geäußert wird, um wenigstens die negative, strafende Zuwendung des Lehrers zu erhalten. Im Laufe der Schulzeit kann sich diese Form der Aufmerksamkeitssuche weiter ausdifferenzieren und verfestigen. Es entsteht der „notorische Störer".

Institutionelle Begrenzungen einer freien Entwicklung zur bewußten Emotionalität können demnach zu klischeehaft verformtem, unbewußtem emotionalen Verhalten führen, das dann als unverständliche Störung des geforderten Unterrichtsablaufes erscheint. Der „heimliche Lehrplan" unserer Schulen scheint zu einem großen Teil eine solche (Ver-) Formung emotionalen Verhaltens zum Inhalt zu haben (vgl. *betrifft: erziehung, 5/1973*).

2. Von dieser Form eines Konfliktverlaufs, der von der Konfrontation individueller emotionaler Bedürfnisse mit schulischen Interaktionsbedingungen zur Ausformung gestörten emotionalen Verhaltens, klassifiziert als Disziplinlosigkeit, führt, kann eine zweite Gruppe sozialer Konflikte unterschieden werden. Hier entsteht emotionale Erregung durch widersprüchliche Verhaltensnormen und Kommunikationssituationen der Schule selbst.
*Henry* (1973) schildert ein Beispiel, in dem gezeigt wird, wie Konkurrenz und Leistungsdruck in der Schule aggressives Potential erzieht. Physiologische Erregung wird hier als Feindseligkeit gegenüber den Konkurrenten interpretiert. Sowohl deren Leistung als auch die eigene intellektuelle Anstrengung werden dadurch vermindert.

*An der Tafel*

Boris hatte Schwierigkeiten, $^{12}/_{16}$ soweit wie möglich zu kürzen und kam nur bis $^{6}/_{8}$. Die Lehrerin fragte ihn ruhig, ob das der kleinste Nenner sein kann. Sie schlug ihm vor, darüber „nachzudenken". Viel Fingergeknipse und viele hochgereckte Arme bei den anderen Schülern. Alle begierig, ihn zu korrigieren. Boris ziemlich unglücklich. Vermutlich intellektuell gesperrt. Die Lehrerin, ruhig, geduldig, übersieht die anderen und richtet Blick und Stimme ganz auf Boris. Sie fragt: „Gibt es eine Zahl, die größer als 2 ist, mit der du beide Seiten des Bruchs teilen kannst?" Nach ein oder zwei Minuten beginnt sie zu drängen, aber von Boris kommt nichts. Darauf wendet sie sich der Klasse zu und fragt: „Na gut, wer kann Boris sagen, welche Zahl es ist?" Fast alle melden sich. Die Lehrerin ruft Gretchen auf. Gretchen erklärt, daß 4 die Zahl sei, durch die sich Zähler und Nenner teilen lassen.
Das Versagen von Boris hat Gretchen also den Erfolg ermöglicht; seine Niedergeschlagenheit ist der Preis für ihre blendende Laune, sein Elend der Anlaß zu ihrer Freude (*Henry,* 1973, S. 26).

Der durchaus denkbare aufgabenbezogene Einsatz von Boris' Energien wird unmöglich, da die Konkurrenzsituation einerseits eine inadäquat hohe Erregung aktiviert, diese andererseits nur als Aggression gegen die Konkurrenten interpretiert werden kann. Die geschilderte Situation ist nun sicher kein Einzelfall. Fast alle Kinder müssen in (und außerhalb!) der Schule häufig die Erfahrung machen, daß andere zu ihren Lasten Erfolge feiern. Als Ausweg bleibt oft nur die negative emotionale Besetzung der als Gegner erlebten Interaktionspartner. Das Verhalten von Boris wird also darauf ausgerichtet sein, seinen Haß auf Lehrerin und Schüler abzureagieren. Dies wird ihm durch mehr oder weniger offene Störungen, bestenfalls durch intellektuelles Ausstechen seiner Konkurrenten in einer anderen Situation vielleicht möglich sein. Beide Alternativen schaffen weiteres Konfliktpotential.

Disziplinkonflikte, dies konnten die beiden Beispiele wohl bereits etwas verdeutlichen, sind nur zu verstehen und nachhaltend zu lösen, wenn die Schülermotivation und die vielfältigen Rollenerwartungen der Schule an den Schüler mitbedacht, das konkrete, häufig sehr emotional getönte abweichende Verhalten also vor diesem Hintergrund interpretiert wird. Die noch immer sehr einseitige schulische Praxis, Emotionalität zu beurteilen und darzustellen, führt nicht nur zu den bekannten überwiegend negativen emotionalen Verhaltensweisen, sondern darüber hinaus werden aggressive, konfliktverschärfende Verhaltensweisen im schulischen Arrangement geradezu produziert.

Ein erster Schritt, diese sich selbst verstärkenden, weitgehend unbewußten Interaktionszirkel zu durchbrechen, bestände darin, Emotionalität bewußt in die Unterrichtsgestaltung einzubeziehen und nicht allein im Gegensatz zu kognitiven Leistungen zu sehen. Indem konfligierende Verhaltensbestimmungen benannt und bewußt werden, können konfliktmildernde und -lösende Aktivitäten wie Bedürfnisaufschub, Sublimierung und Veränderung von Verhaltenserwartungen und -normen einsetzen. Affektive oder emotionale Bildung kann also nicht, wie noch weithin üblich, auf einige Fächer, wie Musik, Kunst oder Religion, beschränkt bleiben, sondern gerade bei Disziplin- und Motivationsproblemen muß die emotionale Dimension in ihrer vollen Bedingungskomplexität verstärkt thematisiert werden. Probleme, die den Lehrer an einer erfolgreichen Ausführung dieser pädagogischen Aufgaben behindern, sollen im folgenden Abschnitt diskutiert werden.

## 4.2 Lehrerrolle und Emotionalität

„Während sich die Schüler nach Verlassen des Klassenzimmers auf dem Schulhof bestimmten verbotenen Tätigkeiten widmen können, erholen sich die Lehrer rauchend und fluchend im Lehrerzimmer von der

Unterrichtsvorstellung." Zwei Hinweise sind dieser treffenden Beobachtung *Wellendorfs* (1973, S. 30) für unser Thema zu entnehmen:

1. In der Analyse von Unterrichtskonflikten muß auch dem emotionalen Verhalten der Lehrer Aufmerksamkeit geschenkt werden. Eine Sichtweise, die allein emotionale Schüler mit Schulnormen, vertreten durch distanzierte, unfehlbare Pädagogen, in Konflikt geraten läßt, ist zwar keineswegs ausgestorben, dennoch falsch.
2. Es scheint allerdings — und sonst wäre weder *Wellendorfs* Beobachtung noch das Bild des emotionsfreien Pädagogen interessant — daß in der normalen Unterrichtssituation zumindest ein bestimmter Bereich emotionalen Lehrerverhaltens nicht ausgeübt werden kann, oder sogar, daß die „Unterrichtsvorstellung" bestimmte emotional interpretierte Erregungen beim Lehrer hervorruft, die erst außerhalb des Unterrichts freigesetzt werden können.

Zum ersten Hinweis ist zu fragen, mit welchen wichtigen und rollenspezifischen Quellen emotionaler Erregung beim Lehrer zu rechnen ist, zum zweiten Hinweis, welche spezifischen Barrieren emotionalem Lehrerverhalten gegenüberstehen.
Quellen emotionalen Verhaltens sind ebenso wie beim Schüler zunächst die eigenen Bedürfnisse und Interessen. Sowohl libidinöse wie aggressive Impulse mögen im Unterrichten ihre Sublimierung und Befriedigung erfahren. Dabei ist es interessant, daß das szenische Arrangement der Schule aggressive Emotionen des Lehrers (in Form von Leistungsbeurteilungen und Disziplinarmaßnahmen) eher zuläßt als libidinöse (*Wellendorf,* 1973, S. 31). Durch das in jüngerer Zeit häufig geforderte und seltener geförderte Lehrertraining in der Darstellung emotionaler Wärme und dem Anknüpfen positiver emotionaler Beziehungen zu den Schülern (vgl. z. B. *Tausch* u. *Tausch,* 1971), scheint hier eine Reform angestrebt zu werden.
Andere Erwartungen an das Lehrerverhalten stärken jedoch bisher vor allem das aggressive Potential: Strukturelle Unzulänglichkeiten der Schulorganisation, die den Schüler in einen Bedürfnis-Norm-Konflikt treiben (siehe oben), stellen an den Lehrer widersprüchliche Rollenerwartungen. Die Aufgabe, mit hohen Klassenfrequenzen fertig zu werden und dennoch dem einzelnen Schüler Lernhilfen zu geben, überfordert den Lehrer.

Ein Beispiel:
Lehrerin: „Nun machen wir alle das XYZ-Buch auf, auf Seite 17 ..." Niko-

laus (Anmerkung: Es handelt sich um einen Jungen, der im ersten Schuljahr umgeschult wurde; seine jetzige Klasse hat 42 Schüler) weiß noch nicht, um welches Buch es sich handelt. Es vergehen Wochen, bis die völlig überforderte Lehrerin merkt, daß er nicht mitarbeitet, daß er träumt, spielt, seinen Nachbarn herausfordert. Kurz, Nikolaus stört, und daß er stört, ist um so schlimmer, als er ja „nichts kann" (v. *Hentig,* 1968; zitiert nach *Lange-Garritsen,* 1972, S. 25).

Die täglichen Belastungen des Lehrers, zu denen auch das Problem der allerorten ungenügenden Unterrichtsmittel, der häufigen, für den Lehrer wenig verständlichen Neuerungen, aber auch die widersprüchlichen Erwartungen von Kollegen, Eltern, Schulaufsicht und Öffentlichkeit gehören (vgl. *Lange-Garritsen,* 1972), bedingen ein ständig erhöhtes Erregungsniveau, dessen Verarbeitung im Sinne einer realitätsgerechten Symbolisierung der Bedingungsfaktoren und angemessenen Abfuhr Grenzen gesetzt sind. Trifft ein derartig belasteter Lehrer auf undisziplinierte Schüler, deren Verhalten durchaus bei distanzierter Betrachtung verständlich wäre (vgl. Abschnitt 4.1), so bieten sich ihm damit willkommene Objekte der direkten Aggressionsabfuhr. Eine scheinbare Legitimierung der nun einsetzenden Sanktionen des Lehrers läßt sich meist leicht aus den ohnehin vorgesehenen Bestimmungen für Disziplinarmaßnahmen konstruieren.

Diese Notwendigkeit, eine, wenn auch scheinbare, Legitimierung des emotionalen Verhaltens zu konstruieren, weist nun daraufhin, daß bestimmte Barrieren gegenüber emotionalem Lehrerverhalten im Unterricht bestehen.

Zunächst ist auf die allgemeine Tendenz in unserer Gesellschaft hinzuweisen, emotionales Verhalten zu leugnen und zu übersehen, zumindest aus dem öffentlichen in den privaten Bereich zu verdrängen (*Combe,* 1971, S. 102). Einen möglichen Abwehrmechanismus stellt hierbei die Rationalisierung dar, das Heranziehen einer zwar objektiv falschen, aber im Situationskontext legitimierten Zweckbegründung. Ohne den Ursachen dieser auch außerhalb der Schule häufig zu beobachtenden Entfremdung von den eigenen Emotionen hier näher nachgehen zu können, sei aber doch auf eine immanente Widersprüchlichkeit dieses Mechanismus hingewiesen. Lernen, d. h. Veränderung der Umweltstrukturierung und des Verhaltens mit dem Ziel einer verbesserten Umweltbewältigung, ist nicht nur ein kognitiver, sondern auch ein affektiver Prozeß. Lehrender und Lernender bauen in ihrer Interaktion einen emotionalen Bezug auf, dessen Qualität Lernen fördern, aber

auch stark behindern kann. Eine Verdrängung dieser Dimension, häufig scheinbar legitimiert mit dem Ziel der erhöhten Lerneffektivität durch Ausschaltung emotionaler „Störquellen“, überläßt diese Beziehung dem nicht kontrollierbaren Unbewußten und kann dadurch erfolgreichem Lernen geradezu entgegenwirken (vgl. *Brocher,* 1967).
Daneben ist aber der Lehrer mit spezifischen Erwartungen belastet, die sich gegen seine Emotionalität richten: Aggressivität, obwohl unerkannt in Form von Disziplinarmaßnahmen legitimiert, ist offiziell unerwünscht und wird darüber hinaus im „Pauker-Schema“ des Lehrerberufs denunziert (*Combe,* 1971, S. 85). Der Lehrer ist hier, so scheint es, der Sündenbock für eine Gesellschaft, die ihm auf der einen Seite aggressives Verhalten durch Delegation von Sozialisationsfunktionen und Produktion struktureller Belastungen (s. o.) nahelegt, andererseits diese Verursachung verleugnet und das „Fehlverhalten“ anprangert vgl. *Adorno,* 1965). Die Begründung für eine Ablehnung aggressiven Verhaltens bei Lehrern steht wieder im Einklang mit wissenschaftlichen Untersuchungsergebnissen, wonach das Vorbild des Lehrers besonders bei aggressivem Verhalten die Nachahmung durch die Schüler zur Folge hat (zum Modellernen vgl. meinen Beitrag in Teil III des vorliegenden Bandes). Im öffentlichen Bewußtsein erscheint nun lediglich der letzte, wissenschaftlich fundierte Teil des Argumentationszusammenhangs. In dieser Situation führt dann die Tabuisierung der Aggressivität in der Schule, die es, zumindest auf Lehrerseite, nicht geben darf, soweit, daß weder im Kollegenkreis die täglichen Konflikte mit den eigenen, häufig aggressiven Reaktionen durchdiskutiert werden, noch daß Lehrer sich selbst ihr eigenes emotionales Verhalten zugeben.
Verständlich wird auch, wenn die Ursachen aggressiven Schülerverhaltens so häufig in den einzelnen Schülern selbst gesucht werden. Der gleiche Verdrängungsmechanismus findet auch hier statt. Eigene Aggressionen als konfliktverschärfend zu erkennen würde bedeuten, die allgegenwärtige Tabuisierung zu durchbrechen, aber auch auf ein Ventil für die Abfuhr des ständig genährten Aggressionspotentials zu verzichten.
In noch stärkerem Maße als aggressive erleiden libidinöse Tendenzen beim Lehrer eine Unterdrückung und Deformierung. Obwohl von verschiedenen Rollenpartnern dem Lehrer ein emotional warmes, zuwendendes Verhalten angetragen wird, steht gleichzeitig daneben die Forderung nach distanzierter Gerechtigkeit in der Beurteilung. „Es genügt bereits, daß man an ihm leise Regungen von Sympathie bemerkt, um

ihn als ungerecht zu diffamieren" (*Adorno,* 1965). Der Lehrer als gezwungenermaßen „erotisch-kastrierter Typ" zeigt durch diese Unterdrückung von Affekten spezifische Symptome einer sogenannten „déformation professionelle". Empirische Untersuchungen weisen u. a. auf ein überdurchschnittliches Nachlassen vitaler Spannkraft, gesteigerte Erregbarkeit und allgemeine Unzufriedenheit hin (vgl. *Combe,* 1971, S. 97).

Eine zweite Barriere gegenüber Äußerungen positiver Gefühle im Unterricht stellt die Tabuisierung der sexuellen Dimension speziell im Bereich der Erziehung dar. Obwohl seit einigen Jahren eine offenere Diskussion der Sexualität von Erwachsenen und der Sexualerziehung bei uns erfolgt, stellt beispielsweise die relativ vorurteilslose Thematisierung von „Pädophilie und Erziehung" (in: *„betrifft: erziehung"*, 4/1973) eine umstrittene Ausnahme dar. Zuwendung, Sympathie, emotionale Wärme und Sexualität sind aber nur verschiedene Formen positiver Gefühlsäußerungen. Sie hängen eng zusammen. Eine Trennung, bei der ein Teil gefordert, der andere tabuisiert wird, führt zu Konflikten, die häufig nur durch Abreaktion des Verdrängten in aggressivem Verhalten gelöst werden können.

Ein derart mit der Verarbeitung eigener emotionaler Erregung überlasteter Lehrer wird bei Konflikten im Unterricht eher mit ungesteuertem emotionalen Verhalten reagieren. Damit aber trägt er zur Verfestigung oder gar Zuspitzung von Konflikten bei, nicht zu einer Bewußtmachung und Veränderung der Konfliktbedingungen.

## 5. Konfliktfähigkeit

Resümieren wir noch einmal die vorgefundenen Ergebnisse zum Problem Konflikt und Emotion in Schule und Unterricht, so müssen vor allem die zwei Analyseebenen hervorgehoben werden, auf denen argumentiert wurde und deren vollständige Integration in eine umfassende Konflikttheorie der Schule noch zu leisten ist. Auf sozialpsychologischer Ebene (hier auf der Basis eines weitgefaßten interaktionstheoretischen Ansatzes) erscheinen Emotionen als wesentliche Faktoren sowohl bei der Entstehung sozialer Konflikte (vor allem bei Diskrepanzen zwischen emotionalen Bedürfnissen einer Person und den Bedürfnissen anderer, artikuliert als Rollenerwartungen) als auch im Konfliktverlauf (Verfestigungen und Zuspitzungen durch emotionale Abreaktionen von Konfliktspannung).

Ergänzt werden mußte dieser Ansatz durch eine Diskussion struktureller Bedingungsfaktoren für Schulkonflikte auf der Ebene gesamtgesellschaftlicher Analyse. Hier aufzufindende Systembestimmungen finden sich als Rahmenbedingungen für die interaktive Szene und als Rollenerwartungen an die Akteure auf der erstgenannten Analyseebene. Die durch diese Faktoren bedingte Einengung individueller Bedürfnisse sowie ihre immanente Widersprüchlichkeit wurden an einigen Beispielen als wesentliche Quelle für Konflikte und emotionale Erregung aufgezeigt.

Emotionale Erziehung im Rahmen einer „Erziehung zur Konfliktfähigkeit" (*Mertens,* 1974) muß nun zwei Ziele erreichen:

Einmal muß sie dazu verhelfen, adäquate Formen der Befriedigung emotionaler Bedürfnsse einzuüben; die Individuen müssen lernen, den vorhandenen Interpretationsspielraum für die Darstellung ihrer Bedürfnisse zu nutzen. Daneben muß sie dazu verhelfen, emotionale Spannungen für eine gewisse Dauer zu ertragen, um den Ursachen aktueller Diskrepanzen nachgehen zu können, „konfliktinitiierende Etikettierungen, Identitätszuschreibungen und Kommunikationsstörungen in ihrer gesellschaftlichen Vermitteltheit zu erkennen" (*Mertens,* 1974, S. 139) und um dadurch eine rationale Konfliktaustragung zu ermöglichen.

Von den im folgenden kurz anzusprechenden Prinzipien einer emotionalen Erziehung im Sinne dieser Ziele sind einige bereits oben erwähnt worden. Ausführlicher wird auf zwei Erziehungsmodelle zum „Aggressions- und Konflikttraining" in Teil III dieses Buches (S. 348 ff.) eingegangen.

Das Akzeptieren und Bewußtmachen eigener und fremder Emotionen, d. h. das Herausheben von klischeehaft verdrängten, tabuisierten Inhalten aus dem Unbewußten und ihre Symbolisierung, die Einfühlung (Empathie) in die Emotionen anderer sowie deren Benennung wären die ersten Schritte (vgl. hierzu die Vorschläge zum „Spielen in der Schule" in Teil III, S. 343 f.). Dadurch können Konflikte zwischen eigenen wie fremden Bedürfnissen und Rollenerwartungen auf eine bewußte Ebene symbolischer Interaktion gehoben werden, auf der sowohl die Veränderung der Rollenerwartungen wie die situationsgerechte Darstellung der Bedürfnisse aushandelbar sind.

Das diese Symbolisierungsprozesse erschwerende Ansteigen des allgemeinen Erregungsniveaus bei Konflikten, das häufig zu den Konflikt weiter verschärfenden emotionalen Reaktionen führt, kann ebenfalls durch erlernbare Reaktionsstrategien reguliert werden (z. B. durch ritualisierte Kanalisation feindseliger Aggressionen, vgl. *Bach & Bernhard,* 1971: „Aggressionstraining"*). Die Fähigkeit zur distanzierten Betrachtung der Erwartungen an die eigene Rolle (Rollendistanz) vermag bereits die Konfrontation zu mildern und alternative Interpretationen zuzulassen. Ein Training mit konflikthaften Situationen, die durch erfolgreiche Symbolisierungen oder Situationsveränderungen gelöst werden, stärkt die Ambiguitätstoleranz. Ansteigende Erregung durch konfligierende Verhaltensbestimmungen wird nun als Signal interpretiert, „kühlen Kopf zu bewahren". Die verstärkte Motivation wird durch die vorangegangenen Erfolge gezielt für eine Analyse und Veränderung der Konfliktbedingungen einsetzbar (Erfolgsmotivation). Durch Einüben von Metakommunikation kann über einen aktuellen Konflikt geredet und reflektiert werden, ohne sich in scheinrationalen Argumentationen und Vorurteilszirkeln auf der ersten Konfliktebene aufzureiben. Was *Mandel & Mandel* (1971, S. 127) über Ehepartner schreiben, ist durchaus auch auf ein Training im Unterricht zu übertragen: „Es scheint kaum eine kommunikative Verhaltensklasse zu geben, die die meisten Menschen so ungewohnt finden, so scheuen und doch so befreiend erleben können, wie ein Gespräch über die Beziehung, wie explizite Metakommunikation." Über eine Schulstunde, in der über einen Konfliktfall des vorigen Tages in der Klasse reflektiert, Bedingungen und Verlauf des Konfliktes rekonstruiert und beurteilt sowie alternative Lösungen im Rollenspiel erprobt wurden, berichtet z. B. *Köster* (1974, S. 32).

Für eine wirkungsvolle Erziehung zur Konfliktfähigkeit der Schüler müssen allerdings Lehrer vorausgesetzt werden, die selbst gelernt haben, ihre Emotionen in Konfliktsituationen angemessen zu steuern sowie institutionelle Begrenzungen zu erkennen und zu verändern. In der Diskussion der hessischen Rahmenrichtlinien, die erstmalig der „Konfliktdidaktik" eine große Bedeutung einräumen, wird auf die Problematik dieser Voraussetzung ausdrücklich hingewiesen (vgl. *Becker* und *Jungblut-Ziermann,* 1974). Skizzierte oder auch schon detailliert ausgearbeitete curriculare Vorschläge, wie sie z. B. im Bereich „Gesell-

* Näheres hierzu findet sich in meinem Beitrag im Teil III des vorliegenden Bandes.

schaftslehre für die Primarstufe" (*Rahmenrichtlinien,* o. J.) oder zum Problem „Aggression und Schule" (*Jander, Kaindl & Ullmann,* 1974) vorliegen, lassen sich also nur dann sinnvoll im Unterricht aufgreifen, wenn auch in der Lehrerausbildung Analysen und Verhaltenstrainings zum Problemfeld „Konflikt und Emotion" stattfinden.

Das Training der sozio-emotionalen Verhaltensdimension der künftigen Lehrer kann dabei auf den gleichen methodischen Erfahrungen aufbauen, die auch als Grundlage neuerer curricularer Überlegungen in Teil III dieses Bandes angesprochen werden.

Abschließend soll noch einmal betont werden, daß Konfliktfähigkeit „zunächst nur auf die Verringerung unmittelbar persönlicher, manifester oder sublimer Gewalt, auf die Entwicklung rationaler Konfliktaustragung und auf den Abbau aggressiven Verhaltens" abzielen kann (*Jander, Kaindl, Ullmann,* 1974). Die in den gesellschaftlichen Verhältnissen, in der Institution Schule liegenden strukturellen Konfliktpotentiale werden dadurch noch nicht verändert; doch ist für das Erkennen und Lösen dieser Konflikte die emotionale Steuerung im Sinne der Konfliktfähigkeit Voraussetzung.

Horst Domke

# Unterricht als gestörte Kommunikation

## 1. Terminologische Anmerkungen

Die nicht einheitliche Verwendung der Begriffe „Interaktion“ und „Kommunikation“ (vgl. dazu ausführlich *C. F. Graumann,* 1972, S. 1109 ff.; *D. Baacke,* 1973, S. 44 ff.) macht zunächst eine kurze und für den vorliegenden Beitrag ausreichende Festlegung erforderlich. Beide Begriffe beziehen sich hier ausschließlich auf das menschliche Miteinander-Umgehen, auf das wechselseitige und aufeinander bezogene Verhalten im weitesten Sinne. Wo von diesem Umgang, in dem sich ja aufeinander bezogenes Handeln und gegenseitige Verständigung durch Zeichen bedingen und ergänzen, ganz allgemein zu sprechen ist, wird der Terminus „Interaktion“ verwendet. Wo jedoch der Schwerpunkt der Betrachtung speziell auf den sprachlichen und außersprachlichen Zeichen- und Symbolaustausch in der Interaktion zu legen ist, wird der Terminus „Kommunikation“ verwendet.

## 2. Interaktion als Austausch

Manchmal „lohnt es sich nicht“ zu hören, was Lehrer ihren Schülern „verkaufen“ oder Dozenten ihren Studenten „anbieten“, zuweilen aber kann man auch davon „profitieren“. Der Umgang mit manchen Schülern „kostet“ viel zuviel Nerven, auch wenn man ihnen nicht alles „abkauft“, die Arbeit mit ihnen bleibt „unrentabel“, während sie sich mit anderen „auszahlt“ usf. Hier wird veranschaulicht, wie ein aus der Wirtschaft entlehntes Vokabular in treffender Weise zur umgangssprachlichen Beschreibung menschlicher Interaktionen ganz allgemein und im besonderen zur Charakterisierung des speziellen Falles pädagogischer Interaktion und Kommunikation verwendet werden kann.

Die aus der Alltagssprache zitierten Wörter sollen es nahelegen, einen Ansatz von *G. C. Homans* (1958) aufzugreifen, der die Nützlichkeit einer Theorie sozialen Handelns betont, in der dieses Handeln generell als ein unter ökonomischen Gesichtspunkten vorgenommener Austausch materieller wie nicht-materieller Güter (z. B. Symbole der Anerkennung) begriffen wird: Wer mit anderen in Interaktion tritt, bietet und erhält etwas; soll er viel geben, wird er auch viel erwarten; die Kosten sollen nicht größer sein als die erwartbaren Gratifikationen; Gewinn muß in Aussicht stehen, wenn sich Interaktionen mit dem anderen lohnen sollen. Diese Kosten-Nutzen-Relationen spielen vor allem für denjenigen eine wichtige Rolle, dessen Einstellungen, Meinungen und Verhaltensweisen in Interaktionen verändert werden sollen. Dabei werden selbstverständlich für die Bewertung der Höhe von Kosten und Belohnung nicht objektive, sondern subjektiv-emotionale Maßstäbe in Anschlag gebracht.

Angewendet auf Unterricht läßt sich folgendes feststellen: Wenn der Tauschvorgang der Interaktion für Lehrer und Schüler einigermaßen zufriedenstellend verlaufen soll, müssen die von beiden Seiten investierten Kosten wie Vorbereitungsaufwand, Ärger mit Schülern, Lernanstrengungen, Prüfungsängste usw. durch Gratifikationen aufgewogen werden, ansonsten wird Unterricht subjektiv als „unrentabel" empfunden. Dabei ist wichtig, daß sich sowohl Schüler als auch Lehrer mit langfristigen und gesellschaftlich vermittelten Belohnungen allein nicht zufrieden geben: Der Schüler läßt sich in der Regel nicht mit den für das spätere Leben in Aussicht gestellten Erfolgen abspeisen, er will aus verständlich kurzfristiger Sicht schon während des Unterrichts emotional auf seine Kosten kommen. Ihm vergeht die Lust an unterrichtlicher Interaktion, wenn diese ihn langweilt, über- oder unterfordert, ihm Ängste bereitet, seine Interessen unberücksichtigt läßt usw. Ebenso genügen auch dem Lehrer die materiellen Gratifikationen, die er monatlich erhält, keineswegs. Mit Recht fordert er mehr: Aufmerksamkeit gegenüber seinem Angebot, Mitarbeit, Lernerfolge, Achtung und Wertschätzung seiner Person; bleiben diese aus, kommt auch er emotional nicht auf seine Kosten.

*Homans,* der sich auch in seinem Buch „Theorie der sozialen Gruppe" (1960) sehr eingehend mit dem Verhältnis von Interaktion und Emotion befaßt, formuliert diesbezüglich als allgemeinste soziale Regel, „daß Personen, die häufig miteinander in Interaktion stehen, dazu tendieren, einander zu mögen" (S. 125). Wo jedoch Zusatzbedingungen wie etwa irgendeine Art von Autorität mit im Spiel sind, könne häufiges Interagieren wechselseitig eher die ungünstigen als die günstigen Gefühle steigern (S. 129 ff., S. 239 ff.).

Auf die Zusatzbedingung von Autorität, die sich aus dem Unterrichts- und Erziehungsprozeß grundsätzlich nicht eliminieren läßt (*E. Weber*, 1974b, S. 239 ff.), mag es also zurückzuführen sein, daß es um die gewiß sehr häufigen Interaktionen zwischen Lehrern und Schülern in emotionaler Hinsicht nicht zum besten bestellt ist. Zusätzlich verschärft wird diese Lage durch den unvermeidlichen institutionellen Interaktionszwang von Schulpflicht und Lehrverpflichtung, der verhindert, daß man sich einfach aus dem Wege geht; eine Möglichkeit, die bei emotional „nicht lohnenden" Interaktionen in anderen Lebenssituationen durchaus gegeben sein kann. Nun ist zu betonen, daß die Flucht aus frustrierenden Situationen und Sozialbeziehungen auch gar nicht im Sinne des erklärten Erziehungszieles von Mündigkeit liegen kann — im Gegenteil! Nur muß die entscheidende Frage gestellt werden, was denn in Schulen tatsächlich praktiziert und gelernt wird im Hinblick auf mündiges Verhalten in solchen Situationen, die als konflikthaft erlebt werden. Im einen Falle ist es noch eine Art Frustrationstoleranz, bei der man sich die Nichtexistenz von Konflikten gegenseitig vorspielt; im anderen Falle ist es der Einsatz zuweilen unfairster Mittel in einem verdeckt oder offen ausgetragenen Kleinkrieg zwischen Lehrer und Schülern.

Wenn im Rahmen eines sozialintegrativen Unterrichtsstils positive emotionale Lehrer-Schüler-Beziehungen postuliert werden (*R.* u. *A. Tausch,* 1971), so sollte dabei nicht das Mißverständnis entstehen, als wäre zwischen Überlegenen und Unterlegenen ein auf durchgehend freundschaftlicher Basis abgestelltes Verhältnis erstrebenswert oder überhaupt realisierbar. Die alltäglichen Beziehungsstörungen müssen sich keineswegs zwangsläufig auf den Erwerb von Lernstoffen oder gar auf die Persönlichkeitsentwicklung der Schüler destruktiv auswirken. Im Grunde ist dort, wo Konflikt möglich ist, Freiheit möglich, „weil durch ihn allein die Vielfalt und Unvereinbarkeit menschlicher Interessen und Wünsche in einer Welt notorischer Ungewißheit angemessenen Ausdruck finden kann" (*R. Dahrendorf,* 1965, S. 174). Aber andererseits ist auch nicht zu bezweifeln, daß Kontroversen bei bestimmten Formen der Austragung und von einer bestimmten Intensität und Häufigkeit an dem Zwecke von Unterricht und Erziehung entgegenarbeiten. Mit vielen derartigen Fällen konfrontiert, haben vor allem solche Erzieher, die sich in ihrer Arbeit vorwiegend mit Verwahrlosten und Erziehungsschwierigen zu befassen hatten, immer wieder die Grundeinsicht betont, daß die Herstellung und Pflege positiver emotionaler Beziehungen als Voraussetzung für jede erfolgreiche Erziehungsarbeit angesehen werden muß (*J. H. Pestalozzi,* 1962, S. 22; *A. Aichhorn,* 1957, S. 107; *R. Dreikurs,* 1967, S. 70). Diese Voraussetzung muß im Folgenden festgehalten werden. Wo sie einmal in dem Maße fehlt, daß z. B. für den Schüler die zu investierenden emotionalen Kosten für unterrichtliche Interaktion mit dem Lehrer untragbar werden, wird die zunächst gegebene Tendenz zur Interaktionsflucht aufgrund des schulischen Interaktionszwanges langfristig umschlagen in aggressives oder aber apathisches Fehlverhalten, das dann über den eigentlichen erzieherischen Interaktionszweck zu dominieren beginnt.

Nun stehen der Realisierung positiver emotionaler Lehrer-Schüler-Beziehungen viele und auch hinreichend bekannte Hindernisse entgegen. Sie reichen von der schwer korrigierbaren autoritären Persönlichkeitsstruktur eines Lehrers über die außerschulisch bedingte Aggressivität eines Schülers bis hin zu jenen gewichtigen Schwierigkeiten schulstruktureller Art (Leistungsdruck, überladene Stoffpläne, überfüllte Klassen), die eine erforderliche Individualisierung und zeitintensive Zuwendung besonders für Leistungsschwache und Erziehungsschwierige unmöglich machen; dies gilt neuerdings in gesteigertem Maße für den Fachlehrer, der gleichzeitig für viele Klassen zuständig und doch nicht zuständig ist. Sogeartete Hindernisse zur Realisierung angenehmer Beziehungen sind dem Lehrer weitgehend vertraut und ihre Behandlung nach Ursachen und Behebungsmöglichkeiten wird im folgenden ausgeklammert. Dagegen soll unter kommunikationstheoretischem Aspekt auf eine besondere Art von Beziehungsstörungen aufmerksam gemacht werden, die für den Erziehungs- und Unterrichtsprozeß konstitutiv ist und deren Existenz sowie Unvermeidbarkeit man sich kaum bewußt wird. Im Anschluß daran wird dann zu zeigen versucht, wie die emotionalen Belastungen aus solchen Störungen aufgefangen und erträglich gemacht werden könnten.

## 3. Unterrichtliche Kommunikation als „gestörte" Kommunikation

*P. Watzlawick* hat ohne Anspruch auf Vollständigkeit fünf Grundaxiome menschlicher Kommunikation aufgestellt, an denen er zeigt, nach welchen Regeln sich eine Sprechsituation als ideal bzw. als gestört erweist (*P. Watzlawick* u. a., 1969). Dabei ist zu beachten, daß der

Autor die ideale Sprechsituation durchaus als Grenzfall und die vielfältigen Formen gestörter Kommunikation als empirisch vorfindbaren Regelfall ansieht. Daß auch erzieherische Kommunikation in nahezu all ihren Verwirklichungsformen — bei weitem nicht nur in den autoritären — prinzipiell als gestört oder verzerrt bezeichnet werden muß (*K. Mollenhauer*, 1972, S. 68 ff.), läßt sich am Konstrukt idealer Kommunikation demonstrieren. *Watzlawick*s Axiome menschlicher Kommunikation werden im folgenden in etwas veränderter Reihenfolge herangezogen, um die zwangsläufige Gestörtheit unterrichtlicher Kommunikation skizzieren zu können.

1. Axiom: *Es ist unmöglich, nicht zu kommunizieren* (*P. Watzlawick* u. a., 1969, S. 51 ff.). Kommunikation hat kein Gegenteil, weil auch Schweigen Mitteilungscharakter hat (z. B. „ich will in Ruhe gelassen werden") und den anderen zu einer darauf abgestellten Reaktion veranlaßt. Aus dem emotional verständlichen und häufigen Versuch, Kommunikation mit einem anderen zu vermeiden, ergibt sich bereits eine erste Gruppe zumindest zeitlich begrenzter Beziehungsstörungen. Wo aber dieser Versuch — etwa in der Schule — auf institutionellen Interaktionszwang trifft, müssen die Beziehungsstörungen chronisch werden und die emotionalen Belastungen sich steigern. Die radikalste Äußerungsform von Kommunikationsstörungen dieser Art ist die sog. *Abweisung:* „... fragen Sie jemand anderen..." (Schüler) oder „... mit dir will ich jetzt nichts zu tun haben..." (Lehrer). Häufiger, subtiler und nicht weniger belastend ist die sog. *Entwertung* der Aussagen des anderen oder der eigenen Aussage durch ironische oder geringschätzige Antworten, durch Dummstellen, absichtliches Mißverstehen, offen gespielte und übertriebene Höflichkeit, Wörtlichnehmen nicht wörtlich gemeinter Aussagen, Unfreundlichkeit und dgl. Sowohl bei Schülern als auch bei Lehrern äußert sich auf diese Weise die von vornherein zum Scheitern verurteilte Neigung, mit dem anderen lieber nicht zu kommunizieren.

2. Axiom: *Jede Mitteilung enthält einen Inhaltsaspekt und einen Beziehungsaspekt* (*P. Watzlawick* u. a., 1969, S. 53 ff.). Nehmen wir die Mitteilung einer harmlosen Lehrerfrage: „Ist das deine Zeichnung?" Der rein sachbezogene Inhaltsaspekt dieser Frage ist eindeutig und braucht hier nicht weiter verfolgt zu werden. Der zweite Aspekt hingegen, der Beziehungsaspekt, interessiert. Schon in einem solch schlichten Satz wird immer auch die Beziehung zwischen Sprecher und Hörer definiert,

es wird eine Selbstdefinition des Lehrer-Ich und eine Definition des Schüler-Du vorgenommen. Die Selbstdefinition des Lehrers kann so aussehen:
„Ich sehe mich als einen, der ein Anrecht darauf hat, dies zu wissen", oder
„. . . als einen, der sich freut über dich und dein gelungenes Werk", oder
„. . . als einen, der Verdacht schöpft, skeptisch ist" usw.
Die Definition des Schülers durch den Lehrer kann so aussehen:
„Ich sehe dich als einen, der Leistungen vortäuscht, dem man nicht viel zutrauen kann . . .", oder
„. . . als einen, der zu überraschenden Leistungen fähig ist, über den man sich freuen kann" usf.
Beziehungsdefinitionen sind immer mit Emotionen bei Sprecher und Hörer verknüpft. Das Überraschende, an das kaum gedacht wird, ist jedoch, daß *jede* Kommunikation einen Beziehungsaspekt enthält, daß deshalb beziehungsrelevante Emotionen in jeder Kommunikation mitschwingen und mehr oder weniger bedeutsam für künftige Kommunikation werden.
Was ist nun diesbezüglich gestörte Kommunikation? Nur einige Formen seien kurz genannt:

a) Bei Sprecher und Hörer divergieren jeweils die Definitionen von Ich und Du. Dies dürfte z. B. in der Schule zwischen Lehrer und Schülern eher die Regel sein als harmonische Beziehungsdefinitionen. Der Lehrer sieht sich selbst anders als die Schüler ihn, er sieht die Schüler anders, als sie selbst sich sehen.

b) Man tut so, als würde man über inhaltliche Probleme reden und diskutieren, aber latent geht es, ohne daß man es sich eingestehen will, nicht um die Sache, sondern um Beziehungsprobleme: *Wer* hat recht, *wer* ist der Schlagfertigere, *wer* ist der Unterlegene, *wer* kann sich die Sympathien der übrigen Zuhörer erwerben, *wer* ist der Interessantere, Gewitztere usf. Unterricht enthält ständig diesen Beziehungsaspekt. Von gestörter Kommunikation wird hier deshalb gesprochen, weil beide Partner den Schein wahren, als ginge es nur um die Sache.

c) Natürlich ist Kommunikation auch dann als gestört zu beschreiben, wenn man rein inhaltlich verschiedener Meinung ist, was ebenfalls emotionale Reaktionen hervorbringt und die gegenseitigen Beziehungen belasten kann, aber keineswegs belasten muß.

3. Axiom: *Allein menschliche Kommunikation verläuft auf zwei Kanälen, sowohl digital als auch analog (P. Watzlawick* u. a., 1969, S. 61 ff.). Beide Kommunikationsformen bestehen nicht nebeneinander, sondern ergänzen sich gegenseitig. Vereinfacht ausgedrückt: Die Übermittlung des gegenstandsbezogenen Inhaltsaspekts erfolgt mit Worten (digital). „Ist das deine Zeichnung?" Der Beziehungsaspekt hingegen, die Definition von Ich und Du, drückt sich in der Regel durch einen zusätzlichen außersprachlichen Kommunikationsmodus aus (analog). Wie diesbezüglich der Inhalt der obigen Lehrerfrage gemeint ist bzw. aufgefaßt wird, wird nicht durch Worte, sondern durch Tonfall, Mimik, Gestik und dgl. entschieden.

Natürlich können und müssen wir zuweilen unsere Beziehungen zum anderen auch mit Worten ausdrücken: „Ich liebe dich" — „das war gut von dir, ich hab' mich sehr gefreut" — „vielen herzlichen Dank" usw. Aber es wäre verhängnisvoll, z. B. den sog. sozialintegrativen Unterrichtsstil so mißzuverstehen — was häufig geschieht —, daß wir annähmen, höfliche und reversible Umgangsfloskeln könnten allein schon ein besseres Beziehungsverhältnis schaffen. *Watzlawick* ist der Meinung: „Kindern, Narren und Tieren wird (ja) seit alters eine besondere Intuition für die Aufrichtigkeit oder Falschheit menschlicher Haltungen zugeschrieben; (denn) es ist leicht, etwas mit Worten zu beteuern, aber schwer, eine Unaufrichtigkeit auch analogisch glaubhaft zu kommunizieren. Eine Geste oder eine Miene sagt uns mehr darüber, wie ein anderer über uns denkt, als hundert Worte" (S. 64). Hier haben wir es mit der Kategorie der Echtheit zu tun, wie sie z. B. in der Gesprächspsychotherapie als fundamentales Prinzip erkannt und gefordert wird (*R. Tausch,* 1968). Es mag ausdruckspsychologisch umstritten sein, ob analoge Kommunikation tatsächlich unzweideutig und klar vom Empfänger interpretiert werden kann. So dürfte es z. B. bei aller Intuition sehr schwer fallen, Begleitsymptome einer unwahrhaften Aussage zu unterscheiden von denen einer wahrhaften Aussage, in der der Sprecher Angst haben muß, vom Zuhörer als unglaubwürdig angesehen zu werden. Aber feststeht — und dies allein ist hier entscheidend —, daß wir uns in alltäglichen Sprechsituationen sehr stark auf Hinweise aus analoger Kommunikation stützen und daß das, was mit Worten ausgedrückt wird, mit dem, was wir zusätzlich aus einer Äußerung erschließen, häufig im Widerspruch steht. Wo dieser Widerspruch vorliegt oder auch nur vorzuliegen scheint, muß Kommunikation als gestört angesehen werden.

Nun kann gar nicht eindringlich genug darauf hingewiesen werden, wie unvermeidlich gerade im Unterrichtsprozeß sowohl beim Lehrer als auch beim Schüler die Unechtheit in Sprache und Verhalten gefordert wird. Der Lehrer *muß* so tun, als wäre ihm so manches wichtig, oder als wäre es für die Schüler wichtig. Der Schüler *muß* so tun, als wäre er aufmerksam, interessiert, höflich, als würde er den Lehrer ernst nehmen, ihn achten usw. Beide versuchen, dies durch Sprache und Verhalten zum Ausdruck zu bringen; aber auf dem zweiten Kommunikationskanal gelingt es nicht, der andere merkt es, er wird verstimmt, ohne daß er es ausspricht, die Kommunikation erweist sich als gestört. Die emotionalen Beziehungen werden davon beeinträchtigt, vor allem dann, wenn dieser Widerspruch zwischen digitaler und analoger Kommunikation permanent ignoriert und verdrängt wird, wenn die eigentlichen Beziehungsdefinitionen nicht zuweilen angesprochen und thematisiert werden.

4. Axiom: *Die Natur einer Beziehung ist durch die Interpunktion der Kommunikationsabläufe seitens der Partner bedingt* (*P. Watzlawick* u. a., 1969, S. 57 ff.). Dieser Satz bezieht sich auf die Tatsache, daß in einer Kette aufeinander bezogener Verhaltensweisen jede einzelne Verhaltenseinheit eines Individuums A von der Verhaltenseinheit eines Individuums B verursacht oder mitbedingt ist und gleichzeitig verursachend oder mitbedingend auf die nächste Verhaltenseinheit von B wirkt, was wiederum Verhalten bei A auslöst usf. Würden die Interaktionspartner sehen, *daß* und *in welcher Weise* das Verhalten eines jeden *sowohl* Ursache *als auch* Wirkung auf das Verhalten des jeweils anderen darstellt, dann ließe sich diesbezüglich eine Beziehung als ideal kennzeichnen. Auch dies ist wiederum nur selten der Fall. Vor allem in Konflikten ist festzustellen, daß die Kontrahenten die konflikthaften Ereignisfolgen ganz gegensätzlich „interpunktieren".
So wird in der Regel ein Lehrer zur Sicht folgender Interaktions- oder Kommunikationsabläufe neigen: „Der Schüler stört, deshalb muß ich ihn bei solchen Gelegenheiten kritisieren, tadeln, bestrafen".
Vom Schüler wird die Kausalkette anders interpunktiert:
„Der Lehrer kritisiert mich dauernd, benachteiligt mich, kann mich nicht leiden, das lasse ich mir nicht gefallen." Der Schüler spricht dies nicht in der Weise aus, aber er hat das Gefühl, im Recht zu sein.
Kontrahenten in einem Konflikt sehen ihr Verhalten als Reaktion auf das Verhalten des anderen, aber nur selten sehen sie selbst jedoch, daß

das eigene Verhalten Ursache für das Verhalten des anderen ist. Was sich als Kommunikationsstörung erweist, ist die Unfähigkeit eines oder beider Partner, sich in die Rolle des anderen zu versetzen (Empathie), um dessen Reaktion auf das eigene Verhalten zu verstehen.
Bei solchen Fällen ist jene „sich selbst erfüllende Prophetie" (*R. Merton*) mit im Spiel, wonach man z. B. unterstellt, der andere wäre böswillig; man verhält sich ihm gegenüber abweisend und mißtrauisch, der andere reagiert darauf ebenso, was vom ersten als Bestätigung für die ursprüngliche Annahme angesehen wird.

5. Axiom: *Zwischenmenschliche Kommunikation verläuft entweder symmetrisch oder komplementär* (*P. Watzlawick* u. a., 1969, S. 68 ff.). Bei ersterer besteht die Tendenz nach Gleichheit und Reversibilität in Sprache und Verhalten (z. B. unter Ebenbürtigen eines Arbeitsteams), letztere basiert auf gegenseitig sich ergänzenden Unterschieden, wobei sich zumeist eine der Positionen als übergeordnet, die andere als untergeordnet darstellt, was jedoch zunächst noch keineswegs als Gestörtheit zu begreifen ist (z. B. im Fall Arzt-Patient, Mutter-Kind, Lehrer-Schüler). Der ideale Fall — im Unterrichtsalltag wiederum kaum realisierbar — liegt dann vor, wenn „die Kommunikationspartner — je nach der Situation wechselnd — imstande sind, entweder eine symmetrische oder eine komplementäre Form der Kommunikation zu wählen, d. h. sich entweder als gleich in der Wahl der Kommunikationsmittel oder als ‚spiegelbildlich' aufeinander bezogen zu bestimmen, wobei die Chancen für diese Wahl gleich verteilt sind" (*K. Mollenhauer*, 1972, S. 75). Für die Beurteilung des Ausmaßes an Gestörtheit kann jedoch der Idealfall durchaus als brauchbares Kriterium herangezogen werden. So könnte etwa der autoritäre Lehrer, der den Schülern keine Chance gibt, Gesprächsinitiativen zu ergreifen, der überhaupt das Zu-Wort-Kommen-Lassen der Schüler auf ein Minimum reduziert, der durch die Frageform die Antwortmöglichkeiten einengt, sich in einer irreversiblen Sprache selbst erlaubt und herausnimmt, was Schülern niemals erlaubt wäre usw. — dieser Lehrer könnte als von jenen idealen Sprechsituationen am weitesten entfernt einzuordnen sein. Auch der sozialintegrative Lehrer wird sie nicht durchgängig realisieren können. Aber es wird zu zeigen sein, daß im Unterricht die emotional belastenden Formen einer starr komplementären Lehrer-Schüler-Beziehung aufgefangen werden können, indem Schülern die Möglichkeit zur Wahl symmetrischer Beziehungsformen gewährt wird.

In der zu Anfang dargelegten Modellvorstellung, wonach soziales Handeln und menschliche Interaktionen in der ökonomischen Analogie des Austauschs begriffen werden, stehen sehr deutlich subjektiv empfundene positive oder negative emotionale Valenzen als Kriterium für die „Rentabilität" einer Interaktion im Vordergrund. Bei Watzlawicks Ansatz wird zwar nicht explizit auf dieses Kriterium für ideale bzw. gestörte Kommunikation aufmerksam gemacht, aber es fällt nicht schwer, es u. a. zu unterstellen. Mehr noch: dieser Ansatz — hier bezogen auf Unterricht — gestattet die Identifizierung subtiler und allgegenwärtiger emotionaler Prozesse, wo wir sie sonst kaum vermuten und er macht Unterricht in seiner strukturellen Konfliktträchtigkeit sowie die emotionale Belastung der am Unterricht Beteiligten besonders sichtbar. Was hier in gebotener Kürze anzudeuten versucht wurde, ist die hypothetische und in reaktionärer oder fatalistischer Weise nicht mißzuverstehende Annahme, daß Beziehungsstörungen zwischen Lehrer und Schülern keineswegs nur auf persönliche Ursachen und historisch-gesellschaftlich bedingte Strukturen von Schule und Unterricht zurückzuführen sind, sondern sich auch zwangsläufig aus den Interaktionen unter Positionsinhabern ergeben, zwischen denen ein wie auch immer geartetes Macht- und Abhängigkeitsgefälle besteht. Und Macht im Unterricht ist schlicht „die Möglichkeit, das Verhalten anderer durch die Verfügung über Belohnungs- und Bestrafungsmittel auf ein gegebenes Ziel hin zu beeinflussen" (*D. Ulich,* 1974, S. 123).
Es wird also zwar zur *Reduzierung* vermeidbarer Schülerabhängigkeit und überflüssiger Konflikte von großer praktischer Bedeutung sein, in welchem Ausmaß und in welchen Formen Machtmittel vom Lehrer eingesetzt werden (z. B. Art der positiven oder negativen Sanktionen — Besitz von brauchbarem Wissen, das gut vermittelt werden kann — Wirkung als attraktives Verhaltensmodell — Argumentationsstärke u. a.), ebenso bedeutsam wird auch das Ausmaß sein, in dem sich Schule und Gesellschaft strukturell verbessern lassen. Die Vorstellung jedoch, Beziehungsstörungen und Konflikte ließen sich durch solche Bemühungen *überhaupt eliminieren,* ist illusorisch. Denn gemessen am dargestellten Konstrukt idealer Sprechsituationen müssen Erziehung und Unterricht an sich schon gestörte Kommunikationsstrukturen produzieren und die positiven emotionalen Beziehungen belasten und verschleißen, die andererseits als Voraussetzung für erfolgreiche Erziehungsarbeit angesehen werden müssen. Dies hat für Theorie und Praxis zur Konsequenz, daß nicht nur die Möglichkeiten der Vermeidung

oder Reduzierung von Beziehungsstörungen ins Auge gefaßt werden, Störungen, die man dann allzuleicht als zwar häufiges aber „eigentlich“ nicht zum Unterricht gehörendes Ärgernis anzusehen geneigt ist, sondern daß man diesem Phänomen als unvermeidbarem Faktum einen reflektierten Platz im Handlungskonzept einräumt.

## 4. Der Diskurs als Form mündiger Austragung von Konflikten

Wenn Erziehung und Unterricht die positiven Beziehungen belasten, die man gerade für diesen Zweck benötigt, drängt sich zunächst der Gedanke an außerunterrichtliche Kompensationsmöglichkeiten auf. Womit könnten die unterrichtlich strapazierten Lehrer-Schüler-Beziehungen ausgeglichen und aufgewogen werden? Diese ernst zu nehmende Frage richtet sich gegen die aktuelle Gefahr, daß mit zunehmendem Stoff- und Leistungsdruck alles aus der Schule verdrängt wird, was mit Unterricht wenig oder nichts zu tun hat und „nur“ Spaß macht. Was früher unter dem reformpädagogischen Begriff „Schulleben“ zum Programm erhoben wurde, mag zum Teil schwer realisierbare Formen und auch anfechtbare Begründungen enthalten haben, aber der Gedanke von der Notwendigkeit der Auflockerung eines vom Stoffplan diktierten Unterrichts sollte nicht in Vergessenheit geraten. Dieser Gedanke stellt sich zwar dem Konflikt selbst nicht unmittelbar, aber er nimmt ihn realistisch zur Kenntnis und rechnet mit ihm.
Eine ganz andere Möglichkeit soll abschließend besonders hervorgehoben werden, weil sich diese aus dem kommunikationstheoretischen Ansatz selbst herleitet und in der Konfliktpraxis der Schule noch kaum erprobt wird. Es ist dies der Gedanke, daß in einem Diskurs über Kommunikation kommuniziert werden muß (Metakommunikation), wenn sich diese als gestört erweist. Ein derartiger Diskurs ist nur für autoritäre Strukturen überflüssig, weil dort Störungen und Konflikte weitgehend „sprachlos“ mit der Gewalt des Überlegenen unterdrückt oder einseitig in dessen Sinne gelöst werden. Wenn jedoch — woran nicht zu zweifeln ist — die schulischen Kommunikationsstrukturen Modellcharakter für späteres kommunikatives Verhalten haben und wenn sich Mündigkeit gerade in der Art des Konfliktverhaltens manifestiert, dann muß in der Schule ausreichend praktiziert und geübt wer-

den, was später als mündiges Verhalten erwartet wird. „Diesen Modellcharakter der Lehrer-Schüler-Beziehung zu erkennen heißt zugleich, ihn verändern zu müssen, wenn man nicht auf einen Teil der in unserer Gesellschaft intendierten Erziehungsziele verzichten will" (*D. Ulich*, 1974, S. 132).

Der Diskurs ist der Verständigungsversuch im Konflikt. Er unterbricht die laufende Interaktion und Kommunikation und macht sie zum Gegenstand des Gesprächs. Bestehende *Handlungszwänge* werden problematisiert mit dem Zweck, „daß alle Motive außer dem einer kooperativen Verständigungsbereitschaft außer Kraft gesetzt und Fragen der Geltung von denen der Genesis getrennt werden", ebenso werden bestehende *Geltungsansprüche* dergestalt problematisiert, „daß wir gegenüber den Gegenständen kommunikativen Handelns (also Dingen und Ereignissen, Personen und Äußerungen) einen Existenzvorbehalt anmelden und a) über Sachverhalte, die der Fall, aber auch nicht der Fall sein können, und b) über Empfehlungen und Warnungen, die richtig, aber auch nicht richtig sein können, diskutieren" (*J. Habermas*, 1971, S. 117). Dabei wird unterstellt, daß ein Mehr an Verständigung und Konsens herauskommt. Der Diskurs mit einzelnen Schülern oder mit einer ganzen Klasse enthält im günstigsten Falle keine jener genannten Strukturen der gestörten Kommunikation, sondern nähert sich der idealen Sprechsituation an. „Die ideale Sprechsituation schließt systematische Verzerrung der Kommunikation aus. Nur dann herrscht ausschließlich der eigentümlich zwanglose Zwang des besseren Arguments, der die methodische Überprüfung von Behauptungen sachverständig zum Zuge kommen läßt und die Entscheidung praktischer Fragen rational motivieren kann" (*J. Habermas*, 1971, S. 137).

Die Regeln für die Durchführung einer idealen Kommunikation im Diskurs wären im Hinblick auf Watzlawicks Axiome folgende, wobei zunächst an das zuletzt genannte Axiom angeknüpft werden soll:

5. Axiom: Der Diskurs erfordert die symmetrische Beziehungsform vor allem insofern, als jeder Beteiligte die gleiche Chance erhalten muß, überhaupt zu sprechen und seine Gefühle, Bedürfnisse und Sichtweisen zu Wort kommen zu lassen. Keiner ist aufgrund seiner herkömmlichen Position der Unterlegene, dessen Aussagen als weniger ernst und wichtig wahrzunehmen wären.

4. Axiom: Hier besteht die Intention, daß bei jedem Beteiligten die Einsicht geweckt wird, daß sein Verhalten nicht nur Ursachen und

Motive hat (und welche), sondern auch Folgen (und welche) für das Verhalten des jeweils anderen. Beides ist zu verbalisieren. Im Idealfall würde dies dazu führen, daß jeder sich selbst sowie auch den anderen besser verstehen gelernt hat. Verbessertes Verständnis der eigenen Rolle und der des anderen bedeutet aber gleichzeitig auch eine Verbesserung der Wahrnehmung dessen, was interagierenden Rollenspielern wirklich gemeinsam bzw. nicht gemeinsam ist, was sie verbindet bzw. trennt. Dies ermöglicht ein Konfliktbewußtsein mit einer rationalen und geschärften Sicht für lösbare, partiell lösbare und nicht lösbare Gegensätze, welch letztere aber tragbare Übereinkünfte nicht ausschließen müssen.

3. Axiom: Der Diskurs stellt eine Gesprächsebene dar, auf der die sonst zumindest für den unterlegenen Partner typische und emotional belastende Diskrepanz zwischen verbaler Kommunikation und nichtverbaler Mitteilung nicht besteht. Bei einem aufrichtigen und symmetrischen Gesprächsablauf besteht kein Zwang, mit Worten etwas beteuern zu müssen, was man nicht auch meint.

2. Axiom: Es besteht die Chance, daß der störende Widerspruch der Sichtweisen von Ich und Du bei Sprecher und Hörer aufgelöst wird, indem zunächst jeder offen kundtut, welchen Eindruck er vom anderen bislang hatte und wie man wünscht, selbst gesehen und verstanden zu werden. Diese Sichtweisen erfahren möglicherweise eine einsehbare Korrektur durch die zur Sprache gebrachte Sichtweise des anderen. Da außerdem die gegenseitigen Beziehungsprobleme und nichts anderes ausdrücklich zum Thema der Diskussion erklärt worden sind, besteht auch nicht die Gefahr des „So-Tuns, als ob" es um gegenstandsbezogene Probleme ginge.

1. Axiom: Der sonst häufig bewußte oder unbewußte und prinzipiell als Störung sich erweisende Versuch, sich durch sog. Abweisung oder durch sog. Entwertung eigener oder anderer Aussagen einer unangenehmen Kommunikation zu entziehen, ist unbegründet, weil der Diskurs über gestörte Beziehungen im Interesse eines jeden Beteiligten liegen muß.

Daß der Diskurs das ideale Vehikel für den konstruktiven Fortgang gestörter und ins Stocken geratener Kommunikation darstellen könnte, ist ohne weiteres einsehbar. Nur ist seine schulische Realisierung an

Voraussetzungen gebunden, die in der Regel nicht gegeben sind. Auf dem berühmten Teppich der Wirklichkeit könnte es so aussehen, daß dieser Vorschlag — z. B. verwirklicht in einer schwierigen Abschlußklasse, die zum erstenmal derartiges erlebt — von vornherein zum kläglichen Scheitern verurteilt ist. Die Probleme liegen auf der Hand:

— Entwertung oder Abweisung der vom Lehrer ernst gemeinten Initiative zur Eröffnung von Kommunikation über gestörte Kommunikation (1. Axiom),
— Befangenheit und sprachliche Unfähigkeit, eigene Gefühle und Bedürfnisse sowie Selbst- und Fremdbilder zu verbalisieren; Ausweichen auf Scheinprobleme (2. Axiom).
— Habitualisierte und aus den sonst üblichen Kommunikationserlebnissen mit Überlegenen weiterwirkende Hemmung vor unverstellter Mitteilung (3. Axiom).
— Psychische Mechanismen der Abwehr unbequemer Vorstellungen und Einsichten, die die eigene Person und das eigene Verhalten betreffen (4. Axiom).
— Habitualisierte, ebenfalls aus den sonst üblichen Kommunikationsstrukturen herleitbare Hemmungen, die unübliche Chance zu nutzen, über heikle Probleme als Gleichberechtigter zu sprechen und ernst genommen zu werden (5. Axiom).

Nicht geringer sind die Schwierigkeiten auf seiten des Lehrers einzuschätzen: Es gehören Mut, emotionale Distanz und sprachlich-kognitive Fähigkeiten dazu, verkrampfte und konflikthafte Beziehungen zum Thema zu erheben. Auch ihm fällt es schwer, aus seiner sozial definierten Überlegenheitsposition auszusteigen, Machtmittel ungenutzt zu lassen und dies zudem noch glaubhaft zu machen. Auch und gerade für ihn kann der Diskurs Einsichten bereithalten, die sich als stark frustrierend erweisen. Und schließlich enthält der Stundenplan für zeitintensive Gespräche dieser Art keine Reserven.
Angesichts solcher Schwierigkeiten ist zu bedenken, daß der vernünftige Diskurs kein sich immer schon anbietendes Rezept zur Beilegung von Lehrer-Schüler-Konflikten sein kann, sondern als reife Form mündigen Verhaltens in ganz besonderer Weise unter die Kategorie des Lernens fällt. Erziehung als Lernhilfe hat demnach immer wieder für solche Kommunikationsstrukturen zu sorgen, unter denen der Erwerb von Fähigkeiten zum Diskurs allmählich möglich wird (*K. Mollenhauer*, 1972, S. 68). Den durch Lernen erworbenen Fähigkeiten zum Dis-

kurs — als Ziel — muß die Befähigung durch wiederholte und verbesserte Ansätze zum Diskurs — als Mittel — vorausgehen. In solchen Ansätzen oder Vorversuchen wäre schon frühzeitig das auszubilden, was *L. Krappmann* als individuelle Grundqualifikation zur Teilnahme an Interaktions- und Kommunikationsprozessen beschrieben hat (1971, S. 132 ff.):

— *Rollendistanz,* eine von der traditionellen Rollentheorie kaum berücksichtigte Fähigkeit, sich über vorliegende und zum Teil auch widersprüchliche Rollenanforderungen reflektierend zu erheben, um sie interpretieren, auswählen, modifizieren oder auch ablehnen zu können.

— *Empathie,* Einfühlungsvermögen, eine durchaus auch kognitive Fähigkeit, sich in die Rolle eines anderen zu versetzen, um dessen Erwartungen, Einstellungen, Motive usw. antizipieren, verstehen und ausdrücken zu können.

— *Ambiguitätstoleranz* als Fähigkeit, die häufig unauflösbaren Widersprüche zwischen den gerechtfertigten Erwartungen anderer und den gerechtfertigten eigenen Bedürfnissen wahrzunehmen, auszuhalten und nicht im psychoanalytischen Sinne zu verdrängen.

— *Identitätsdarstellung,* eine vor allem auf das Sprachvermögen angewiesene Fähigkeit, in Interaktionsprozessen das eigene Selbst mit seinen Sichtweisen, Einstellungen, Bedürfnissen, Schwierigkeiten usw. verständlich und wirkungsvoll zum Ausdruck zu bringen.

Wo eine derartige Befähigung fortgeschritten ist, darf erwartet werden, daß der vernünftige Diskurs über gestörte Kommunikation eine entscheidende Möglichkeit darstellt, die emotionalen Belastungen von Unterricht aufzufangen und erträglicher zu gestalten sowie eine für Unterricht und Erziehung erforderliche Basis von positiven emotionalen Beziehungen zwischen Lehrer und Schüler zu erhalten. Darüber hinaus ist vor allem zu erwarten, daß dieser Kommunikationsmodus als Modell für späteres Konfliktverhalten eine konstruktive Rolle spielt.

Erich Weber

# Der Aspekt des Emotionalen in der pädagogischen Stilforschung

(unter besonderer Berücksichtigung der Unterrichtsstile)

## 1. Vorbemerkung

(zur Terminologie und Fragestellung)

Die pädagogische Stilforschung untersucht, in welchen typischen Grundformen und mit welchen spezifischen Wirkungen erzogen und unterrichtet wird*. *Erziehungsstile (bzw. Unterrichtsstile)* sind relativ sinneinheitlich ausgeprägte Möglichkeiten erzieherischen (bzw. unterrichtlichen) Vorgehens, die sich durch typische Komplexe von Erziehungspraktiken (bzw. Unterrichtspraktiken) charakterisieren lassen und durch entsprechende, mehr oder weniger reflektierte Erziehungsvorstellungen und -grundsätze (bzw. Unterrichtsvorstellungen und -grundsätze) bestimmt werden.

Mit Hilfe der pädagogischen Stilforschung versucht man über die traditionelle Lehre von den einzelnen, jeweils für sich isoliert betrachteten Erziehungspraktiken (bzw. Erziehungsmittel, -maßnahmen) und Unterrichtspraktiken hinaus die komplexen erzieherischen und unterrichtlichen Gesamtphänomene in ihren typischen Grundformen zu erfassen, deren Mannigfaltigkeit überschaubar zu ordnen und kritisch zu analysieren zum Zwecke einer Verbesserung der intentionalen Lernhilfen. Einen Überblick über die verschiedenen methodischen Ansätze, Fragestellungen, Untersuchungen und Ergebnisse der pädagogischen Stilforschung vermittelt mein Buch „Erziehungsstile“ (*Weber*, 1973a). Im vorliegenden Zusammenhang wird die Fragestellung eingeengt, und zwar auf den emotionalen Aspekt der pädagogischen Stilformen unter besonderer Berücksichtigung der Unterrichtsstile, wobei nur einige Hauptgesichtspunkte kurz berücksichtigt werden können. Diese einschränkende Betrachtungsweise bedarf der Ergänzung durch das Studium der umfassender und gründlicher informierenden Literatur (besonders empfohlen wird *Nickel,* 1974; *Tausch & Tausch,* 1971; *Weber,* 1973a).

---

* Zur Definition der Begriffe Erziehung und Unterricht vergleiche im vorliegenden Band S. 73 ff. (vgl. auch *E. Weber,* 1974a, S. 47 ff.).

# 2. Globale Forschungsansätze

## 2.1 K. Lewin und H. H. Anderson

Beim globalen Vorgehen werden komplexe pädagogische Interaktionsformen als Gesamttypen mit einer jeweils entsprechenden Gesamtwirkung erfaßt (z. B. autokratische oder demokratische Führungs- bzw. Erziehungsstile). Zu Beginn der pädagogischen Stilforschung war dieses Verfahren ökonomisch und der Komplexität des Gegenstandes angemessen. Es erbrachte rasch wertvolle Befunde, deren pädagogische Konsequenzen sich leicht zur Verbesserung des komplexen Verhaltens von Erziehern und Lehrern anwenden ließen. Die bahnbrechenden Untersuchungen von *K. Lewin* und seinen Mitarbeitern lösten auch fruchtbare Hypothesen aus, die zahlreiche weiterführende Untersuchungen anregten. Gegenwärtig bemüht man sich um eine Differenzierung und Präzisierung des anfänglich globaltypisierenden Vorgehens (vgl.: 3. Analytische Forschungsansätze, S. 229 ff.). Die von *K. Lewin* und seinen Mitarbeitern durchgeführten Experimente über Führungsstile und deren Auswirkungen auf das Gruppenleben sind inzwischen so bekannt und in der Literatur leicht zugänglich, daß sie hier keiner ausführlichen Schilderung bedürfen (vgl. *Lewin,* 1953; *Lewin, Lippit & White,* 1939; *Lippit,* 1940; *Lippit & White,* 1958 und 1973; *Walz,* 1968; *Tausch & Tausch,* 1971, S. 177 ff.; *Weber,* 1973a, S. 232 ff.).

*K. Lewin* und seine Mitarbeiter untersuchten unter experimentellen Bedingungen die Auswirkungen von drei typischen, global konzipierten und operational definierten Führungsstilen auf das Verhalten der Mitglieder von Kleingruppen. Diese bestanden aus 10—11jährigen Jungen, die in der Freizeit zusammenkamen, um Masken für ein Fest zu basteln. Die Gruppenleiter, die entsprechend instruiert und trainiert worden waren, wechselten nicht nur die Gruppen, sondern dabei auch die Verhaltensstile. Die Beobachter konnten dann jeweils dementsprechende Verhaltensänderungen bei den Gruppenmitgliedern feststellen. Beim *„autokratischen Führungsstil"* wurde das gesamte Vorgehen vom Gruppenleiter streng detailliert und schrittweise bestimmt. Er verhielt sich den Kindern gegenüber kühl und distanziert, kritisierte sie häufig scharf und persönlich und ließ seine Überlegenheit deutlich spüren. Bei diesem Führungsstil war das Verhalten der Kinder weitgehend reaktiv und uniform, dem Leiter gegenüber entweder unterwürfig oder aggressiv, innerhalb der Gruppe egozentrisch und feindselig. Die Leistungen ließen zwar nicht quantitativ jedoch qualitativ zu wünschen übrig. Beim *„demokratischen Führungsstil"* konnten die Gruppenmitglieder bei der Planung und Durchführung des Vorhabens mitbestimmen. Der Gruppenleiter war freundlich und gab nur Ratschläge, soweit es erforderlich war. Er lobte sachbezogen, und wenn er kritisieren mußte, geschah dies taktvoll und konstruktiv. Das Verhalten der Kinder war hier produktiver und individueller, dem Leiter gegenüber partnerschaftlich, innerhalb der Gruppe sozial erfreulich. Die Leistungen fielen quantitativ zwar geringer, qualitativ aber weit besser aus als in autokratisch geführten Gruppen. Beim *„Laissez-faire-Stil"* verhielt sich der Gruppenleiter passiv sowie emotional neutral und überließ die Kinder weitestgehend sich selbst. Diese waren unzufrieden und gereizt. Es entstand kein Gruppenzusammenhang, und es kam sowohl quantitativ als auch qualitativ nur eine sehr geringe Leistung zustande. *H. H. Anderson* und seine Mitarbeiter untersuchten dann mit Hilfe von Beobachtungsmethoden in Grundschulklassen ebenfalls den Zusammenhang zwischen global konzipierten Unterrichtsstilen und deren Auswirkungen auf das Schülerverhalten (vgl. *Anderson,* 1945; *Anderson, Brewer & Reed,* 1946; *Weber,* 1973 a, S. 242 ff.). Dabei wurden weitgehend analog zu Lewins „autokratischen" und „demokratischen" Führungsstilen, jedoch unter Vermeidung der mit politischen Assoziationen belasteten Kategorien, *„dominative"* und *„integrative" Unterrichtsstile* einander gegenübergestellt. Beim dominativen Unterrichtsstil wird das Verhalten der Kinder intensiv und rigide gelenkt, ohne auf ihre Wünsche einzugehen. Gegenwirkende Erziehungspraktiken herrschen vor. Scharfe Zurechtweisungen und Beschämungen der Kinder sind üblich. Nach anfänglicher Widersetzlichkeit werden die Schüler hier passiv und nervös. Beim integrativen Unterrichtsstil arbeiten die Lehrpersonen mit den Schülern zusammen auf gemeinsame Ziele hin. Eigeninitiativen der Kinder werden nicht nur respektiert, sondern provoziert, Probleme werden sachlich ausdiskutiert, unterstützende Erziehungspraktiken bevorzugt. Freundliche und höfliche Umgangsformen bestimmen die Atmosphäre. Die Schüler beteiligen sich hier spontan und konstruktiv am Unterricht und sind weniger oppositionell. Außerdem wird festgestellt, daß das dominative bzw. integrative Lehrerverhalten sich im Verhalten der Schüler untereinander widerspiegelt.

## 2.2 Kritisches zur globalen Stilforschung

Im vorliegenden Zusammenhang können der eingeschränkten Fragestellung entsprechend nur einige kritische Bedenken angemeldet werden (zur umfassenderen Kritik vgl. *Weber,* 1973a, S. 240 ff., S. 263 ff., S. 295 ff. u. S. 423 f.). Den globalen Stiltypologien gegenüber ist der Vorwurf berechtigt, daß die zu den einzelnen Stilformen diffus zusammengefaßten Merkmale und ihre Ausprägungsgrade meist nicht präzise bestimmt sind und nur extreme Typen ohne abgestufte Zwischenformen erfassen. Vor einer *Übergeneralisierung der Signifikanz der Befunde* ist zu warnen. Die Effekte dominativer und integrativer Erziehungs- bzw. Unterrichtsstile sind relativ zur individuellen Persönlichkeitsstruktur und zum Sozialcharakter. So reagieren z. B. Schüler mit starkem Bedürfnis nach Führung günstig auf ein direktives und kritisch auf ein permissives Vorgehen ihrer Lehrer (vgl. *Wispé,* 1951, S. 161 ff.). Außerdem wirken sich soziokulturelle Selbstverständlichkeiten und Erwartungen aus, so daß Menschen, die in einer freiheitlichen Gesellschaft leben, auf autokratisch-dominative Führung anders reagieren als solche, die an eine autoritäre Gesellschaft gewöhnt sind (vgl. *Ausubel,* 1974, 2. Bd., S. 464 f.).

Vor allem aber ist das undifferenzierte Gesamtkonzept des globalen Ansatzes der Stilforschung zu kritisieren, weil es verschiedenartige Variablen miteinander vermengt, so daß deren einzelne Wirkungen nicht mehr erfaßbar sind. Insbesondere wird auf die *Konfusion des emotionalen Faktors mit dem Lenkungsfaktor* kritisch aufmerksam gemacht. Bei den globalen Typenkonzepten hat man nicht berücksichtigt, daß einerseits intensive Lenkung nicht unbedingt mit emotionaler Kälte und Geringschätzung und andererseits emotionale Wärme und Wertschätzung nicht ausschließlich mit geringer Lenkung verbunden sein muß (vgl. *Tausch, Tausch & Fittkau,* 1967, S. 522 ff.). In neueren Untersuchungen wurde mit korrelationsstatistischen Verfahren nachgewiesen, „daß Lehrer auch bei größerem Ausmaß an Dirigismus höhere Wertschätzung gegenüber Schülern verwirklichen können“ (*Tausch, Köhler, Bommert & Schulz v. Thun,* 1972, S. 126). „Dominante Lehrer können warm, sogar fröhlich, rücksichtsvoll und verständnisvoll sein“ (*Cronbach,* 1971, S. 549). Bei den Experimenten *Lewins* und seiner Mitarbeiter fiel der autokratische Führungsstil im Vergleich zum demokratischen nicht nur stärker dirigistisch, sondern auch unpersönlicher, ablehnender und furchterregender aus, so daß *B. R. McCandless,* einer der Gruppenleiter des Lewinschen Experiments, bei diesem das Fehlen der Variante einer wohlwollend autoritären Atmosphäre beklagte, von der er aufgrund seiner späteren Erfahrungen meinte, daß diese ein sehr effektives Verhaltensmuster sein könne (*McCandless,* 1961, S. 436 ff.). Auch in der DDR hat man sich inzwischen von der zunächst rezipierten „bürgerlichen“ Führungsstilforschung distanziert und propagiert jetzt einen „sozialistischen“ bzw. „demokratisch-zentralistischen" Führungsstil, bei dem die strenge, fordernde Führung mit Freundlichkeit und Verständnis vereint sein soll (vgl. *Schneeberg,* 1970, S. 17 f.). Es gibt empirische Belege dafür, daß Schüler nicht zufrieden sind, wenn sie in der Schulklasse zwar ein positives emotionales Klima und befriedigende soziale Beziehungen vorfinden, aber bei ihren Lernprozessen zu wenig Steuerungs- und Anregungsaktivitäten erleben (vgl. z. B. *Smith & Hudgins,* 1. Bd., 1971, S. 252 f.). „Obwohl der ‚wohlwollende Autokrat' in der Literatur genügend kritisiert worden ist, gibt es zur Zeit keine Beweise für die Annahme, daß er keine oder eine negative Wirkung auf den Lernenden ausübt" *(Weinert,* 1970, Sp. 1284). Letzteres ist um so weniger zu vermuten, wenn man bedenkt, daß die neuere, analytische Stilforschung der Meinung ist, man müsse nicht nur die emotionale Dimension von der Lenkungsdimension als voneinander prinzipiell unabhängige Faktoren unterscheiden, sondern innerhalb der letzteren nochmals zwischen einer dirigistischen und einer nichtdirigistischen, jedoch anregenden Lenkungsaktivität differenzieren (vgl. *Nickel,* 1974; *Weber,* 1973a, S. 295 ff. und S. 311 ff.).

Aus den genannten Gründen ist es unhaltbar, wenn man die globalen Stiltypisierungen „autoritär" (bzw. autokratisch) — „demokratisch" als in jeder Hinsicht völlig konträre Gegenpole (vgl. S. 236) interpretiert, so daß der Eindruck entsteht, eine demokratische Erziehung dürfe keine Lenkungsfunktion ausüben und eine autokratische Erziehung sei unvermeidbar feindselig. Dieses Mißverständnis hat vermutlich mit zum kürzlich erlebten Aufschwung der antiautoritären Erziehungsbewegung beigetragen, die inzwischen wieder abgeklungen ist und als gescheitert gelten kann. Auch wenn man eine am Mündigwerden der zu Erziehenden interessierte, nichtautoritäre Erziehung verwirklichen will, kann man auf pädagogische Autoritätsverhältnisse nicht verzichten. Sie dürfen weder autoritär noch antiautoritär pervertieren, sondern sind emanzipatorisch zu realisieren (vgl. *Weber,* 1974b; *Nickel,* 1974). Erforderlich ist eine differenzierende, analytische Betrachtung, die durch eine Kombination von unabhängigen Verhaltensdimensionen ein Koordinatensystem konzipiert, in das sich dann auch die global erfaßten pädagogischen Stilformen präziser und adäquater einordnen lassen (vgl. S. 235 ff.).

# 3. Analytische Forschungsansätze

## 3.1 Zur Methode

Die kritisierten Unzulänglichkeiten der globalen pädagogischen Stilkonzepte versucht man neuerdings durch die analytische Stilforschung zu überwinden. Sie ist um eine differenziertere, präzisere und empirisch exakter kontrollierbare Erfassung des Erzieherverhaltens und seiner Auswirkungen auf die zu Erziehenden bemüht.

Es läßt sich ein *dreistufiges methodisches Vorgehen* unterscheiden (vgl. *Tausch & Tausch,* 1971, S. 142 f.; *Nickel,* 1974, S. 12 ff.). Auf der ersten Stufe wurden pädagogisch relevante Einzelmerkmale des Erzieher- bzw. Lehrerverhaltens und die im Zusammenhang damit nachweisbaren Besonderheiten des Verhaltens der Kinder und Jugendlichen untersucht. Bei dieser univariaten Methode geht man z. B. den Auswirkungen der Lehrerfrage auf das Schülerverhalten nach. Dabei können die Wirkungen jedoch nur unsicher erschlossen werden, da sie ja auch durch andere, nichtberücksichtigte Verhaltensmerkmale des Lehrers ausgelöst sein können. Deshalb versucht man auf der zweiten Stufe der analytischen Forschungsstrategie eine größere Zahl von Variablen des Erzieher- bzw. Lehrerverhaltens zu erfassen. Bei dieser multivariaten Methode werden mit Hilfe des statistischen Verfahrens der Faktorenanalyse voneinander relativ unabhängige Merkmalsbündel ermittelt. Die in einem solchen Cluster vereinten Variablen stehen untereinander in einem statistisch bedeutsamen, mehr oder weniger engen Zusammenhang, während sie mit anderen Merkmalen nicht signifikant korrelieren. Eine solche Gruppe häufig gemeinsam auftretender Merkmale des Erzieherverhaltens bilden z. B. strenge Befehle, detaillierte Anweisungen, gängelnde Fragen, einengende Verbote, die sich zusammen mit dem Gegenpol des Merkmalbündels der gegensätzlichen Verhaltensweisen als Merkmalsdimension, in unserem Beispiel als Lenkungsdimension, interpretieren lassen. Von solchen Dimensionen des Erzieher- bzw. Lehrerverhaltens aus sucht man den davon abhängigen Dimensionen des Verhaltens der Kinder und Jugendlichen nachzugehen. Auf der dritten Stufe des analytischen Vorgehens werden dann die näher bestimmten Merkmalsdimensionen zu mehrdimensionalen Bezugssystemen zusammengefügt, z. B. kann die Lenkungsdimension mit der emotionalen Dimension zu einem Koordinatenkreuz kombiniert werden, in das sich dann typische Verhaltenskomplexe der Erzieher bzw. Lehrer exakt und differenziert einordnen und als nun präziser bestimmte pädagogische Stilformen interpretieren und in ihren Auswirkungen genauer aufklären lassen.

Bei der analytischen Untersuchung von pädagogischen Stilformen sind zwei Forschungsstrategien möglich (vgl. *Weber,* 1973a, S. 268 ff.). Nach dem bisher meist verwendeten *Aposteriori-Modell,* nach dem man z. B. auch in der Forschungsgruppe um *R. Tausch,* entsprechend den drei skizzierten methodischen Stufen vorgeht, werden die zunächst empirisch gewonnenen Datensätze bzw. die zwischen den Daten statistisch ermittelten Beziehungen

nachträglich (ex post facto) nach Ad-hoc-Gesichtspunkten interpretiert. Beim *Apriori-Modell* verfährt man hypothetico-induktiv, d. h. es werden zunächst aus relativ wenigen theoretischen Voraussetzungen Hypothesen über vermutete Zusammenhänge abgeleitet und operational formuliert, so daß sie sich dann erfahrungswissenschaftlich kontrollieren lassen. Hier dienen die empirischen Erfahrungen einer nachträglichen Überprüfung der Richtigkeit der zuerst aufgestellten theoretischen Sätze. Dieses Vorgehen wurde z. B. von *Th. Herrmann* und seinen Mitarbeitern zur Erforschung der elterlichen Erziehungsstile und ihrer Auswirkungen gewählt, wobei sie ihre Fragestellung bewußt auf ein Zweikomponenten-Konzept der elterlichen Bekräftigung (Belohnung-Strafe) einschränkten (vgl. *Stapf, Herrmann* u. a., 1972).
Der folgende Bericht über einige unter dem emotionalen Aspekt bedeutsame Befunde der analytischen pädagogischen Stilforschung, unter besonderer Berücksichtigung der Unterrichtsstile, beschränkt sich auf Untersuchungen, die dem Aposteriori-Modell entsprechen und ist nach dem bereits erläuterten, dreistufigen methodischen Vorgehen gegliedert*.

## 3.2 Emotionale Einzelmerkmale

Das Lehrerverhalten läßt sich unter dem emotionalen Aspekt danach unterscheiden, ob man dem Schüler gegenüber Wertschätzung, Wärme, Zuneigung oder Geringschätzung, Kälte, Abneigung zum Ausdruck bringt, was in vielfältiger und verschieden intensiver Weise geschehen kann.
Ein in emotionaler Hinsicht besonders symptomatisches Verhaltensmerkmal der Lehrer ist die *Reversibilität bzw. Irreversibilität* ihrer Äußerungen bei Interaktionen mit den Schülern. Irreversibel sind Lehreräußerungen dann, wenn sie von den Schülern den Lehrern gegenüber nicht verwendet werden können, weil sie sonst deutlich gegen Höflichkeit, Takt und Achtung verstoßen würden. Als irreversibel können z. B. folgende Äußerungen gelten: „Los, lies weiter!" — „Aus welchem Milieu stammst du denn?" — „Red nicht so dummes Zeug!" — „Quatschkopf!" — Reversibel ist z. B.: „Kannst du mir bitte dein Heft geben?" — „Ich habe nicht verstanden, wie du das meinst; würdest du es noch einmal erklären." (Ausführliche Beispiele findet man in *Tausch & Tausch,* 1971, S. 370 ff.). Gestützt auf zahlreiche empirische Untersuchungen läßt sich hierzulande zusammenfassend feststel-

* Das spezielle methodische Vorgehen bei den herangezogenen Untersuchungen ist der jeweils genannten Literatur zu entnehmen (generelle methodenkritische Überlegungen aus pädagogischer Sicht findet man in *Weber,* 1973a, S. 322 ff.).

len: „Etwa 40—60% aller partnerbezogenen Lehreräußerungen gegenüber Schülern in Unterrichtsstunden sowie von Erziehern gegenüber Kinder-Jugendlichen sind sozial irreversibel“ (*Tausch & Tausch*, 1971, S. 373). In erziehungsschwierigen Situationen und Konfliktfällen nimmt das Ausmaß, aber auch die Intensität der irreversiblen Lehrer-/Erzieheräußerungen noch erheblich zu. Es kommt dann zu verletzenden Beschimpfungen, demütigenden Beschämungen und taktlosen Affektabreaktionen, wie etwa: „Du mit deiner komischen Frisur fliegst gleich raus!“ — „Von dir Dussel kann man nicht mehr erwarten.“ Das Ausmaß und die Ausprägung der Reversibilität bzw. Irreversibilität von Lehreräußerungen kann als Gradmesser dafür gelten, wie weit der Umgang mit den Schülern von Höflichkeit, Takt, Achtung, also von Wertschätzung bzw. von Unhöflichkeit, Taktlosigkeit, Mißachtung, also von Geringschätzung bestimmt ist.

Ein weiteres für den Emotionalbereich wichtiges Merkmal des Lehrer-/Erzieherverhaltens ist das erwiesene *Verständnis* bzw. *Unverständnis* gegenüber den Kindern und Jugendlichen, das auch verbalisiert und bewußt gemacht werden kann (vgl. *Tausch & Tausch*, 1971, S. 344 ff.; *Domke*, 1973, S. 33 f.; *Weber*, 1973a, S. 280 ff.; *Nickel*, 1974, S. 24 ff.). Es hängt ab von Einfühlungsfähigkeit und -bereitschaft, von Empathie und Sympathie und ist gerade dann wichtig, wenn sich Kinder und Jugendliche in Schwierigkeiten und in Konflikten mit den Erziehern befinden. Ob der Erzieher die betreffende Angelegenheit nur aus seiner eigenen Sicht betrachtet oder ob er sich in die Lage des zu Erziehenden hineinversetzt, dessen Empfindungen, Bedürfnisse, Wünsche, Frustrationen, Befürchtungen sich vergegenwärtigt und zu verstehen sucht, was keinesfalls bedeutet, daß er dessen Verhalten stets zu akzeptieren hat, ist von entscheidender Bedeutung für Verhaltensänderungen. Der Lehrer kann z. B. an einem heißen Sommertag unaufmerksamen Schülern gegenüber zum Ausdruck bringen, daß er zwar verstehen könne, wenn sie nur wenig Lust zum Lernen haben; sie sollten sich aber doch noch einmal konzentrieren, um den Lösungsgang einer schwierigen Mathematikaufgabe zu begreifen. Oder er kann zu einem Schüler, der häufig dazwischenruft, sagen, daß es zwar erfreulich sei, wenn er so viel wisse; es sei auch verständlich, daß man sein Wissen zeigen wolle; wenn aber jeder unaufgefordert spräche, werde der Unterricht gestört und andere Schüler kämen nicht zum Zuge. Mit solchen verständnisvollen, einfühlenden Äußerungen erreicht der Lehrer mehr als durch bloßes Anordnen, Verbieten, Tadeln und Strafen. Auch bei gezeigtem

Verständnis wird das unerwünschte Verhalten jedoch nicht sofort und für immer beseitigt, aber es steigen die Chancen, dieses zu verringern und das erwünschte Verhalten zu erreichen (vgl. *Tausch,* 1963, S. 514 ff.).

Emotional bedeutsam ist auch das Ausmaß von *Ermutigung* bzw. *Entmutigung* der Schüler, das im Lehrerverhalten zum Ausdruck kommt, signifikant (r = 0,88) mit dem Ausmaß von Wertschätzung bzw. Geringschätzung korreliert (*Tausch & Tausch,* 1971, S. 377) und positive bzw. negative Stimmungen sowie Selbstvertrauen bzw. Minderwertigkeitsgefühle bei den Kindern und Jugendlichen auslöst. Es konnte z. B. empirisch nachgewiesen werden, daß sich Schulangst und Psychoneurotizismus von Schülern schon während einer Versuchszeit von sechs Wochen wesentlich abbauen lassen, wenn durch möglichst häufige positive Bekräftigung und Ermutigung, z. B. durch die Ermöglichung und Anerkennung von Erfolgen, durch freundliches Zunicken und Anlächeln, jene Verhaltensansätze verstärkt werden, die geeignet sind, das Selbstvertrauen und die positive spontane Aktivität der Schüler zu fördern (*Wieczerkowski* u. a., 1969, S. 3 ff.).

Bei der Verwirklichung der verschiedenen positiven, emotional relevanten Äußerungen ist jedoch vor sentimentalen Übertreibungen und Unechtheit zu warnen, weil diese das Gegenteil von dem bewirken, was man sich davon erhofft. Ein richtig dosiertes und der eigenen Einstellung entsprechendes, positives emotionales Lehrerverhalten darf jedoch in seiner pädagogischen Bedeutung nicht unterschätzt werden. Dafür sprechen die *Auswirkungen der emotional relevanten Lehrerverhaltensweisen auf die Schüler,* wie sie in vielen Untersuchungen nachgewiesen wurden und hier nur kurz zusammengefaßt werden können.

Nach dem Prinzip der reziproken Affekte lösen positive und negative emotionale Äußerungen bei den Interaktionspartnern ein entsprechendes emotionales Verhalten aus, so daß dann z. B. höfliche, taktvolle, wertschätzende bzw. die entgegengesetzten Lehrerverhaltensweisen bei den Schülern untereinander, aber auch gegenüber dem Lehrer entsprechende Umgangsformen auslösen, wodurch die emotionale Atmosphäre der Schule und des Unterrichts wesentlich geprägt wird. Die Beliebtheit und damit auch die positive Wirkmöglichkeit der Lehrer hängen entscheidend davon ab, ob sie sich den Schülern gegenüber reversibel verhalten (vgl. *Tausch & Tausch,* 1971, S. 374 f.) und ob sie diesen in emotionaler Wärme zugewandt sind (vgl. *Fittkau,* 1969, S.

89 f.). Schulunlust und Schulangst werden neben anderen Faktoren (vgl. im vorliegenden Band S. 164 ff.) durch die von den Schülern negativ erlebten Verhaltensweisen der Lehrer wesentlich bestimmt; d. h. sie stellen sich insbesondere ein bei irreversiblen Äußerungen des Lehrers und der damit verbundenen Furcht des Schülers, von diesem blamiert zu werden, wodurch diesem auch der für Originalität und Kreativität erforderliche Mut genommen wird (vgl. *Fittkau,* 1969, S. 86 ff. u. S. 90 f.). Gestützt auf einschlägige Befunde über die Bedeutung des emotionalen Erzieher-/Lehrerverhaltens für das emotionale Lernen der Kinder wird zusammenfassend festgestellt: „Ein hohes Ausmaß an Wertschätzung — positiver Zuneigung — emotionaler Wärme gegenüber Kindern ermöglicht Kindern die Erfahrung, daß die Würde der Person geachtet wird, sie sich als Person von Wert fühlen können, auch bei gegensätzlicher Auffassung zum Erzieher. Selbstachtung und Selbstwertgefühl können sich durch die Verminderung von Angst, Unsicherheit und seelischer Beeinträchtigung entwickeln, sie werden psychologisch funktions- und leistungsfähiger“ (*Tausch, Tausch & Fittkau,* 1972, S. 16).

## 3.3 Emotionale Merkmalsdimension

Bei der *Dimensionsanalyse* wird zunächst eine große Zahl von Einzelmerkmalen des Lehrerverhaltens, die meist durch geschulte neutrale Beobachter mittels mehrstufiger Skalen eingeschätzt werden, mit Hilfe der statistischen Verfahren der Faktorenanalyse untersucht. Jene Merkmale, die dabei untereinander hoch korrelieren, d. h. mehr als zufällig immer wieder zusammen auftreten, die also auf einen gemeinsamen Faktor laden, werden zu Merkmalsbündeln zusammengefaßt. Sie lassen sich als Merkmalsdimensionen gruppieren, welche voneinander unabhängig sind (vgl. *Pawlik,* 1968). Trotz unterschiedlicher und z. T. auch unzulänglicher Methoden wurden in zahlreichen Untersuchungen aus dem Bereich der pädagogischen Stilforschung immer wieder weitgehend analog zu interpretierende, wenn auch unterschiedlich bezeichnete Merkmalsdimensionen ermittelt.

Bisher hat man vor allem zwei *Hauptdimensionen* des Lehrerverhaltens näher erforscht und deren Auswirkungen auf das Erleben und Verhalten der Schüler untersucht (vgl. *Weber,* 1973a, S. 286 ff.). *Tausch & Tausch* (1971, S. 152) bezeichnen sie als: „*Emotionale Dimension* (Wertschätzung, emotionale Wärme und Zuneigung vs. Geringschätzung, emotionale Kälte und Abneigung)“ und „*Lenkungs-Di-*

*mension* (maximal starke Lenkung, etwa autoritäre Kontrolle, Restriktion vs. minimale Lenkung, etwa Permissivität, Autonomie-Gewähren, minimale Kontrolle)". *Smith & Hudgins* (1971, 1. Bd., S. 242 f.) unterscheiden entsprechend eine Dimension der „Empfindungen im Lehrer-Schüler-Verhältnis", die erfaßt, „inwiefern der Lehrer die Schüler akzeptiert und gern hat" und eine Dimension der „Direktivität oder Nichtdirektivität". *Halpin* (1957) gruppiert das Führungsverhalten analog nach zwei Hauptdimensionen, die er „Rücksichtnahme" und „Initiative" nennt und für deren Diagnose ein eigener Fragebogen (LBDQ = Leader Behavior Description Questionnaire) entwickelt wurde. „Rücksichtnahme bezieht sich auf Verhalten, das Aspekte der Freundschaft, des gegenseitigen Vertrauens, der Achtung und Wärme in der Beziehung zwischen dem Führer und den Gruppenmitgliedern enthält" (*Halpin,* 1957, S. 2; Übersetzung zitiert nach *Smith* u. *Hudgins,* 1971, 1. Bd., S. 248).

Es kann hier nur kurz auf einige *empirische Untersuchungen* hingewiesen werden, *die die emotionale Hauptdimension des Lehrerverhaltens* näher analysiert haben. *Ryans* (1960 u. 1961) ließ in über 3400 Schulklassen durch trainierte Beobachter das Lehrer- und Schülerverhalten nach 18 bipolaren Merkmalen einschätzen. Die faktorenanalytische Auswertung der Daten ergab 3 Hauptdimensionen. Die im vorliegenden Zusammenhang interessierende emotionale Dimension wurde dabei durch freundliches vs. egozentrisches Lehrerverhalten charakterisiert und korrelierte — insbesondere in der Grundschule — mit dem produktiven Schülerverhalten, das vor allem durch aktive Teilnahme, Munterkeit, Zuversicht, Verantwortlichkeit und Selbstkontrolle gekennzeichnet wird. Diese Merkmale des Schülerverhaltens erwiesen sich um so stärker ausgeprägt, je mehr sich das Lehrerverhalten dem positiven Pol der emotionalen Dimension zuordnen ließ. *Tausch, Tausch & Fittkau* (1967) erfaßten, gestützt auf Einschätzungen schriftlich fixierter Äußerungen von Lehrern gegenüber Schülern ebenfalls neben anderen eine emotionale Hauptdimension. Sie wird an ihrem positiven Pol durch verständnisvolles, freundliches, höfliches, optimistisches, ruhiges Lehrerverhalten und am negativen Pol durch das gegensätzliche Merkmalsbündel definiert. Auf seiten der Schüler standen damit im engen Zusammenhang positive gefühlsmäßige Erfahrungen, die Verbesserung des Verhältnisses zum Lehrer und annehmende Reaktionen sowie eine generelle Förderung der seelischen Reife; mit dem negativen Pol korrespondierten die entgegengesetzten Merkmale. *Fitt-*

*kau* (1969) konnte, aufgrund von Einschätzungen des auf Videorecorder aufgenommenen Unterrichtsverhaltens von 30 Lehrern, erneut die emotionale Dimension des Lehrerverhaltens als „positive emotionale Zuwendung vs. distanzierte Abweisung" faktorenanalytisch ermitteln. Gemäß den Schülerangaben wurde festgestellt, daß mit der emotionalen Zuwendung des Lehrers dessen Beliebtheit bei den Schülern steigt und deren Angst, im Unterricht aufgerufen und blamiert zu werden, abnimmt. (Über weitere einschlägige Untersuchungen berichten *Tausch & Tausch,* 1971, S. 152 ff. und S. 317 ff.; *Weber,* 1973a, S. 287 ff.; *Nickel,* 1974, S. 33 ff.).

Was die Stabilität und Reliabilität der untersuchten Merkmale des Lehrerverhaltens betrifft, so sind sie insbesondere bezüglich der emotionalen Hauptdimension recht befriedigend; d. h. es ließen sich weder gravierende Einflüsse fachspezifischer bzw. methodisch-didaktischer noch situationsspezifischer bzw. schulklassenspezifischer Variablen nachweisen (vgl. *Nickel,* 1974, S. 41 ff., 43 ff. u. 46 ff.). In bezug auf den Lehrer kann deshalb festgestellt werden: „Die Verhaltensmerkmale der sozial-emotionalen Dimension scheinen überwiegend relativ stabile und überdauernde Persönlichkeitsmerkmale oder zumindest pädagogische Grundhaltungen widerzuspiegeln" (*Nickel,* 1974, S. 48). Diese sind nicht ererbt und angeboren, erfordern jedoch, weil wir es bei ihnen mit bereits verfestigten Einstellungen zu tun haben, langwierige, durch planmäßiges Training zu unterstützende Lernprozesse, wenn sie in gewünschter Richtung verändert werden sollen.

## 3.4 Kombinationen von Merkmalsdimensionen

Die voneinander unabhängigen *Merkmalsdimensionen* des Erzieher-/Lehrerverhaltens können zu *Koordinaten- und Bezugssystemen kombiniert* werden. Sie ermöglichen es, die verschiedenartigen pädagogischen Stile differenzierter und exakter, als das bei globalen Stilkonzepten möglich ist, auch in bezug auf Zwischen- und Übergangsformen, zu kennzeichnen, zu ordnen und zu vergleichen.

Die einfachste und in verschiedenen Modifikationen gebräuchlichste Modellvorstellung ist die Kombination der Lenkungsdimension mit der emotionalen Dimension zu einem Achsenkreuz. Als Beispiel dafür kann das von *Tausch & Tausch* (1971, S. 172) gewählte Koordinatensystem dienen, in das die *Lewinschen* Stiltypen eingeordnet wurden (vgl. Abb. 1).

Ein analoges Bezugssystem hat z. B. auch *Schaefer* (1959 u. 1961) hypothetisch entworfen, um damit jene Kategorien systematisch prä-

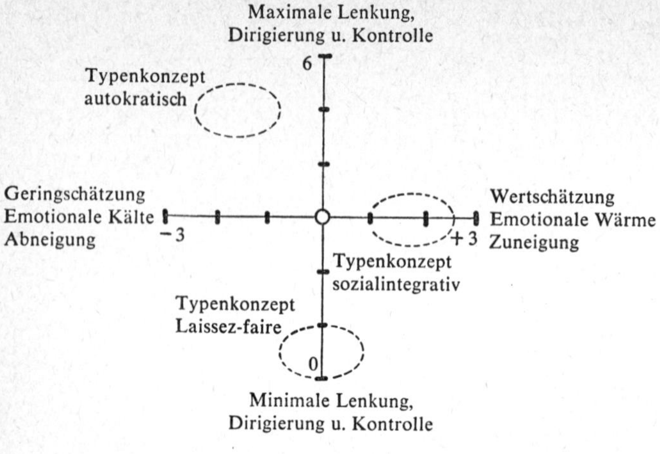


*Abb. 1:* Einordnung von globalen Typenkonzepten der Führungs-, Erziehungs- bzw. Unterrichtsstile in das Koordinationssystem der emotionalen Dimension und der Lenkungsdimension des Erzieher-Lehrer-Verhaltens (nach *R.* u. *A. Tausch* 1971, S. 172).

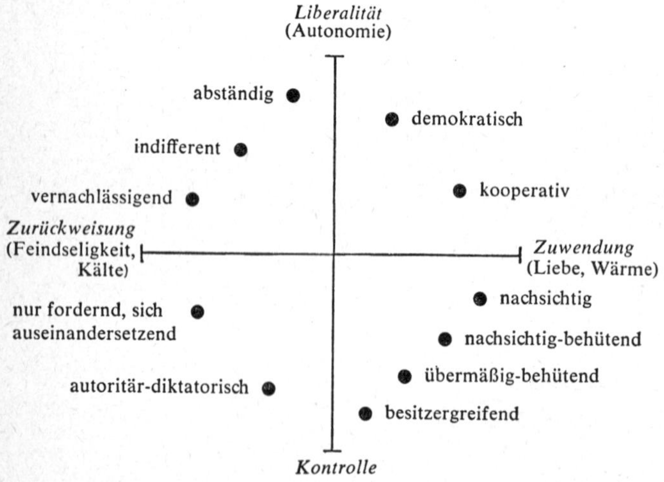


*Abb. 2:* Zirkumplexes Modell für mütterliches Erziehungsverhalten von *E. S. Schaefer* (1961, S. 131) nach der deutschen Übersetzung in *K. H. Stapf, Th. Herrmann* u. a. (1972, S. 30).

ziser bestimmen und einordnen zu können, die zur Beschreibung der mütterlichen Erziehungsstile und ihrer Auswirkungen auf die Kinder in zahlreichen angelsächsischen Untersuchungen verwendet worden sind (vgl. Abb. 2; nach der deutschen Übersetzung in *Stapf, Herrmann* u. a., 1972, S. 30).
Im Anschluß an dieses zirkumplexe Modell von *E. S. Schaefer* und die dort verwendeten Hauptdimensionen der Emotionalität (Zuwendung vs. Zurückweisung) und der Lenkung (Liberalität vs. Kontrolle) gelangen *Stapf, Herrmann* u. a. (1972, S. 30) zu folgender Zuordnung von Erziehungsstilen: demokratisch-kooperative Erziehung (Zuwendung + Liberalität); nachsichtig-behütende bis zudringlich-übermäßig behütende Erziehung (Zuwendung + Kontrolle); vernachlässigende, ignorierende, indifferente Erziehung (Zurückweisung + Liberalität); autoritäre, elternzentrierte und fordernde Erziehung (Zurückweisung + Kontrolle).
In einer großen Zahl von Untersuchungen wurden — im Sinne empirischer Trends — (vgl. dazu die Übersicht bei *Johnson & Medinnus*, 1965, S. 274 ff.) folgende hier nur grob skizzierbare Zusammenhänge zwischen diesen Erziehungsstilen und dem Verhalten der Erzogenen nachgewiesen (nach *Stapf, Herrmann* u. a., 1972, S. 30 f.).

Kooperativ (demokratisch) Erzogene: „aktiv, verhaltenssicher im sozialen Kontakt; Kenntnis sozialer Spielregeln; Reflexion auf das eigene Tun; empfindlich gegenüber Schuld und Blamage; wenig Neigung zu Vorurteilen; selbständige (auch nonkonformistische) Meinungen; bisweilen aber Mangel an Eigeninitiative." (Übermäßig) behütend Erzogene: „stark variierendes Sozialverhalten (entsprechend dem jeweiligen Sozialrangplatz von Partnern); häufig Verleugnung der Aggressivität gegenüber Autoritäten; Neigung zum Egozentrismus; häufig schlechte Anpassung außerhalb der ursprünglichen Sozialgruppe (Familie); Mangel an Eigeninitiative; oft gute Kenntnis sozialer Konventionen; mangelndes Durchsetzungsvermögen, wenn ‚verbale Mittel' versagen."
Indifferent (vernachlässigend) Erzogene: „geringe Übereinstimmung des Verhaltens mit sozialen Spielregeln; wenig ‚gut erzogen' (‚sozialisiert'); gesteigerte Aufmerksamkeits- und Zuwendungs-Suche (häufig durch Aggressivität oder auch durch körperliche Symptome [Bettnässen o. ä.]); bisweilen enge Identifikation mit Gruppen außerhalb der Familie."
Autoritär Erzogene: „emotional unstabil; geringe offene Aggressivität gegenüber Autoritäten, bisweilen starke Aggressivität gegenüber Partnern (und Gruppen) mit niedrigerem Sozialrangplatz; stark variierendes Sozialverhalten (entsprechend dem jeweiligen Sozialrangplatz von Partnern); wenig Risikobereitschaft; konformistische Meinungen, Vorurteile; Alles-oder-nichts-Standpunkte; Intoleranz gegenüber mehrdeutigen Situationen."

*Nickel* (1974, S. 74) verwendet ein dreidimensionales Bezugssystem (vgl. Abb. 3), in dem er neben der emotionalen Dimension die Lenkungsdimension in zwei Dimensionen differenziert, nämlich in eine Dimension der dirigistischen Lenkung und eine der anregenden Aktivität, wovon die letztere bisher jedoch nicht zureichend empirisch belegt wurde.

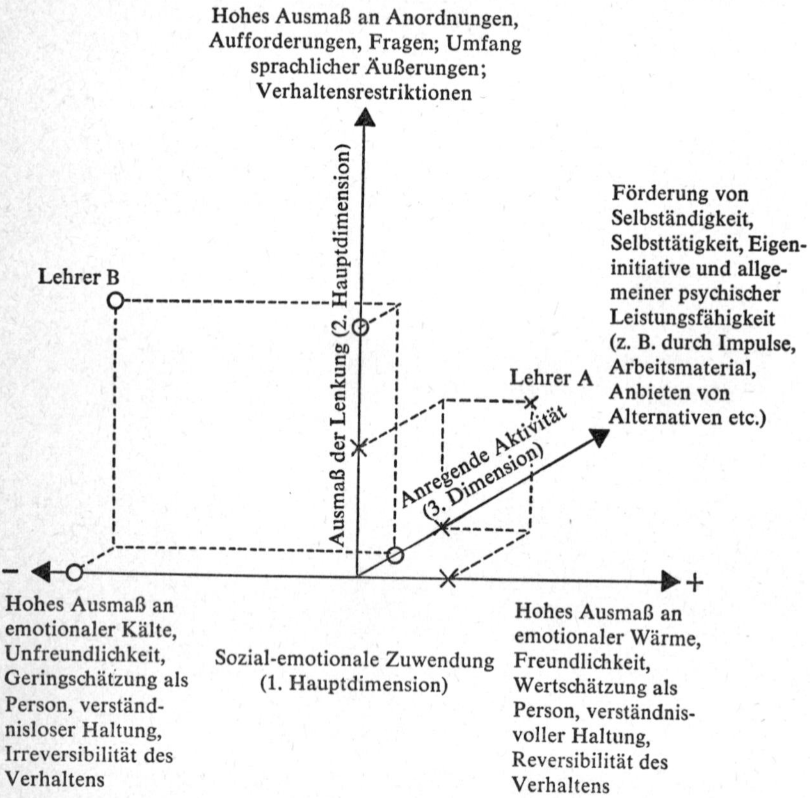


*Abb. 3:* Die drei Hauptdimensionen des Lehrerverhaltens und Beispiele für die Kennzeichnung konkreter Verhaltensformen (nach *H. Nickel*, 1974, S. 74).

„Die Kennzeichnung eines konkreten Verhaltens einzelner Lehrer/Erzieher kann nun in der Weise erfolgen, daß es nach jeder dieser drei

Dimensionen gesondert eingeschätzt wird und einen entsprechenden Wert erhält. In dem dreidimensionalen Raum ist dann das jeweilige Gesamtverhalten durch den Schnittpunkt der Parallelen lokalisiert, die den einzelnen Abschnitten auf den Koordinaten gemäß den drei unabhängigen Beurteilungen entsprechen. Im Unterschied zu einer globaltypologischen Betrachtung wird auf diese Weise eine differenzierende, der realen Vielfalt weitgehend angenäherte Erfassung des Erzieherverhaltens möglich" (*Nickel,* 1974, S. 74).

Wenn man zur pädagogischen Stilanalyse mehr als drei Verhaltensdimensionen verwendet, ist eine räumliche Veranschaulichung ungeeignet. Es empfiehlt sich dann eine Darstellung, bei der die einzelnen relevanten Verhaltensdimensionen, die als unabhängig voneinander gelten, mit entsprechenden mehrstufigen, aneinandergereihten Skalen erfaßt werden, in die man dann jeweils die für einen bestimmten Erzieher/Lehrer ermittelten Werte einträgt (vgl. z. B.: *Tausch & Tausch,* 1971, S. 196; *Ryans,* 1960 und 1961; *Weber,* 1973a, S. 313 ff.).

*Die komplexen Auswirkungen* der verschiedenartigen, analytisch erfaßten, jeweils durch mehrere, kombinierte Merkmalsdimensionen bestimmten pädagogischen Stilformen auf das Erleben und Verhalten von Kindern und Jugendlichen, wurden bisher noch nicht näher untersucht. Hier sind der pädagogischen Stilforschung noch schwierige Aufgaben gestellt, die eine Verbesserung ihrer Methoden erfordern, wobei experimentelle Untersuchungen am erfolgversprechendsten sein dürften (vgl. dazu *Weber,* 1973a, S. 315 ff. u. S. 322 ff.).
Wenn die verschiedenen Merkmalsdimensionen, was ihre Bedingungsfaktoren betrifft, auch als unabhängig voneinander ermittelt werden, so ist doch die Annahme berechtigt, daß sich die ihnen entsprechenden Verhaltensweisen im konkreten Erziehungs- und Unterrichtsvollzug je nach den verschiedenen Kombinationen der unterschiedlichen Dimensionspole jeweils anders auswirken. So wird z. B. eine intensive Lenkung verbunden mit emotionaler Zuneigung und Wertschätzung andere Effekte nach sich ziehen, als wenn sie mit emotionaler Abneigung und Geringschätzung verknüpft wäre. Man darf vermuten, daß sich die je eigentümlichen Auswirkungen der einzelnen Dimensionen des komplexen Lehrerverhaltens im Erleben und Verhalten der Schüler entweder gegenseitig verstärken oder aber ausgleichen bzw. abschwächen. Dafür sprechen z. B. die betriebspsychologischen Forschungsergebnisse von *Fleishman & Harris* (1962). Sie zeigen, daß ungünstige Auswirkungen (z. B. Beschwerden, Kündigungen), die sich bei stark dirigisti-

scher Lenkung von Fabrikarbeitern einstellen, durch ein gleichzeitig erfahrenes hohes Ausmaß an emotionaler Wärme und Wertschätzung ausgeglichen werden kann. Analog darf angenommen werden, daß sich auch im Unterricht die einzelnen Dimensionen des Lehrerverhaltens in verschiedenartigen Kombinationen mit anderen Verhaltensdimensionen auf das Schülerverhalten jeweils spezifisch auswirken. Diese Zusammenhänge und Wechselwirkungen sind jedoch erst noch genauer zu untersuchen.

## 4. Abschließende pädagogische Bemerkungen

(Zur Bewertung, Kontrolle und Veränderung des Erzieher-/Lehrerverhaltens)

Die *Beurteilung und Bewertung der pädagogischen Stilformen,* also die Frage, welche Erziehungs- und Unterrichtsstile bzw. welche Ausprägungsform einer Merkmalsdimension des Erzieher- und Lehrerverhaltens als empfehlenswert gelten darf, läßt sich nicht allein durch deskriptiv-analytische Forschung beantworten, sondern setzt auch normativ-kritische, pädagogische Stellungnahmen voraus, die der Rechtfertigung bedürfen. Die generelle pädagogische Zielfrage, die speziellen erzieherischen Leitvorstellungen und Beurteilungskriterien sowie die Probleme ihrer Legitimation können im vorliegenden Zusammenhang nicht erörtert werden (Näheres dazu vgl. *Weber,* 1973a, S. 339 ff.; 1974b, S. 242 ff.; 1974a, S. 79 ff.). Wo Erziehung und Unterricht als emanzipatorisch interessierte Lernhilfen verstanden werden, die den Lernenden zur Mündigkeit in einer freiheitlichen und rechtsstaatlichen, demokratischen Gesellschaft disponieren wollen, sind pädagogische Stilformen erforderlich, die sich unter Ausklammerung der inhaltlichen und methodischen Aspekte, also eingeengt auf den sozialen Interaktionsaspekt, folgendermaßen kennzeichnen lassen: Der Erzieher/Lehrer sollte bemüht sein, bei den notwendigen Lernhilfen seine Lenkungsmaßnahmen so wenig dirigistisch wie nötig und so weitgehend wie möglich durch Anregung von Selbständigkeit und Selbstbestimmung zu verwirklichen und zwar fundiert und gefördert durch ein positives emotionales Verhältnis zu den Lernenden (vgl. dazu Näheres in *Weber,* 1973a, S. 360 ff.). Dabei ist, wie man aufgrund der einschlägigen Untersuchungen annehmen darf, die emotionale Dimension von besonderer Bedeutung (vgl. *Tausch & Tausch,* 1971, S. 317). Wenn sich wünschenswerte pädagogische Stilformen auch durch soziale Interaktionsformen auszeichnen, in denen Wärme und Wohlwollen, Höflichkeit und Freundlichkeit, Wertschätzung und Achtung, Verständnis und Rücksichtnahme zum Ausdruck kommen, so muß doch bei der Verwirklichung von Erziehung und Unterricht vor überhitzter Emotionalität, vor übertriebener Emotionalisierung, wie überhaupt vor allzu extremen und erstarrten Einseitigkeiten gewarnt werden. Vor allem aber ist darauf aufmerksam zu machen, daß bei Erziehern und Lehrern zwischen dem nach theoretischer Einsicht für richtig und wünschenswert Gehaltenen und dem praktischen Handeln häufig eine Diskrepanz besteht, wie empirisch belegt wurde (vgl. *Tausch & Tausch,* 1971, S. 193) und wofür sich verschiedene Gründe aufzeigen lassen (vgl. *Weber,* 1973a, S. 363 ff.).

Diese Diskrepanz zwischen Theorie und Praxis resultiert nicht zuletzt aus der Tatsache, daß Lehrer in der Unterrichtswirklichkeit unter Situationsdruck stehen, kaum direkte und unverschlüsselte Rückmeldungen über ihr Verhalten durch die Schüler erhalten und ihren Beruf von den Kollegen weitgehend isoliert ausüben. Aus diesen Gründen ist es *für Lehrer schwierig,* über distanzierte und objektive Fremd- und Selbstbeobachtung zur erforderlichen *Beurteilung und Kontrolle, Kritik und Korrektur ihres eigenen Unterrichtsstils* zu gelangen. Um Selbsttäuschungen zu vermeiden und Verbesserungen des unterrichtlichen Verhaltens zu ermöglichen, empfiehlt es sich, die Selbsterfahrung durch kollegiale Beobachtung und Aussprachen bei gegenseitigen Hospitationen und Konsultationen zu ergänzen, insbesondere in Arbeitsgruppen von Junglehrern. Neuerdings stehen auch technische Möglichkeiten für die Selbstbeobachtung und -beurteilung zur Verfügung, z. B. Tonbandaufnahmen und Video-Aufzeichnungen (vgl. *Wieczerkowski,* 1970; *Zifreund,* 1970).

Näheres über die Arten und Aufgaben, Schwierigkeiten und Möglichkeiten der *Unterrichtsbeobachtung* sind dem einschlägigen Schrifttum zu entnehmen (vgl. *Weber,* 1973a, S. 368 ff., dort auch weiterführende Literaturangaben). Zur planmäßigen und systematischen Beobachtung des Unterrichtsstils eignen sich, unter Berücksichtigung seines emotionalen Aspektes, besonders die Interaktionsanalyse von *Bales* (1950), dessen Kategorienschema in zahlreichen — auch deutschsprachigen — Veröffentlichungen zu finden ist (vgl. *Weber,* 1973a, S. 453 f.; *Smith & Hudgins,* 1971, 1. Bd., S. 218 ff.) sowie das sog. „Flanders-System“ (*Flanders,* 1960 u. 1971), das weit verbreitet ist und inzwischen auch in deutscher Fassung vorliegt (*Hanke, Mandl & Prell,* 1973; vgl. *Weber,* 1973a, S. 371 f. u. S. 455 ff.). Mit Hilfe der von *J. Withall* (1949 u. 1951) entwickelten Beobachtungskategorien läßt sich der „Climate Index“, d. h. ein Index für das sozialemotionale Klima einer Schulklasse ermitteln. Damit ist ein spezifischer Komplex verbalen Lehrerverhaltens bei den Interaktionen mit Schülern gemeint, unter besonderer Berücksichtigung der emotionalen Dimension und der Lenkungsdimension des Unterrichts (eine ausführliche Umschreibung der *Withallschen* Kategorien in deutscher Übersetzung findet man in *Smith & Hudgins,* 1971, 1. Bd., S. 239 ff.; vgl. *Weber,* 1973a, S. 371 u. S. 455).

Neuerdings wurden auch in der BRD, insbesondere in der Forschungsgruppe um *Tausch,* relativ einfach zu verwendende, wenngleich nicht immer allzu präzise *Einschätzskalen* zur Beurteilung und Kontrolle des Lehrerverhaltens entwickelt. Einzelheiten über das „Rating“, d. h. über jene Methoden der Datenerhebung, bei der Beobachtungen quantitativ abgestuften Schätzskalen zugeordnet werden, sind der Spezialliteratur zu entnehmen (z. B.: *Travers,* 1972, S. 146 ff.; *Tent,* 1970, S. 853 ff.). Zur Beurteilung der emotionalen Dimension des Lehrerverhaltens kann die Einschätzungsskala für das Ausmaß des Merkmals „Wertschätzung/Geringschätzung“ empfohlen werden. Diese Schätzskala mit Anleitungs- und Übungsbeispielen findet man in den betreffenden Publikationen (z. B.: *Tausch, Bommert, Fittkau & Nickel,* 1969, S. 119 ff.; *Tausch & Tausch,* 1971, S. 331 ff.).

Darüber hinaus kann man die für die Verwirklichung bestimmter Unterrichtsstile bedeutsamen Grundhaltungen der Lehrer mit Hilfe von *Einstellungsfragebogen* analysieren. Dabei sollte man sich jedoch der Problematik solcher Einstellungsmessung bewußt sein (vgl. *Parey & Ingenkamp,* 1970, Sp. 1098 ff.; *Pause,* 1970, Sp. 1439 ff.). Die Dimension der „Rücksichtnahme“, die den emotionalen Aspekt des Führungsverhaltens erfaßt, kann mit dem von *Halpin* (1957) entwickelten LBDQ (vgl. oben S. 234) erfaßt werden, dessen einschlägige Punkte in deutscher Übersetzung vorliegen (*Smith & Hudgins,* 1971, 1. Bd., S. 248 f.). Die „Skala zur Messung der Einstellungen von Lehrern zu Kind und Unterricht“ (*Davies & Viernstein,* 1972, S. 194 ff.) ist ebenfalls zur Analyse der affektiven Komponente, insbesondere in bezug auf erziehungsschwierige Situationen, geeignet.

Die Selbsterkenntnis des Lehrers hinsichtlich seiner unterrichtlichen

Verhaltensweisen und Einstellungen sowie die Kenntnis der erstrebenswerten Unterrichtsstile reichen jedoch zur Verwirklichung der letzteren noch nicht aus, vor allem dann nicht, wenn sich nichtwünschenswerte Praktiken und Verhaltensmuster bereits verfestigt haben. Eine bloße Veränderung einzelner, noch dazu recht äußerlicher Merkmale des Lehrerverhaltens, wie z. B. die häufigere Verwendung des vorher kaum gebrauchten Wortes „bitte" im Umgang mit den Schülern, dürfte nicht ausreichen zur Realisierung eines positiven emotionalen Unterrichtsklimas. Da einer typischen Ausprägung der emotionalen Dimension des Lehrerverhaltens entsprechende Einstellungen zugrunde liegen, sind zu deren Modifikation langwierige und komplexe Lernprozesse notwendig. Sie werden durch Belehrungen und Appelle allein nicht zureichend gefördert, sondern machen spezielle *Trainingskurse* erforderlich, z. B. in gruppendynamischen Seminaren, wobei sich die Beobachtung von Modellverhalten, die Sensitivisierung für Erlebnisprozesse anderer Menschen, das Einüben adäquater Verbalisierung von Vorgängen, insbesondere Microteaching-Verfahren, unterstützt durch den Einsatz audio-visueller Hilfsmittel, als erfolgversprechend erwiesen haben (Einzelheiten und Anregungen dazu können der einschlägigen Literatur entnommen werden, vgl. z. B.: *Nickel,* 1974, S. 49 ff.; *Tausch & Tausch,* 1971, S. 449 ff.; *Allen & Ryan,* 1972; *Olivero & Brunner,* 1973; *Becker,* 1973; *Minsel & Minsel,* 1973). Die bisher vorliegenden, methodisch noch unzulänglichen Erfolgskontrollen solcher Trainingsmaßnahmen sprechen für deren Effektivität. So konnte bei Lehrerstudenten am Ende eines einsemestrigen Trainingskurses festgestellt werden, daß deren verständnisvolle Äußerungen den Schülern gegenüber signifikant (von 27% auf 61%) zugenommen hatten und ihre verständnislosen Äußerungen (von 56% auf 21%) stark zurückgegangen waren (*Tausch,* 1963, S. 514 ff.; vgl. auch *Tausch & Tausch,* 1971, S. 458 f.). *Nickel* und seine Mitarbeiter vermochten nach einem Trainingsseminar (Semesterkurs) für Lehrerstudenten dessen Effektivität hinsichtlich der Verhaltensveränderungen in beabsichtigter Richtung, u. a. auch im Hinblick auf verständnisvollere und reversiblere Erzieherreaktion, hochsignifikant nachzuweisen (*Nickel, Schwalenberg & Ungelenk,* 1974, S. 67 ff.). Auch bei einer Fortbildungsveranstaltung mit Müttern und Kindergärtnerinnen ließen diese bereits nach wenigen Übungsstunden angesichts erzieherischer Konfliktsituationen deutlich ein angemesseneres Verhalten erkennen, vor allem in bezug auf die emotionale Dimension des Erzieherverhaltens (*Tausch & Langer,* 1970, S. 269 ff.).

Die Verwirklichung optimaler Unterrichtsstile, gerade auch in emotionaler Hinsicht, hängt jedoch nicht allein von den Lehrern und deren gutem Willen ab, sondern bedarf ebenfalls entsprechender institutioneller und struktureller Rahmenbedingungen, z. B. was die Klassenfrequenz, die Curricula, den Schulbau und die Schulausstattung sowie die Schulaufsicht betrifft (Näheres dazu vgl. *Weber,* 1973a, S. 380 ff.).

Werner Hopf — Achim Zimmermann

# Gruppe und emotionale Erziehung

## *Vorbemerkungen*

Gruppenunterricht zielt generell auf die Bewältigung von Lernstoffen unter Ausnutzung kooperativer Arbeitsleistungen, die dem Schüler Eigenaktivität im Erwerb der Unterrichtsinhalte ermöglichen. Diese schülerzentrierte Unterrichtsform unterstützt durch den relativ selbständigen, zum Gegenstand unmittelbaren Lernprozeß den Aufbau von Lernbereitschaft und den Erwerb von Lerntechniken, die den Schüler zu einer selbststeuernden Wissensaneignung befähigen sollen. Im Gegensatz zur Einzelarbeit finden im Gruppenunterricht soziale Bedürfnisse, aber nur auf informeller Ebene, eingeschränkte Befriedigung, da der Leistungscharakter und die Stofforientierung dominieren. Die in diesem unterrichtlichen Verfahren eingeschlossenen emotionalen Prozesse werden aber einseitig auf die Gruppeneffektivität hinsichtlich der Arbeitsleistung bezogen: einmal durch Unterdrückung störender emotionaler Interaktionsformen mittels disziplinarischer Maßnahmen oder durch Verstärkung positiver emotionaler Beziehungen in Form des Heraushebens der aufgabenbezogenen Gruppenergebnisse. Die sozial-emotionalen Beziehungen besitzen im Rahmen des herkömmlichen Gruppenunterrichts sekundäre Bedeutung. Primäre Zielsetzung ist die Effektivierung kognitiver Leistungen, wobei der Aufbau sozialer Fähigkeiten als willkommenes Nebenprodukt miterzeugt wird. Kooperationsfähigkeit als Erziehungsziel besteht somit in der Unterordnung des Schülers gegenüber dem gesetzten Inhalt und Leistungsstandard unter weitgehender Ausklammerung der bewußten Entwicklung emotionaler Fähigkeiten und Befriedigung emotionaler Bedürfnisse. Dies dokumentiert auch eine hier exemplarisch angeführte Definition von Gruppenunterricht: „GU (Gruppenarbeit) ist eine arbeitsteilige Unterrichtsform, die sich in die Phasen der Arbeitsplanung, Arbeitsdurchführung und Arbeitsvereinigung (*Gaudig*) gliedert und kooperative produktive Selbsttätigkeit von Teilgruppen im Rahmen eines gemeinsamen geplanten und für alle verbindlichen Projekts erfordert" (*Michael*, 1973, S. 309). Gruppenunterricht ereignet sich so nur als didaktisches Verfahren im Rahmen der Erarbeitung gesetzter Unterrichtsgegenstände. Die darin eingeschlossenen emotionalen Prozesse besitzen in einer so verstandenen Gruppenorganisation nur Randbedeutung. Derartiges Erziehungshandeln ohne bewußte Entwicklung positiver emotionaler Fähigkeiten wird verursacht durch komplexe Bedingungen schulischer Erziehung wie die Dominanz kognitiver Leistungen, Disziplinschwierigkeiten, Arbeitsüberlastung der Lehrer, die Konkurrenzform schulischer Sozialisation etc.

Die Zielsetzungen der Gruppenpädagogik richten sich dagegen auch im Rahmen schulischer Ausbildung äquivalent auf kognitives und sozialemotionales Lernen. Der vorher skizzierte, einseitig kognitive Leistungen intendierende Gruppenunterricht wird im Rahmen der Gruppenpädagogik durch eine der Intention nach das ganze Individuum umfassende Entfaltung seiner Fähigkeiten, soweit es im Kontext der historischen gesellschaftlichen Situation möglich ist, abgelöst. Erzieherisches Handeln zielt hier auf die Erzeugung emotionaler Verhaltensqualitäten durch das Erfahren, Erkennen, Verändern und Selbststeuern von emotionalen Beziehungen in der Gruppe, die *der* konstitutive Faktor für die Genese positiver emotionaler Fähigkeiten ist (vgl. *Mollenhauer,* 1964; *Brocher,* 1967). Die emotionale Dimension des Verhaltens wird direkt zum Gegenstand des Lernprozesses und damit aus der informellen Ebene des Erziehungsgeschehens herausgehoben. Inhalte solcher Erziehungsmaßnahmen sind psychologische Erkenntnisse über gruppendynamische Prozesse sowie Analysen des institutionellen Rahmens Schule und der sozioökonomischen Herkunft der Schüler, um die der Verwirklichung gruppenpädagogischer Ziele entgegenwirkenden Faktoren bestimmen zu können. Dies verweist auf die notwendige rationale Durchleuchtung emotionaler Prozesse, die erst im Handeln mit den übrigen Gruppenmitgliedern direkt erfahrbar werden und dann aus ihrer notwendigen Widersprüchlichkeit und diffusen Erscheinungsform durch rationale Erklärungsmodelle gelöst werden können. Die Hereinholung der individuellen Lebensgeschichte der Gruppenmitglieder und die das Gruppengeschehen bestimmenden objektiven Bedingungen wie z. B. die gegenwärtige Schul- und Freizeitsituation verhindern eine Abtrennung der Gruppenprozesse von den sie konstituierenden Faktoren. Dadurch wird einer Isolierung der Gruppe von ihren Umfeldbedingungen und der damit verknüpften Einschränkung der Ursachenerkenntnis sozial-emotionalen Verhaltens vorgebeugt (vgl. *Horn,* 1972, S. 19). Die Gruppenorganisation wird in diesem Zusammenhang als Medium der Entwicklung emotionaler Verhaltensqualitä-

ten beim einzelnen verstanden, die sich allgemein zusammenfassen lassen als Einfühlungsvermögen, Toleranz, Erlebnisfähigkeit und Solidarität. Über diesen medialen Charakter hinaus sind Gruppenprozesse Inhalte des Lernens, und die Gruppe ist insoweit selbst Ziel solcher pädagogischer Maßnahmen, als die Ausbildung von Gruppenfähigkeit dem Individuum das Leben in privaten und öffentlichen Gruppen ermöglicht und als wertvoll erachten läßt.
Gruppenpädagogik schließt die Methoden der Gruppendynamik ein, die fast ausschließlich in der Erwachsenenbildung als Selbsterfahrungsgruppen oder im Kontext von Managertraining Eingang gefunden hat. Eine sinnvolle Anwendung gruppendynamischer Verfahren setzte eine adäquate Ausbildung des Lehrers als Gruppenleiter voraus, was in der gegenwärtigen Lehrerbildung nahezu ausgeklammert ist. Die Tendenz der Psychologisierung sozialer Beziehungen durch die Gruppendynamik (vgl. *Horn,* 1969) und damit der Verschleierung von Sachproblemen durch emotionale Prozesse ist im Konzept der Gruppenpädagogik aufgehoben, da Emotionalität und Gegenstand, in der Schule z. B. die Unterrichtsinhalte, in ihren Zusammenhängen und ihrer Bedingtheit einbezogen werden. Die Problematik des Verhältnisses von Inhalt und Gruppendynamik* ist dort von geringer Bedeutung, wo es ausschließlich um emotionales Geschehen in der Gruppe geht, tritt aber um so entscheidender in das Interaktionsverhältnis, je stärker Sachschwierigkeiten bei der Gruppenarbeit auftauchen.

## 1. Die emotionale Struktur der Gruppe

Die Kleingruppenforschung expandierte seit den 50er Jahren mit einer immensen Anzahl von Experimenten, die meist als Laboruntersuchungen durchgeführt wurden. Die damit verbundene Anhäufung von ver-

* „Die Einführung der Gruppendynamik in die Erwachsenenbildung und in andere Bereiche sollte also nicht mit dem Ziel betrieben werden, alle sachlichen, alle institutionellen Probleme nur in ihrer psychologischen Erscheinungsform zu behandeln. So wird z. B., geht man nicht über die Interaktionsebene hinaus, das Ergebnis eines tendenziell fehlgelaufenen Sozialisationsprozesses stets nur als Krankheit oder Abweichung im Sinne fehlgelaufener Anpassung verstanden werden können, die womöglich vermittels an Therapie grenzender gruppendynamischer Verfahren revidiert werden kann. Die Rationalität bzw. Irrationalität der Institutionen aber, welche solche Deformationen miterzeugen, wird bei dieser methodischen Einstellung nicht mit überprüft: wenn alles psychologisiert wird" (*Horn,* 1969, S. 268 f.).

einzeltem Wissen über Gruppenprozesse fand in geringem Ausmaß die notwendige Einordnung in übergreifende Theorien, die umfassenden Erklärungswert besitzen. Als Versuchspersonen fungierten vor allem Studenten, was die Übertragbarkeit der Forschungsergebnisse auf Schulgruppen zusätzlich einschränkt. Auf die Definition der Gruppe wird hier verzichtet, da Realitätserkenntnis dadurch nicht gefördert würde und in der Literatur genügend Beispiele vorliegen (vgl. z. B. *Hare,* 1962; *Kruse,* 1972; *Dietrich,* 1969). Es wird auf die Diskussion der Problematik, nach welchen Kriterien die Schulklasse als eine Gruppe zu bezeichnen ist, verzichtet (s. hierzu *Ulich,* 1971).

## 1.1 Faktoren der emotionalen Struktur

*Argyle* (1972, S. 232) unterscheidet drei Hauptgruppen: Familien-, Freundschafts- und Arbeitsgruppe. Gegenstand der Kleingruppenforschung war hauptsächlich die Arbeitsgruppe mit der Zielsetzung, möglichst effektive Kooperationstechniken herauszufinden. Die emotionalen Prozesse wurden dabei nur in ihrer Funktionalität für das Arbeitsprodukt analysiert. Generell läßt sich daher feststellen, daß die emotionale Struktur von Gruppen in der Forschung vernachlässigt wurde aus methodischen Gründen und Forschungsinteressensetzung*.
Allgemein wird in der Literatur der Kleingruppenforschung unter emotionaler oder affektiver Struktur verstanden: Regelmäßigkeiten im Verhalten der Gruppenmitglieder bezogen auf Sympathie-Antipathieäußerungen, erfaßt durch soziometrische Verfahren (s. u. Abschnitt 2). Aus forschungsmethodischer Sicht bedeutet dies: Emotionale Struktur ist das, was das Instrument mißt. Daß die Komplexität realer Gruppenprozesse dadurch unerkannt bleibt, ist manifest. Zwei Aspekte werden meistens bei Wahlen von Gruppenpartnern herangezogen: Der Aufgaben- und der emotionale Aspekt, wobei diese Trennung selbst weniger problematisiert wird. *Secord & Backman* (1964, S. 243—247) fassen die

* „Arbeitsgruppen lassen sich im Vergleich zu den anderen Gruppenarten im Hinblick auf die zu erbringenden Leistungen und die dazu erforderlichen Operationen und Funktionen einfacher beschreiben; Arbeitsprozesse lassen sich im Labor unter experimentellen Bedingungen leichter nachvollziehen als Prozesse der sozialen Bedürfnisbefriedigung. Dazu kommt nicht zuletzt, daß das Interesse an der Optimierung von arbeits- und leistungsbezogenen Prozessen bei weitem größer ist ... Ersteres wird daher von Wirtschaft und Militär in so hohem Maße unterstützt, daß dieser Bereich ... den größten Raum einnimmt ..." (*Kruse,* 1972, S. 1568).

*Determinanten einer Partnerwahl,* gemessen mit soziometrischen Tests, in 6 Bedingungen zusammen. Eine Person bevorzugt Individuen, (1) wenn mit diesen eine größere Gelegenheit zur Interaktion besteht, vor allem wegen räumlicher Nähe; (2) wenn diese gemäß den Normen und Werten einer Gruppe entsprechende Merkmale besitzen, z. B. sozioökonomischen Status, hohe Intelligenz, besondere Fähigkeiten; (3) wenn diese ähnlich sind in bezug auf Einstellungen, Werte und sozioökonomischer Herkunft; (4) wenn die Person glaubt, selbst von diesen gewählt zu werden; (5) wenn sie von diesen so gesehen wird, wie sie sich selbst sieht; (6) wenn diese zur Befriedigung von Bedürfnissen beitragen.

Diese allgemeinen Aussagen können nur einen globalen Orientierungsrahmen abgeben, um dem Lehrenden bei Überlegungen zu Gruppenbildungen Denkrichtungen anzudeuten. So kann eine entsprechend den genannten Wahlgründen vom Schüler gewünschte Gruppenzusammensetzung die vorlaufende Motivation sein, sich aber in der Gruppeninteraktion als weitgehende Fehlüberlegung herausstellen. Dies soll darauf hinweisen, daß der konkrete Gruppenprozeß in seinen Verlaufsformen über die Annäherung, den Aufbau emotionaler Fähigkeiten und die Einschätzung der Mitglieder in ihrer Interaktionsfähigkeit entscheidet. Die sechs angeführten Wahlkriterien implizieren emotionale Prozesse, die mit Gefühlen der interpersonalen Anziehung beschrieben werden können; Emotionen können aber sowohl Bedingungen als auch Folgen dieser Wahlgründe sein. Das weist darauf hin, daß rationalen Entscheidungen sozial-emotionale Prozesse folgen oder vorausgehen und sie eingeschränkt begleiten. In der Schulerziehung wäre darauf zu achten, daß kognitive Prozesse nicht primär die Wahl und die Interaktion in Gruppen dominieren, wie es im Gruppenunterricht geschieht, um dem Schüler den Aufbau positiver emotionaler Fähigkeiten zu ermöglichen.

Die emotionale Struktur als Sympathie- und Antipathieäußerungen hängt in jeglicher soziometrischen Untersuchung vom *Wahlkriterium* ab, nämlich ob Personen als Freizeit- oder Arbeitspartner (Banknachbar) ausgesucht werden sollen. Im ersteren Falle sucht die Wahlperson mehr die Befriedigung emotionaler Bedürfnisse, beim Arbeitskriterium sind die entscheidenden Gründe die Konformität mit Gruppennormen, der Beitrag zum Funktionieren der Gruppe, generell die Gruppenrolle (vgl. *Secord & Backman,* 1964, S. 265 f.). Zusätzlich zu dieser Kriteriumstrennung (Arbeits- vs. emotionaler Aspekt) kann sich

eine Differenzierung der Gruppenführerrolle in ein mehr die sozial-emotional oder die arbeitsorientierten Prozesse lenkendes Gruppenmitglied vollziehen (*Argyle,* 1972, S. 228 f.). Die Ursachen dieser Trennung liegen dem Augenschein nach in der pragmatischen Erwägung, welche Kompetenzen eine Person vermehrt besitzt. Auf die Schule bezogen heißt dies, daß der emotional stark besetzte Klassenkamerad nicht der optimale Lernpartner im Unterricht sein muß. Die Trennung von Arbeit und Emotionalität hat aber ihre tieferliegende Begründung zum einen in der Diskrepanz zwischen der schulischen Lernarbeit und dem Freizeitverhalten, den Unterrichtsinhalten und der außerschulischen Realität der Schüler, zum anderen in der Ausschaltung von positiven emotionalen Beziehungen aus dem Kommunikationszusammenhang Lehrer-Schüler und damit in der Abdrängung von Emotionalität in den informellen Bereich.
Die emotionale Struktur wird durch die in der Kleingruppenforschung als „auch für menschliche Gruppen charakteristisch“ (*Argyle,* 1972, S. 226) festgestellte *Hierarchie als Statusunterschiede* beeinflußt. Der Status hängt generell ab von den Aufgaben, denen sich die Gruppe gestellt sieht. Die schon angeführte Rollenverteilung in einen sozial-emotionalen und einen arbeitsbezogenen Führer, der z. B. die Durchführung der Arbeit organisiert und die entscheidenden Ideen liefert, verursacht für den letzteren vor allem Anerkennung, evtl. Bewunderung, was aber bei den anderen Gruppenmitgliedern Aggressionen oder negative Gefühle wie Neid, Unterlegenheitsgefühle hervorbringen kann. Diese negativen Emotionen werden primär durch die Konkurrenzsituation verursacht, die in leistungsbezogener Gruppenarbeit herrscht. Die Herausbildung eines allein leistungsorientierten Gruppenführers behindert daher die Entwicklung positiv emotionaler Strukturen (vgl. *Argyle,* 1972, S. 231); das Modell einer hierarchisch gegliederten Gruppe widerspricht den Intentionen einer emotionalen Erziehung*. Die Eigenschaften der Person als Ursache ihres dominanten Status anzusehen, konnte nicht nachgewiesen werden, vielmehr scheinen externe Bedingungen für die Entwicklung einer Hierarchiestruktur entscheidend zu sein wie z. B. die Aufgabenschwierigkeit, Organisationsmuster in der Klasse, autoritärer Unterrichtsstil etc.

* Prinzipiell soll die Notwendigkeit von Führungsstrukturen in gesellschaftlichen Gruppierungen nicht geleugnet werden. *Argyle* führt außerdem noch zwei Bedingungen der Hierarchiebildung an: a) die Notwendigkeit zu schnellen Entscheidungen; b) die Komplexität der durchzuführenden Aufgabe (1972, S. 226).

Die bisher angeführten Faktoren emotionaler Gruppenstrukturen wie die *Determinanten der Wahl,* die *Wahlkriterien* und der *Gruppenstatus* stellen Häufigkeiten im Interaktionsverhalten von Gruppenmitgliedern dar, erhoben mit soziometrischen Verfahren; die aufgezeigten Ergebnisse lassen keinerlei Rückschlüsse zu auf ihre Bedingtheit durch die Inhalte der Gruppenprozesse und die externen Faktoren, die das Gruppenleben bestimmen. Ihr Erkenntniswert für die Entwicklung positiver emotionaler Gruppenstrukturen in der schulischen Erziehung besteht in der Möglichkeit, diese soziometrischen Quantitäten als heuristisches Raster für oberflächliche Erscheinungsweisen der Gruppenprozesse heranzuziehen. Die Ursachenerklärung dieser Prozesse bedarf der Analyse der Interaktionsformen in der Schulklasse in ihrer Bedingtheit durch die individuellen Eigenschaften von Lehrer und Schüler, den Organisationsrahmen Schule und das sozioökonomische Milieu der Schüler, um nur den nächstliegenden Analyserahmen aufzuzeigen.

## 1.2 Formen der Interaktion

Die Entwicklung der emotionalen Gruppenstruktur vollzieht sich allgemein von Formen distanzierten Verhaltens zu relativ enger Interaktion aufgrund von starken Bindungsgefühlen. Dieser Prozeß des *Aufbaues der Gruppenbeziehungen* wurde von *Tuckman* (1965) in vier Stufen unterteilt; er analysierte hierzu ein breites Material über Gruppenuntersuchungen und stellte folgendes Ordnungsschema auf (zit. nach *Argyle,* 1972, S. 215):

| | Gruppenstruktur | Aufgabenaktivität |
|---|---|---|
| 1. *Formierungsphase* (Forming) | Es besteht Angst, Abhängigkeit von einem Führer, man prüft die Situation und die Frage nach dem angemessenen Verhalten. | Die Gruppenmitglieder erkennen die Aufgabe, die Regeln und die angemessenen Methoden. |
| 2. *Konfliktphase* (Storming) | Konflikt zwischen Untergruppen, Rebellion gegen Führer, gegensätzliche Meinungen, Widerstand gegen Kontrolle durch die Gruppe; Konflikte über die Intimität der Gruppe. | Emotionaler Widerstand gegen die Anforderungen der Aufgabe. |

| | Gruppenstruktur | Aufgabenaktivität |
|---|---|---|
| 3. *Normierungsphase* (Norming) | Entwicklung der Gruppenkohäsion, Aufkommen von Normen, Widerstand ist überwunden und Konflikte sind beigelegt, gegenseitige Unterstützung und Entwicklung von Gruppengefühl. | Offener Austausch von Ansichten und Gefühlen: Kooperation entwickelt sich. |
| 4. *Arbeitsphase* (Performing) | Interpersonale Probleme sind gelöst, die interpersonale Struktur steht im Dienst der Aufgabenaktivität, die Rollen sind flexibel und funktional. | Auftauchen von Lösungen für Probleme, konstruktive Anstrengungen, die Aufgabe zu beenden, die Energie ist jetzt für effektive Arbeit verfügbar; dies ist die Hauptarbeitsperiode. |

Die Dauer jeder einzelnen Phase kann verschieden lang und in ihrer Intensität unterschiedlich sein. Der Lehrer kann an diesem globalen Entwicklungsschema den Prozeß und eine allgemeine Zielsetzung für das Erziehungsgeschehen in der Klasse orientieren. Die Aussagen zu den einzelnen Stufen zeigen die weitgehende Bezugnahme des Schemas auf die Arbeitsgruppe, besonders auf der 4. Stufe. Die dieser Stufe zugeordneten Formulierungen unter dem Begriff Struktur müßten die „gegenseitige Unterstützung und Entwicklung von Gruppengefühl" (Stufe 3) weiterführen durch Ausdehnung dieser emotionalen Prozesse auf das Umfeld der Gruppe, hier die Klasse, um nicht die Konkurrenz der Gruppen untereinander zu unterstützen. Der Aufbau einer postiv emotionalen Struktur ist immer verknüpft mit dem konkreten Arbeitsgeschehen in der Schule, das aber inhaltlich neben den fachspezifischen Unterrichtsstoffen in gleicher Gewichtung die emotionalen Prozesse selbst zum Gegenstand des Lernens zu setzen hat. Durch die Zunahme der Interaktionsrate unter den Gruppenmitgliedern besteht die Tendenz zur Stärkung des Zusammenhalts.

Der Terminus *Kohäsion* wird verwendet in bezug auf die Kräfte, die auf ein Gruppenmitglied zum Verbleib in der Gruppe einwirken (*Secord & Backman,* 1964, S. 269); dies konkretisiert sich im Verhalten der Mitglieder als Zusammengehörigkeitsgefühl, Loyalität und Solidarität, gegenseitige Unterstützung im Zusammenhang mit Konflikten

und Aufgaben. Bei der Ursachenanalyse von Kohäsion unterscheidet *Argyle* (1972, S. 217) die beiden Aspekte: „Befriedigung interpersonaler Bedürfnisse und Befriedigung von Bedürfnissen, die mit der Aufgabe verknüpft sind." Die schon vorher problematisierte Trennung der zwei Aspekte verwies auf den Charakter solcher Forschungsergebnisse. Im folgenden soll die emotionale Komponente, ersterer Aspekt der Gruppenkohäsion, in Anlehnung an *Argyle* (1972, S. 217) aufgezeigt werden. Entscheidend sind vor allem zwei Faktoren für die Entstehung von Zusammenhalt: die Möglichkeit zu „häufiger Interaktion" und die „Ähnlichkeit der Mitglieder" in ihren Einstellungen, Interessen, Zielsetzungen (vgl. die Wahlgründe). Gleichzeitig ist aber auch eine Ergänzung der einzelnen untereinander notwendig, indem bestimmte Personen ihren Kompetenzen entsprechend Aufgaben übernehmen. Eine Person entwickelt in dem Maße positive Gefühle zur Gruppe, als sie anerkannt und geliebt wird. Führer oder dominierende Mitglieder stören eher das Hervorbringen einer erwünschten emotionalen Struktur. Externe Bedrohung der Gruppenexistenz können die Kohäsion verstärken, was aber eine fortgeschrittene Entwicklung des Zusammenhalts voraussetzt. Im Kontext des Aufgabenaspekts erzeugt gemeinsam vollbrachte Arbeit und kollektiver Erfolg Kohäsion. Die Belohnung muß sich dabei auf die ganze Gruppe gleichwertig beziehen.
Die Kritik an der Kleingruppenforschung wurde an einigen Punkten schon aufgezeigt. Zusammenfassend lassen sich folgende Merkmale für eine kritische Rezeption der Ergebnisse formulieren: (1) Die gefundenen sozialen Regelmäßigkeiten sind inhaltsleer und ermöglichen daher kaum die Analyse konkreter sozialer Beziehungen; (2) der empirische Ansatz in der Forschung reduziert die Erkenntnis auf Oberflächenphänomene und stellt sie dar als „immer schon gegebene Naturtatsachen"; (3) die Ergebnisse wurden meistens in Laborsituationen herausgefunden und besitzen so kaum Erklärungswert für tatsächliche, „natürliche" Gruppen; (4) die Mehrzahl der Untersuchungen wurde mit Studenten oder Erwachsenen (T-Gruppen) durchgeführt, was die Generalisierung der Ergebnisse auf Schulgruppen weitgehend einschränkt.

## 2. Soziometrische Verfahren zur Erfassung der emotionalen Struktur

Es wurde bereits darauf hingewiesen, daß unter der emotionalen Struktur einer Gruppe üblicherweise das Geflecht von Sympathie- und Antipathieäußerungen der Gruppenmitglieder verstanden wird, wie es sich durch soziometrische Verfahren erfassen läßt. Da diese Verfahren in der pädagogischen Literatur ausführlich behandelt sind, kann hier auf eine eingehendere Darstellung verzichtet werden. Zur Orientierung sei exemplarisch auf die Arbeiten von *Elbing* (1969), *Engelmayer* (1970), *Dollase* (1973) und *Cappel* (1974) verwiesen.

Die soziometrischen Verfahren gründen auf der von *J. L. Moreno* entwickelten *Soziometrie,* die emotionale Beziehungen in Kleingruppen aufdecken will. Die zugrundeliegenden Annahmen charakterisiert *Ulich* (1971, S. 57) folgendermaßen: „Innerhalb eines sozialen Gebildes sind Strukturen wirksam, die aus informellen, sozial-emotionalen Beziehungen herrühren. Diese Beziehungen bewegen sich zwischen den extremen Graden der Zuneigung und der Abneigung." Um die Zu- oder Abneigung zu erfassen, wird jedes Gruppenmitglied gefragt, mit welchem anderen Mitglied es etwas gern oder ungern tun will. Dabei soll mit der Frage nach dem beliebtesten bzw. unbeliebtesten Freizeitpartner der sozioemotionale Aspekt erfaßt werden. *Moreno* verlangte, daß nur innerhalb einer begrenzten Gruppe gewählt wird, eine unbegrenzte Zahl von Zu- und Abneigungen möglich ist, hinsichtlich bestimmter Aktivitäten gewählt wird, die soziometrischen Ergebnisse auch tatsächlich in die Gruppenbildung eingehen, geheim gewählt wird und die Fragen verständlich sein sollen (*Argyle,* 1972, S. 233).

Die Wahlantworten lassen sich in Form eines Soziogramms, einer Soziomatrix oder durch Indices darstellen. Im *Soziogramm* werden die Beziehungen grafisch so aufgezeichnet, daß die Richtung und die Art jeder Wahl an Pfeilen ablesbar ist. Das Soziogramm enthält zwar alle Informationen wie Star- oder Außenseiterwahlen, Teilgruppen oder Wahlhäufigkeiten, wird aber bei größeren Gruppen sehr unübersichtlich und willkürlich in der Anordnung. Insbesondere bei solchen Gruppen bietet sich eine *Soziomatrix* an, bei der die einzelnen Wahlen in eine Kreuztabelle so eingetragen werden, daß in den Zeilen die wählenden und in den Spalten die gewählten Personen (oder umgekehrt) mit positivem (Zuneigung) oder negativem Vorzeichen (Abneigung) stehen. Aus den Zeilen- und Spaltensummen lassen sich dann die Beliebtheit oder Ablehnung einer Person ablesen (vgl. *Boos-Nünning,* 1973). Aus den Wahlantworten werden oft noch verschiedene *Indices* berechnet, z. B. ein Index für die Kohäsion innerhalb einer Gruppe oder ein Index für den negativen bzw. positiven sozialen Status einer Person.

Obgleich die Soziometrie häufig zur Untersuchung emotionaler Gruppenstrukturen eingesetzt wird, besitzt sie nur eingeschränkten Erklärungswert. Die Soziometrie kann nur eine Beschreibung der Phänomene und keine Bedingungsanalyse sozialer Vorgänge liefern. Ihre Ergebnisse sind instabil und spiegeln nur eine in der Regel kurzfristige Situation wieder. Die Komplexität sozialer Interaktionen wird reduziert auf einfache Beziehungsphänomene. So behandelt die Soziometrie die Gruppe immer nur als eine Summe dyadischer Beziehungen, ohne z. B. den Einfluß weiterer Gruppenmitglieder auf eine Paarbeziehung oder den Einfluß von Außenkontakten zu berücksichtigen. Das erhaltene Beziehungsfeld kann letztlich nur aktuelle individuelle Wünsche und Bevorzugungen widerspiegeln. Darüber hinaus kann die Soziometrie in der pädagogischen Praxis auch negative Konsequenzen bewirken, da sie Werturteile initiieren kann, die gruppenpädagogische Zielsetzungen in Frage stellen: Außenseiter werden möglicherweise durch das Verfahren erst erzeugt oder in ihrer Position verfestigt.

In statistischer Hinsicht ergeben sich zahlreiche ungelöste Probleme. Die Möglichkeit der Anwendung statistischer Modelle und Verfahren ist ungeklärt; trotzdem werden statistische Methoden für Gruppenvergleiche oder Korrelationen von soziometrischen mit anderen Variablen eingesetzt. Viele Befunde der Soziometrie sind deshalb fragwürdig. Ebenso ungeklärt sind auch die Probleme, die die Zuverlässigkeit und Gültigkeit soziometrischer Daten betreffen. Zur Zuverlässigkeit wurden zwar in manchen Untersuchungen befriedigende Ergebnisse erzielt, die Gültigkeit soziometrischer Daten ist allerdings nur schwer meßbar, da geeignete Kriterien fehlen (vgl. *Cappel,* 1974). Die Soziometrie ist — wie alle anderen empirischen Verfahren — nur brauchbar, wenn mit ihr bestimmte begrenzte Hypothesen überprüft werden sollen, wie z. B. die Untersuchung schichtenhomogener Kontakte.

Der Lehrer kann mit der Soziometrie in der pädagogischen Praxis sicherlich erreichen, daß die emotionalen Beziehungen der Kinder untereinander bewußter und isolierte Kinder stärker in ihrer Randposition erkannt werden. Die soziometrische Analyse bleibt aber solange nutz-

los, wie die Vermittlung ihrer Ergebnisse und deren Bedingungen nicht selbst zum Unterrichtsgegenstand gemacht wird. Ein Ansatz in dieser Richtung stammt von *Rössner* (1968) mit seinem *„Autosoziogramm"*. In einem Lehrgang werden die Schüler mit sozialpsychologischen Begriffen und Vorgängen vertraut gemacht. Auf einer Hafttafel stellen die Schüler dann mit einfachen Symbolen gemeinsam ihre Gruppensituation dar. Dadurch sollen allen Beteiligten die sozioemotionalen Beziehungen bewußt und Möglichkeiten für Handlungsrichtungen auf einer entschärften Ebene durchgespielt werden (ähnlich wie im Soziodrama von *Moreno*).
Meist werden soziometrische Befunde jedoch nur zur Veränderung von Sitzordnungen, zur Bildung von Untergruppen oder zu Klassensprecherwahlen herangezogen. Die Zusammensetzung von Gruppen aufgrund soziometrischer Daten kann aber immer nur eine kurzfristige Maßnahme darstellen, etwa um mit einer neuen Schulklasse am Jahresanfang in Kontakt zu treten und vorläufige Gruppenbildungen zu ermöglichen. Zu Recht bemerkt *Dollase* (1973, S. 291 f.), daß es in der soziometrischen Forschung zwar eine Menge korrelativer Studien, aber nur wenige konkret praktische Untersuchungen gibt, die mehr als nur spekulative Schlußfolgerungen für die Erziehungsarbeit zulassen. Statusverändernde Maßnahmen sind ebensowenig untersucht wie der Einfluß didaktischer Maßnahmen auf die Klassenstruktur.

# 3. Zur Realisierung gruppenpädagogischer Intentionen

## 3.1 Interaktionsformen im gegenwärtigen Unterricht

Die intensive Verwendung gruppendynamischer Techniken (vgl. z. B. *Spangenberg,* 1969) in der gegenwärtigen Unterrichtssituation ist aus Gründen des Kompetenzdefizits auf der Lehrerseite und des Fehlens organisatorischer Voraussetzungen (Gruppenräume, Zeit) kaum möglich. Trotzdem kann der gegebene Handlungsraum durch den einzelnen Erzieher genützt und durch die Kooperation der Lehrer ausgedehnt werden. Die Zusammenarbeit im Lehrerkollegium ist insbesondere deshalb notwendig, damit Lehrende, die für die Verwirklichung emotionaler Erziehung entsprechend Unterrichtszeit verwenden, nicht durch die Stoffkonkurrenz (Lehrer A ist im Buch 20 S. weiter) für ihre positiven Anstrengungen Benachteiligungen erfahren. Gruppenpädagogik umfaßt Lehrer und Schüler, die beide im eigenen Handeln

Prozesse und Bedeutung von Gruppen erfahren, mit der Konsequenz, nicht nur auf bloße Anpassung gerichtete Handlungsziele aufzustellen und zu verwirklichen. Die Gruppenbildung innerhalb der Schulklasse geschieht allgemein im Kontext informeller Beziehungen der Schüler, ausgenommen die Situationen, in denen im Unterricht zur Aufgabenbewältigung Arbeitsgruppen zusammengestellt werden. Die informellen Einzelgruppen erfahren ihren Zusammenhalt, der primär emotional orientiert ist, von Freundschaften und Cliquenbildungen außerhalb der Schule oder durch Interaktionsverhältnisse innerhalb der Klasse (bei jüngeren Schülern) bzw. innerhalb der Schule. Zur Funktion der Einzelgruppen in der Klasse formuliert *Gordon:* „Das Netz der affektiven Bande hat die Funktion, den Solidaritätsbedürfnissen der Gruppenmitglieder entgegenzukommen, gegenseitige emotionale Unterstützung zu gewähren und die Angstgefühle zu kontrollieren, die aus den Erfordernissen des Wettbewerbs und der Leistung entstehen ..." (1970, S. 137 f.). Die Trennung von formellen (Klassengruppe, Einzelarbeitsgruppe im Rahmen innerer Differenzierung) und informellen Gruppen weist auf die Eindimensionalität des Unterrichtsprozesses: Der Unterrichtsinhalt und seine fast ausschließlich kognitiv orientierte Vermittlung dominieren das Interaktionsgeschehen Lehrer — Schüler, die implizierten sozial-emotionalen Prozesse werden weitgehend ausgeschlossen und in Randbereiche (Einzelgespräche, Wandertage etc.) verdrängt. Die Kommunikation im Unterricht geht auf die emotionale Dimension nur insoweit ein, als Disziplinschwierigkeiten oder motivationale Probleme auftreten und Emotionen für das Leistungsverhalten funktional sind (z. B. Emotionen im Kontext von Konkurrenz). In Konfliktsituationen werden aber diese emotionalen Äußerungsformen nicht zum Kommunikations- und damit Lerngegenstand, sondern sie werden durch disziplinarische Maßnahmen unterdrückt, wodurch die psychologische und die sachliche Ebene des Unterrichts unvermittelt bleiben. Da der Schüler für seine emotionalen Bedürfnisse (Selbstdarstellung, Fremderfahrung, Angstreduktion, Anerkennung) im allein sachorientierten Unterricht keine Befriedigung erfahren kann, sucht er diese im informellen Bereich*. Aufgabe emotionaler Erzie-

* Diese Argumentation erhellt auch, warum Gruppen im Unterricht häufig wenig aufgabenbezogen handeln: Die emotionalen Bedürfnisse sind so stark aufgestaut, daß sie zuerst befriedigt werden müssen. Hinzu tritt das Aufgabenschwierigkeitsniveau, die aktuelle Situation der Schüler und ihre Persönlichkeitsstruktur.

hung ist die Aufhebung der Eindimensionalität des Unterrichts (s. a. *Klinkers* im vorliegenden Band) durch Einbeziehung der sozial-emotionalen Prozesse.

In diesem Zusammenhang ist zu fragen, durch welche Faktoren die Eindimensionalität bedingt ist. Als Gründe für die relative Ausblendung der emotionalen Prozesse im Unterricht seien fragmentarisch vier Bedingungen angeführt: (1) Emotionalität als aggressive Disziplinlosigkeit stört den geordneten Lernverlauf, da er nur auf die sachliche Thematik ausgerichtet ist. (2) Positive Zuwendung des Lehrers zum Schüler kann umkippen in Autoritäts- und Machtverlust. (3) Die Einbeziehung emotionaler Prozesse in das Unterrichtsgeschehen benötigt Zeit; da Zeit im Leistungskontext nur beschränkt zur Verfügung steht, wird sie optimal genutzt für die dominierenden kognitiven Leistungsziele. (4) Der Erkenntnisprozeß der Schüler über die Faktoren, die emotionale Beziehungen verhindern, und die Entstehung von solidarischen Gemeinschaften können einmünden in Gegenhandeln; dadurch stellen feste Gruppen ein größeres Konfliktpotential dar als der vereinzelte Schüler.

Auf der Lehrerseite können als weitere Faktoren für die relative Ausblendung Defizite im Wissen über emotionale Prozesse, die Leistungsbewertung in Lehramtsprüfungen*, der Stoffzwang und die allgemeine Unsicherheit bei Lehranfängern angesehen werden. Diese aufgeführten Faktoren für die Nichteinbeziehung der emotionalen Dimension in den Unterricht sind verursacht durch vorausgesetzte Bedingungen.

Die Eindimensionalität des Unterrichts schließt aber auch bestimmte Beziehungen ein, die sich als Form der Konkurrenz bestimmen lassen. Die Schüler konkurrieren um gute Noten, womit Anerkennung durch den Lehrer, die Mitschüler und die Eltern verbunden ist. Legitim sind in diesem Zusammenhang Gefühlszustände, die sich im Kontext von Neid, Ehrgeiz, Triumph, Unterordnung („Sei still, du kannst nichts!") und Ohnmacht konkretisieren. Intellektuelle Leistungen bestimmen die Wertschätzung der Person, emotionale Fähigkeiten bleiben unbeachtet. Die Ausschaltung schulischer Konkurrenz ist aufgrund ihrer Institutio-

* Warum sollte der Junglehrer sich bemühen, sozial-emotionale Erziehung zu verwirklichen, wenn diese Leistungen seines Erziehungshandelns für seinen Qualifikationsprozeß zum „verbeamteten Berufserzieher" und für die Qualifikationsbewertung in der II. Lehramtsprüfung kaum Relevanz besitzen? Für die Beurteiler von Erziehungsleistungen bedeutet dies, Kriterien für die Bewertung emotionaler Erziehungsergebnisse zu entwickeln.

nalisierung nicht möglich. Die negativen Auswirkungen für die emotionale Struktur von Gruppen wird auch im Rahmen der Kleingruppenforschung betont (vgl. *Argyle,* 1972, S. 220). Insoweit kann konstatiert werden, daß konkurrenzorientierte Leistungsschule und emotionale Erziehung widersprüchlich sind. Eine partielle Zurückdrängung von konkurrierenden Beziehungen könnte erreicht werden z. B. durch Vermeiden von diskriminierenden Bekräftigungsmustern (Herausheben eines Schülers aus der Gruppe als besonders fleißig, hilfreich etc.), durch Verzicht auf Einzelbenotung für eine Gruppenleistung und Herausstellen der Arbeitsproduktivität von Einzelgruppen (Wettbewerb zwischen Gruppen). Ein entscheidender Vorgang für die Reduzierung von Konkurrenz ist das Aufgreifen von Problemen, die in der Gruppeninteraktion auftauchen (Führungsstruktur, Eigeninteressen der Mitglieder), oder von Schwierigkeiten einzelner Schüler (Außenseiter, Heimkinder etc.)*, um an besonderen individuellen Problemen das Gemeinsame zu erkennen. Dadurch wird der einzelne oder die Gruppe aus der sozialen Isolation gelöst, und das Erfahren von gemeinsamen Schwierigkeiten schafft kollektive Formen der Bewältigung.

Aufgrund der obigen Ausführungen können drei Globalziele für emotionale Erziehung im Rahmen der Gruppenpädagogik formuliert werden:

a) Die Thematisierung der emotionalen Dimension im unterrichtlichen Kommunikationsprozeß.
b) Das Zurückdrängen konkurrenzfördernder Erziehungsmaßnahmen.
c) Die Aufhebung der Trennung von Aufgaben- und emotionalem Aspekt in den Gruppenbeziehungen (vgl. Abschnitt 1).

## 3.2 Realisierungsformen gruppenpädagogischer Intentionen

Gruppenpädagogische Maßnahmen zielen auf Selbst- und Fremderfahrung, um Lernprozesse zu initiieren, die den Aufbau von emotionalen Fähigkeiten unterstützen. Dabei ereignen sich Veränderungsprozesse, die *Lewin* in drei Stufen unterteilte:

---

* Hierbei ist zu berücksichtigen, daß Bloßstellungen vermieden werden, da sie ein verstärktes Zurückziehen in die Isolation bewirken.

a) unfreezing: das „Auftauen" alter Einstellungen und Verhaltensmuster. Dieses wird dadurch erreicht, daß im Verlaufe des Trainings die Teilnehmer systematisch in soziale (Gruppen)-Situationen gestellt werden, in denen eingeübtes Rollenverhalten und eingefahrene Erwartungen in Frage gestellt werden . . .,
b) changing: in diesem zweiten Stadium werden über die Interaktionen in Trainingsgruppen, durch Rollenspiel, Übungen usw. neue Einstellungen, Normen, Verhaltensmuster aufgebaut, die im dritten Stadium
c) refreezing: im Verlaufe systematischer und kontrollierter Auseinandersetzung mit der back-home-Situation, der Situation außerhalb des Laboratoriums, allmählich vom Individuum internalisiert und habitualisiert werden sollen (zit. n. *Prose,* 1973, S. 436).

Diese Verlaufsstadien wurden in gruppendynamischen Veranstaltungen, die sich über 2—3 Wochen erstrecken, sog. Laboratorien, gewonnen. Auf eine Kritik muß an dieser Stelle verzichtet werden. Folgende Orientierungen für die Schulpraxis ergeben sich: (1) Für emotionale Strukturen, die sich hinsichtlich der Klassenintegration negativ auswirken, sollen Schüler und Lehrer sensibilisiert werden durch Verbesserung der Wahrnehmungsfähigkeit und des Problembewußtseins. Kriterium für erweiterte Wahrnehmungsfähigkeit ist das Erkennen verdeckter emotionaler Ziele wie z. B.: Ein disziplinierter Schüler reagiert Aggressionen in anderen Bereichen ab. „Am wenigsten bekannt in der Allgemeinheit ist jedoch die Tatsache, daß vordergründiges, unfreundliches, aggressives Verhalten, sehr häufig der Abwehr genau gegenteiliger, zärtlicher Anlehnungswünsche dient, vor deren Frustration Angst besteht" (*Brocher,* 1967, S. 91 f.). (2) Die intentionale Realisierung sozial-emotionaler Prozesse erfordert die Organisationsform der Gruppe innerhalb der Klasse. (3) Die Übertragung der Erkenntnisse und Erfahrungen auf die gesamte schulische Situation und das soziale Milieu der Schüler ist für einen dauerhaften Aufbau emotionaler Fähigkeiten notwendig.

### *Die Schulklasse als Gruppe*

Obwohl gruppenpädagogische Intentionen sich primär auf die Gruppen innerhalb einer Klasse richten, kann das nächste Umfeld solcher Gruppen, die Klasse, nicht ausgeklammert werden. Im folgenden werden Gründe angeführt, die eine Berücksichtigung der gesamten Klasse als soziale Gruppe rechtfertigen: (1) Die Gruppe wird durch ihre Außenbeziehungen zu anderen Gruppen und einzelnen Schülern in ihren sozialen Interaktionen mitbeeinflußt. Eine alleinige Betrachtung der Gruppe innerhalb der Schulklasse bedeutete ihre Individualisierung und damit Herauslösung aus der Integration der Klassenmitglieder. (2) Der Unterricht erfolgt heute noch überwiegend im direkt lehrergesteuerten Lernprozeß (Frontalunterricht); daher wäre es realitätsfern, diese Unterrichtssituationen unberücksichtigt zu lassen. (3) Die Anbahnung gruppenpädagogischer Prozesse bereitet die Schüler auf das Beziehungsgeschehen in der Gruppe innerhalb der Klasse vor. Dieser Aspekt gewinnt besonders dort Bedeutung, wo Schüler geringe Lernerfahrungen in kleineren Gruppen besitzen. Häufig werden die Realisierungsversuche sozial-emotionaler Ziele in kleineren Gruppen von Lehrern schnell abgebrochen, wenn die Gruppenprozesse zu annähernd chaotischen oder relativ destruktiven Erscheinungen führen; dies ist z. T. dadurch bedingt, daß die Schüler unvorbereitet in eine neue soziale Situation gestellt werden. Insbesondere treten die oben angeführten Erscheinungsformen in den Unterrichtsbereichen auf, in denen der Leistungsdruck weitgehend reduziert ist wie z. B. in musischen Fächern. Fachlehrer stehen daher häufig vor dem Problem, dem emotionalen Stau der Schüler, der in den sog. Leistungsfächern (Eindimensionalität) verursacht wird, zu bewältigen. Gruppenpädagogische Maßnahmen in der Klassengruppe zielen auf die Anbahnung interaktiver Kompetenzen als Vorbereitung für die Gruppe innerhalb der Klasse, in der sozial-emotionale Prozesse unmittelbarer, offensichtlicher und wirkungsvoller ablaufen.

Unter Berücksichtigung der aufgezeigten methodischen und theoretischen Mängel soziometrischer Verfahren könnte die Entwicklung der Wahrnehmungsfähigkeit von emotionalen Beziehungen, wie oben in Abschnitt 2 schon angeführt, am Aufzeigen der soziometrischen Struktur der Klasse ansetzen. Vor allem können daran die relativ verdeckt bestehenden Sympathie- und Antipathiebeziehungen thematisiert und problematisiert werden. Nach der Feststellung des Beziehungsgefüges sollte die Ursachenerklärung (warum bevorzugt ein Schüler einen bestimmten anderen oder mißachtet ihn?) sukzessiv begonnen werden. Dadurch werden dem Schüler Denkstrategien für selbständige Analyseversuche von emotionalen Beziehungen ansatzweise vermittelt. *Erklärungsmuster für Zuneigung* könnten sein: hoher sozialer Status in der

Klasse; Leistungserfolge; Beziehungen zum Lehrer; sozio-ökonomische Herkunft; attraktives Aussehen als äußerer Beziehungsgrund (s. a. die Wahldeterminanten in Abschnitt 1.1). Als *Erklärungsmuster für Ablehnung* können neben den Kriterien, die zu den oben genannten im Gegensatz stehen wie z. B. niedriger sozialer Status etc., folgende Gründe angeführt werden: Aggressivität, Kontaktangst, „emotionale Sprachlosigkeit“ (d. h. der Schüler ist unfähig, seine Emotion sprachlich darzustellen), inadäquate Selbstdarstellung von Gefühlen (z. B. hysterisches, affektiertes, aufdringliches Verhalten). Im Rahmen soziometrischer Wahlen sollten mehrere Erklärungsbedingungen untersucht werden, um nicht die Reduzierung von sozialen Beziehungen auf monokausale Zusammenhänge vorzunehmen und damit ihre Komplexität zu vereinfachen. Generelles Ziel ist in diesem Zusammenhang, verfestigte Ingroup-Beziehungen, die Außenseiter produzieren, aufzubrechen mit dem Ziel der Integration isolierter Schüler und der Einzelgruppen.

Die *Kommunikation* über emotionale Prozesse im alltäglichen Unterrichtsgeschehen innerhalb der Klassengruppe setzt ein bei aktuellen Unterrichtsschwierigkeiten. Als aktuelle Probleme treten Disziplinschwierigkeiten wie „allgemeine Unruhe“, individuelles Gegenhandeln etc. auf. Der Unterrichtende hat diese Äußerungsformen im Rahmen emotionaler Erziehungsintentionen aufzugreifen. Er kann bei individuellen Problemen die Klärung auf nachunterrichtliche Gespräche verschieben, im Rahmen kollektiver Formen ist ein Wechsel der Dimensionen (von der sachlichen zur sozial-emotionalen) notwendig. Der Lehrer spricht dabei nicht einzelne Schüler bloßstellend an, sondern er bietet allgemeine Erklärungsmuster für die aktuelle Situation. Er könnte z. B. argumentieren: „Die Mehrzahl der Schüler folgt nicht dem Unterricht. Ich denke, folgende Gründe könnten die Ursachen dieses Verhaltens sein: auf der *Sachebene* besteht ein zu hohes Anforderungsniveau; dadurch versteht ihr den Stoff nicht. Vielleicht biete ich auch den Stoff ungegliedert und wenig anschaulich dar. Dadurch entstehen bei euch emotionale Spannungen, die sich in Schwätzen und Desinteresse entladen. Auf der *emotionalen Ebene* könnten Konflikte innerhalb der Gruppen oder zwischen einzelnen Schülern eure ganze Aufmerksamkeit fesseln. Vielleicht sind auch Schwierigkeiten in disziplinärer Hinsicht mit anderen Lehrern gegeben. Versucht bitte gemeinsam, das Problem zu klären!“ Verstärkte soziale Wahrnehmungsfähigkeit und Reflexion des Inhalts verlangt vom Lehrer die Ursachenkonstella-

tion für emotionales Schülerverhalten, die in der Unterrichtsthematik selbst enthalten ist wie z. B. in Themen über Wohnverhältnisse, Berufssituationen der Eltern (manche Kinder schämen sich, weil ihr Vater einen „niederen Beruf“ ausübt): Schüler ziehen sich zurück aus Angst, daß ihre soziale Diskriminierung öffentlich gemacht wird. Hier erfährt die Bewußtseinslage des Erziehers ihre konkrete Überprüfung (vgl. *Wünsche,* 1972). Generelles Lernziel ist auf dieser kommunikativen Ebene, daß die Schüler für spätere Gruppensituationen lernen, den Sach- und emotionalen Beziehungsaspekt nicht zu vermischen, da sonst Schwierigkeiten, die aus der Gegenstandsproblematik erwachsen, psychologisiert werden (vgl. *Horn,* 1969). Ebenso sollten positive Beziehungsstrukturen auf ihre Bedingungen hin untersucht werden. Im Rahmen einer Projektarbeit „emotionale Beziehungen“, die vom Lehrer gemeinsam mit den Schülern initiiert und geplant werden könnte, sollte den Schülern ermöglicht werden, selbst Zielsetzungen zu entwerfen und Realisierungsmöglichkeiten aufzuzeigen. Als äußere Form für die Kommunikation über emotionale Prozesse bietet sich die Diskussionsrunde an, in der die Lehrperson weitgehend in den Hintergrund treten muß, um Selbst- und Fremderfahrung den Schülern zu ermöglichen.
Die Durchführung gruppendynamischer Maßnahmen ist aus den vorher genannten Gründen nur eingeschränkt möglich. In der Literatur wird eine große Zahl gruppendynamischer Spiele aufgezeigt (vgl. z. B. *Kirsten,* 1973; *Andreas* im vorliegenden Band). Bei der Durchführung dieser Techniken ist der Gefahr zu begegnen, emotionale Erziehung in „Spielereien“ aufzulösen und mit einfachen Sozialtechniken umfassende Wirkung erzielen zu wollen.
Für die Klasse als Gruppe wurden folgende Ziele und Realisierungsformen aufgezeigt: Die Wahrnehmung und Analyse emotionaler Beziehungen anhand soziometrischer Daten; die Kommunikation über emotionale Prozesse (Diskussionsrunde); die Anwendung gruppendynamischer Spiele.

*Die Gruppe innerhalb der Schulklasse*

Die Problematik der Bildung von Gruppen innerhalb der Schulklasse kann generell nach der Dominanz der Zielsetzungen entschieden werden. Da in diesem Kontext gruppenpädagogische Intentionen zu realisieren sind, sollte die Gruppenbildung aufgrund selbständiger Schülerentscheidungen geschehen, die unter Berücksichtigung der im Rahmen der Klassengruppe erworbenen Kenntnisse und Fähigkeiten ablaufen kann. Im allgemeinen sind die Wahlen primär emotional bestimmt. Die Gründe für die gegenseitige Attraktion können als erste Thematik in Gruppensitzungen diskutiert werden, wodurch Erwartungen und Bedürfnisstrukturen der ganzen Gruppe dargestellt werden im Sinne des Initiierens von Selbst- und Fremdwahrnehmung. Die Mitgliederanzahl wird in der Schule fast ausschließlich durch Zimmergröße und Möblierung bestimmt; dadurch entstehen im allgemeinen Gruppen mit 4 bis 6 Mitgliedern. Obwohl für diese Gruppengröße sozialpsychologische Befunde sprechen — *Argyle* (1972, S. 235) nennt die optimale Anzahl von 5 Personen —, bilden diese einen Orientierungsrahmen, der je nach der Komplexität emotionaler Bindungen erweitert werden kann. Steuernd sollte der Lehrer im Laufe der Verfestigung von internen Gruppenbeziehungen eingreifen, wenn dadurch ein Rückzug der Gruppe auf sich selbst erfolgt und damit die Außendistanz zu den übrigen Schülern die Integration der Klasse gefährdet. Das Vorhandensein einiger Außenseiter in der Klasse, was im Rahmen der Vermittlung soziometrischer Ergebnisse schon aufgegriffen werden kann, setzt eine zu lösende Problematik der Steuerungsfähigkeit des Lehrers.

Die Bedeutung der Gruppe für den individuellen Bildungsprozeß im Rahmen der Schule wurde durch verschiedene empirische Arbeiten belegt (vgl. z. B. *Dietrich,* 1969, *Okon,* 1973). Die Untersuchung von *Abrams* und *Heidrich* zeigt, daß die Lernarbeit in Gruppen von allen Schülern als sachorientierter interpretiert wird (1972, S. 369); weiterhin „hatten die emotional labilen Schüler größere Schwierigkeiten als die stabilen Schüler, den lehrerzentrierten Unterricht als sachorientiert anzusehen" (1972, S. 371). Die Untersuchungsergebnisse verweisen darauf, daß gruppenpädagogische Maßnahmen die Erarbeitung des Unterrichtsgegenstandes weitgehend unterstützen (vor allem im Bereich von Erkenntnisgewinnung und Transfer) und bei emotional labilen Schülern Stabilisierung fördern. Die Autoren stellen weiter fest, daß es insbesondere den emotional wenig stabilen Schülern nicht gelingt, Schwierigkeiten, die aus der Sache kommen, zu erkennen, wodurch diese Schüler zu emotional bestimmten Verhaltensweisen neigen (in der Schule dokumentiert das: Weinen, Vorwurf des Angebens etc.). Die angeführten Ergebnisse aus empirischen Untersuchungen sollen die Notwendigkeit von Gruppenorganisationen innerhalb der Klasse zur Realisierung emotionaler Lernziele zusätzlich begründen.

Der Aufbau von Gruppenzusammenhalt würde durch aufgabenbedingte Überforderung gestört. Deshalb sollten die Problemstellungen in Niveau und Komplexitätsgrad sukzessiv gesteigert werden. Die Mehrzahl der Sachprobleme ergibt sich aus den durchzunehmenden Unterrichtsinhalten. Die Vorbereitung und Planung der Unterrichtsdurchführung in Gruppen wird vom einzelnen Lehrer ein Mehr an Arbeitszeit verlangen. Um die Erarbeitung von Sachthematiken nicht eindimensional, d. h. ohne bewußte Hereinholung des Beziehungsablaufes, durchzuführen, können die Schüler durch ein sog. „Arbeitsblatt" dazu stimuliert werden, emotionales Geschehen festzuhalten und zu bewerten. Als Groborientierung für die Klassifizierung emotionalen Geschehens in der Gruppe könnten die Aspekte positive — negative Interaktionsformen verwendet werden. Zusätzlich wäre das Formulieren besonderer Konfliktereignisse oder Problemsituationen, die sich in der Gruppeninteraktion vollzogen haben, dem Schüler als Bewußtwerdungsprozeß für den Aufbau emotionaler Verhaltensqualitäten wie Konfliktfähigkeit förderlich. Überdies besitzen solche auf die sozialemotionalen Interaktionen bezogenen „Arbeitsblätter" dokumentarischen Wert für das Aufzeigen der Grupenentwicklung. Die in der angeführten Form festgehaltenen Interaktionsprozesse können dann vom Lehrer aufgegriffen und der Klasse zur Diskussion gestellt werden oder von der Gruppe selbst im Anschluß an die sachbezogene Gruppenarbeit besprochen werden. Als Grundsatz für das Beziehungsgeschehen in der Gruppe gilt das ständige Aufdecken und Diskutieren psychischer Probleme in ihrer Bedingtheit aus der Sach- und/oder Beziehungsstruktur mit dem Ziel der Aufhebung der Trennung von Arbeitsleistung und Emotionalität.

Die obigen Ausführungen gingen von einer nicht ausschließlich auf emotionale Thematiken bezogenen Aufgabenstellung für die Gruppen aus. Die Lernarbeit sollte darüber hinaus im Rahmen des gruppenpädagogischen Konzepts themenspezifisch direkt emotionale Prozesse als Lerninhalte aufgreifen. Beispiele für solche Problemstellungen können sein: Ereignisse innerhalb der Schule wie Lehrer-Schüler-, Schüler-Schüler-Konflikte, Beziehungen zu anderen Klassen, Konflikte mit dem Schulpersonal etc.; Problemsituationen aus der Bewußtseinsindustrie Film, Funk und insbesondere Fernsehen; Schwierigkeiten in den familiären Beziehungen und außerschulischen Freundschaftsgruppen. Eine besondere Zielsetzung ist hier in der Entlarvung des Scheins „echter emotionaler Beziehungen" im Kontext der Massenmedien zu sehen, die Realitätsverzerrung verursachen und damit falsche Bewertungskriterien für die konkreten Erfahrungen des einzelnen erzeugen. Die Modellbeispiele werden jeweils in ihren Erscheinungsformen und auf die unter der Oberfläche liegenden Ursachen hin untersucht, um dem Schüler Erklärungsmuster für emotional bestimmtes Handeln aufzuzeigen. Darüber hinaus sollten Überlegungen angestellt werden, ob die Schülergruppen in wissenschaftliche Theoriekonzepte zur Erklärung emotionalen Verhaltens eingeführt werden können, wie z. B. in die *Singer/Schachter*-Untersuchung (vgl. *Schäfer* im vorliegenden Band), ob die Argumentation der mangelnden intellektuellen Kompetenz der Schüler für das Begreifen sozialwissenschaftlicher Forschungsergebnisse nicht die Lernkapazität des einzelnen unterschätzt und die Vermittlungsproblematik wissenschaftlicher Konzepte übersteigert wird. Wenn der Abbau der Herrschaftsfunktion des Wissens in den Zielen gruppenpädagogischer Intention impliziert sein soll, ist die Weitergabe von Informationen über soziale Verhältnisse dafür eine Grundbedingung.

Die aufgeführten Beispiele zur Initiierung der Verwirklichung gruppenpädagogischer Intentionen sind als Anstöße für Handlungsrichtungen zu verstehen. Die Analyse der spezifischen, konkreten und aktuellen Schulsituation ist die vom einzelnen Lehrer selbst zu leistende Aufgabe. Die Erweiterung des Handlungsraumes durch die Umsetzung der vom Schüler neu gewonnenen Erfahrungen ist auf die Veränderung des Interaktionsprozesses Lehrer-Schüler und auf Aktivitäten im gesamten schulischen Zusammenhang zu richten, um die Erkenntnisprozesse im Kontext emotionaler Erziehung nicht nur als Wissen stehen zu lassen, das der Person äußerlich ist.

# III. Curriculare Anregungen

Werner Hopf

# Emotion und Qualifikation

Der Bildungsprozeß in der Schule erscheint bei einer Analyse seiner emotionalen Dimension zunächst als Interaktionsprozeß von Lehrer und Schüler. Zum Gegenstand der Unterrichtsforschung in der kognitiven oder emotionalen Dimension wird als Folge dieses Ansatzes der Kommunikationsprozeß, der dann letztlich auf sprachliche Äußerungsformen reduziert wird. Die Konstituenten dieser so nur als sprachliche Erziehungsformen gefaßten sozialen Beziehungen geraten aus dem Untersuchungsfeld, und die Veränderung des Bildungsprozesses besteht im Verwenden neuer Sprachmuster durch den Lehrer*.

Dem Interaktionsprozeß im Unterricht ist der Qualifikationszweck des Ausbildungssektors vorausgesetzt. Daher hat eine Bestimmung des Funktionszusammenhanges der emotionalen Dimension im Gesamtkontext des institutionalisierten Erziehungsablaufes zu untersuchen, welche funktionale Bedeutung dem emotionalen Faktor im Qualifikationsprozeß der Schule zukommt.

Die Bildung von Qualifikationsträgern ist generell auf die Bewältigung nachschulischer Situationszusammenhänge, die sich allgemein in Arbeits- und arbeitsfreie Zeit unterteilen lassen, gerichtet, indem Qualifikationen als Basis für die Integration in die Berufspraxis, das politische und kulturelle System vermittelt werden.

Der Wert der einzelnen Qualifikationsbereiche ist bestimmt von ihrer Verwendung, die den Orientierungsrahmen für die Zielsetzungen im Ausbildungssektor setzt. Die schwerlich zu leugnende Tatsache, daß die allgemeine Qualifikationsvermittlung für die nach der Schulzeit einzugehenden Arbeitsbedingungen die zentrale Bedeutung im individuel-

* Exemplarisch für eine positivistische Reduktion des Unterrichtsprozesses kann das „rationale Modell" des Unterrichtens angeführt werden, dem sich die Autoren *Nuthall G. & Snook J.* zurechnen (*Nuthall G. & Snook J.:* Contemporary Models of Teaching, in: *Travers,* R.M.W., (Ed.): Second Handbook of Research on Teaching, Chikago 1973, S. 47—76). Zur Kritik am Modell formulierten *Hopf, W. & Krämer, T.:* „Unterricht hätte sich modellkonform konkret gemäß folgendem Konzept zu ereignen: Die Fachwissenschaften bieten das begründbare Wissen an, das der Schüler aktiv in Interaktion mit dem Lehrer lernt, der auf die den logischen Kategorien entsprechende Unterrichtssprache zu achten hat. Letztlich ist das Ziel des Unterrichtens nicht ein umfassender Lernprozeß, sondern bloße Wissensvermittlung, . . ." (Im Manuskript, München 1974).

len Bildungsprozeß und dessen gesellschaftlichen Institutionsrahmen Schule besitzt*, stellt die Begründung des Ansatzes dieser Untersuchung dar, die Funktionen der emotionalen Dimension von den dem Bildungsprozeß gesetzten Qualifikationszielen her unter Berücksichtigung der das Vermittlungsgeschehen hemmenden Interaktionsformen zu erklären.

Die über diesen Bereich der Vermittlung von Wissen, Fertigkeiten und adäquaten Verhaltensdispositionen hinausgehenden Intentionen des einzelnen Berufserziehers stellen legitime Handlungsorientierungen und „verstehbare" subjektive Rolleninterpretationen dar. Zu erklären gilt es aber, was sich an realem Geschehen im Bildungsprozeß ereignet. Die Diskrepanz zwischen erzieherischen Intentionen und den Tatsachen der Erziehung formulierte *Fürstenau* in seiner Darstellung „Zur Psychoanalyse der Schule als Institution" in der These: „Der Einfluß der funktionalen Faktoren der Schule bringt jedoch nicht nur die intentionalen Erziehungsmaßnahmen der Lehrer weitgehend um ihre Wirkung, er bestimmt das Lehrerverhalten vielmehr so stark, daß von einem eigenen intentionalen Erziehungsbereich kaum mehr gesprochen werden kann . . ." (*Fürstenau,* 1969, S. 23).

Die Frage nach der relativen Ausblendung der emotionalen Dimension aus den Reflexionsebenen pädagogischer Theorie und Praxis liegt der Gesamtdarstellung zugrunde, wobei die offensichtliche Tatsache besteht, daß sich emotionale Erziehung konkret im institutionalisierten Bildungsprozeß dauernd ereignet.

## 1. Zur Programmatik emotionaler Erziehung

Erzieherisches Handeln intendiert Zielprojektionen, die über den Rahmen arbeitsbezogener Grundqualifikationen (vgl. Pkt. 3.1) hinausführen sollen. Der Realisation emotionaler Lernziele wird im folgenden ein Rahmenkonzept vorangestellt, das die Reflexion der Praxis des Qualifikationsgeschehens in der Schule unterstützen soll.

Die Ausführungen beschränken sich notwendig auf einen allgemeinen Rahmen für Reflexions- und Aktionsebenen emotionalen Erziehens.

---

* vgl. *Nicklas, H. W.:* Die Schule „muß langfristig den Bedarf der modernen Gesellschaft an qualifizierten Fachkräften erfüllen" (1968, S. 27)

Die Notwendigkeit der Formulierung eines relativ abstrakten Konzepts resultiert aus den Gefahren konkreten pädagogischen Handelns, bei fehlendem übergeordneten Bezugsrahmen die Funktionalisierung der emotionalen Dimension für Anpassungsleistungen nicht zu erkennen und so Erziehungsprozesse einseitig zu instrumentalisieren. Der Konzeptversuch unterscheidet drei Ebenen, in denen sich emotionale Erziehung ereignet: Als erste die Lehrer-Schüler-Interaktion; die zweite Ebene umfaßt Lehrer-Schüler-Unterrichtsgegenstand; die dritte Ebene erfordert den Realitätsvergleich.

### *Interaktion Lehrer-Schüler*

Die Zielsetzungen im Interaktionsprozeß Lehrer-Schüler und der darin implizierten Konsequenzen für die Beziehungen der Schüler untereinander bestehen generell im Aufbau von positiven Gefühlsstrukturen, die sich z. B. als emotionale Bindungsfähigkeit, Hinwendungsbereitschaft und Engagement für andere manifestieren können.
Entscheidende Bedeutung erlangt hier die Person des Erziehers für die Realisation emotionaler Lernziele, da auf dieser Ebene Persönlichkeitsstrukturen des Lehrers die emotionale Entwicklung dominant bestimmen. Dies bedingt auf der Lehrerseite selbst die Existenz positiver emotionaler Strukturen. Weitere Bedingungsfaktoren sind die Kompetenz, über wissenschaftlich abgesicherte Informationen unter Einbeziehung subjektiver, auf Reflexion basierender Erfahrungen zu verfügen, und die Präsentationsfähigkeit von Zuneigungs- und Anerkennungssymbolen*. Die Reduzierung des hierarchiebedingten Distanzverhältnisses des Erziehers zum Schüler bildet eine weitere Grundkonstituente für ein positives Interaktionsklima, was im allgemeinen durch die hypostasierte Angst vor Autoritätsverlust verhindert wird. Die auf dieser Ebene konstitutiv notwendig libidinösen Interaktionsformen können eine äußerliche Bevorzugung bestimmter Schüler einschließen**. Das

* Die Unterrichtspraxis dokumentiert, daß derartige Fähigkeitsmerkmale in der Lehrerausbildung defizitär entwickelt werden. Die durch die berufliche Praxis aktualisierten und konstituierten psychischen Schwierigkeiten schränken die Möglichkeiten emotionaler Erziehung zusätzlich ein (z. B. Versagungsängste, Prüfungsangst etc.).

** Die Ungerechtigkeitsproblematik kann in diesem Kontext schwerlich ausgeschaltet werden, da stark distanzierendes Verhalten positive emotionale Lehrer-Schüler-Beziehungen hemmt. Durch Kommunikation und Kritik des Lehrerverhaltens (konkret durch die Frage an die Schüler: Wen in der Klasse be-

Lernen emotionalen Handelns kann nicht zeit- oder fachspezifisch festgemacht werden, sondern richtet sich nach den Intentionen von Lehrer oder Schüler und aktuellen Geschehnissen. Eine nur individuumzentrierte emotionale Erziehung, wie sie sich auf der ersten Ebene primär ereignet, impliziert eine Reduktion der Realität organisierten Lernens auf seine subjektiven Determinanten.

Bliebe die emotionale Erziehung auf die soziale Interaktion Lehrer-Schüler beschränkt, müßten die Faktoren, die die Erzeugung eines positiven Lehrer-Schüler-Klimas stören und verhindern wie z. B. das Zwangslernen bestimmter Stoffe, unerkannt bleiben und es wäre die Lernsituation auf ein angenehmes, nettes, von der Lernarbeit losgelöstes Verhalten beschränkt und könnte nicht umgesetzt werden in einen Interessenausbau, der forschenden Wissenserwerb intendiert. Die im Qualifikationsprozeß auf dieser Ebene ablaufenden emotionalen Prozesse würden effektiv Anpassung an gesetzte Standards erzeugen, vor allem im Bereich des Aufbaus von allgemeinen Grundfähigkeiten, wenn im Rahmen eines positiven Lehrer-Schüler-Verhältnisses gesetzte Lernstoffe und Verhaltensregulierungen unkritisch akzeptiert und angeeignet werden.

*Lehrer-Schüler-Unterrichtsgegenstand*

Die dem Interaktionsprozeß im Unterricht vorausgesetzten Bestimmungen führen zur zweiten Ebene emotionaler Erziehung unter Hereinnahme der offiziellen Unterrichtsgegenstände. Generelle Zielsetzung ist hier die Fähigkeit, in Eigenaktivität den Schüler Lerninteresse entwickeln zu lassen durch einen von emotionaler Stimulierung mitgetragenen Lernstoffbezug. Diese Erziehungsintention realisiert sich eng verknüpft mit kognitiven Prozessen. Konkret äußern sich Lerninteressen durch Neugierverhalten, individuelle Aktivitäten wie die Bereitstellung oder das Aufsuchen von weitergehenden Informationen, relativ langdauernde Reproduzierfähigkeit von Kenntnissen, positive Gefühle durch Erkenntnisgewinnung, wobei der Lehrer durch Darstellung persönlicher Interessen an Unterrichtsstoffen stimulierend wirken

---

vorzuge ich?) lernen Schüler das Erklären und Verstehen der Situation des Unterrichtenden und des Mechanismus emotionaler Prozesse. Akzeptiert wird von der Schülerseite eher die besondere Hinwendung des Lehrers zu sog. leistungsschwachen oder isolierten Kindern, wodurch deren Entwicklung stark gefördert wird, weniger die häufig unbewußt ablaufende Zuneigung für die sog. guten Schüler, was einer doppelten Belohnung gleicht.

kann. Lernstörungen können als emotionale Faktoren identifiziert und durch Analyse ihrer Entstehung, z. B. die Reflexion früherer Lernerfahrungen, aktueller Leistungsrückmeldungen wie Noten, Lehrer-Schüler-Beziehungen etc., sowie der zu realisierenden Konsequenzen abgebaut werden.

*Realitätsvergleich*

Der Aufbau von Lerninteresse darf nicht beim Rezipieren gesetzter Gegenstände stehen bleiben, wenn emotionale Erziehung nicht nur als didaktischer Trick für einen relativ effektiven und konfliktfreien Qualifikationsprozeß fungieren soll.
Die Realitätsprüfung kann in schulimmanenter Sichtweise z. B. die institutionellen Regeln, Leistungsbeurteilung, die organisatorischen Lernbedingungen, im Schulumfeld das soziale Milieu und die familiäre Situation der Schüler beinhalten. Auf dieser dritten Ebene dominiert die rationale Kommunikation über die der Schule vorausgesetzten Bedingungen in ihrer Bedeutung für die emotionale Dimension. Die der Schulausbildung vorausgesetzte Grundbedingung ist der Arbeitsprozeß. Die positive Aufhebung affirmativer Erziehung erfordert daher die Analyse der Zusammenhänge von außerschulischer und schulischer Realität, was in der folgenden Darstellung der Funktionalität von Emotionen für Berufsqualifikationen durchgeführt wird. Dieser Erklärungsversuch liegt auf der Ebene des Realitätsvergleichs, der gesellschaftliche Konstituenten des Ausbildungssektors zum Analysegegenstand hat.

## 2. Konfrontationen

Aus dem Gesamtkomplex von Phänomenen der gegenwärtigen Schulsituation sollen zwei zentrale Bereiche, die einem geordneten Lernprozeß entgegenwirken, skizziert werden: Die Disziplin- und Motivationskrise. Ziel eines jeden Lehrenden ist der möglichst störungsfreie Ablauf des Unterrichtsgeschehens, was u. a. als entscheidendes Kriterium der Lehrbefähigung gilt. Treten Schwierigkeiten in der äußeren Ordnung aus dem Rahmen singulärer Ereignisse, sind sie nicht mehr primär dem Lehrer als einzelnem anlastbar.

Das Disziplinproblem erscheint auf der Ebene der äußeren Ordnung dem Erzieher als emotionales Geschehen. Man könnte in einem Erklärungsmodell die Ursachen von Verhaltensabweichungen im Individuum festmachen als Charaktermerkmale etc., aber auf einer komplexeren Ebene müßten außerindividuelle Faktoren wie die organisatorische Schulsituation, familiäre Verhältnisse, die Lehrer-Schüler-Interaktion oder die Gruppenzugehörigkeit einbezogen werden. Beiden Erklärungsniveaus sind die Schule als Institution, die Inhalte und die als adäquat erachteten Vermittlungstechniken sowie die gesellschaftlichen Konstituenten als Bestimmungsfaktoren vorausgesetzt.
Zunächst sollen Erscheinungsformen des Gegenhandelns skizzenhaft dokumentiert werden.

In einem Brief an die Eltern führt ein Lehrerkollegium folgende Disziplinschwierigkeiten auf: „Leider sieht sich das Kollegium der VS gezwungen, auf zunehmende Gleichgültigkeit, Widersetzlichkeit und Brutalität nunmehr auch unter den Schülern unserer Schule hinzuweisen ..." Später heißt es im Text: „Die Unterrichtsstörungen durch labile, verhaltensgestörte und unwillige Schüler wachsen in einem erschreckenden Maße an. (...) Die Brutalität der Schüler untereinander nimmt ständig zu. (...) Schätzungsweise sind täglich $1/3$ der Unterrichtszeit in allen Klassen damit vertan, daß auf zu spät kommende Schüler gewartet werden muß, daß provozierendes Verhalten den Fortgang des Unterrichts stört, daß Hausarbeiten fehlen oder miserabel angefertigt sind, daß ständige Unruhe durch verschiedene Schüler das Arbeitsklima für alle Schüler erheblich beeinträchtigt. (...) Wir sind nicht in der Lage, ... jüngere Schüler vor der drohenden Ausweitung auf Hasch, Alkohol und Sittlichkeitsdelikte zu schützen (...). Bei der pädagogischen Verantwortlichkeit kann eine zügige Unterrichtsarbeit nicht mehr garantiert werden ..." (*Jander, Kaindl & Ullmann,* 1974, S. 124 ff.).

Das Disziplinproblem, je nach objektivem Handlungsraum und Interpretationsinteresse als abweichendes Verhalten, politisch motivierter Widerstand oder Kriminalität kategorisierbar, ist in der Schule aus den institutionalisierten Widersprüchen und deren Niederschlag im Handeln der Rollenträger zu analysieren. Der Protest kann damit aus den kurzzeitig verdeckenden Techniken der Schulalltagsbewältigung herausgehoben und in Erklärungszusammenhänge ohne Erkenntnisreduktion eingebracht werden. Ebenso ist die Konformität als disziplinierter Augenschein aus ihrer vordergründigen Erwünschtheit für den Unterrichtsprozeß zu lösen und durch Hereinholen externer Faktoren zu problematisieren. Dabei aber dürfen nicht die Lehrerdeterminanten für individuell nutzbare Handlungsräume wie die Möglichkeit der Erzeugung eines positiv emotionalen Klimas eliminiert werden.

Partiell steht die Disziplinproblematik im wechselseitigen Bedingungsverhältnis zu einer weiteren zentralen Erscheinungsform der emotionalen Dimension, der motivationalen Ebene des Lernens; neben disziplinloser Aktivität sind auch äußere Konformität oder Passivität im Desinteresse an den Gegenständen des Unterrichts mit begründet. Die Bedeutung des motivationalen Faktors für das Leistungsverhalten ist in der pädagogisch-psychologischen Literatur herausgestellt worden. Die Umsetzung dieser Ergebnisse in der Unterrichtspraxis geschieht weitgehend reduziert.

Der Lehrer erfährt das unmotivierte Lernverhalten der Schüler in verschiedenen Ausprägungsgraden, z. B. als Unaufmerksamkeit, „geistige Abwesenheit", Beschäftigung mit unterrichtsfremden Objekten wie Texten unterschiedlicher Qualität oder als Konzentration auf den Mitschüler*. Der Katalog desinteressierten Verhaltens deckt sich ab bestimmten Aktivitätsgraden (Schwätzen) mit dem der Disziplinschwierigkeiten.

Lernbereitschaft, Aufmerksamkeit, Konzentrationsfähigkeit sind Verhaltensdispositionen im Lernprozeß, die häufig vom Lehrer mehr als notwendig vorauszusetzende als von ihm zu erzeugende angesehen werden. Das Resultat ist die alleinige Stoffpräsentation ohne Rücksicht auf die Rezipienten.

Konfrontationen im Motivations- und Disziplinbereich werden im allgemeinen mit Praktiken beantwortet, die auf Angsterzeugung zielen. Zu den hier relevanten Techniken zählen Erhöhung des Zensurendrucks, Ausdehnung des Arbeitspensums, formelle Strafmaßnahmen und spezifische, psychische Interventionstricks, eingeschlossen die Elternmobilisierung.

---

* Das Dilemma der Realisierung theoretischer Annahmen zur Motivationserzeugung (intrinsisch etc.) erfährt der Lehrer in seiner Praxis z. B. in bezug auf das Aneignen der Unterrichtsgegenstände. Die Widerstände gegen das Lernen der Schulstoffe erklärt vordergründig *Eckert* mit 2 Hypothesen, die sich als abgeleitete Sekundärphänomene gesellschaftlichen Wandels klassifizieren lassen: a) „Der erste Trend, vielfach als die Ausbildung jugendlicher Subkulturen bezeichnet, resultiert unmittelbar aus der fortschreitenden Verschulung der Gesellschaft". b) „Das Kommunikationssystem der modernen Gesellschaft hat alle lokalen und institutionellen Schranken durchbrochen und ermöglicht so auch mit einer Vielzahl von Informationsmedien und Verkehrsverbindungen den informellen Kontakt und den geistigen Austausch jugendlicher Gruppen". (1972, S. 18 f.) Die Disziplin- und Motivationsproblematik wird noch verschärft durch die Tatsache, daß Lehramtsanfänger im eigenen Anpassungsprozeß an die Schulinstitution stehen und dadurch Selbstdisziplinierungsprobleme auf die Schulklasse rückwirken.

Diese weitgehend negativ wirkenden Mechanismen können aber durch geschickten Einsatz emotionaler Interaktionsmuster in ihrer Verwendung relativ zurückgedrängt werden, z. B. scharfe Zurechtweisung mit freundlichem Ausdrucksverhalten. Der potenzierte Ausdruck der Motivations- und Disziplinkrise als generelles Schulversagen wird administrativ aufgefangen durch Einweisung in die Sonderschule, in andere niveaugleiche oder niveautiefere Schulen oder durch Nichtversetzung in die höhere Jahrgangsstufe.

*Unterricht und allgemeine Qualifikationen*

Die Funktion emotionaler Erziehung würde bei alleiniger Beziehungssetzung zu den Erscheinungsformen Disziplin- und Motivationskrise in einem verkürzten Erklärungszusammenhang stehen, denn als Konsequenz wäre dann emotionales Gegenhandeln der Schüler im Rahmen äußerer Ordnung und vorgesetzter Lernstoffe mittels des Einsatzes emotionaler Techniken zu kontrollieren. Eine solche Funktionsanalyse impliziert, daß der, wie es durch Lehrpläne ausgewiesen ist, vom Lehrer zu realisierende Qualifikationszweck der Schule in der gegenwärtigen historischen Phase allein inhaltlich, sachbezogen bestimmt sein sollte. Diese intendierten spezifischen Qualifikationen in bezug auf Unterrichtsinhalte dominieren generell die offiziellen Orientierungsziele der schulischen Ausbildung. Durch die weitere Darstellung soll aber aufgezeigt werden, daß neben den inhaltlichen Qualifikationen, verstanden als spezifische Kulturtechniken, allgemeine Qualifikationen mit die entscheidenden Berufsfähigkeiten bilden.
Generelle Qualifikationen wurden als schulische Sozialisationseffekte spätestens seit der Einrichtung allgemeiner Schulpflicht beabsichtigt und produziert. Dieser Qualifizierungsprozeß geschah aber in der historischen Entwicklung des allgemeinbildenden Sektors weitgehend unreflektiert, relativ ungeplant und mit manifesten Zwangstechniken zur Disziplinierung des einzelnen. Im industriellen Bereich wurde die relative Ineffektivität offen repressiver Techniken teilweise abgelöst durch die Anwendung der auf gruppendynamischen Erkenntnissen basierenden Interaktionsmuster*.

* Die Bedeutung der sozial-emotionalen Dimension des Verhaltens für den Arbeitsprozeß wurde durch das *Hawthorne*-Experiment (1927—1932) zum ersten Mal ins Blickfeld gerückt (vgl. *Burisch, W.*: Industrie- und Betriebssoziologie, Berlin 1969, S. 48—56).

Die Erzeugung von allgemeinen Fähigkeiten wie z. B. Arbeitstugenden soll an einigen Phänomenen aus dem Mathematikunterricht der Hauptschule exemplarisch aufgezeigt werden.

Der Gegenstand des Bruchrechnens in der 5./6. Jahrgangsstufe bezieht seine inhaltliche Legitimation in bezug auf Stoff- und Zeitaufwand fast nur aus seiner Relevanz für nachfolgende Unterrichtsthemen in anderen Klassen, kaum im Erwerb einer entscheidend und in dieser Quantität benötigten Kulturtechnik. Die schulimmanente Bedeutung wird durch im Mathematikbereich erbrachte Leistungen bei Hauptschulabgängern zusätzlich in Frage gestellt. Trotzdem besitzt der beim Schüler wenig Interesse stimulierende Gegenstand durch seinen Vermittlungsprozeß gewichtige Bedeutung für den Aufbau von Grundfähigkeiten. Das notwendige häufige Üben von ähnlichen Aufgaben verlangt Anpassungsleistungen, die sich als graduell unterschiedliches Verhalten in bezug auf Konzentration, Ausdauer, Fleiß, Schnelligkeit konkretisieren. Das Lehrinteresse zielt generell auf die Beherrschung des Lerngegenstandes durch den Schüler, impliziert aber einen dabei weit entscheidenderen Verhaltensaufbau, der in jüngeren Publikationen unter dem Terminus „hidden curriculum"* ins Blickfeld gerückt wird. Die eventuell von Schülerseite sich regenden Lernwiderstände haben sich dem geforderten Leistungsstandard unterzuordnen, zumal die von Schülern oft angezweifelte Relevanz von Unterrichtsinhalten für nachschulische Lebenszusammenhänge vom Lehrer schwerlich entkräftet werden kann. Insofern kann konstatiert werden, daß die Bedeutung von allgemeinen Qualifikationen, deren Aufbau über das Erlernen von Inhalten erfolgt, aus dem Kommunikationsprozeß Lehrer-Schüler zumindest dort ausgeschlossen bleibt, wo die schulübergreifende Relevanz von Lernstoffen in Frage gestellt wird. Im übrigen werden Arbeitsqualitäten nur zum Zwecke des Erwerbs von günstigen Zensuren legitimiert. Der Katalog von manifesten Beispielen aus der schulischen Sozialisation kann erweitert werden z. B. durch Hereinnahme äußerer Ordnungsregeln, didaktischer Vermittlungstechniken (rezeptives Lernen), anderer Unterrichtsinhalte etc., in deren Kontext leistungsthematisch unspezifische Grundfähigkeiten vom Schüler erworben werden.

In diesem Zusammenhang ist zu fragen, inwieweit die am obigen Beispiel illustrierte Vermittlungspraxis von allgemeinen Qualifikationen gefährdet ist. Für eine in Frage gestellte Allgemeinqualifizierung in bezug auf die Berufstätigkeit sprechen die Phänomene Disziplin- und Motivationskrise, die die Erzeugung der Fähigkeiten wie Anpassung und Leistungsbereitschaft unterminieren. Eine detaillierte Analyse des gegenwärtigen Qualifikationsgeschehens im allgemeinbildenden Schul-

---

* vgl.: b:e, Nr. 5/1973; *Passow, A. H., Goldberg, M. & Tannenbaum, A. T.* (Hrsg.): Education of the Disadvantaged. New York, Chikago 1967.

sektor ist noch zu leisten. Für die folgende Untersuchung wird von der Hypothese ausgegangen, die sich auf die später dargestellten soziologischen Forschungsergebnisse bezieht, daß durch die Veränderungen der Arbeitsplatzstruktur die Erzeugung von generellen Fähigkeiten neben der Vermittlung von spezifischen Kulturtechniken zum zentralen Geschehen im Unterrichtsprozeß wird, in dem dann diese bisher relativ verdeckt ablaufenden Qualifikationsprozesse geplant und effektiviert werden.

## 3. Qualifikationen und emotionale Dimension

Die Bedeutung der emotionalen Erziehung im Qualifikationsprozeß wird im folgenden nach Darstellung der aus den technologischen Entwicklungstendenzen resultierenden Bedingungen für die Berufspraxis des einzelnen und den Veränderungen im Ausbildungssektor, den Bildungsreformen, aufgezeigt.

### 3.1 Technologische Entwicklung und Qualifikation

Produktivitätssteigerungen erzwingen Veränderungen der Arbeitsplatzstrukturen, indem Rationalisierungsmaßnahmen vor allem durch die Hereinnahme wissenschaftlicher Ergebnisse getroffen werden. Die Verwendung neuer Technologien mechanisiert oder automatisiert den Arbeitsprozeß, d. h. die Maschine substituiert partiell oder total die Arbeitskraft des einzelnen. Die sich daraus ergebende Notwendigkeit einer Umqualifizierung des Arbeitnehmers zum Zwecke der Bewältigung veränderter Arbeitsanforderungen wird durch innerbetrieblich oder staatlich organisierte Umschulung geleistet. Es soll nun versucht werden, die Tendenzen im Bereich der Qualifikationsanforderungen zu kennzeichnen, die Voraussetzungen für die individuellen Umstellungsleistungen im Arbeitsprozeß sind.

Die empirische Untersuchung von *Kern & Schumann* konnte weder die These einer durch Mechanisierung und Automation bedingten allgemeinen Höherqualifizierung noch die Annahme einer Dequalifizierung bestätigen*.

* Zur These der Höherqualifizierung formuliert der Dt. Bildungsrat: „Durch technische Entwicklungen verändern sich die Anforderungen an Fähigkeiten und Fer-

Zwei Tendenzen wurden in der Untersuchung festgestellt: Einmal zwingen die Veränderungen der Arbeitsplatzstruktur zu einer fortschreitenden Differenzierung der Berufsqualifikationen, zum anderen ergab sich die Tendenz zu einer Qualifikationspolarisierung in steuernde, kontrollierende Fachkräfte und schnell umqualifizierbare angelernte Arbeiter. Interessant ist, daß bei zunehmender Mechanisierung vor allem die komplexen, „qualifizierten Varianten herkömmlicher Industriearbeit" wegfallen, aber „einfache Handarbeiten und rezeptive Teilarbeiten" weitgehend übertragen werden (*Kern & Schumann,* 1970, S. 138). Die Tendenz zur Rationalisierung und damit zur Kostenverminderung zeigt sich vor allem im Wartungs- und Kontrollsektor industrieller Fertigungsanlagen, da dieser Bereich höheren Lohnkosten unterworfen ist.

Aus den Untersuchungen zur erwarteten Bedarfsentwicklung an Berufsqualifikationen** lassen sich folgende Tendenzen erkennen:

Durch die häufige Änderung der Arbeitsplatzstruktur treten „prozeßgebundene" Qualifikationen in den Hintergrund, entscheidend wird eine allgemeine Form von Qualifikationen, die „prozeßunabhängigen" (*Kern & Schumann,* 1970, S. 68), die nicht an einen bestimmten Arbeitsablauf gebunden sind und daher leicht auf neue Berufserfordernisse transferiert werden können. *Kern & Schumann* nennen folgende prozeßunabhängige Verhaltensmerkmale: „Flexibilität (verstanden als Fähigkeit der schnellen Anpassung an neue Arbeitsgegebenheiten), technische Intelligenz (verstanden als Fähigkeit zum kausalen, abstrahierenden und hypothetischen Denken), Perzeption (verstanden als Fähigkeit der Wahrnehmung von Veränderungen in einem komplexen Signalsystem), technische Sensibilität (verstanden als Fähigkeit zum Einfühlen in komplexe technische Zusammenhänge), Verantwortung (verstanden als Fähigkeit des gewissenhaften, zuverlässigen und selbständigen Arbeitsverhaltens)" (*Kern & Schumann,* 1970, S. 68).

Die veränderten Anforderungen an die individuellen Verhaltensqualitäten schlagen sich zunächst im Sektor der Berufsausbildung nieder. In der Veröffentlichung „Berufswahl '73", die in Zusammenarbeit mit dem Bundesminister für Arbeit und Sozialordnung, den Berufsverbänden und Unternehmern herausgegeben wird, erfolgt eine Bestimmung der Qualifikationen, die allgemeine Lernziele der Berufsausbildung darstellen: „Das Merkmal ‚Fertigkeiten' wird durch das Vordringen von Maschinen und Automaten zurückgedrängt und durch das Merkmal ‚Wissen', ‚Erfahrung' und ‚Grund-

---

tigkeiten der Erwerbstätigen, dabei lassen wissenschaftlich-technischer Fortschritt und wirtschaftliches Wachstum insgesamt einen vermehrten Bedarf an höheren Qualifikationen erwarten" (Strukturplan, 1970, S. 44). Zur Dequalifizierungsthese vgl. *J. Bright:* Lohnfindung an modernen Arbeitsplätzen in den USA, in: Automation und technischer Fortschritt in Deutschland und den USA, hrsg. v. *Friedrichs, G.,* Frankfurt 1963, S. 133 f.

** vgl. auch *Lutz, B.,* Prognosen der Berufsstruktur — Methoden und Resultate, in: *Lutz, B. & Winterhager, W. D.:* Zur Situation der Lehrlingsausbildung. Deutscher Bildungsrat. Gutachten und Studien der Bildungskommission, Bd. 11, Stuttgart 1969, S. 336—339: Die Tendenz der Ausdehnung von angelernten Tätigkeiten bedingen allgemeine Qualifikationen.

lagen' ersetzt werden. Durch das Vordringen der elektronischen Datenverarbeitung und der Prozeßsteuerung wird auch der regelmäßig und häufig benötigte Anteil des Wissens und der Erfahrung von Menschen auf das eingebbare Programm der Maschine übergehen. (...) Für die Zukunft werden daher folgende Aspekte entscheidend sein: Bei der Berufsausbildung ist verstärkt Anpassungsfähigkeit und Lernbereitschaft zu entwickeln" (*Brocher*, 1972, S. 201).

Die Entwicklungstendenzen der für die Berufspraxis notwendig verfügbaren Fähigkeiten des einzelnen zeigen die zunehmende Bedeutung von allgemeinen Qualifikationen, deren Vermittlung nicht allein durch Berufsausbildung und -praxis gewährleistet werden kann. Einschränkend gilt für die *Kern & Schumann*-Untersuchung, daß methodische Probleme die Prognose für den Qualifikationsbedarf in der allgemeinen und Berufsausbildung erschweren und damit reduzieren. In eine gesicherte Bedarfsvoraussage müßte die Analyse gesamtgesellschaftlicher Strukturen (vgl. *Lutz*, 1969) einbezogen werden. Insoweit kann den Ergebnissen von *Kern & Schumann* Näherungswert für eine generelle Entwicklung zuerkannt werden. Die allgemeine Qualifizierung ist als Konsequenz der ungeplanten Entwicklung im ökonomischen Sektor anzusehen. Generelle, abstrakte Fähigkeiten, die unabhängig von konkreten und spezifischen Inhalten erlernt werden und anwendbar sind, stellen Grundqualifikationen dar, die einerseits den individuellen Freiheitsraum erweitern können durch relativ gesteigerte Unabhängigkeit von bestimmten Arbeitsplätzen, andererseits die Disponibilität des einzelnen bei technischen Umstellungsprozessen erhöhen. In der Schule werden diese allgemeinen Fähigkeiten neben der Vermittlung von fachspezifischen Inhalten miterzeugt. Die Tendenzen in den Veränderungen der Arbeitsplatzstrukturen verweisen darauf, daß das inhaltsbezogene Leistungsverhalten der Schulabgänger in seiner dominierenden Bedeutung abnimmt, obwohl es durch das Prüfungssystem augenscheinlich zum zentralen Faktor im Qualifikationskontext gemacht wird. Die im schulischen Vermittlungsgeschehen unabhängig von den Inhalten aufgebauten Basisfähigkeiten sind aus dem Reflexionsprozeß des Erziehungspraktikers weitgehend ausgeschaltet und erlangen in reduzierter Sichtweise meist nur schulbezogene Relevanz. Im folgenden soll zunächst untersucht werden, welche Bedeutung der emotionalen Dimension in offiziellen Rahmentexten der Schulausbildung zukommt.

## 3.2 Veränderungen im Schulsektor

Die aufgrund bildungstheoretischer Diskussionen und des konstatierten Zusammenhangs von wirtschaftlichem Wachstum und Qualifikationsniveau der Schulabsolventen seit den 60er Jahren initiierten Schulreformen brachten organisatorische und curriculare Neuerungen. Der Staat investierte zusätzlich im Bereich der Hochschulen und außeruniversitären Forschungseinrichtungen steigende Finanzmassen. Die Ausschöpfung von Begabungsreserven begleitete eine organisatorische wie inhaltliche Umorientierung der öffentlichen Ausbildung.

Die mangelnde Durchlässigkeit des dreigliedrigen Schulsystems sollte reduziert bzw. aufgehoben werden durch die Einrichtung von Orientierungsstufen und kooperativen oder integrierten Gesamtschulen. Die Reform der Lehrerausbildung zum stufenbezogenen Lehrer antizipiert eine generelle organisatorische Veränderung des Schulsystems. Die Einführung des 9. Schuljahres sollte einer allgemeinen Höherqualifizierung des Hauptschülers dienen. Die geforderte Verwissenschaftlichung des Unterrichts verlangt die Eliminierung irrelevanter und die Einführung neuer Lerngegenstände. In der Grundschule dokumentieren Mengenlehre und Sachunterricht die neuen Formen der Wissenschaftsorientiertheit, die zu als notwendig erachteten Abstraktionsleistungen und zum Erkennen technischer Grundprozesse führen sollen. Arbeitslehre und die Revision traditioneller Bildungsinhalte stellen den Schwerpunkt der Reformmaßnahmen im Hauptschulbereich dar.

Neben dem Aufstellen von Sachstrukturen bestanden die curricularen Reformtendenzen in einer Verbesserung der Vermittlungsmethoden durch die Hereinnahme von wissenschaftlich relativ abgesicherten Ergebnissen zur Effektivierung des Unterrichtsprozesses. Die Verbesserung der Unterrichtstechniken wurde primär als eine Frage der Lernzielformulierungen und ihrer Überprüfung betrachtet, wobei für den zielerreichenden Prozeß lerntheoretische Befunde allgemeiner Art zu Handlungsanweisungen konkretisiert wurden*.
Die Einholung wissenschaftsorientierter Inhalte und Methoden betraf primär die Effektivierung intellektueller Kompetenzen beim einzelnen Subjekt. Die Effizienzerhöhung mit dem Ziel einer Höherqualifizierung erfaßte vor allem den kognitiven Lernbereich, verbunden mit einer Steigerung der Leistungsanforderungen. Ausdruck dieser kogni-

* vgl. die Thematik der II. Phase der Lehrerausbildung in Bayern, Seminarjahr 71/72: „Prinzipien effektiver Unterrichtsgestaltung".

tivistischen Orientierung der Ausbildung sind die an erster Stelle des Qualifikationskataloges stehenden Fähigkeiten, die durch das Prüfungssystem gemessen und unter dem Konstrukt Intelligenz subsumiert werden.

Inwieweit die das soziale Handeln und die Berufspraxis mitkonstituierenden emotionalen Faktoren in den Orientierungsrahmen des institutionalisierten Bildungsprozesses eingegangen sind, soll exemplarisch an einer Untersuchung des Lehrplans für die Grundschule in Bayern (LP) und der Primarstufen-Rahmenrichtlinien für Hessen (RRL) aufgezeigt werden. Bei der Betrachtung der oben genannten verbindlichen Texte für Unterrichten und Erziehen bestand die Intention im Herausfinden expliziter Formulierungen zur emotionalen Dimension. Die Rahmentexte zum Stoffverteilungsplan der einzelnen Fächer enthalten Kategorien, die sich generell auf zwei Ebenen, auf der individuumbezogenen und der objektiv funktionalen, einordnen lassen.

Unter den im bayerischen Lehrplan eingangs genannten Aufgaben der Grundschule wird die „Förderung von Sensibilität und Kreativität, besonders durch musische Grunderfahrungen" (LP, 5) genannt). Exemplarisch seien folgende Formulierungen angeführt: „Steigern der Lesefreude" (LP, 26); „Freude am Schreiben und den Willen zur Leistung" (LP, 30) wecken; „Grundlage der Sprechbereitschaft ist ein Unterrichts- und Erziehungsstil, der Vertrauen schafft, zur freien Äußerung ermutigt und gegenseitige Anerkennung bewirkt" (LP, 9); im Zusammenhang mit der Thematik Werbung ist ihre „suggestive Wirkung" (LP, 27) abzuschwächen (soweit Fach Deutsch). Im Sachunterricht soll „Interesse für fachlich ausgerichtete Fragestellungen" (LP, 40) geweckt werden; „erstes Verständnis für Konflikte und Schwierigkeiten im Zusammenleben der Menschen" (LP, 41) und „Vertrauen zur Schule" (LP, 42) sind zu entwickeln. Das Fach Kunsterziehung „zielt insbesondere auf die Entwicklung von kreativem Verhalten und auf die Entfaltung von Sensibilität ab" (LP, 67); „der Lernerfolg hängt dabei nicht nur von der emotionalen Beteiligung, sondern ebenso von der Fähigkeit zu kritischer Einsicht und denkendem Durchdringen ab" (LP, 67). Weitere Formulierungen in anderen Fächern können unter die aufgezeigten Beispiele subsumiert werden. Keinerlei Kategorien zum emotionalen Bereich finden sich im Fach Mathematik, was ebenso für die hessischen Rahmenrichtlinien gilt. Die RRL für das Fach Kunst/Visuelle Kommunikation weisen auf seine „hedonistische Funktion" hin und messen ihm einen „therapeutischen Aspekt" (RRL, 8) zu. „Es ermöglicht den Schülern, Spannungen, Stauungen, Aggressionen, Konflikte und Ängste im Spielen und Gestalten abzureagieren" (RRL, 8). Kreativität „wird durch bestimmte motivationale und emotionale Bedingungen gefördert" (RRL, 8), indem der Unterricht „frei von starren Zwängen und Normen" (RRL, 8) ablaufen soll. Im Fach Musik sind als Lernziele formuliert die Vermittlung der „Fähigkeit, sich über seine eigenen Empfindungen zu äußern" und die „Steigerung der Erlebnisfähigkeit" (RRL, 23). „Sprechen über Empfindungen setzt einen hohen Grad von Vertrauen innerhalb der Gruppe voraus" (RRL, 24). Der Sprachunterricht/Aspekt Gesellschaftslehre zielt neben dem „Aufbau entsprechender kognitiver Strukturen" (RRL, 9) u. a. auf eine „Sensibilisierung gegenüber Motiven und Interessen" (RRL, 10), wobei der Unterricht „Sicherheit und Geborgenheit zu gewährleisten (hat), die es ihm (dem Schüler, W. H.) ermöglichen, Konflikte selbständig zu meistern" (RRL, 11). Im Rahmen der einzelnen Arbeitsthemen soll der Schüler lernen, Erwartungen, Vorurteile, Angst, Unsicherheit, Aggressionen, Konflikte zu ertragen, Beziehungen zu objektivieren (RRL, 26 ff.); er soll erkennen, „daß Zuneigung und Liebe zwischen Menschen nicht einfach vorhanden sind, sondern erst mit wachsendem Verständnis entstehen und sich entwickeln können" (RRL, 50) und befähigt werden, „Konfliktsituationen angstfrei zu ertragen und darüber zu reflektieren" (RRL, 52). In den Richtlinien des naturwissenschaftlich-technischen Aspekts wird die emotionale Dimension in folgender Aussage betont: „Zur Entfaltung der Lernfähigkeit im ersten Schuljahr wie auch in den folgenden Schuljahren ist in diesem Zusammenhang eine unbeschwerte emotionale Entwicklung besonders wichtig, die dem Schüler ein freies, vor allem angstfreies, unbefangenes und Mißerfolgserlebnisse weitgehend vermeidendes Lernen erlaubt" (RRL, 14). Eine große Anzahl von Begriffen, die primär dem emotionalen Lernbereich zuzuordnen sind, finden sich in den Thematiken der Richtlinien zur katholischen und evangelischen Religionslehre.

In den untersuchten Rahmentexten ist bei *quantitativer Betrachtung* der Lernzielformulierungen und Handlungsanweisungen zum emotionalen im Vergleich zum kognitiven Bereich eine weitgehende Dominanz der kognitiven Dimension festzustellen. Die Formulierungen zum Gesamtkomplex des Unterrichtens zielen vor allem auf die Entwicklung kognitiver Strukturen; bestimmte Inhalte sind als jederzeit reproduzierbare Kulturtechniken vor allem in den Fächern Deutsch, Mathematik und technisches Grundwissen in den Sachfächern zu erlernen. Interessant ist die quantitative Verteilung der expliziten Formulierungen, insbesondere auf die musischen Fächer und die Religionslehre; die Praxis der Schulausbildung belegt diese Tatsache der Verschiebung expliziter emotionaler Erziehungsintentionen auf die genannten Gegenstandsbereiche, denn hier soll beim Malen, Singen, Gebet gefühlt werden dürfen. Dies belegt eine fachspezifische Ausrichtung emotionaler Erziehung und ihren eindimensionalen Aspekt als zweckfreie Erlebnisqualität, da nicht darüber hinaus der Ablauf und die Produkte der Qualifikationsprozesse einbezogen werden, in denen ebenso die emotionale Komponente, neben der kognitiven, mitentscheidende Bedeutung besitzt. So wird die Tatsache ausgeblendet, daß allgemeine

Fähigkeiten in den sogenannten Hauptfächern erzeugt werden und dabei emotionale Konstituenten verstärkt Funktionalität gewinnen. Eine veränderte Sichtweise der emotionalen Dimension läßt sich durch ihre sukzessive Hereinnahme in wenigen Formulierungen, vor allem als Konfliktproblematik, in die Hauptfächer (Deutsch, Sachunterricht, Gesellschaftslehre) konstatieren, womit zumindest ansatzweise die Tatsache in das Blickfeld und die Reflexion erzieherisch Handelnder einbezogen wird, daß emotionale und kognitive Prozesse immer verknüpft ablaufen, wobei je nach objektiven und subjektiven Verhaltensdeterminanten Gedanken oder Gefühle dominieren. Die schwerlich zu leugnende kognitive Ausrichtung des Bildungsgeschehens, was offizielle Rahmentexte zur Schulerziehung, die Selektionskriterien (Prüfungsinhalte) und die daraus resultierenden Beurteilungskategorien von Lehrern, die sich primär auf intellektuelle Leistungen beziehen, belegen, soll später durch die weitere Betrachtung des schulischen Qualifikationsprozesses und der Bedeutung der über kognitiv ausgerichtete Leistungen vermittelten Fähigkeiten für die Berufspraxis problematisiert werden.

Bei *qualitativer Analyse* des Vermittlungsprozesses der offiziell gesetzten Lerngegenstände zeigt sich, daß mit den Zielsetzungen zur Entwicklung kognitiver Kompetenzen der Aufbau von Verhaltensqualitäten verbunden ist, deren generelle Bedeutung aufgrund aktueller Krisen im Lernsystem und Erfordernissen der Arbeitsplatzstrukturen in ökonomische, politische und pädagogische Interessenzusammenhänge* gerückt wird. Im folgenden soll eine Kategorisierung der Zielformulierungen auf den zwei angeführten Ebenen vorgenommen werden, der *individuumbezogenen* und der *objektiv funktionalen*. Auf der ersteren lassen sich drei Bereiche kennzeichnen: Der *erste* Bereich als Aufbau von Lernbereitschaft durch Ausschaltung hemmender Faktoren (unterrichtliche Zwänge, Mißtrauen, Angst) und Nutzung emotionaler Komponenten (Anerkennung, Vertrauen, Freude). Qua verstärkter Hereinnahme der emotionalen Dimension kann die individuelle intellektuelle Kapazität gesteigert werden aufgrund der Entwicklung von Lernmotivation.

Der *zweite* Bereich ist die bewußte Aufklärung von Konflikten, die im allgemeinen durch ihre starke emotionale Geladenheit rationaler Ar-

* vgl. z. B. *Fend, H.:* Gesellschaftliche Bedingungen schulischer Sozialisation. Weinheim und Basel: Beltz 1974

gumentation verschlossen bleiben. Emotionale Prozesse sollen verstehbar und erklärbar gemacht werden (vgl. z. B. LP, 41 — RRL, 11, 26 ff., 52), um die Soziabilität des einzelnen zu fördern. Die Erklärungsintentionen zielen auch auf die Bewußtmachung von suggestiven Mechanismen, wie sie dem Individuum als emotionale, unbewußte Konsumanreize gesetzt werden. Ziel dieser emotionalen Erziehung ist die Vermittlung von rationalen Erklärungsmustern für primär gefühlsgesteuertes Verhalten. Die Entwicklung positiver Gefühlsstrukturen als *dritten* individuumbezogenen Bereich intendieren Lernziele wie Sensibilität, Erlebnisfähigkeit und der Aufbau von Kompetenzen, Gefühle auf der Sprachebene darstellen können. Diese Lernziele implizieren die Notwendigkeit der Ventilierung von negativen Gefühlsqualitäten wie Angst, Aggression etc. (vgl. RRL, 26 ff.).

Die „hedonistische Funktion" des Unterrichtens dürfte aber angesichts der institutionellen und inhaltlichen Fakten, die den Lernprozeß primär bestimmen, zur voluntaristischen Formel gerinnen. Besonders in diesem Bereich emotionaler Erziehung wird der defizitäre Charakter des Lernzielkatalogs und des schulischen Bildungsgeschehens manifest*. Die Taxonomie von *Krathwohl, Bloom* und *Masia* für den affektiven Bereich stellt in diesem Zusammenhang keine Alternative dar, da sie lediglich einen Rahmen für die Klassifikation von Lernzielen und keine Entscheidungshilfen für die Konkretion von emotionalen Erziehungszielen abgibt**. Das Erlernen und Steuern von positiv wirkenden Gefühlszuständen hängt insbesondere davon ab, inwieweit in der Schule dem einzelnen Selbstdarstellungsräume für Affekte, abgewehrte Triebbedürfnisse***, die aus seiner individuellen Biographie sowie den aktuellen Umweltfaktoren resultieren, und für Emotionen im Kontext von z. B. Freude, Lust, Selbstwertgefühlen, Solidarität, Zuneigung geboten werden.

---

* vgl. *S. Feldmann-Duda & K. Feldmann:* Emotionale Erziehung in der Schule, in: Westermanns Pädagogische Beiträge, 24. Jg., 1/72, S. 19—27

** vgl. *Mauermann,* Abschnitt 1.2

*** In diesem Zusammenhang führt *Wellendorf* (1973) aus:
„Es gibt im szenischen Arrangement der Schule eine Vielzahl von Gelegenheiten, bei denen abgewehrte Triebimpulse (sexuelle wie aggressive) und Affekte (z. B. Angst) in neuer Gestalt und oft unerkannt wiederkehren. Dabei können gerade die Prinzipien des Systems, die seine Universalität und affektive Neutralität sichern sollen, in den Dienst des wiederkehrenden Abgewehrten treten (...). Die Folgen einer Wiederkehr des Abgewehrten können sehr verschieden sein: Verzerrung der Selbst- und Fremdwahrnehmung, Arbeitshemmung, Prüfungsängste etc." (S. 237).

Auf der *objektiv-funktionalen Ebene* verweist die Erzeugung von Lernmotivation auf eine Effizienzsteigerung im Leistungskontext der Schule. Die Bedeutung des Aufbaus von Motivationsstrukturen als Basis einer „lebenslangen" Lernbereitschaft, die durch die technologischen Veränderungen notwendig ist, erscheint durch Ergebnisse aus der Motivationsforschung hinreichend belegt. Motivation impliziert emotionale wie kognitive Prozesse, deren Zusammenwirken erst relativ überdauernde Verhaltensdispositionen konstituiert, z. B. Interesse, Leistungsfähigkeit und -bereitschaft. Konflikterklärung reduziert das Störpotential im Interaktionsprozeß Lehrer-Schüler und Schüler-Schüler, was den organisierten Lernprozeß von Reibungsverlusten befreien soll.

Emotionale Erziehung wird nicht beschränkt in den von den offiziellen Rahmentexten beschriebenen Bereichen vollzogen, sondern geschieht dauernd während des Ausbildungsgeschehens mit unterschiedlichen Formen und Produkten, die je nach ihrer Anschaubarkeit in verschiedenen Ausprägungsgraden manifest werden. Um die allgemeine Ausbildung in ihrem Funktionszusammenhang erkennen zu können, ist es notwendig, die am Beispiel aus dem Mathematikunterricht dargestellten Erziehungsprozesse hinsichtlich der Erzeugung von allgemeinen Grundfähigkeiten in ihrer Relevanz für die nachschulischen Arbeitszusammenhänge darzustellen und die Funktion der implizierten emotionalen Dimension für diese „prozeßunabhängigen" Fähigkeiten aufzuzeigen.

## 3.3 Das Interesse an der emotionalen Dimension

Die aus der Textanalyse des LP für Bayern und den RRL für Hessen gewonnenen Funktionsbereiche der emotionalen Erziehung weisen außer auf schulimmanente Bedeutungszusammenhänge auch auf nachschulische Integrationsziele zur Bewältigung von informellen und formellen Beziehungen. Ausgehend von der Tatsache, daß die industrielle Berufstätigkeit für die Mehrheit der Schulabgänger, speziell der Hauptschüler, das zentrale Geschehen in der Lebensbewältigung darstellt, soll die Bedeutung der und damit das Interesse an der emotionalen Dimension im folgenden von den notwendig erforderlichen Berufsqualifikationen her bestimmt werden, um die Tragweite schulischer Erziehungsprozesse erkennen und bewerten zu können. Welche Fähigkeitsmerkmale sollte der einzelne besitzen, um in der Berufspraxis bestehen zu können? Die technischen Umstellungen in den Betrieben verlangen die Selektion und Umverteilung von Berufstätigen, die nach bestimmten Auswahlkriterien erfolgt, wie die *Kern & Schumann*-Studie belegt. Diese Untersuchung erscheint von besonderer Relevanz für Hauptschulabgänger zu sein, da sich die gefundenen Ergebnisse auf die Industriearbeiterschaft beziehen, die sich fast ausschließlich aus dieser Schicht der Schulabsolventen rekrutiert. Da bei technologischen Umstrukturierungen der Arbeitsplätze, die einer systematischen Kalkulation der Investitionskosten unterworfen sind, weder eine planvolle Konzeption im Personalsektor vorausgeht noch als Konsequenz auftritt, womit ein zusätzlicher Kostenfaktor entstünde, erfolgt die Auswahl der Arbeitnehmer nach allgemeinen Qualifikationsmerkmalen, „wobei die Betriebe darunter zumeist unspezifizierte intellektuelle Kapazität ebenso verstehen wie eine bestimmte Einstellung zur Arbeit" (*Kern & Schumann,* 1972, S. 48). Um die Umstellungsphasen relativ kurz und ohne besondere Produktionsverluste abwickeln zu können, erhalten die Verhaltensmerkmale, die Kriterien für die Zuweisung des neuen Arbeitsplatzes sind, ihren Selektionswert nicht aus den Erfordernissen, die aus der längerfristig neu zu leistenden Arbeit entstehen, sondern aus den die Umstellungsschwierigkeiten reduzierenden aktuellen Faktoren (*Kern & Schumann,* 1972, S. 48). Die bei der Auswahl der Arbeitnehmer entscheidenden Kriterien beinhalten keine inhaltlichen, auf den Herstellungsvorgang bezogenen Merkmale, sondern abstrahieren vom konkreten Einzelprozeß zu „prozeßunabhängigen" Merkmalen, die *Kern & Schumann* in zwei Verhaltensbereiche unterteilen: „Intellektuelle Qualifikationen" und „Arbeitseinstellungen" oder „Arbeitsmoral". Zum ersten Verhaltenskomplex zählen die Autoren „intellektuelle Wendigkeit", „Auffassungsbereitschaft und Aufnahmefähigkeit", „Beobachtungsgabe und schnelles Einfühlungsvermögen". Im Bereich der Einstellungen sind die Merkmale „Leistungsbereitschaft, Fleiß, Zuverlässigkeit, Disziplin und Betriebstreue" Entscheidungskriterien (*Kern & Schumann,* 1972, S. 48). Kognitive Flexibilität läßt sich in eine inhaltliche und eine abstrakte Komponente zerlegen, wobei die erstere notwendige Kulturtechniken und jeweilige spezifische Berufsfähigkeiten, die zweite oben genannte allgemeine Merkmale wie Auffassungsfähigkeit etc. umfassen.

Die begriffliche Unschärfe der Einzelmerkmale des Einstellungsbereichs deutet schon auf ihre Verschränktheit, die sich im konkreten

Verhalten weitgehend manifestiert. Die als Einstellungen relevanten Kriterien, die sich im Verhalten konkretisieren müssen, lassen sich in zwei Qualifikationskategorien zusammenfassen: Anpassungsfähigkeit (Disziplin, Betriebstreue) und Leistungsbereitschaft (Fleiß etc.). Beide Qualifikationsgruppierungen sind Grundbedingungen für die Bewältigung der Leistungsanforderungen, die in der Berufspraxis gesetzt sind.

Die Qualität der Einstellungen zum Arbeitsprozeß und zu seinem Organisationsrahmen erlangt als Kriterium für die Zuweisung von Arbeitsplätzen Bedeutung, indem bei Beurteilungsverfahren in der Berufspraxis diese Verhaltensmerkmale neben intellektuellen Kompetenzen mitentscheidend sind (*Kern & Schumann,* 1972, S. 48). Hinreichend belegt wird diese Tendenz durch die Problematik der Feststellung individueller Leistungsfähigkeit in kooperativen Arbeitsprozessen (vgl. *Offe,* 1970, S. 165). Generell läßt sich bei der Zuteilung von Arbeitsfunktionen die Tendenz der wachsenden Bedeutung von Einstellungen konstatieren, deren Herstellungsprozeß in der Schule exemplarisch dargestellt wurde und deren emotionale Dimension aufgezeigt werden soll.

### *Analogie von Beurteilungskriterien*

Im schulischen Ausbildungsprozeß besitzen die angeführten allgemeinen Fähigkeitskategorien eine zweifache Bedeutung: Sie werden einmal zu Zielen im allgemeinen Lernprozeß und stellen zum anderen Bedingungskonstituenten für ihn dar, da die gegenwärtige Form der organisierten Erziehung diese allgemeinen „Verhaltenstugenden" als Funktionsbedingungen setzt. Ohne relative Anpassungsleistungen und der Voraussetzung von Lernbereitschaft besäße das organisierte Lernen weitgehende Ineffektivität für die folgende Berufspraxis und den schulischen Leistungskontext. Eine Analogie der Fähigkeitsmerkmale, die als intellektuelle Flexibilität, Anpassungsfähigkeit und Leistungsbereitschaft gekennzeichnet wurden, ergibt sich aus den partiell identischen Strukturen der Schul- und Berufspraxis*; dies bedeutet aber

* Die Problematik des Nachweises identischer Strukturen wird verschärft durch den Mangel an empirischem Material, das Ergebnisse des allgemeinbildenden Qualifikationsprozesses in bezug auf Grundfähigkeiten für die Berufspraxis aufzeigt. Trotzdem können empirische soziologische Untersuchungen zur Stützung der Argumentation dienen und der Verdrängung des Sachverhalts begegnen.

gleichzeitig, daß in der allgemeinen Ausbildung auch über Berufserfordernisse hinausgehende Fähigkeiten erworben werden, die für den privaten und öffentlichen Bereich des einzelnen konstituierende Bedeutung besitzen. Die Analogie von Qualifikationskriterien in der Berufs- und Schulpraxis soll im folgenden belegt werden. Der jeweilige individuelle Leistungsstand des Schülers wird einer Beurteilung unterzogen, die zum einen sich in Form von Zensuren auf inhaltliche, sach- und fachspezifische Arbeitsresultate beziehen soll*, zum anderen als Wortgutachten bei Übertritten in weiterführende Schulen oder bei den in bestimmten Intervallen geforderten Gesamtbeurteilungen allgemeine Verhaltensqualitäten beinhaltet. Während in die Notengebung diese Grundqualifikationen implizit eingehen, werden sie in sprachlich verfaßten Leistungsfeststellungen explizit genannt. Kriterien solcher Gutachten sind im Bereich kognitiver Flexibilität „Auffassungsgabe", „Beobachtungsgabe", „Gedächtnis" etc., im Einstellungsbereich „Arbeitsverhalten", „Arbeitsweise", „Einstellung zur Lernarbeit", die sich für den Lehrer konkretisieren als „Genauigkeit, Pünktlichkeit, Zuverlässigkeit, Ausdauer der Arbeitshaltung, Arbeitstempo"**.
Ebenso bildet die intellektuelle Wendigkeit ein entscheidendes Kriterium für die erfolgreiche Bewältigung von Intelligenztests, die teilweise zur Schülerbegutachtung herangezogen werden. Der Erwerb von allgemeinen Grundfähigkeiten wird durch gegenwärtige Formen der Schulkrise in Frage gestellt. Im Bereich der Beurteilungskriterien, beinhaltend allgemeine Verhaltensqualitäten wie kognitive Flexibilität und Einstellungen zur Arbeit, zeigt sich eine nahezu identische Form von Berufspraxis und Ausbildungssektor. Diese generellen Leistungsmerkmale besitzen heute neben spezifischen Kulturtechniken entscheidende Zuteilungsfunktion für die Berufslaufbahn.
Unter Heranziehung des Beispiels aus dem Mathematikunterricht und der aufgezeigten Analogie der Beurteilungskriterien kann die Bedeutung des schulischen Qualifikationsprozesses gesehen werden als Erwerb von notwendigen Kulturtechniken und spezifischen intellektuellen Kompetenzen, die je nach Ausbildungsdauer variieren, und allge-

---

* Was nicht bedeuten soll, daß sich Zensurengebung an diesen Leistungskriterien allein orientiert, vgl. *Ingenkamp, K.:* Zur Problematik der Zensurengebung, in: Die Deutsche Schule, Heft 7/8, 1970, ders. Hrsg.: Die Fragwürdigkeit der Zensurengebung. Weinheim, Berlin und Basel: Beltz 1971

** vgl. Schülerbeurteilungsbogen, hrsg. vom Institut für Unterrichtsforschung am Erziehungswissenschaftlichen Fachbereich der Universität Augsburg; oder Formblatt Nr. 4009-2, Verlag J. Maiß, München, zur Schülerbeurteilung.

meinen Grundfähigkeiten, die als mitentscheidende Berufsqualifikationen anzusehen sind, wie kognitive Flexibilität, Anpassungsfähigkeit und Lernbereitschaft. Aus diesen schulischen Sozialisationseffekten kann aber kein unvermittelt direkter Zusammenhang zu Erfordernissen industrieller Herstellungsprozesse konstruiert werden. Zur Form der durch Allgemeinausbildung erworbenen Fähigkeiten formuliert *Fend:* „So könnte es die wichtigste Aufgabe des allgemeinbildenden Schulsystems sein, allgemeine Arbeitstugenden über Lerntugenden einzuüben und generalisierte Qualifikationen zu vermitteln" (1974, S. 95). Die empirische Arbeit von *Kern & Schumann* und die aktuelle Schulkrise* belegen die wachsende Bedeutung dieser „allgemeinen Arbeitstugenden".

*Emotion und Einstellung*

Im Rekurrieren auf sozialpsychologische Forschungsergebnisse soll auf die Bedeutung der emotionalen Dimension im Einstellungsbereich, generelle Qualifikationen betreffend, hingewiesen werden. Die im Ausbildungsgeschehen der Schule erzeugten Einstellungen beinhalten normative Orientierungs- und Regulationsmechanismen, während die damit erworbenen Verhaltensdispositionen die Tendenz zur Reproduktion erworbener Qualifikationen darstellen, z. B. Arbeitstugenden, deren aktuelle Konkretisierung von externen Faktoren entscheidend determiniert ist.

Drei Komponenten werden im Komplex der Einstellungen unterschieden: Die kognitive-, affektive- und Verhaltenskomponente. Die Begriffe affektive und emotionale Komponente werden hier synonym verwendet. Im Konstrukt Einstellung wird von der Tatsache ausgegangen, daß konkretes Verhalten und subjektive Einstellungen häufig inkongruent sind. Hierin spiegelt sich der Widerspruch zwischen subjektiver Intention, Bedürfnislage, Situationsinterpretation und den objektiven Bedingungsfaktoren von Verhalten, das sich in Diskrepanz zur persönlichen Einstellung realisiert, wieder. Die Tendenz des Individuums, die drei Komponenten in Übereinstimmung zu halten, werden ausgedrückt in der Konsistenzannahme, die sich in den sozialpsychologischen Konzepten vor allem auf kognitive Konsistenz bezieht. Im Bereich der Schule stellt sich der Erwerb von Einstellungen als Beeinflussung durch Lerngegenstände, institutionelle Regeln, die Interaktion mit Lehrern und Mitschülern dar. Die Einstellungsforschung bemühte sich pri-

*vgl. *Naschold, F.:* Schulreform als Gesellschaftskonflikt. Frankfurt/M. 1974, S. 31—36; *Naschold* stellt hier Phänomene der Schulkrise und ihre Erklärungsversuche komprimiert dar.

mär um die Klärung der intra-individuellen Struktur und des Beziehungsgefüges der einzelnen Komponenten. *Mann* führt zur Bedeutung der emotionalen Komponente an, daß eine Einstellung, die stark im emotionalen Bereich verankert ist, gegen Veränderungen „äußerst resistent" und relativ dauerhaft (1972, S. 166) ist.
Zusätzlich besitzen neue, der bisherigen Einstellung widersprechende Informationen geringen Veränderungswert, wenn Einstellungen auf „einer hohen emotionalen Ladung" (*Mann,* 1972, S. 168) basieren*. Das Experiment *Rosenberg's* (1960, S. 39—63) führt zu dem Ergebnis, daß eine Veränderung in der emotionalen Dimension auch eine Revision der kognitiven Komponente bewirkt. Die Frage nach den Mechanismen der Einstellungsänderungen suchte *Kelman* auf drei Beeinflussungsprozesse zu reduzieren: Zweckkonformismus, da einer der Interaktionspartner die größere Machtfunktion besitzt, Identifikation mit den Einstellungen anderer, und Internalisierung, die zu „erwarteten Gefühlen der Zufriedenheit und Selbstakzeptierung führt" (*Mann,* 1972, S. 191 f.). Daß diese Prozesse real parallel ablaufen können, verweist auf die analytische Begriffstrennung. Die Rolle der Emotionen im Kontext von leistungsmotiviertem Verhalten läßt sich aus der Diskussion des Leistungsmotivs als affektive Disposition (*Atkinson*) oder als kognitive Disposition (*Weiner* et. al.) schwerlich entscheiden (s. *Meyer* 1973, S. 146—154), wofür die Problematik der Operationalisierbarkeit der affektiven Komponente die Hauptursache darzustellen scheint. Plausibel ist zumindest die Annahme der Relevanz positiver Gefühlszustände auf die Leistungsbereitschaft des Individuums (*Meyer,* 1973, S. 151). Die im Unterricht wesentlich komplexere Bedingungsstruktur für leistungsbereites Verhalten als in experimentellen Situationen, verursacht durch die Person des Lehrers, Mitschülers und anderer Variablen, belegt in ihren beobachtbaren Tatsachen die Bedeutung von emotionalen Bedingungen (Angst, Zuneigung) hinreichend, wie z. B. die triviale Tatsache, daß Schüler lernen, weil sie positive Emotionen zum Lehrenden empfinden.

Zusammenfassend läßt sich zum Komplex der Einstellungsuntersuchungen feststellen, daß vor allem die Struktur intrapsychischer Komponenten und deren Dynamik zum Forschungsgegenstand gemacht wurde, weniger die Fragestellung, welche externen Faktoren die Verhaltenskomponente bestimmen und Einstellungsänderungen wie Verhaltensdispositionen erzeugen.
Eine detaillierte Analyse der Produkte des Qualifikationsprozesses und ihrer Genese sollte diese externen Strukturdeterminanten zum Untersuchungsgegenstand machen.

---

* In seinem Aufsatz „Das Gewicht der Information bei der Verwirklichung affektiver Erziehungsziele" verwendet *Schmitt* (1972, S. 305—320) vor allem Ergebnisse der Attitude-Forschung.

*Funktion der emotionalen Dimension*

Welche Konsequenzen ergeben sich für die Funktion der emotionalen Dimension im Qualifikationsgeschehen? In bezug auf einen relativ dauerhaften Aufbau von Einstellungen und Verhaltensdispositionen, die verknüpft als Anpassungsfähigkeit und Leistungsbereitschaft klassifiziert wurden, besitzt die emotionale Verankerung entscheidende Bedeutung. Konkret kann sich diese „Emotionalisierung" dieser Basisqualifikationen im Erzeugen von Angstgefühlen oder Zuneigung ereignen, wobei ersterer Gefühlskomplex ambivalente Konsequenzen impliziert und sich ab bestimmten Ausprägungsgraden leistungshemmend auswirken kann (vgl. *Gehlert* im vorliegenden Band). Positive Kontaktgefühle scheinen daher für das kognitive Leistungsverhalten und die Konkretisierung von Arbeitseinstellungen funktionaler und effektiver steuerbar zu sein. Die Verwertung positiver emotionaler Sozialbeziehungen, wenn auch nur instrumentalisiert, wurde im industriellen Sektor durch die Verwendung gruppendynamischer Erkenntnisse längst vorgenommen, was im Schulsektor schon durch die Erziehungsstildiskussion aktualisiert wurde und jetzt direkt durch emotionale Erziehung mit intendiert wird. Da in der Schule dauerhafte Arbeitseinstellungen zu produzieren sind, müssen demnach starke emotionale Ladungen diese allgemeinen Qualifikationen fundieren. Als ersten Zusammenhang für den Qualifikationsprozeß läßt sich daher die Persistenzfunktion der emotionalen Dimension, d. h. die Erzeugung einer relativen Dauerhaftigkeit von Einstellungen, konstatieren.

Für das Qualifikationsziel Anpassungsfähigkeit ist die emotionale Bindung Personen und Institutionen gegenüber insoweit zweckhaft, als einerseits Gegenhandeln schon durch emotionale Schranken kanalisiert und graduell verhindert, andererseits eine gemeinte freiwillige Subordination gegenüber sozialen Regeln und Inhalten unterstützt würde. Hier kann emotionale Erziehung blind affirmative Tendenzen nur dann vermeiden, wenn rationale Erklärungskonzepte über einzugehende Disziplinregeln, Lerngegenstände, Beurteilungsmaßstäbe hereingenommen werden. Die gegenwärtige Absorption der Arbeitskraft des Lehrers durch Disziplinprobleme kann durch die positive Gestaltung des emotionalen „Klimas" reduziert werden; das bedarf aber zusätzlich der rationalen Analyse von Lehrer und Schüler in ihrer spezifischen, aktuellen Situation.

Die Anpassungsleistungen der emotionalen Faktoren implizieren eine Effektivierung der Lernbereitschaft, indem gesetzte Leistungsnormen akzeptiert werden und Lernleistungen durch entspannte, relativ angstfreie Interaktion im Unterricht und die Erzeugung von gefühlsgefärbten Personen- und Lernstoffbeziehungen aktiviert werden können. Ziel ist die Fähigkeit, unabhängig vom Inhalt eine allgemeine Lernbereitschaft zu entwickeln, die überall Elan, Einsatzfreude, Interesse produziert, wie es in der Berufspraxis erwartet wird und möglicherweise die Mehrzahl der Schüler aus ihrer Lernapathie zu lösen verspricht.

Widersprüchlich ist der Qualifikationszweck Lernbereitschaft insoweit, als an uninteressanten Inhalten Lerninteresse erzeugt werden soll, interessante Lerngegenstände aber Lernbereitschaft inhaltsbezogen konstituieren. Als Konsequenz ergibt sich für diesen Fähigkeitsaufbau nur die Stimulation und Verstärkung durch sachfremde Objekte wie z. B. Personen und Noten und die gesteigerte Anwendung didaktischer Tricks. Im emotionalen Bereich bedeutet dies die Gewährung von Gefühlen der Anerkennung, Zuneigung, die parallel zu kognitiven Kommunikationsmustern verlaufen. Auf der Interaktionsebene Lehrer-Schüler tritt hier der Effekt der Konfliktreduktion und -vermeidung hinzu. Positive emotionale Bindungen zwischen Lehrer und Schüler, Vorgesetzten und Untergebenen, lassen Disziplinschwierigkeiten, Querelen etc., die sich leistungshemmend auswirken, leichter ausräumen und präventiv vermeiden. Disziplinregeln werden vom Schüler eher akzeptiert, wenn positive Gefühlsbeziehungen, die sich konkretisieren als Vertrauens- und Anerkennungsäußerungen, „freundliche Worte" etc., die Interaktionsformen bestimmen. Hierin liegt die aktuelle Bedeutung für die Disziplinkrise im Schulsektor.

Ein Qualifikationsprozeß, dessen Zielsetzung in der Erzeugung von inhaltlichen, „prozeßgebundenen" Fähigkeiten besteht, betrachtet Emotionalität als weitgehend disfunktional. In diesem Kontext kann die Schule emotional geladenes Verhalten durch negative Sanktionen unterdrücken und den Vermittlungsprozeß primär auf die Aneignung der Unterrichtsgegenstände richten. Da aber neben inhaltlichen Qualifikationen durch die Veränderungen der Arbeitsplatzstruktur in der gegenwärtigen historischen Entwicklungsphase auch die allgemeinen Qualifikationen entscheidende Bedingungen für die Berufspraxis sind, gewinnt die emotionale Dimension gesteigerte Funktionalität. Während inhaltsbezogene Qualifikationen emotionale Prozesse vernachlässigen konnten*, sind für die Herstellung genereller Fähigkeiten Emotionen konstitutiv. Die Disziplin- und Motivationskrise könnte so als Ausdruck der Umorientierungsprozesse von inhaltlichen zu allgemeinen Qualifikationen interpretiert werden. Unter diesem Aspekt scheint die Anwendung von „positiven" emotionalen Techniken in der Schulpraxis noch nicht realisiert zu sein. Bezogen auf die aktuellen Krisenphänomene im Disziplin- und Motivationsbereich, wie eingangs dargestellt, läßt sich die Funktion der emotionalen Dimension — an der Oberfläche gegenwärtiger Schulerziehung — bestimmen als Reduktion ihrer Disfunktionalität, die sich vor allem als Konflikte im Interaktionsgeschehen, als emotional begründete Lernwiderstände und damit als Leistungsverluste manifestieren, unter Verwendung eines vom Adressat als positiv interpretierten emotionalen Verhaltens. Der für die Berufspraxis mit entscheidende allgemeine Qualifikationszweck der Schule verwertet die emotionale Dimension in ihrer Persistenz-, Anpassungs- und Lernbereitschaftsfunktion.

*Zusammenfassung*

Die effektive Realisierung einer aufgrund industrieller Bedingungen geforderten Herstellung von primär allgemein qualifizierten Individuen, die optimal Flexibilität, Anpassung und Leistungsbereitschaft in den Arbeitsprozeß einbringen, bedeutet die völlige Unterordnung des einzelnen an vorausgesetzte Verhältnisse. Interesse am Zweck seiner Arbeit, Erkennen nicht selbstbestimmter Arbeitsprozesse, ihre Bewertung und Handlungsziele würden dem Individuum in der Schulsozialisation und Berufsausbildung unvermittelt bleiben. In diesem Kontext gewinnen daher inhaltliche Zielsetzungen für die allgemeinbildenden Schulen entscheidende Bedeutung, d. h. die Notwendigkeit der Vermittlung von Zusammenhängen zwischen Qualifikationsprozeß im Schulsektor und Arbeitsprozeß.

Als Globalziele eines das ganze Individuum erfassenden Erziehungsprozesses können einmal die Aufhebung der einseitigen Dominanz kognitivistischer Leistungen im Schulsektor und der Instrumentalisierung des emotionalen Bereichs für vorausgesetzte Zwecke, zum anderen der

* Der Nachweis dafür ist in der engeren Verknüpfung von kognitiven Leistungen und emotionalen Prozessen, von konkreter Arbeit, Arbeitsprodukt und Gefühlen zu suchen. Durch die Optimierung der Arbeitsteilung wurde diese Einheit zerstört.

komplementär verlaufende Prozeß des Aufbaus positiver emotionaler Strukturen formuliert werden.
Eine verkürzte Analyse emotionaler Erziehungsprozesse impliziert ohne Einbeziehung ihrer übergreifenden Funktionalität eine einseitige Darstellung der emotionalen Dimension als zweckfreie, intrapsychische und relativ autonome Gefühlsabläufe, die sich in den sozialen Beziehungen Lehrer-Schüler als allein individuumbedingt ereignen.
Die in dieser Arbeit vorgenommene Gegenstandserweiterung der emotionalen Dimension* untersuchte die Qualifikationsprozesse und -ergebnisse, die durch Berufspraxis und den schulischen Ausbildungsprozeß selbst an aktueller Bedeutung gewinnen, auf ihre konkreten Erscheinungsformen hin und intendiert damit, das Interesse an einer emotionalen Erziehung auch auf die Sozialisationsprozesse zu lenken, die sich weitgehend unter der Oberfläche vollziehen. Die in den allgemeinen Basisqualifikationen implizierten normativen Gehalte verknüpfen Bewußtsein und Emotion**.

* Die Gefahr der Psychologisierung der emotionalen Dimensionierung kann vermieden werden: „... wenn die emotionalen Prozesse nicht nur mit psychologischen Begriffen eingefangen, sondern auch mit gesellschaftlichen Phänomenen in Zusammenhang gebracht werden, so daß dieses subjektive Moment einen konkreten Begriff von sich gewinnen kann" (*Horn,* 1969, S. 270).

** Für die Diskussion der Arbeit danke ich *Winfried Krämer* und *Helmut Wagner.*

Lutz Mauermann

# Emotionale Lernziele in der Unterrichtsplanung

## *Vorbemerkung*

In grob vereinfachender Weise dargestellt, müssen vier Bereiche bei der Planung eines Curriculums bedacht werden: die Lernziele, die Lernvoraussetzungen, die Lernorganisation und die Lernkontrolle. Die Lernziele bezeichnen die gewünschten Lernergebnisse, die am Ende eines Unterrichtsabschnitts stehen sollen, d. h. das, was ein Schüler danach wissen, können, beherrschen usw. soll. Zu den Lernvoraussetzungen zählen das Vorwissen, die vorhandenen Fähigkeiten und Fertigkeiten, die Ergebnisse vorausgegangener Lernprozesse, die individuelle Lerngeschichte, der psychische und physische Entwicklungsstand des Schülers vor Beginn des Unterrichts. Der Komplex der Lernorganisation umfaßt die Methoden, die Lehr- und Lernmittel und die Arbeitsformen, die zum Erreichen des Unterrichtsziels mit Rücksicht auf die Lernvoraussetzungen der Schüler verwendet werden. Die Lernkontrolle dient der Bereitstellung von Informationen über den Erfolg des Unterrichts, d. h. inwieweit die Lernziele von den Schülern erreicht werden. Der vorliegende Beitrag wird den Bereich der Lernvoraussetzungen in bezug auf emotionale Lernziele aus den curricularen Überlegungen ausklammern, da die in den beiden ersten Teilen dieses Buches enthaltenen Aufsätze bereits ausreichende Informationen über die emotionale Ausgangslage des Schülers erbracht haben, die bei der Planung von Unterricht rückerinnert werden müssen. Der Lehrer, an den sich die nachfolgenden Betrachtungen richten, soll durch sie vor allem

— über Möglichkeiten der Klassifizierung und Operationalisierung von emotionalen Lernzielen informiert werden und vermittels dieser Informationen
— sich ein Inventar von Kriterien zur kritischen Analyse emotionaler Lernziele zulegen;
— in die Probleme der Lernzielanalyse eingeführt werden;
— zur Aufdeckung emotionaler Komponenten seines Unterrichts angeregt werden;

— methodische Anregungen für einen den emotionalen Bereich erfassenden Unterricht erhalten;
— über Möglichkeiten der Lernkontrolle im emotionalen Bereich informiert werden;
— zu differenzierter Unterrichtsplanung angeregt werden.

## 1. Zur Analyse von Lernzielen im emotionalen Bereich

Eine zweckrationale Unterrichtsplanung hat ihren Ausgangspunkt im Lern- oder Lehrziel. Dessen Setzung für den Bereich der Schule ist Ergebnis eines gesellschaftlichen Entscheidungsprozesses (vgl. den gegenwärtigen Streit um die Hessischen Rahmenrichtlinien). Zielvorstellungen für das Lernen der Heranwachsenden zum Zweck ihrer individuellen und gesellschaftlichen Mündigkeit erreichen in unterschiedlich konkreter und präziser Form die Institution Schule, ganz gleich, ob sie in Form von Richtlinien, Rahmenlehrplänen, Lernziel-Handreichungen oder Curricularen Lehrplänen gesammelt erscheinen. Aufgabe des Lehrers ist es, sich diese Vorstellungen zu eigen zu machen und durch Initiierung von Lernprozessen (= Unterricht) bei den ihm anvertrauten Schülern zu erfüllen. Für die Unterrichtsplanung haben die Lernziele eine dreifache Funktion (vgl. *Brügelmann,* 1972, S. 17): Sie vermitteln die Rechtfertigung curricularer Entscheidungen, geben Organisationsprinzipien für die Konstruktion der Handlungsmodelle ab und sind Kriterien für die Beurteilung des Lernerfolgs der Schüler, der Qualität des Curriculumentwurfs und des konkreten Unterrichtsverlaufs. Erfüllen können sie diese Funktionen um so besser, je präziser und intersubjektiv eindeutiger vermittelbar sie sind. Dieser Forderung werden nur die wenigsten Lernzielformulierungen gerecht. Relativ eindeutig stellen sich inhaltliche Zielsetzungen amtlicher Richtlinien dar. Die Stoffpläne geben sehr genau an, mit welchen Sachverhalten und Dingen der Unterricht sich zu befassen hat. Ungenauer werden die Angaben, wenn es um die Beschreibung dessen geht, was der Schüler mit diesen Inhalten anfangen soll, d. h. welches Verhalten er am Ende des Unterrichts zeigen soll. Hier ist, wie die neueren kultusministeriellen Veröffentlichungen zeigen, in letzter Zeit eine Besserung eingetreten. Viele Zielangaben enthalten neben dem Inhalts- auch den Verhaltensaspekt. Die genauere Durchsicht erbringt jedoch, daß es sich dabei nahezu ausschließlich um kognitives Verhalten handelt. Für den in diesem Zusammenhang interessierenden emotionalen Bereich fehlen explizite Ausführungen, was die Frage nach dem Warum aufwirft.

## 1.1 Emotionsrelevante Lernziele für die Schule

Zur Illustration seien zunächst einige Beispiele von Lernzielformulierungen angeführt, die nicht allein auf die Beschreibung intellektueller Lernergebnisse hin gefaßt sind. Die *kursiv* gesetzten sprachlichen Wendungen signalisieren Emotionsrelevanz:

— *allgemeine Lernziele:*

„Die Schule sollte ... immer wieder bestätigen, daß es eine *Selbstbestimmung zur Muße* gibt und daß man sich in ihr gegen den gesellschaftlichen Leistungszwang ebenso behaupten kann, wie man es in der *leidenschaftlichen Identifizierung* mit einer Sache oder in der Politik oder in der Selbsterfahrung durch künstlerische Tätigkeit tun kann: immer dann, wenn die unmittelbare Selbstentfaltung an die Stelle der sekundären Motivationen tritt" (*Hentig,* 1971, S. 41).
„Ermöglichung *befriedigender Erfahrung* durch Selbstbestimmung und Förderung der Selbstachtung" ... „Freier *Ausdruck von Gefühlen,* ohne die Würde anderer zu verletzen" ... „Stimulieren der Kinder, *angstfrei* sie selbst zu sein" ... „Ermutigung zu *risikoreichen Handlungen* und zur Selbständigkeit" ... „Förderung der *gefühlsmäßigen Sicherheit* von Kindern durch Ausdruck der *Wertschätzung* ihrer Person ..." (*Tausch, Tausch & Fittkau,* 1972, S. 17 f.).
„Das Individuum entwickelt eine *konsistente Lebensphilosophie" (Messner & Posch,* 1971, S. 59).
„*Vertrauen* und *Offenheit* zwischen Lehrer und Schüler sind Voraussetzungen, um eine *persönliche, sittlich und religiös fundierte Haltung* zu wecken und zu fördern" (*Schulreform in Bayern,* 1970 S. 195).

— *Muttersprache:*

„Der Schüler soll *angstfrei* schreiben, d. h. *Furcht* vor dem Eingeständnis fehlerhaft zu schreiben *reduzieren"* (*Balhorn & Harries,* 1972, S. 650).
„Die ersten schriftsprachlichen Gestaltungsversuche sollen für den Schüler mit den *Erlebnissen von Anerkennung und Ermunterung* gekoppelt sein" (*Schulreform in Bayern,* 1970, S. 21).
„Fähigkeit, sich über ein literarisches Werk oder eine Aufführung (Theater, Film, Funk, Fernsehen) *kritisch zu äußern"* (*Schulreform in Bayern,* 1972, S. 74).

— *Sozialkunde:*

„Die Mitbestimmungsmöglichkeit der Gewerkschaftsmitglieder bei schwerwiegenden Entscheidungen des Vorstandes *bejahen*" (*Hagemann,* 1974, S. 106).
„*Bereitwilligkeit* zur Modellkorrektur" (*Schulreform in Bayern,* 1972, S. 274).

— *Mathematik:*

„*Bereitschaft* und Fähigkeit..., mathematische Situationen zu sehen, d. h. Situationen unter dem Aspekt der in ihnen repräsentierten Beziehungsgefüge (z. B. Ordnungen, Gruppen) zu betrachten und auf Eigenschaften dieser Gefüge zu achten (z. B. Transitivität, Äquivalenz)" (*Jung,* 1971, S. 84).
„Wir wünschen, daß die Schüler ein *starkes positives Gefühl* gegenüber Mathematik entwickeln oder behalten" (*J. W. Wilson,* 1971, S. 663).
„Gerade dem Mathematikunterricht der Grundschule fällt die Aufgabe zu, *günstige emotionale Voraussetzungen* für ein strenges Denken zu schaffen. Insbesondere gehört dazu, *Freude* an mathematischer Arbeit zu wecken und eine *Sensibilität* für mathematische Fragestellungen und Begriffsbildungen zu fördern" (*Richtlinien und Lehrpläne für die Grundschule in Nordrhein-Westfalen,* 1973, S. M/4).

— *Naturwissenschaften:*

„Entwicklung von *Interessen* gegenüber den Naturwissenschaften und verwandten Aktivitäten" (*Klopfer,* 1971, S. 562/63).
„*Bewußtsein der sozialen und moralischen Implikationen* naturwissenschaftlicher Forschung und ihrer Ergebnisse" (*Klopfer,* 1971, S. 562/63).
„*Vorurteile* werden abgebaut und ein verantwortliches Verhalten gegenüber der Natur und das Verständnis für den Schutz der Umwelt angebahnt" (*Schulreform in Bayern,* 1970, S. 61).
„Dem *ängstlichen* oder *leichtfertigen* Umgang mit technischen Geräten wird durch einen fachgemäßen Unterricht am wirksamsten begegnet" (*Schulreform in Bayern,* 1970, S. 66).

— *musische Erziehung:*

„Der Schüler muß erfahren, wie der *sinnliche Genuß* kultiviert und dadurch erhöht wird. Er muß lernen, die Kunst von ihren *Wirkungen* her aufzunehmen, nicht von ihrem historischen Wert oder ihren theoretischen Absichten" (*Hentig,* 1971, S. 30).
„*Freudiges Lernen* zusammen mit einem sich entwickelnden Leistungsbewußtsein erhalten und steigern die *innere Anteilnahme* am musikalischen Lernprozeß" (*Schulreform in Bayern,* 1970, S. 71).
„Der Kunstunterricht spricht die kindliche *Freude am Tun* an" (*Schulreform in Bayern,* 1970, S. 79).
Technisches Werken „bahnt ein *kritisch-wertendes Verhalten* gegenüber dieser Umwelt an und bildet den *Willen* zur Gestaltung" (*Schulreform in Bayern,* 1970, S. 180).

— *Fremdsprache:*

„Er erwirbt ... Fertigkeiten, die ... einen neuen *Zugang zu kulturellen Werten* eröffnen und die *Bereitschaft zum Gespräch* mit Menschen anderer Länder wecken können" (*Schulreform in Bayern,* 1970, S. 122).

„Schon im Anfangsunterricht werden einfache Fragen die *Sprechfreudigkeit* reizen" (*Schulreform in Bayern,* 1970, S. 144).

„Die Kollegiaten sollen ... menschliche Verhaltensweisen (z. B. völkerpsychologische Pauschalurteile, Fremdfeindschaft bzw. Überbewertung des Fremden) und kulturelle Prozesse (z. B. das Durchschlagen des Nationalcharakters) kennen und *werten lernen*" (*Schulreform in Bayern,* 1972, S. 131).

Dieser ohne große Mühe beliebig zu verlängernde Katalog emotionsrelevanter Lernziele ergibt eine Palette buntschillernder Wendungen. Sie haben gemeinsam, daß sie positiv formuliert sind (Wendungen wie „Abscheu", „Ablehnung", „Verweigerung", „Verneinung" u. ä. fehlen). Kennzeichnend für sie dürfte auch sein, daß sie auf dieser Stufe der Abstraktion die Zustimmung nahezu aller politischen oder religiösen Gruppierungen gefunden haben und finden werden. Problematisch wird es, wenn es darum geht, den Inhalt einer „konsistenten Lebensphilosophie" zu bestimmen (sind autoritäre Persönlichkeiten, wie sie *Adorno* u. a. untersucht haben, oder „closed minded" Personen, wie sie *Rokeach* analysiert hat, nicht auch konsistent in ihrer Weltanschauung?), festzulegen, wann sich ein „starkes positives Gefühl" gegenüber der Mathematik äußern soll (Freude an ballistischen Berechnungen, z. B. der Flugbahn einer Rakete mit Atomsprengkopf zur Vernichtung einer bestimmten Staatsmetropole?), welche Toleranzschwelle bei der Ausübung von „Kritik- und Urteilsfähigkeit" durch den Heranwachsenden errichtet werden soll. Die Problematik beginnt demnach im Augenblick der inhaltlichen Füllung solcher formelhaften Zielangaben. Dies ist jedoch nur die eine Seite des Problems; die andere ergibt sich aus dem semantischen Hof, der die Begriffe wie Interesse, Einstellung, Wertschätzung, Bereitschaft, Freude, Gefühl, Empfindung, Leidenschaft usw. umgibt: Während für den einen Lehrer ein interessierter Schüler derjenige ist, der im Unterricht aufpaßt und nicht stört, ist es für einen anderen Lehrer einer, der schulische Anregungen aufgreift, sein Freizeitverhalten danach ausrichtet und eigene Erfahrungen anschließend wieder in den Unterricht einbringt. Wertschätzung kann von der Tolerierung über die Bevorzugung eines Wertes bis zur lebenslangen Ausrichtung des Verhaltens nach einer Wertvorstellung hin reichen. Konfrontiert mit solchen inhaltsarmen und mehrdeutigen

Zielformulierungen böten sich dem Lehrer zwei Handlungsalternativen:

1. Er konzentriert sich auf den problemloser zu vermittelnden Unterrichtsstoff und hofft, daß sich gleichsam als Begleiterscheinung der Stoffvermittlung auch die erwünschten affektiven Lernergebnisse einstellen werden.
2. Er versucht, affektive Komponenten des Unterrichts in ihrem vermutlichen Beitrag für das Erreichen global formulierter Interessen, Einstellungen, Wertvorstellungen usf. abzuschätzen, sie zu klassifizieren und systematischer einzuplanen und zu kontrollieren.

Für die erste Alternative sprechen — neben pragmatischen Argumenten, die sich auf den Arbeitsaufwand beziehen — die psychologisch abgesicherte Erkenntnis über das enge Zusammenwirken von Gefühl und Verstand (vgl. Beitrag *Oerter,* im vorliegenden Band), die unausgesprochene Annahme der Lehrplangestalter, der Lehrer werde die von ihnen formulierten Ziele in ihrem Sinn interpretieren und bei seinen Schülern auf irgendeine Weise erreichen, sowie die in unseren Schulen dominierenden kognitiven Kriterien für die Beurteilung von Schülern und von Lehrer-/Unterrichtseffektivität.
Die zweite Alternative entspricht der Forderung nach zweck- und methodenrationaler Unterrichtsplanung. Außerdem spricht für sie das offensichtliche Versagen der erstgenannten Möglichkeit, wofür sich mehrere Belege anführen lassen, z. B.

— die von Erziehungspraktikern immer wieder zu hörende Klage über abweichendes Schülerverhalten;
— die steigende Jugendkriminalität (vor allem Eigentumsdelikte);
— die Diskrepanz zwischen Schul- und Lebenswirklichkeit, die den Ruf nach „Entschulung der Gesellschaft“ (*Illich*) und „Entschulung der Schule“ (*Hentig*) laut werden läßt;
— das Auseinanderklaffen der Vorstellungen über Ziele der Schule zwischen Eltern, Lehrern und Schülern (vgl. *Raven,* 1971, S. 20 ff. und *Raven,* 1973, S. 306 ff.);
— das Scheitern eines Modellschulprogramms der UNESCO zur internationalen Verständigung, das vermutlich auf die weitgehend kognitive Ausrichtung des Programms zurückzuführen ist (s. *Müller-Wolf,* 1974, S. 438);
— der nur geringe Zusammenhang zwischen dem Grad der Schulbildung und den Maßen der Toleranz gegenüber Andersdenkenden sowie der Fähigkeit zu Kooperation mit anderen (*Raven,* 1973, S. 339);
— das begründete Verlangen nach einer Neukonzeption des herkömm-

lichen politischen Unterrichts (*Johannsmann & Knepper*, 1971; *Kassner*, 1971; *Hagener*, 1972).

Diese Argumente sollten ausreichen, um der zweiten Alternative den Vorzug zu geben.

## 1.2 Klassifikationsversuche

Wie an den Beispielen emotionsrelevanter Lernziele gezeigt werden konnte, läßt das hohe Abstraktionsniveau der Formulierung eine Vielzahl alternativer Konkretisierungen zu. Diese unterschiedlichen Möglichkeiten betreffen sowohl die inhaltliche Seite als auch den Verhaltensaspekt. In diesem Abschnitt werden nun einige Versuche dargestellt, den Aspekt des emotionalen Verhaltens besser in den Griff zu bekommen.
Die zur Zeit wohl populärsten Versuche zur Lernzielklassifikation sind diejenigen von *Bloom* u. a. (1956; deutsch 1972) und *Krathwohl* u. a. (1964): die Taxonomien der Lernziele im kognitiven und affektiven Bereich. Während die Taxonomie der kognitiven Lernziele (*Bloom* u. a.) die Curriculumplaner sichtbar beeinflußt hat (s. z. B. *Schulreform in Bayern*, 1972; *Richtlinien und Lehrpläne für die Grundschule in Nordrhein-Westfalen*, 1973) und durch die Übertragung ins Deutsche einem größeren Publikum von Lehrern und Erziehern zugänglich gemacht worden ist, blieben *Krathwohl* u. a. den curricularen Diskussionen vorbehalten (etwa bei *Möller*, 1970; *Frey*, 1971; *Achtenhagen & Meyer*, 1972; *Blankertz*, 1972; *Thiel*, 1973; *Meyer*, 1974). Was verbirgt sich hinter den Taxonomien? Unter Lernzieltaxonomie wird eine stufenförmige Klassifizierung von Verhaltenszielen verstanden, wobei zum Erreichen einer höheren Stufe das Erreichen der darunterliegenden als notwendig angenommen wird (hierarchischer Aufbau). Das Ordnungsprinzip für den affektiven Bereich ist der Grad der Internalisation:

„1.0 Aufnehmen (Beachten) — Receiving (Attending)
  1.1 Gewahrwerden
  1.2 Wille zum Aufnehmen
  1.3 Kontrollierte oder selektive Aufmerksamkeit
2.0 Antworten (Responding)
  2.1 Bereitschaft zum Antworten

2.2 Wille zum Antworten
2.3 Befriedigung beim Antworten
3.0 Werten (Valuing)
3.1 Billigung eines Wertes
3.2 Bevorzugung eines Wertes
3.3 Einsatz für einen Wert
4.0 Aufbau einer Werthierarchie (Organization)
4.1 Begriffliche Fassung eines Wertes
4.2 Integration der Werte in einem System
5.0 Charakterisierung des Verhaltens durch einen Wert oder Wertkomplex (Characterization by a Value or Value Complex)
5.1 Allgemeine Wertrichtung des Verhaltens
5.2 Entwicklung einer Weltanschauung“
(Übersetzung von *Messner & Posch,* 1971, S. 20 f.; hierbei ist anzumerken, daß die Übersetzung nicht überall gut gelungen ist: ‚receiving‘ könnte besser mit ‚Aufmerksamwerden‘, ‚responding‘ mit ‚Reagieren‘ übersetzt werden).

Auf der untersten Stufe dieses hierarchischen Kontinuums (1.1) ist sich das Individuum eines Phänomens lediglich bewußt und ist fähig, es wahrzunehmen. Auf der folgenden Stufe (1.2) ist es bereit, auf das Phänomen aufmerksam zu werden. In einem weiteren Schritt (2.0) reagiert das Individuum mit gefühlsmäßiger Anteilnahme gegenüber dem Phänomen. Auf der nächsten Stufe (3.0) schlägt das Individuum einen für es spezifischen Weg bei der Reaktion auf das Phänomen ein (= Werten). Dann (4.0) faßt es sein Verhalten und seine Gefühle in Begriffe und organisiert und strukturiert sie. Der höchste Grad der Internalisierung ist erreicht (5.0), wenn die Werthierarchie zur Weltanschauung geworden ist und das gesamte Verhalten steuert (eine genauere Beschreibung der einzelnen Hierarchiestufen wird im Anhang wiedergegeben).

Welchen Fortschritt in der Konkretisierung und Spezifizierung emotionalen Verhaltens die Taxonomie von *Krathwohl* u. a. bedeuten, geht aus einer Gegenüberstellung von herkömmlichen und taxonomischen Begriffen zur Bezeichnung von affektiven Verhaltensweisen hervor:

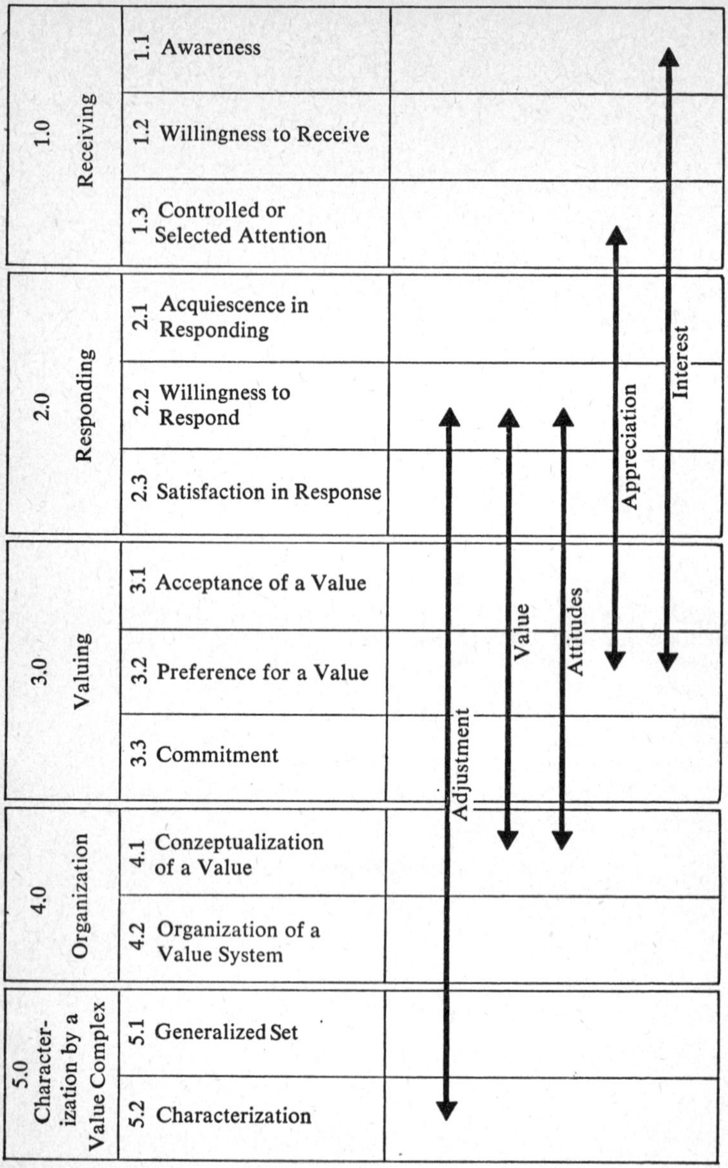


Gegenüberstellung von herkömmlichen emotionsrelevanten Begriffen und Begriffen der Taxonomie von Lernzielen aus dem affektiven Bereich (nach *Krathwohl, Bloom & Masia,* 1964, S. 37).

Mit dem Begriffsinventar von *Krathwohl* u. a. läßt sich z. B. „Wertschätzung“ (appreciation) differenzieren nach „Kontrollierte oder selektive Aufmerksamkeit“, „Bereitschaft zum Reagieren“, „Billigung eines Wertes“ oder „Bevorzugung eines Wertes“.

Exemplifiziert:

wird: Der Schüler schätzt Musik.
aus: Der Schüler hört Musik und achtet z. B. auf das Wiederkehren eines bestimmten Leitthemas.
oder: Der Schüler ist bereit, auf Wunsch seiner Eltern ein Musikinstrument zu spielen.
oder: Der Schüler möchte von sich aus ein Musikinstrument spielen.
oder: Der Schüler spielt mit sichtbaren Anzeichen von Freude ein Musikinstrument.
oder: Der Schüler spielt aus eigenem Antrieb und längere Zeit hindurch ein Instrument.
oder: Der Schüler spielt, vor die Wahl gestellt, lieber auf seinem Musikinstrument als mit seinen Freunden Karten (was er sonst auch gern tut).

Dies Beispiel verdeutlich die selbst von Kritikern zugestandene Stärke der Taxonomie: Durch das Kategorienschema ist ein großer Schritt in Richtung auf sprachliche Eindeutigkeit von Lernzielen getan. Nach den Vorstellungen ihrer Autoren sollen der Taxonomie weitere drei Funktionen zukommen: als System zur Beschreibung, Anordnung und Konstruktion von Testaufgaben, Examinierungstechniken und Beurteilungsinstrumenten (die Schaffung eines solchen Systems war übrigens der Hauptgrund für das Forschungsprogramm der Gruppe um *Bloom* und *Krathwohl*); als Werkzeug für den Vergleich unterschiedlicher Unterrichtsprogramme und zur Strukturierung von Ergebnissen der Unterrichtsforschung; als Beitrag zur Theorie des Lernens (vgl. *Krathwohl* u. a., 1964, S. 4 ff.).

Daß diese Funktionen (zumindest in Amerika) in gewissem Umfang auch erfüllt werden, geht z. B. aus dem „Handbook on Formative and Summative Evaluation of Student Learning“ von *Bloom, Hastings & Madaus* (1971) hervor, worin die Vertreter verschiedener Unterrichtsfächer in konsequenter Weise die beiden Taxonomien (kognitiver und affektiver Bereich) zur Beschreibung und Kontrolle von Lernzielen verwenden. Während sie die Klassifikation der kognitiven Dimension fast ohne Änderung übernehmen, modifizieren die einzelnen Fachvertreter die Einteilung im affektiven Bereich entsprechend den Erfordernissen ihrer Disziplin:

| Fach | Einteilung affektiver Lernziele | Quelle |
|---|---|---|
| Language Arts | attitudes (acceptance, appreciation)<br>reception (awareness, selected attention)<br>participation (willing participation, enjoyment of participation) | *Moore & Kennedy* (1971, S. 402) |
| Social Studies | attitudes (desirable intellectual behavior: scientific approach to human behavoir, humanitarian outlook on the behavior of others; desirable social behavior: awareness and interest, acceptance of responsibility, involvement)<br>values (desirable democratic behavior: basic democratic values) | *Orlandi* (1971, S. 450) |
| Science | attitudes and interests (manifestation of favorable attitudes toward science and scientists, of scientific inquiry as a way of thought, adoption of "scientific attitudes", enjoyment of science learning experiences, development of interests in science and science-related activities, development of interest in pursuing a career in science)<br>orientation (relationships among various types of statements in science, recognition of the philosophical limitations and influence of scientific inquiry, historical perspective: recognition of the background of science, realization of the relationships among science, technology, and economics, awareness of the social and moral implications of scientific inquiry and its results) | *Klopfer* (1971, S. 563) |
| Art Education | perception (within a work, between works, among works)<br>appreciation (valuing, empathizing, feeling) | *B. G. Wilson* (1971, S. 502) |
| Mathematics | interests and attitudes (attitude, interest, motivation, anxiety, self-concept)<br>appreciation (extrinsic, intrinsic, operational) | *J. W. Wilson* (1971, S. 647) |

| | | |
|---|---|---|
| Writing | interest (willingness, satisfaction)<br>appreciation (acceptance of a value, preference of a value, commitment) | *Foley* (1971, S. 770) |
| Second Language | participation (greater awareness of the phenomenon, increased tolerance of differences; demonstrated interest in the phenomenon, satisfaction derived from achievement, continuing desire to improve competence and increase understanding, active promotion of crosscultural understanding) | *Valette* (1971, S. 818) |
| Industrial Education | perceptual (sensation, figure perception, symbol perception, perception of meaning, perception of performance)<br>affective (receiving, responding, valuing, organization, value complex) | *Baldwin* (1971, S. 858) |

Die verschiedenen Fachvertreter haben sich offensichtlich nicht rigide auf die Taxonomie von *Krathwohl* u. a. (1964) eingeschworen, sondern sie lediglich als Anregung benützt, um affektive Verhaltenskomponenten ihrers jeweiligen Faches zu bedenken. Naturwissenschaftler, die an unseren Schulen unterrichten und die ihr Fach oft als Beispiel objektiver, rationaler und „wertfreier“ Lehre ansehen, müssen die detaillierten Ausführungen von *Klopfer* (1971) geradezu überraschen. Es läßt sich vermuten, daß mancher an den Schülerköpfen vorbeigehender Unterricht in Physik oder Chemie anders angelegt werden würde, wenn der Unterrichtende für solche „nicht-akademischen“ Lernergebnisse (*Raven,* 1973) sensibilisiert wäre. Insofern hat die Taxonomie „aufklärerische Funktion“ (*Messner,* 1972, S. 237). Sie stellt eine Orientierungshilfe zur Aufstellung von Lernzielen dar, entbindet jedoch den Lehrer keinesfalls von der Entscheidung über den Lerninhalt. „Die Praxis hat gezeigt, daß die Orientierung an den Taxonomien bei der Erstellung von Lernzielen eine didaktisch nicht zu verantwortende Über- oder Unterrepräsentativität von bestimmten Lernzielen vermeiden hilft ...“ (*Fischer,* 1971, S. 191).

Die unleugbaren Vorteile der Taxonomie in bezug auf einen lernpsychologisch angemessenen Unterricht sollten jedoch nicht übersehen lassen, daß mit ihr auch Mängel und Unzulänglichkeiten verknüpft sind:

— Die von *Bloom/Krathwohl* vorgenommene Unterscheidung von kognitiven, psychomotorischen und affektiven Zielen mag zwar ein bewußtes Aufeinanderbeziehen der drei erst ermöglichen, die analytische Trennung birgt jedoch die Gefahr, daß die in der Verhaltensrealität vorhandene Verschränkung der Bereiche aus dem Blickwinkel gerät und womöglich zur Zerstückelung der Sachstruktur eines Faches führt (vgl. *Meyer*, 1974, S. 89 f.).

— *Bloom/Krathwohl* haben ihre Lernziele dem gegenwärtigen Unterricht entnommen und daraus die Taxonomie gebildet. Somit besteht die Gefahr, daß der Gebrauch der Taxonomie im schulischen Bereich innovative Ansätze von vorneherein ausschließt und anzutreffende schulische Verhältnisse und Inhalte perpetuiert (vgl. *Thiel*, 1973, S. 52).

— Aufgrund des verhaltenswissenschaftlich orientierten Erkenntnisinteresses, das sich hinter den Taxonomien verbirgt, wird die Frage offen gelassen, wo produktives und kreatives Lernen ermöglicht wird (vgl. *Thiel*, 1973, S. 55).

— Zur methodischen Gestaltung, für die Beschreibung von Lernprozessen geben die Taxonomien kaum etwas her (vgl. die Kritik von *Messner & Posch*, 1971, S. 42 f.).

— Die Taxonomie nimmt bei alternativen Lernzielen dem Lehrer keinesfalls die Entscheidung über das eine oder andere Ziel ab.

— In den Formulierungen von *Bloom/Krathwohl* stellen sich die Lernziele nicht in jenem, etwa von *Mager* (1971) geforderten Präzisionsgrad der Operationalisierung dar. Die Eindeutigkeit der Formulierung lebt vor allem aus den vielen Beispielen von Zielen und Testaufgaben, die zu jeder Stufe illustrierend beigegeben sind.
Damit ist ein weiteres Problem curricularen Denkens angesprochen: das Operationalisieren von Lernzielen.

## 1.3 Operationalisierungsprobleme

Im weiteren Sinn enthält ein operationalisiertes Lernziel eine „semantisch möglichst eindeutige Angabe der beobachtbaren Elemente der gewünschten Veränderung des Schülerverhaltens", im engeren Sinn die „Angabe der Meßoperation, mit der ein beobachtbares Element einer gewünschten Veränderung des Schülerverhaltens erfaßt werden kann"

(*Meyer,* 1974, S. 57). Über die Zweckmäßigkeit operationalisierter Lernziele für Unterrichtsplanung herrschen teilweise recht konträre Vorstellungen:
Während die eine Richtung die Notwendigkeit solcher Formulierungen bezweifelt und derlei Überlegungen als überwundene Phase der Curriculumdiskussion betrachtet (z. B. *Liebe-Harkort,* 1972), hält die andere Richtung operationale Lernzielformulierungen für unabdingbar in der Curriculumplanung und -evaluation (z. B. *Mager,* 1971; *Möller,* 1970; *Gagné,* 1972; *Popham,* 1969). Besonders an der in viele Unterrichtsplanungen eingegangenen *Mager*schen Drei-Komponenten-Beschreibung (beobachtbare Verhaltensweisen, Bedingungen zur Verhaltensänderung und Bewertungsmaßstab) ist in letzter Zeit berechtigte Kritik geübt worden: sie überspiele die Verschränkung von Lernziel- und Methodenentscheidungen und beschneide, sofern sie Eingang in Richtlinien findet, den Freiheitsspielraum des Lehrers in unverantwortbarer Weise. „*Robert Mager* behauptet, Lern*ziele* zu operationalisieren; in Wirklichkeit leistet er eine Teil-Operationalisierung von Ziel-, Inhalts-, Methoden- und Kontrollentscheidungen" (*Meyer,* 1974, S. 70). Gerade für den hier zur Diskussion stehenden emotionalen Lernzielbereich haben bislang alle Versuche der Operationalisierung im Sinne von *Mager* keine Erfolge gezeitigt, und es erscheint fraglich, ob affektive Lernziele jemals in kontrollierbarem Endverhalten beschreibbar sein werden (vgl. *Hentschel,* 1971, S. 242). Worin ist das begründet?
Der Hauptgrund dafür, daß sich viele affektive Lernziele einer Operationalisierung widersetzen, liegt in ihrer nicht kurzfristig zu bewerkstelligenden Erreichung. Während kognitive Lernergebnisse, wie z. B. die Erweiterung des Kenntnispotentials beim Schüler, mühelos innerhalb des Zeitraumes einer einzigen Unterrichtsstunde erzielt und kontrolliert werden können, erfordern Lernergebnisse wie etwa Einstellungen, Interessen oder Wertvorstellungen bedeutend größere Zeitspannen unterrichtlicher Einwirkung. Oft tragen solche im Unterricht angestrebte Dispositionen erst lange nach dem Abschluß der institutionalisierten Erziehung Früchte (z. B. eine Einstellung gegenüber demokratischen Lebensformen, wie sie sich im Gebrauch des aktiven und passiven Wahlrechts äußert). Ein weiterer Grund resultiert aus der Schwierigkeit, für beobachtbare Elemente einer gewünschten Veränderung des emotionsbestimmten Schülerverhaltens geeignete Meßoperationen zu ihrer Erfassung anzugeben. Während für die Überprüfung kognitiver Lernergebnisse einigermaßen zuverlässige Tests existieren oder sich

konstruieren lassen, sind manche Instrumente für die Evaluation z. B. von Wertvorstellungen zu diesem Zweck ebenso gut geeignet „wie Steinbeile in einer Elektronikwerkstatt" (*Scriven,* 1966, S. 47). Auf dieses Problem wird unten im Abschnitt 3 noch einmal einzugehen sein. Ein dritter Grund betrifft die Operationalisierung affektiver Lernziele zwar nicht direkt, trägt aber vermutlich zu einer gewissen Scheu vor Aktivitäten in dieser Richtung bei. Während die Methoden zur Vermittlung kognitiver Lerninhalte weitverbreitete Anerkennung genießen, da sie zum Großteil lernpsychologisch fundiert und ihre Wirkungen experimentell gesichert sind, besteht in bezug auf affektives Lehren und Lernen relativ große Methodenunsicherheit, da der Stand der wissenschaftlichen Erkenntnis in diesem Bereich zu wenige gesicherte Aussagen zuläßt und beim Unterricht auf affektiver Ebene eher der Verdacht der Indoktrination aufkommen kann (vgl. hierzu *Bloom, Hastings & Madaus,* 1971, S. 226 f.; *Krathwohl,* 1973, S. 333).

Nimmt man nun hinzu, welch einseitiger Lernbegriff den Operationalisierungstendenzen in der Curriculumtheorie und -praxis zugrunde liegt, daß nämlich Lernen nur noch als eine Reihe meßbarer Reaktionen auf vorher sorgfältig arrangierte Stimuli aufgefaßt wird (vgl. *Kneller,* 1972, S. 10) und für selbstgelenktes, eigenverantwortliches und schöpferisches Verhalten des Schülers kein Raum mehr bleibt, so könnte für den Bereich der affektiven Lernziele gefolgert werden: Eine Operationalisierung im obengenannten „engeren" Sinn ist für viele dieser Ziele gar nicht wünschenswert, da dies auf eine Uniformierung der Lernergebnisse hinausliefe. Gerade im Bereich der Interessen, der Einstellungen und der Wertschätzungen sollte aber auf Diversität und Originalität der Schüler gezielt werden. Für einen weiteren Teil affektiver Lernziele wird es nicht einmal möglich und notwendig sein, alle beobachtbaren Elemente der gewünschten Veränderung des Schülerverhaltens eindeutig anzugeben, also Operationalisierung im weiteren Sinn vorzunehmen. Hier genügt die Formulierung von Leitlinien und die Angabe von Situationen oder Problemen, in denen die Kinder handeln bzw. mit denen sie sich beschäftigen sollen. *Eisner* (1969) hat für diese Art von Lernzielformulierung die Bezeichnung „expressive" Lernziele vorgeschlagen, die er von den präzis das Endverhalten des Schülers spezifizierenden „instructional" Zielen unterscheidet. Dies muß nicht zwangsläufig mit einem Rückfall in die Beliebigkeit der Zielformulierungen geisteswissenschaftlich-normativ orientierter Lehrpläne verbunden sein. Dieser Tendenz entgegenzuwirken vermögen je-

ne im vorausgehenden Abschnitt dargestellten Klassifikationsschemata, die einen erheblichen Fortschritt in der semantischen Eindeutigkeit gebracht haben. Der Verzicht auf einen stets aufrechtzuerhaltenden und auf alle Lernbereiche sich erstreckenden Operationalisierungszwang vermindert auch die Gefahr, daß aus Gründen der Schwierigkeit lediglich einfache Lerninhalte ins Zentrum des curricularen Interesses rücken und etwa die Feststellung der Wünschbarkeit eines Lernziels aus dem Blickwinkel gerät (vgl. *Hentig,* 1971, S. 15).
Zum Abschluß dieser Überlegungen zur Lernzielanalyse sei nochmals daran erinnert, daß das hier vorgenommene Herausgreifen der emotionalen Lernziele nicht die enge Verknüpfung von kognitiver und affektiver Dimension menschlichen Verhaltens vergessen lassen darf. Stets werden bei der Vermittlung kognitiver Lehrinhalte affektive Begleiterscheinungen zu erwarten sein (Näheres hierzu im Abschnitt 2.3). Für die Aufdeckung affektiver Implikationen in kognitiven Lernzielen hat *Hagemann* (1974) ein Verfahren vorgeschlagen, dessen Nutzen und Praktikabilität er an Lernzielen der Berufsschule nachweist. *Hagemann* fordert von einer sorgfältigen, verantwortbaren Unterrichtsplanung die Analyse von vier verschiedenen affektiven Bedingungsfeldern:

1. die unausgewiesenen affektiven Implikationen im Unterrichtsinhalt,
2. die Positionen und empanzipatorischen Interessen der Schüler gegenüber diesen Ansprüchen,
3. die notwendige oder erwünschte Intensität der Lernbereitschaft,
4. die beim künftigen Lernenden als vorhanden anzunehmende Intensität (vgl. *Hagemann,* 1974, S. 92).

Während die ersten beiden Felder Reflexionen über den inhaltsbezogenen Soll- bzw. Istzustand enthalten (= inhaltliche Implikationen), beziehen sich die anderen beiden Bedingungsfelder auf lernmotivationale Überlegungen (= formale Implikationen). Die Felder 1 und 3 beschreiben Sollzustände, die Felder 2 und 4 Istzustände. Für die Zielpräzisierung innerhalb der vier Bedingungsfelder dient die Taxonomie von *Krathwohl* u. a. (1964) als Leitfaden. Ein Beispiel zum Unterrichtsthema „Wie kommen Löhne zustande?“ (vgl. *Hagemann,* 1974, S. 104):

| | |
|---|---|
| kognitives Ziel | Erklären können, warum der Lohnkonflikt der Metallindustrie gerade zu Beginn des Jahres auftrat |
| formal-affektiver Sollzustand | 3.2 (= Bevorzugung eines Wertes) |
| formal-affektiver Istzustand | 2.3 (= Befriedigung beim Antworten) |
| erwünschter oder möglicher inhaltlich-affektiver Zustand (Implikationen) | Bereitschaft, auch bei Lohnforderungen sich an Abmachungen zu halten 3.3 (= Einsatz für einen Wert) |
| ggf. Korrektur*) | Bereitschaft zu außergewöhnlichem Verhalten unter außergewöhnlichen Umständen 3.2, Tendenz zu 4.2 (= Integration der Werte in ein System) |
| vorhandener oder angenommener inhaltlich-affektiver Zustand (Istzustand) | Abmachungen werden oft nur widerwillig akzeptiert 2.2 (= Wille zum Antworten) |

* gibt an, wie die Ansprüche des inhaltlich-affektiven Sollzustands gegebenenfalls geändert werden können.

Mit Sicherheit entsprechen die von *Hagemann* angeregten Konkretisierungen nicht operationalisierten Lernzielen im engeren Sinn, und die von ihm eingetragenen Bemerkungen beruhen selbstverständlich auf subjektiven Annahmen. Seine Beispiele demonstrieren jedoch, daß die Taxonomie „gute Dienste leisten kann bei der Bewußtmachung und Konkretisierung von affektiven Anforderungen, die dann auf dieser Stufe diskutierbar sind" (*Hagemann,* 1974, S. 98).

# 2. Methodische Anregungen aus der Arbeit von Raths, Harmin & Simon: Values and Teaching

## 2.1 Theoretische Grundlagen

Die von *Raths, Harmin & Simon* (1966) vorgelegte Theorie der Wertvorstellungen (value theory) entstand aus der Kritik an dem Trend, die Verhaltensprobleme von Kindern, speziell deren Schulprobleme, entweder auf eine emotionale Störung oder auf einen niedrigen Intelligenzquotienten zurückzuführen. Die Verfasser wollen einen weiteren Bereich zur Erklärung von Schülerverhalten berücksichtigt wissen, den der Wertvorstellungen (values). Ihren Untersuchungen zufolge seien eine Reihe von Schulproblemen auf Wertbegriffe, besser gesagt: auf das Fehlen von Wertbegriffen zurückzuführen. *Raths* u. a. unterscheiden demnach zwischen emotionalen Bedürfnissen (emotional needs), Denken (thinking) und Wertschätzen (valuing), die sich jedoch im menschlichen Verhalten nicht strikt voneinander scheiden lassen (so hat etwa das Wertschätzen grundsätzlich eine intellektuelle Komponente und einen emotionalen Bedürfnishintergrund). Wenn wir vor der Aufgabe stehen, Kindern zu helfen, deren Verhalten auf Lernschwierigkeiten hinweist, so muß der Wahl einer geeigneten Lernhilfe die Feststellung der dominierenden Komponente vorausgehen: Deuten die beobachtbaren Symptome beim Kind eher auf ein Denkproblem, ein unbefriedigtes emotionales Bedürfnis oder eine Verwirrung der Wertvorstellungen hin? Jede dieser Komponenten zeigt nach Aussage der Autoren nicht nur einen verschiedenartigen Satz von Symptomen, sondern erfordert auch eine unterschiedliche Technik der Behandlung. Symptome für unterdrückte emotionale Bedürfnisse (nach Zuneigung, Geborgenheit, Leistung, nach Lösung aus Angst und Schuldgefühlen) können sein: eine stete Neigung zu außergewöhnlicher Aggressivität oder Einkapselung und Isolierung, Anzeichen von psychosomatischen Krankheiten, eine Tendenz zu Unterwürfigkeit, Gehorsam und Liebedienerei und schließlich zu regressivem Verhalten. Denkprobleme können z. B. an vorschnellen Handlungen, an dogmatischen Aussagen, an schlechter Umstellbarkeit (Rigidität) im Denken, an fehlender Auffassungsfähigkeit, an mangelndem Vertrauen zum eigenen Denken und am Wunschdenken erkannt werden. Dagegen würden Apathie, Flatterhaftigkeit, Unsicherheit, Wechselhaftigkeit, Sich-treiben-Lassen, Überangepaßtheit, Opponiersucht und Schauspielerei auf unklare Wertbegriffe hindeuten. Liegt eine Störung der emotionalen Bedürfnisse vor, so wird der Lehrer bemüht sein, dem Schüler durch Zuwendung, positive Verstärkung usw. das Gefühl der Sicherheit und Geborgenheit zu vermitteln. Bei Denkproblemen wird er versuchen, Prozesse zu initiieren wie Beobachten und Berichten des Beobachteten, Vergleichen und Gegenüberstellen, Zusammenfassen, Interpretieren, Klassifizieren und Sortieren, Veranschaulichen, Planen und Durchführen, Skizzieren, Kritisieren, Analysieren, Aufdecken von Voraussetzungen, Entdecken und Problemlösen (vgl. *Raths, Harmin & Simon,* 1966, S. 200—204). Für den Bereich der gestörten Wertvorstellungen (value confusion) empfehlen *Raths* und seine Mitarbeiter ihre Methode zur Klärung von Wertvorstellungen (value-clarifying method), eine an der Praxis orientierte und mit einigem Erfolg erprobte Technik, Kinder durch gezielte Impulse zum Nachdenken über ihre Wertvorstellungen anzuregen.

Der Ansatz von *Raths* u. a. unterscheidet sich von dem Versuch der Taxonomisierung der affektiven Lernziele von *Krathwohl* u. a. (1964) insofern, als es bei *Raths* u. a. weniger um eine Klassifizierung von erwünschten Lernergebnissen, also um Produkte, geht, sondern in erster Linie um Prozesse des Wählens, des Schätzens und Sich-Verhaltens, an deren Ende der Mensch etwas internalisiert hat, was in der einschlägigen Literatur mit „Wert" bezeichnet wird. Zur angemessenen Beurteilung im Hinblick auf die im vorliegenden Zusammenhang zu erörternden curricularen Möglichkeiten bedarf es einer eingehenderen Darstellung dieser Theorie und Methode zur Klärung von Wertbegriffen. Bei ihren theoretischen Überlegungen gehen *Raths* u. a. auf ihre Schwierigkeiten vor allem der Kinder ein, in einer in ständigem Wandel begriffenen Umwelt und vor einer wachsenden Zahl von Alternativen des Angebots an Lebensstilen, Konsumgewohnheiten usw. Klarheit über eigene, erstrebenswerte Wertvorstellungen zu erlangen. Wird den Kindern bei der Ordnung der unterschiedlichen auf sie einströmenden Wertbegriffe nicht geholfen, so tritt die bereits erwähnte Verwirrung der Wertvorstellungen (value confusion) ein, welche für einen Großteil der Probleme von Kindern innerhalb und außerhalb der Schule verantwortlich sind. „Personen mit unklaren Wertbegriffen fehlt die Richtung ihrer Lebensgestaltung, fehlen Kriterien zur Entscheidung, was sie mit ihrer Zeit, ihrer Energie, ihrem bloßen Dasein anfangen sollen" (*Raths* u. a., 1966, S. 12)*. Die Vorstellungen von *Raths* u. a. über Prozesse, die am effektivsten zur Erlangung von Wertbegriffen führen, haben in sieben Merkmalen des Wertens ihren Niederschlag gefunden. Diese sieben Kriterien müssen aber auch erfüllt sein, wenn von einem Wertbegriff gesprochen wird:

1. das Auswählen aus Alternativen
2. das Auswählen nach sorgfältiger Erwägung der Konsequenzen jeder einzelnen Alternative
3. das freie Auswählen
4. das Wertschätzen im Sinne eines Froh-Seins über eine getroffene Wahl (gefühlsmäßige Hochschätzung)

---

* Bei diesem Zitat handelt es sich, wie auch bei den noch folgenden aus dem Buch von *Raths* u. a., um eigene Übersetzung, L. M.

5. das Wertschätzen und die Bereitschaft, für eine getroffene Wahl auch öffentlich einzutreten
6. das Handeln gemäß einer getroffenen Entscheidung; das Eingliedern der Wahlentscheidungen in das Verhalten
7. das ständige, andauernde Handeln gemäß einer getroffenen Entscheidung (vgl. *Raths* u. a., 1966, S. 28 ff. und 259).

Mit anderen Worten, vom Vorhandensein einer bestimmten Wertvorstellung kann erst gesprochen werden, wenn der Prozeß des Wertens nach diesen sieben Kriterien abläuft. Die Kriterien dienen gleichzeitig als Grundsätze für den Aufbau von Wertbegriffen durch Lehr-/Lernprozesse (vgl. *Raths* u. a., 1966, S. 38 f.):

1. Ermutige die Kinder, freie Entscheidungen zu treffen!
2. Hilf ihnen bei der Aufdeckung und Überprüfung von Alternativen, wenn sie vor Entscheidungen stehen!
3. Hilf den Kindern beim gründlichen Abwägen der Alternativen unter Beachtung der Konsequenzen jeder einzelnen!
4. Ermuntere die Kinder zum Nachdenken darüber, was sie eigentlich schätzen und für wertvoll erachten!
5. Gib ihnen Möglichkeit, ihre getroffene Entscheidung öffentlich zu vertreten!
6. Ermutige sie, in Einklang mit der getroffenen Entscheidung zu handeln, sich zu verhalten, zu leben!
7. Hilf ihnen bei der Überprüfung von (bereits eingeschliffenen) Verhaltensgewohnheiten oder -mustern!

Ansatzpunkte für den Aufbau von Wertvorstellungen können jene Phänomene sein, aus denen oft Wertvorstellungen erwachsen, die selbst jedoch noch nicht allen sieben Kriterien des Wertungsprozesses genügen:

1. Ziele oder Absichten (goals or purposes)
2. Ansprüche (aspirations)
3. Einstellungen (attitudes)
4. Interessen (interests)
5. Gefühle (feelings)
6. Überzeugungen (beliefs and convictions)
7. Beschäftigungen (activities)
8. Sorgen, Probleme, Hindernisse (worries, problems, obstacles)

Nach Meinung von *Raths* u. a. erheben diese acht Wertindikatoren (value indicators) keineswegs Anspruch auf Vollständigkeit. Ihren Erfahrungen nach sind sie es jedoch, die im schulischen Kontext oft beobachtet werden können (vgl. *Raths* u. a., 1966, S. 30—33).

## 2.2 Praktische Konsequenzen

Da die traditionellen Techniken zum Aufbau von Wertbegriffen bei Schülern (z. B. Demonstration von Vorbildern aus dem gesellschaftlichen Leben, aus der Geschichte, aus der Literatur; Überreden und Überzeugen; Einschränkung des Alternativangebots; Gewissensappelle; Regeln, Gesetze, kulturelle oder religiöse Dogmen) allen Erfahrungen nach wenig erfolgreich sind, haben *Raths* u. a. die Methode der Klärung von Wertvorstellungen entwickelt. Kernstück dieser Methode ist eine Technik, die sich vielleicht mit „klärender Impuls" (clarifying response) übersetzen läßt. Diese Technik „ist eine Art und Weise des Reagierens gegenüber einem Schüler, das dazu führt, daß dieser bedenkt, was er entschieden hat, was er schätzt und/oder was er tut. Sie stimuliert ihn, sein Denken und Verhalten und somit auch seine Wertvorstellungen zu klären; sie ermutigt ihn, über sie nachzudenken" (*Raths* u. a., 1966, S. 51). Dreißig der wichtigsten klärenden Impulse und Fragen stellen *Raths* u. a. in ihrem Buch vor und illustrieren sie anhand von Lehrer-Schüler-Dialogen (eine Übersetzung dieser Fragen s. u. S. 336 f.). Diese vom Lehrer ausgehenden Denkanstöße

— wollen weder moralisieren noch kritisieren;
— belassen den Schüler in seiner Eigenverantwortlichkeit;
— nehmen auch in Kauf, daß der Schüler nicht darauf eingeht;
— wollen nicht Großartiges vollbringen, sondern das eine um das andere Mal anregen (kumulativer Effekt);
— sollen noch nicht in Interviews ausarten oder eine Diskussion provozieren;
— sind eher an den einzelnen, nicht an eine Gruppe gerichtet;
— müssen nicht bei jeder Gelegenheit bei jedem einzelnen angewendet werden;
— betreffen Situationen, in denen es keine eigentlich „richtige" Entscheidung gibt;
— sollen nicht schematisch, formelhaft angewandt werden, sondern spontan (jedoch mit Bedacht) (vgl. *Raths* u. a., 1966, S. 53 f.).

Anlässe zu diesen Denkanstößen bieten die Äußerungen von Schülern bezüglich ihrer Einstellungen, Bestrebungen, Absichten, Interessen und Freizeitbeschäftigungen (= Wertindikatoren). Ein Beispiel: Ein Schüler hat seinem Lehrer gerade erzählt, daß er das Fach Naturlehre besonders gern mag. Es entwickelt sich ein Dialog:

Lehrer: Was gefällt dir denn an der Naturlehre besonders?
Schüler: Besonders? Tja, ich bin mir nicht ganz sicher. Ich vermute, ich mag das Fach ganz allgemein.
Lehrer: Beschäftigst du dich zum Spaß auch außerhalb der Schule mit Naturlehre?
Schüler: Eigentlich nicht.
Lehrer: Mmh, mmh.

Darauf wird das Gespräch abgebrochen. Solche Situationen ergeben sich oft „zwischen Tür und Angel" („one-legged conferences"), d. h. der Lehrer ist gerade im Begriff, irgendeine Arbeit zu beginnen, oder ist auf dem Weg in einen anderen Raum und verweilt kurz, um auf eine Schüleräußerung einzugehen. Ein Lehrer, der mit dieser Technik arbeiten will, muß hellhörig werden für Wertindikatoren, muß die sieben Kriterien für den Prozeß des Wertens vor Augen haben und den entsprechenden Impuls zum Klären der Wertvorstellungen geben können. Es liegt auf der Hand, daß dieses episodenhafte Eingreifen des Lehrers zur Klärung aller Wertbegriffe nicht ausreicht. *Raths* u. a. zählen weitere neunzehn Strategien auf, mit deren Hilfe eine systematischere, die ganze Klasse betreffende Klärung möglich wird (eine Kurzbeschreibung dieser Strategien befindet sich ebenfalls im Anhang).

## 2.3 Diskussion des Ansatzes

Bei aller Würdigung der einleuchtenden Argumentation zur Notwendigkeit des Sich-klar-Werdens über Wertvorstellungen und bei aller Hochachtung vor dem methodischen Ideenreichtum erweckt der Ansatz von *Raths* u. a. doch einige Fragen und läßt Probleme sichtbar werden:

1. Kann der Prozeß des Wertens unabhängig vom Objekt des Wertens betrachtet werden, so wie es *Raths* u. a. tun? Woher weiß man, daß am Ende eines Wertungsprozesses stets ein individuell oder gesellschaftlich erwünschter Wertbegriff steht?

2. Inwieweit ist es sinnvoll, den Bereich der Wertvorstellungen so deutlich von emotionalen und intellektuellen Verhaltensaspekten zu trennen? Läßt sich der Ansatz von *Raths* u. a. in irgendeiner Weise mit den Taxonomien kognitiver (*Bloom* u. a., 1956; deutsch: 1972) und affektiver (*Krathwohl* u. a., 1964) Lernziele in Verbindung bringen?
3. Inwieweit hat sich die Methode von *Raths* u. a. bereits bewährt? Haben Kinder, deren Lehrer sich die Theorie des Wertens und die Methode des Klärens von Wertvorstellungen zu eigen gemacht hat, wirklich mehr Wertbegriffe, sind sie sich ihrer Wertvorstellungen mehr bewußt? Verhalten sich diese Kinder weniger apathisch, verwirrt und irrational als vorher oder als Kinder, die nicht nach dieser Methode unterrichtet werden (eine Vermutung, die *Raths* u. a. wiederholt aussprechen)? Wie sollen solche Verhaltensänderungen diagnostiziert werden?
4. Welche organisatorischen Bedingungen müßten erfüllt sein, damit ein Lehrer nach der Methode von *Raths* u. a. arbeiten kann? Wie verträgt diese Arbeit sich mit amtlichen Richtlinien und Lehrplänen?

*zu 1:* Die von *Raths* u. a. getroffene Ausklammerung der Diskussion um die Wertbegriffe selbst läßt auf einen gewissen Optimismus der Autoren schließen, am Ende eines Wertungsprozesses, der den sieben Kriterien (s. o.) entspricht, stünde ein Wertbegriff, wie er nicht nur vom Individuum, sondern auch von der Gesellschaft erwünscht ist. *Raths* u. a. setzen stillschweigend voraus, daß durch das Aufzeigen ausreichender Alternativen, durch das Antizipieren ihrer Konsequenzen, durch die vollkommene Entscheidungsfreiheit des Jugendlichen usw. das Urteil über „wahr" und „falsch", „gut" und „böse", „gerecht" und „ungerecht", „schön" und „häßlich" schon irgendwie in einer für unsere Gesellschaft mit pluralistischen Meinungen und Vorstellungen vertretbaren Weise zustande kommt. Eine solche Annahme übersieht jedoch, daß gesellschaftlich gegebene Macht- und Herrschaftsverhältnisse (Kind — Erwachsener; Lehrender — Lernender; Arbeitgeber — Arbeitnehmer; Kapitaleigner — Besitzlose) gewisse Alternativen des Entscheidungsprozesses von vorneherein nicht zulassen, daß sich also hinter der Bemessung des Entscheidungsspielraumes bereits Wertvorstellungen verbergen (z. B. die freiheitlich-demokratische Rechtsordnung), die auf gesellschaftlichen Konsens zurückgehen und ihren Ausdruck als

Zielvorstellungen in Lehrplänen und Richtlinien finden. Die Gefahr, die in einer so liberalistisch verfahrenden Methode steckt, kann mit *Mager*s Worten skizziert werden: „Wenn man nicht genau weiß, wohin man will, landet man leicht da, wo man gar nicht hin wollte“ (*Mager*, 1971, S. XVII). Sicher täte man *Raths* u. a. unrecht, wollte man unterstellen, sie sähen diese Gefahr nicht. An mehreren Stellen weisen sie auf die Notwendigkeit hin, daß der Lehrer mit seiner Meinung nicht hinter dem Berg halten soll (z. B. „Selbst wenn du für dich entscheidest, daß das Abschreiben bei einer Prüfungsarbeit das bestmögliche Verhalten ist, so kann ich es doch nicht zulassen, daß du es tust.“). Damit wäre weiterhin der Lehrer diejenige Instanz, die Werte vertritt und setzt. Die Gründe, weshalb affektive Lernergebnisse so wenig berücksichtigt werden (Angst vor dem Moralisieren, Indoktrinieren), bestünden weiter, und letztlich wäre dann keine Änderung des bisherigen Status herbeigeführt. Vielleicht besteht der entscheidende Fehler von *Raths* u. a. in ihrer Grundannahme, daß durch die Methode des Wertens ein Wertbegriff direkt erzeugt werden kann. Es hat eher den Anschein, als könne durch diese Methode eine Fähigkeit beim Schüler entwickelt werden, die er instrumentell bei der Bildung von Wertvorstellungen einsetzt und die allerdings übereinstimmend als „wert“volles Ziel des Unterrichts angesehen wird: Kritik- und Entscheidungsfähigkeit. Zweifelsohne birgt das methodenorientierte Unterrichtsmodell weiterhin die Gefahr, daß Handlungsweisen zum Prinzip erhoben werden, ohne deren Effektivität für Verhaltensänderung beim Lernenden zu validieren (vgl. zur Kritik an solchen Modellen allgemein: *Popham*, 1969, S. 38 f.).

*zu 2:* Es erscheint müßig, über den Sinn oder Unsinn der Abtrennung des Bereichs der Wertvorstellungen von demjenigen des Kognitiven und des Affektiven zu entscheiden; genauso wie eine für Untersuchungszwecke nützliche Unterscheidung zwischen Kognition und Emotion vorgenommen wird, obwohl das eine nicht gänzlich ohne das andere auftritt (vgl. *Krathwohl* u. a., 1964, S. 45—62), muß es *Raths* u. a. gestattet sein, von ihrer Theorie der Wertvorstellungen her diesen einen Bereich herauszugreifen, bei dem obendrein „die Symbiose von Kognition und Emotion besonders innig ist“ (s. o. *Oerter*, S. 22).
Diese Verknüpfung wird auch deutlich, wenn man eine Gegenüberstellung der kognitiven und affektiven Lernzielkategorien nach *Bloom* u. a. (1956) und *Krathwohl* u. a. (1964) betrachtet:

| | |
|---|---|
| 1. Das kognitive Kontinuum beginnt mit dem Wiedererinnern und Wiedererkennen von *Kenntnis* durch den Schüler (1.0), | 1. Das affektive Kontinuum beginnt mit dem bloßen *Aufmerksamwerden* (1.0) auf Stimuli und das passive Beachten derselben. Durch aktiveres Zuwenden weitet sich dies aus |
| 2. das sich ausweitet zum *Verständnis* (2.0) der Kenntnisse, | 2. zum *Reagieren* (2.0) auf Stimuli auf Verlangen hin, zum bereitwilligen Reagieren auf diese Stimuli und zum Erlangen von Genugtuung aus diesem Reagieren, |
| 3. zur Fertigkeit des Schülers in der *Anwendung* (3.0) der verstandenen Kenntnisse, | 3. zum *Wertschätzen* (3.0) des Phänomens oder der Aktivität, so daß der Schüler freiwillig reagiert und nach Wegen sucht, um zu reagieren, |
| 4. zu seiner Fertigkeit in der Analyse (4.0) von Situationen, die diese Kenntnisse beinhalten, zu seiner Fertigkeit in der *Synthese* (5.0) seiner Kenntnisse in neuen Organisationen, | 4. zum *Begreifen* (4.1) jedes Wertes, auf den reagiert wird, |
| 5. zu seiner Fertigkeit in der *Beurteilung* (6.0) innerhalb dieses Kenntnisbereichs, um über den Wert von Materialien und Methoden zu bestimmten Zwekken zu befinden. | 5. zur *Organisation* (4.2) dieser Werte zu Systemen und schließlich zum Einordnen des Wertkomplexes in ein einzelnes Ganzes, einer *Charakterisierung* (5.0) des Individuums. |

(*Krathwohl* u. a., 1964, S. 49/50; eigene Übersetzung, L. M.)

Am offensichtlichsten wird die enge Verknüpfung der beiden Bereiche auf den Stufen 4 und 5: Das Begreifen eines Wertes muß einhergehen mit dem Verständnis von Fakten usw., von deren Analyse und der Fähigkeit zu ihrer Neuorganisation. Ebenso wird das Abwägen von Wertvorstellungen, wie es auf den höchsten Stufen der Hierarchie der affektiven Lernziele geschieht, die Fähigkeit zum Beurteilen implizieren, wie sie unter 6.0 des kognitiven Bereichs definiert ist. Was *Raths* u. a. mit ihrer Methode erreichen wollen, entspricht den in der Hierarchie der Lernziele von *Bloom/Krathwohl* auf höherer Stufe stehenden erwünschten Lernergebnissen, die sich durch größeren Komplexitätsgrad bzw. Internalisierungsgrad auszeichnen. Eine Analyse der von *Raths* u. a. vorgeschlagenen Techniken zeigt jedoch, daß die mit ihnen in Gang gebrachten Prozesse über Zwischenstationen menschlichen Verhaltens ablaufen werden, die ohne Schwierigkeit als *Bloom/Krathwohl*sche Lernziele mit niedriger Komplexität bzw. Internalisation identifiziert werden könnten.

*zu 3: Raths* u. a. berichten von zwölf Untersuchungen, die in der Zeit von 1957—1962 an Colleges, Hochschulen und Elementarschulen unternommen worden sind und den Effekt der Methode des Sich-klar-Werdens über Wertvorstellungen nachzuweisen versucht haben. Sieht man von den methodischen Schwächen in der Versuchsplanung und Datenerhebung ab, die alle zwölf Untersuchungen aufweisen, so unterstützen die Ergebnisse die Annahme, daß durch das Praktizieren der Strategie des Wertens die Schüler bzw. Studenten zielbewußter und aktiver werden (vgl. *Raths* u. a., 1966, S. 218 f.). Die Frage, was das eigentlich für Wertbegriffe sind, die den Schüler weniger apathisch, verwirrt und irrational erscheinen lassen, bleibt unbeantwortet. Des weiteren wirft die Konzentration auf die Prozesse des Wertens und das tatsächliche (nicht das in einem Test zu Papier gebrachte hypothetische) Handeln nach Wertvorstellungen Meßprobleme auf, zu deren Lösung noch viele Forschungsarbeit geleistet werden muß, da vorhandene Instrumente nicht oder nur teilweise in diesem Zusammenhang verwendbar sind. Den von *Raths* u. a. vorgeschlagenen Meß- und Beobachtungstechniken (Beobachtungsbögen, soziometrische Verfahren, Kollegen-, Mitschüler-, Elternbefragungen) mangelt es oft an ausreichender Zuverlässigkeit. Unklarheit besteht auch noch, bei welchen Kindern in welchem Alter die Methode des Sich-klar-Werdens über Wertvorstellungen die besten Wirkungen zeigt. *Raths* und seine Mitarbeiter geben zu, daß eine Menge an Fragen noch offen und viele Forschungsprobleme noch ungelöst sind, die sie jedoch nicht für unüberwindbar halten. „Weitere Forschungsarbeit wird ein besseres Verständnis der Klärung von Wertvorstellungen und seiner Implikationen für die Erziehung bringen und dies wiederum wird, wie wir hoffen, zu besseren Ergebnissen in der Schulklasse und zu froheren, besser integrierten, produktiveren Individuen führen“ (*Raths* u. a., 1966, S. 229).

*zu 4:* Trotz aller theoretischen und methodischen Mängel, die diesem Ansatz noch anhaften, verdienen die ersten Erfolge doch Beachtung. Ein Lehrer, der sich entschlösse, die von *Raths* und seinen Mitarbeitern vorgeschlagenen Techniken systematischer als bisher zu verwenden (daß diese Techniken nichts eigentlich Neues sind und mehr oder weniger intuitiv auch heute schon in unseren Schulen verwendet werden, darüber besteht wohl kein Zweifel), stünde vor mindestens zwei Problemen, wovon das eine durch die Fächerung des Unterrichts, das andere durch die vorgeschriebenen Richtlinien und Lehrpläne hervorgerufen wird. Bedingt durch das System des Fächergruppenlehrers, das sich auch in den Hauptschulen durchgesetzt zu haben scheint, hat jeder Lehrer nicht mehr nur 30—40 Kinder, sondern ein Vielfaches davon zu unterrichten. Die Lehrer kennen ihre Schüler kaum. Zu den Lehrern haben die Schüler geringe nicht-unterrichtsbedingte Kontakte. Das gegenseitige Sich-Kennen von Schülern und Lehrern wäre aber Grundvoraussetzung für ein vertraueneinflößendes Klassenklima, unter dem wertbezogene Probleme angesprochen und fruchtbar diskutiert werden können. In der Regel gibt der Klassenlehrer die meisten Stunden in seiner Klasse. Er wäre noch am ehesten in der Lage, die Methoden von *Raths* u. a. in seiner Klasse anzuwenden. Nachdem ihm jedoch durch bürokratische Akte, die er in seiner Funktion als Klassenlehrer laufend durchzuführen hat, ein nicht unbeträchtlicher Teil seiner Unterrichtszeit verlorengeht, wird er nur zögernd zeitaufwendige Techniken zusätzlich einführen wollen, damit er in den Fächern, die er vertritt, weiterhin ausreichend unterrichten kann. Damit ist das weitere Hauptproblem angesprochen, das der Stoffpläne, die einen nicht zu übersehenden Druck auf die Unterrichtsarbeit ausüben. Obwohl die Zielsetzungen der amtlichen Richtlinien und Lehrpläne Forderungen nach Interessenweckung, Kritikfähigkeit, Wertschätzung, Gefallen usw. enthalten, beweist die Praxis der Schülerbeurteilung und -auslese eher deren Geringschätzung: Ausschließliche Kriterien sind sprachliche und mathematische Fertigkeiten und Fähigkeiten sowie sachkundliche Kenntnisse (vgl. hierzu den Beitrag von *Hopf* im vorliegenden Band S. 281 ff.) — also kognitive Lernergebnisse. Solange eine solche Orientierung in unseren Schulen vorherrscht, wird ein Lehrer, der sich die Abklärung von Wertvorstellungen und den Aufbau von Kritikfähigkeit bei seinen Schülern zum Ziel setzt, mannigfacher Kritik ausgesetzt sein:

seitens der Schulbehörde, da die Stoffpläne amtlicher Richtlinien wohl nicht mehr in dem gewünschten Umfang erfüllt werden können,

seitens der Eltern, da sie Schwierigkeiten ihrer Kinder beim Übertritt in weiterführende Schulen befürchten müssen, deren Zielsetzung keine Rücksicht auf Experimente von Lehrern nehmen, seitens der Kollegenschaft, die einen mit Konflikten verbundenen Einfluß auf ihre eigene gewohnte Unterrichtsplanung und -durchführung befürchten muß.

In bezug auf die unterrichteten Schüler läßt sich lediglich vermuten — und die berichteten Erfolge nähren diese Vermutung —, daß sie durch einen nach den Vorschlägen von *Raths* u. a. gestalteten Unterricht stärker zur Mitarbeit und Eigenaktivität motiviert sein werden als durch den herkömmlichen Unterricht.
Ganz offensichtlich erfordert Lernen im emotionalen, wertenden Bereich andere Unterrichtstechniken als die beim Vermitteln kognitiver Fertigkeiten und Fähigkeiten herkömmlich verwendeten. So hat etwa der sozio-affektive Ansatz für ein Curriculum „Soziales und affektives Lernen in der Schule als Beitrag zu interpersonellen, Inter-Gruppen- und internationalen Beziehungen", das von Erfahrungssituationen der Kinder ausgeht und durch Experimente zu Vorgängen der sozialen Wahrnehmung, Kommunikation, Kooperation, aber auch durch Simulations-, Rollen- oder Planspiele bestimmte Erfahrungen des täglichen Lebens und aus der konkreten Umwelt der Schüler nachempfinden läßt, erstaunliche Befunde ergeben: „weniger Schulangst, bessere Klassenatmosphäre, Steigerung der Klassendurchschnittsleistung — auch in anderen Fächern —, mehr hilfreiche Interaktionen zwischen Schülern sowie zwischen Schülern und Lehrern. Bei der Unterrichtsbeobachtung ergab sich weiterhin:

— daß die Schüler vergleichsweise spontaner, häufiger und insgesamt mehr sprechen als zuvor;
— daß mehr (eigenständige) Kleingruppenarbeit stattfindet;
— daß sich das Unterrichtsklima deutlich verbessert hat (mehr sozialintegrativ, entspannter, gekennzeichnet durch mehr positive Emotionalität etc.)" (*Müller-Wolf*, 1974, S. 445).

Eine Reihe solcher unkonventioneller Unterrichtstechniken, deren Relevanz für emotionales Lernen plausibel erscheint, gesammelt zu haben, ist ein Verdienst von *Raths* u. a.

# 3. Zur Überprüfung emotionaler Lernergebnisse

## 3.1 Vorhandene Instrumente

Was im letzten Abschnitt über die Unterrichtsmethoden zum Lernen im emotionalen Bereich gesagt wurde, kann auch für die Lernkontrolle gelten: Die für Zwecke der Überprüfung kognitiver Lernergebnisse entwickelten Instrumente (Schulleistungstests aller Art) sind kaum geeignet, affektives Lernen zu überprüfen. Sie können im besten Fall nur indirekt affektive Qualitäten erfassen, indem etwa von der Art der Bearbeitung solcher traditioneller kognitiver Verfahren auf Einstellungen oder Interessen geschlossen werden könnte. Die im Gefolge neuerer Curriculumdiskussionen sich stärker verbreitende zweckrationale Unterrichtsplanung in unseren Schulen brachte eine Reihe von Versuchen, Testverfahren zu entwickeln, die sich an den konkreten Zielen des Unterrichts orientieren. Diese „lernzielorientierten Tests" haben gegenüber den herkömmlichen standardisierten und auf schulische Auslese hin konstruierten „normorientierten Tests" den Vorteil, daß sie das Schülerverhalten nicht nur beschreiben, sondern durch ihren Bezug auf den stattgefundenen Unterricht dem Lehrer die Möglichkeit ursächlicher Erklärung der Lernleistung geben, worauf er gezieltere unterrichtliche Fördermaßnahmen ergreifen kann (vgl. hierzu *Kutscher, Raeithel & Stevens,* 1973; *Frenz, Krüger & Tröger,* 1973; *Mauermann, Schulte & Seisenberger,* 1973). Eine Analyse dieser Tests z. B. derjenigen von *Balhorn & Harries,* 1972; *Hagener,* 1972; *Henning* u. a., 1972; *Gern & Royl,* 1973; *Projektgruppe Schullaufbahnberatung,* 1973) deckt eine fast ausschließliche Orientierung an Lernzielen aus dem kognitiven Bereich auf. Die Gründe für die Ausblendung expliziter affektiver Testaufgaben stimmen vermutlich mit denen überein, die auch für das Fehlen operationalisierter Zielangaben und spezifischer Methoden im affektiven Bereich verantwortlich sind: die schwierige und nicht kurzfristig erzielbare Verhaltensbeeinflussung, die geringen psychologischen Kenntnisse über die Wirkungsweise unterschiedlicher Unterrichtstechniken und der drohende Indoktrinationsverdacht in diesem Bereich, sowie die untergeordnete Rolle emotionaler Lernergebnisse bei schulischen Höherqualifizierungen.

Die in allen obengenannten lernzielorientierten Tests verwendeten Aufgaben mit Alternativ- oder Auswahlantworten für die Beurteilung emotionaler Lernergebnisse sind wenig angemessen, da sie, wie nahezu alle Papier-Bleistift-Methoden, gegenüber Verfälschung durch sozial wünschbares Antworten besonders anfällig sind und die angebotenen Falschantworten (Distraktoren) mit wenigen Ausnahmen (z. B. die lernzielorientierten Tests der *Projektgruppe Schullaufbahnberatung*, 1973) nach dem Prinzip des gedanklichen Irreführens des Schülers, nicht nach dem der wertenden Stellungnahme, konstruiert wurden. Es könnten jedoch, um den emotionalen Bereich mehr zu berücksichtigen, in einem ersten Schritt die vorliegenden Aufgaben einer Re-Analyse bezüglich ihrer affektiven Implikationen unterzogen werden, ähnlich wie dies *Hagemann* (1974) für die Formulierung von Lernzielen vorgeschlagen hat (s. o. Abschnitt 1.3). Hilfreich erweist sich dabei die in Abschnitt 2.3 erfolgte Gegenüberstellung der Taxonomiestufen im kognitiven und affektiven Bereich, die die enge Parallelität der beiden Dimensionen demonstriert. So wird z. B. das „Aufnehmen" (receiving) eines Phänomens in gewissem Umfang die „Kenntnis" (knowledge) desselben voraussetzen (vgl. *Krathwohl* u. a., 1964, S. 50). Das Beantworten einer Testaufgabe wird mindestens „Bereitschaft zum Antworten" (2.1) erfordern. Damit ergibt sich der Hinweis, vom Schüler ausgelassene Aufgaben u. U. nicht lediglich unter dem Aspekt des kognitiven Nicht-lösen-Könnens und Zielverfehlens zu betrachten, sondern solche Items, deren Beantwortung der Schüler verweigert hat, einer genaueren Untersuchung zu unterziehen: inwiefern das Nichtbeantworten auf kognitive Komplexität und Schwierigkeit zurückzuführen ist und inwieweit auf andere Faktoren des Antwortverhaltens (fehlende Motivation, Angst etc.). Gegebenenfalls wird hier ein Befragen der betreffenden Schüler nach den Gründen für das Auslassen der Frage Aufschluß erbringen können.

Ein zweiter Schritt in Richtung auf stärkere Berücksichtigung emotionaler Dimensionen der Lernkontrolle bestünde in der Umarbeitung der Items mit Auswahlantworten, die in den bereits vorhandenen Tests enthalten sind. Ebenso wie es sinnvoll erscheint, Distraktoren nach einem Konzept ihrer Sensitivität für individuelle kognitive Lernschwierigkeiten zu entwickeln (vgl. *Becker-Freyseng, Krüger & Rietbrock*, 1973; *Mauermann*, 1974), ist eine Konstruktion von Alternativantworten denkbar, die bestimmte Dispositionen im affektiven Bereich zu indizieren vermögen. Daß bei der Validierung solcher Tests Schwierigkeiten auftreten werden, liegt auf der Hand: Hinter jedem emotionssensitiven Distraktor verbirgt sich ein gedankliches Konstrukt, dessen Berechtigung und Gültigkeit erst nachgewiesen werden muß. In schulischen Kontexten wird man sich oft damit zufrieden geben müssen, Validität anzunehmen, wenn zu Rate gezogene Kollegen nach Vorlage des Items zur selben Interpretation gelangen wie der Konstrukteur des Items. Im klaren sein muß man sich darüber, daß die aus Ökonomiegründen auf ein „Kreuzchen" reduzierte Antwort des Schülers bei lernzielorientierten Tests in multiple-choice-Form kaum mehr Informationen hergeben wird, wie das in den hier vorgelegten Hinweisen zur Re-Analyse und Verbesserung vorhandener Instrumente angedeutet wurde.

Wenn detailliertere Kenntnisse über Fortschritte der Schüler beim emotionalen Lernen erlangt werden sollen, bedarf es eines dritten Schrittes: der Entwicklung und Einsetzung von Techniken, die größtenteils aus dem Bereich der Sozialpsychologie entstammen und die bislang kaum für den Bereich der Schule nutzbar gemacht werden.

## 3.2 Mögliche Techniken

Bei den Erwägungen über mögliche unkonventionelle Techniken zur Beurteilung affektiver Lernergebnisse kann nochmals auf *Raths, Harmin & Simon* (1966) zurückgegriffen werden. Schon die Praktizierung ihrer Methoden zur Klärung von Wertvorstellungen nach den im Anhang wiedergegebenen Anregungen wird den Lehrer im Laufe der Zeit mit einer Fülle von emotionsrelevanten Daten über jeden einzelnen Schüler ausstatten, die ihm zu einem klareren Bild über die Interessen, Werthaltungen und Einstellungen der Klasse verhelfen. Wegen des Freiwilligkeitscharakters der Schülerantworten wird es jedoch notwendig werden, systematischer vorzugehen, um auch jene Schüler verstehen zu lernen, die — aus welchen Gründen auch immer — auf diese Art des Sich-klar-Werdens über Wertvorstellungen nicht oder kaum anspringen. Dafür bieten sich an: der Fragebogen, das Interview, das Semantische Differential und projektive Techniken (zum Soziogramm s. Beitrag *Hopf & Zimmermann* in diesem Band). Eine Darstellung dieser Techniken in diesem Zusammenhang muß notwendigerweise kurz und kann möglicherweise mißverständlich ausfallen. Deshalb sollte das Nachfolgende nur als Anregung zum Studium der einschlägigen Literatur der empirischen Sozialforschung aufgefaßt werden. Eine relativ knappe Beschreibung der Techniken mit einer Fülle illustrativer Beispiele finden sich im 10. Kapitel von *Bloom, Hastings & Madaus* (1971, S. 225—245), worauf sich die folgenden Ausführungen hauptsächlich stützen.

*Der Fragebogen:* Die zu einem bestimmten Interessenbereich zu stellenden Fragen lassen sich grob nach „offenen“ und „geschlossenen“ klassifizieren. Bei offenen Fragen hat der Befragte einen relativ großen Spielraum, was bei der Auswertung allerdings das Problem des geeigneten Rasters zur Klassifizierung der Antwort aufwirft. Die offene Frage kann in Form eines Fragesatzes oder eines unvollständigen Satzes gestellt werden:

— Was würdest du tun, wenn du 1000 Mark geschenkt bekämst?
— Wenn ich 1000 Mark geschenkt bekäme, würde ich ...

Manche Fragen können den Schüler dazu verführen, das zu antworten, was der Lehrer gern hören möchte (was „sozial erwünscht“ ist). Zur Vermeidung und Kontrolle solcher Tendenzen gibt es die Methode, die Frage einmal in der 1. Person und einmal in der 3. Person zu stellen:

— Wenn ich während der Probearbeit vom Lehrer beim Abschreiben erwischt werde, ...
— Wenn Ingrid während der Probearbeit vom Lehrer beim Abschreiben erwischt wird, ...

Es wird angenommen, daß beim Antworten in der 3. Person (projektiv) eine „ehrlichere“ Antwort gegeben wird. Aus den unterschiedlichen Antworten können sich Anregungen für das Angebot an Alternativen bei geschlossenen Fragen ergeben. Diese bestehen nämlich aus einer Vorgabe (stem) und mehreren möglichen Antworten, aus denen sich der Schüler diejenige heraussucht, die seine volle Zustimmung findet:

— Wie oft siehst du dir im Fernsehen einen längeren Spielfilm an?
(a) sehr selten
(b) manchmal, aber weniger als einen pro Woche
(c) etwa einen pro Woche
(d) zwei oder mehr pro Woche

Statt einer Frage kann die Vorgabe aus einer Aussage bestehen, zu der eine Stellungnahme verlangt wird *(Likert-Skala):*

— Jeder kann gute Noten erzielen, wenn er nur fleißig genug ist.
   (a) ich stimme stark zu
   (b) ich stimme zu
   (c) ich weiß nicht, neutral
   (d) ich lehne es ab
   (e) ich lehne es stark ab

Um herauszubekommen, wie sich ein Schüler selbst in Relation zu seinen Mitschülern sieht, kann eine Selbsteinschätzungsskala verwendet werden:

— Meine künstlerischen Interessen
   (1) Ich habe *sehr viel weniger* Interesse an Kunst als die meisten meiner Mitschüler.
   (2) Ich habe *weniger* Interesse an Kunst als die meisten meiner Mitschüler.
   (3) Ich habe *ebenso viel* Interesse an Kunst wie die meisten meiner Mitschüler.
   (4) Ich habe *mehr* Interesse an Kunst als die meisten meiner Mitschüler.
   (5) Ich habe *sehr viel mehr* Interesse an Kunst als die meisten meiner Mitschüler.

Manche Fragen lassen sich einfach mit ja oder nein beantworten, wie dieses Beispiel aus dem Bereich des Geometrieunterrichts zeigt (von *Lewy* nach *Bloom, Hastings & Madaus,* 1971, S. 234):

— Hast du das Gefühl, daß die Abbildung lediglich eine Menge uninteressanter Linien und Formen zeigt?
— Glaubst du, daß eines dieser Muster anziehend wirkt?
— Würdest du gern noch mehr von solchen Mustern sehen wollen?
— Möchtest du gern Einzelheiten über diese Art Muster erfahren, etwa wann sie gemacht wurden, von wem usw.?

An diesem letzten Beispiel wird die Problematik der Überprüfung emotionalen Lernens besonders deutlich: *Lewy* nimmt an, daß durch die vier Fragen zu den geometrischen Mustern die unterste Stufe der Taxonomie von *Krathwohl* u. a. (1964), „Aufnehmen“ (receiving), beurteilt werden kann. Ein Schüler, der die gestellten Fragen mit „ja“ beantwortet, habe demnach den ersten Grad der Internalisierung affektiver Phänomene des Geometrieunterrichts erreicht. Solange jedoch der Nachweis fehlt, daß die Bereitschaft zur Wahrnehmung solcher Gebilde z. B. Voraussetzung für die Bevorzugung geometrischer Problemstellungen (3.2) im Unterricht ist, kann das hinter der Frage stehende Konstrukt nur gewisse Plausibilität für sich in Anspruch nehmen. Vorsichtige und abgewogene Interpretation der Antworten scheint daher geboten zu sein.

*Das Interview:* Während Fragebogen von ganzen Gruppen gleichzeitig ausgefüllt werden können, also in relativ kurzer Zeit Daten über alle Schüler erheben, richtet sich das Interview jeweils an einen einzelnen Schüler und kostet dementsprechend mehr Zeit. Durch das Gespräch von Angesicht zu Angesicht ist es dem Interviewer möglich, Reaktionen des Interviewten, die mit einem Fragebogen nicht erfaßt werden können (z. B. mimische, gestische Begleiterscheinungen), zusätzlich aufzuzeichnen. Es lassen sich strukturierte und unstrukturierte Interviews unterscheiden. Während die Fragestellung und der Frageablauf beim strukturierten Interview festgelegt sind (was aus Gründen der Vergleichbarkeit von Antworten manchmal notwendig ist), hat der Interviewer bei einer unstrukturierten Befragung nur grobe Leitlinien bezüglich des Themas und des Ablaufs. Dieser größere Freiheitsspielraum gestattet das Nachfassen des Interviewers bei unklaren Antworten und das Herausarbeiten subtilerer Nuancen des fraglichen Erkenntniszieles. Für das Aufdecken individueller Lernschwierigkeiten, an das sich differenzierender Unterricht anschließt, ist die Interviewer-Technik besonders gut geeignet.

*Das Semantische Differential:* Hierbei handelt es sich um eine Methode, die an die Bedeutung eines bestimmten Begriffs für ein Individuum oder eine Gruppe heranzukommen versucht. Die Erfinder dieser unter dem Namen „Polaritätsprofil“ von *Hofstätter* (1957) bei uns bekannt gemachten Methode gehen von der Annahme aus, daß ein Begriff zu bestimmten Zeiten bei bestimmten Personen Assoziationen hervorruft, die den Bedeutungsgehalt des Begriffs ausmachen (s. *Osgood*,

*Suci & Tannenbaum,* 1971). Nach Auffassung von *Bloom, Hastings & Madaus* (1971) kann mittels des Polaritätsprofils eine allgemeine Einstellung des Schülers gemessen werden. Verwendet werden meist siebenstufige Rating-Skalen, deren Endpunkte aus einem Gegensatzpaar von Adjektiven bestehen, die wiederum in Beziehung zu dem fraglichen Begriff stehen:

— [Begriff]

Polares Adjektiv X — — — — — — — Polares Adjektiv Y
1 2 3 4 5 6 7

Der Schüler kreuzt entlang des Kontinuums an der Stelle an, die seine Einstellung zu dem vorneweg genannten Begriff am ehesten wiedergibt. Für die Messung von Einstellungen eignen sich solche Adjektive am besten, die ein Urteil abverlangen: gut — schlecht; hübsch — häßlich; sauber — schmutzig; wertlos — wertvoll; langweilig — interessant. Mittels dieser Technik hat z. B. *Höhn* (1967) den Stereotyp des „schlechten Schülers" in der Vorstellung von Schülern und Lehrern näher beschreiben können. (Wie ein Polaritätsprofil konkret aussehen kann, zeigt die Abbildung 9 im vorliegenden Band, S. 67). Aufgrund der umfangreichen Erläuterungen für die Schüler, die eine Verwendung des Polaritätsprofils erfordert, wird sein Einsatz erst in höheren Schülerjahrgängen möglich sein.

*Projektive Techniken:* Mit ihrer Hilfe wird versucht, Informationen über tieferliegende Gefühlsebenen des Probanden, seine verborgenen Reaktionen gegenüber einem Phänomen zu erhalten. Diese Techniken werden deshalb vor allem in der klinischen Psychologie verwendet. Als projektive Technik kann bereits die Analyse eines emotionsrelevanten Aufsatzes angesehen werden, in dem die Schüler — mehr oder weniger verdeckt — ihre eigenen Vorstellungen, Werthaltungen und Interessen darlegen (z. B. beim Thema: Ein unverhoffter Lottogewinn). Eine andere Möglichkeit bietet die Bildinterpretation. Nach Vorlage eines Bildes oder einer Bilderserie werden die Schüler aufgefordert, eine Geschichte dazu zu schreiben. Ähnliche Ergebnisse lassen sich erwarten, wenn eine angefangene Geschichte von den Schülern fortgesetzt werden soll. „Bei der Analyse projektiver Daten muß der Leser die Schüleräußerungen gemäß einer Reihe von vorher bestimmten Auswertungsschlüsseln interpretieren, die zur Wahrung von Objektivität beitragen. Diese Schlüssel könnten Ausdruck einer Theorie, einer Hypothese oder bereits erworbener Kenntnisse sein. Ähnlich wie beim un-

strukturierten Interview hängt das Erkennen von Nuancen und Feinheiten in großem Ausmaß von der Kunst des Interpretierenden ab" (*Bloom, Hastings & Madaus*, 1971, S. 244, eigene Übersetzung, L. M.). Daten, die der Lehrer mittels projektiver Verfahren erhebt, lassen in den seltensten Fällen eindeutige Interpretationen zu. Sie können Hinweise auf bestimmte Verhaltensmomente des Schülers sein, die den Lehrer ermuntern sollen, nötigenfalls genauere Beobachtungen anzustellen.
Alle die hier angeführten Möglichkeiten haben den Vorteil, daß sie der Lehrer im Rahmen seiner Erziehungsarbeit einsetzen kann und ein enger Zusammenhang zwischen dem Unterricht und der Beobachtungssituation (Fragebogen, Interview usw.) erhalten bleibt. Nur so kann das Beobachtungsergebnis angemessen interpretiert und können anschließende pädagogische Maßnahmen zielgerichtet geplant werden. Das ist auch der Grund, weshalb z. B. kommerzielle Angst- oder Interessentests für schulische Zwecke nur sehr bedingt geeignet sind (vgl. die Kritik an der Angstdiagnostik von *Gehlert* in diesem Band, S. 175 ff.). Aufgrund ihres weiten Geltungs- und Anwendungsbereichs mußten die Testkonstrukteure die Aufgaben so abstrakt und allgemein abfassen, daß es dem Lehrer schwer fallen dürfte, ein Abbild seines Unterrichts oder der schulischen Bedingungen seiner Klasse in diesen Tests wiederzufinden, d. h. der Mangel an Strukturähnlichkeit zwischen den Situationen, die durch den Test hervorgerufen werden, und der schulischen Realität erlaubt dann keine gesicherten Schlüsse von den Testergebnissen auf Unterrichtshandlungen.

### *Zusammenfassung*

Emotionsrelevante Lernziele, wie man sie in Richtlinien und Rahmenplänen findet, sind gekennzeichnet durch abstrakte Formulierungen und eine damit verbundene Mehrdeutigkeit. Als Versuch, eine intersubjektiv eindeutig kommunizierbare Klassifikation zu schaffen, kann die Taxonomie von Lernzielen im affektiven Bereich von *Krathwohl, Bloom & Masia* (1964) betrachtet werden. Sie ordnet die erwünschten Lernergebnisse nach dem Grad ihrer Verinnerlichung (Internalisation). Formulierungen, die sich an dieser Taxonomie orientieren, genügen nicht den Anforderungen strenger Operationalisierung. Die zwanghaft erfolgende Beschreibung beobachtbaren affektiven Schülerverhaltens erscheint aus mehreren Gründen auch gar nicht wünschenswert. Der

hauptsächliche Wert der Taxonomie für die Unterrichtsplanung liegt darin, daß sie den Lehrer für emotionale Lernergebnisse sensibilisieren kann. Zur Aufdeckung affektiver Implikationen von Zielangaben aus dem Bereich des kognitiven Lernens leistet sie gute Dienste. Konzentrieren sich *Krathwohl* u. a. in erster Linie auf die Lernprodukte, so liegt der Schwerpunkt des Ansatzes von *Raths, Harmin & Simon* (1966) auf der Analyse und Initiierung von Prozessen, die der Klärung von Wertvorstellungen dienen sollen (value-clarifying method). *Raths* u. a. unterscheiden den Bereich der Wertbegriffe von dem der Kognition und der Emotion. Unklare Wertbegriffe werden verantwortlich gemacht für gestörte Verhältnisse zur sozialen Umwelt. Abhilfe versprechen sich die Autoren von einer planvollen Erziehung zu Kritik- und Urteilsfähigkeit im Wertbereich, wofür sie eine Reihe methodischer Anregungen bieten. Obwohl die Ausführungen von *Raths* u. a. noch viele Fragen offen lassen und Probleme der Praktizierbarkeit aufwerfen, sind ihre Vorschläge geeignet, einer einseitigen Orientierung des Unterrichts an fachspezifischen kognitiven Lehrinhalten entgegenzuwirken. Die Kognitionslastigkeit der Arbeit in unseren Schulen geht u. a. auch aus der Art der Lernkontrolle hervor, die praktiziert wird. Lernzielorientierte Testverfahren beschränken sich auf die Überprüfung der Kenntnisse der Schüler und ihrer Anwendung in Problemsituationen. Wenn die emotionale Dimension des Unterrichts für die Evaluation seiner Qualität und die Beurteilung des Schülerverhaltens stärker berücksichtigt werden soll, könnten zunächst die vorhandenen Instrumente zur Lernkontrolle einer Re-Analyse bezüglich ihrer affektiven Komponenten unterzogen und gegebenenfalls verändert werden. Weiterhin böte sich die Möglichkeit, Techniken der Sozialpsychologie (Fragebogen, Interviews, Semantisches Differential, projektive Verfahren) für schulische Zwecke nutzbar zu machen.
Die hier vorgelegten, auf konkrete Unterrichtsplanung ausgerichteten Anregungen können und dürfen den Lehrer nicht der Aufgabe entheben, über den Gegenstand seiner Zielsetzung nachzudenken und zu entscheiden, d. h. die gesellschaftlichen Bedingungen allgemeiner Qualifikationen zu reflektieren (s. o. *Hopf,* S. 269 ff.). Diese Offenheit sollte jedoch nicht als Nachteil empfunden werden, sondern als notwendiger Freiraum, um zu verhindern, daß eine zum Fetisch erhobene Unterrichtstechnologie aus Lehrern und Schülern genormte Objekte planerischer Verfügung macht, wie dies in einigen Bereichen des kognitiven Lernens in der Schule bereits geschieht.

## I. Kurzfassung der „Taxonomie von Lernzielen im affektiven Bereich"

von *Krathwohl, Bloom & Masia* (1964, S. 176 ff.), zitiert nach der Übersetzung von *Messner & Posch* (1971, S. 56—59)

1.0 **Aufnehmen (Beachten)** — Receiving (Attending)

Diese Kategorie umfaßt Verhaltensweisen, die darauf hinweisen, daß der Schüler bestimmten Phänomenen und Reizen Beachtung schenkt. Die drei Subkategorien unterscheiden sich durch das Ausmaß der Aktivität auf seiten des Schülers.

An unterster Stelle steht das bloße

1.1 *Gewahrwerden* (Awareness)
Der Schüler wird irgendeines Phänomens gewahr. Er ist passiv. Der aktive Teil ist der Lehrer, der versucht, die Aufmerksamkeit des Schülers zu fesseln.
Der Schüler hört Musik. Er wird musikalischer Stimuli gewahr.
Der Schüler beachtet die Schönheit einer Landschaft.

Etwas mehr an Aktivität des Schülers impliziert die zweite Subkategorie:

1.2 *Wille zum Aufnehmen* (Willingness to Receive)
Der Schüler toleriert einen gegebenen Reiz und versucht nicht, ihn zu meiden. Im besten Fall ist er gewillt, von einem Phänomen Notiz zu nehmen und seine Aufmerksamkeit darauf zu richten.
Der Schüler hört sich ein Musikstück aufmerksam an.
Der Schüler hört aufmerksam zu, wenn andere sprechen.

Am höchsten Niveau dieser Kategorie findet sich die

1.3 *Kontrollierte oder selektive Aufmerksamkeit* (Controlled or Selected Attention)
Der Schüler differenziert einen Reiz, wählt einzelne Aspekte aus und konzentriert sich darauf.
Der Schüler hört Musik und beachtet z. B. die Stimmung, die sie erzeugt, und die Rolle, die einzelne Instrumente dabei spielen.
Der Schüler beachtet den Rhythmus in Gedichten oder Prosastellen, die laut vorgelesen werden.

2.0 **Antworten** (Responding)

Auf dieser Ebene schenkt der Schüler einem Phänomen nicht nur mehr oder weniger Beachtung, sondern er antwortet auf das Aufgenommene mit einem neuen Verhalten. Nach dem Grad der Internalisierung dieses Verhaltens ist auch diese Kategorie in drei Niveaus gegliedert.

2.1 *Bereitschaft zum Antworten* (Acquiescence in Responding)
Der Schüler ist hier noch eher passiv. Sein Verhalten wird von außen gesteuert. Er tut etwas, weil er z. B. sonst bestraft würde.

Der Schüler spielt ein Instrument, weil er von außen (Lehrer, Eltern) dazu angehalten wird.

Der Schüler hält sich an die Schulordnung.

2.2 *Wille zum Antworten* (Willingness to Respond)
Hier handelt es sich um Aktivitäten, die der Schüler selbst initiiert, die freiwillig und mit innerer Zustimmung erfolgen.

Der Schüler spielt ein Instrument aus eigenem Willen.

Der Schüler trägt zur Gruppendiskussion bei, indem er selbst Fragen stellt.

2.3 *Befriedigung beim Antworten* (Satisfaction in Response)
Hier wird erstmals eine emotionale Komponente eingeführt, weil sie im Rahmen des Prozesses der Internalisierung an dieser Stelle der Hierarchie am häufigsten auftritt. Sie kann jedoch auch schon früher auftreten. Der Name dieser Subkategorie soll hauptsächlich darauf hinweisen, daß eine emotionale Komponente vorhanden und beim Aufbau affektiver Verhaltensweisen von Bedeutung ist.

Der Schüler findet Freude am Spielen eines Instruments.

Der Schüler findet Freude am Lesen zur Entspannung.

3.0 **Werten** (Valuing)

Ein Verhalten, das konsistent und stabil genug ist, daß daraus erschlossen werden kann, daß etwas für den Schüler Wert besitzt. Die Subkategorien kennzeichnen drei Stadien dieses Prozesses der zunehmenden Bindung an einen Wert: die bloße Billigung eines Wertes, die Bevorzugung eines Wertes und die Überzeugung von einem Wert.

3.1 *Billigung eines Wertes* (Acceptance of a Value)
Das Engagement des Schülers für den Wert ist noch relativ gering, aber die Bindung ist doch schon stark genug, daß sie aus seinem Verhalten erschlossen werden kann.

Der Schüler spielt aus eigenem Antrieb und längere Zeit hindurch ein Instrument.

Der Schüler zeigt zunehmendes Interesse für klassische Literatur.

3.2 *Bevorzugung eines Wertes* (Preference for a Value)
Das Engagement des Schülers für den Wert ist bereits so groß, daß er ihn anderen gebilligten Werten vorzieht und danach strebt.

Der Schüler zieht das Spielen des Instruments anderen von ihm gebilligten Werten (Sport, Lektüre usf.) vor.

Der Schüler spielt eine aktive Rolle in einem Musikkreis.

3.3 *Einsatz für einen Wert* (Commitment)
Auf dieser Ebene ist die Bindung an einen Wert außerordentlich stark. Der

Schüler handelt, um das, was für ihn Wert besitzt, zu fördern und um seine eigene Bindung zu vertiefen. Er versucht andere zu überzeugen. Er spürt in sich eine Spannung und den Drang, sie zu lösen.

Der Schüler versucht, Kameraden für die Musik zu begeistern.
Der Schüler setzt sich in Diskussion für rationale Argumentation ein.

4.0 **Aufbau einer Werthierarchie** (Organization)

In Situationen, für die mehrere Werte relevant sind, wird es notwendig, die Werte in ein System zu bringen, die Beziehungen zwischen den Werten zu ermitteln und die zentralen Werte zu bestimmen. Ein derartiges System entsteht langsam und verändert sich, wenn neue Werte eingeordnet werden. Die Kategorie enthält starke kognitive Komponenten und dient der Klassifikation von Verhaltensweisen, die am Beginn des Aufbaus eines Wertsystems auftreten.

4.1 *Begriffliche Fassung eines Wertes* (Conceptualization of a Value)
Während in der dritten Kategorie vor allem die Konsistenz und Stabilität des Verhaltens entscheidend für die Zuordnung sind, kommt hier die Abstraktion bzw. die begriffliche Fassung des Wertes hinzu. Sie tritt allerdings nicht immer erst auf dieser Ebene auf, sondern kann auch schon (wie bei 2.3) in früheren Kategorien auftreten.

Der Schüler versucht, die Musik theoretisch zu durchdringen.
Der Schüler versucht, Annahmen zu identifizieren, die ethischen Normen zugrunde liegen.

4.2 *Integration der Werte in ein System* (Organization of a Value System)
In diese Subkategorie gehören Verhaltensweisen, durch die der Schüler einen Komplex von oft verschiedenartigen Werten in eine geordnete Beziehung zueinander bringt, wobei die Integration der Werte mehr oder weniger harmonisch sein kann.

Der Schüler entwickelt dominierende Werthaltungen, in denen die Musik an oberster Stelle steht.
Der Schüler beginnt damit, andere Menschen nicht nach ihrer Zugehörigkeit zu einer Gruppe (z. B. Partei, Religion, Rasse) zu beurteilen, sondern nach ihrem Verhalten als Individuen.

5.0 **Charakterisierung des Verhaltens durch einen Wert oder Wertkomplex** (Characterization by a Value or Value Complex)

Auf diesem Niveau der Internalisierung haben die Werte bereits einen festen Platz in der Werthierarchie des Individuums, sind in einem innerlich schlüssigen System geordnet und haben sein Verhalten lange genug beeinflußt, daß es in Übereinstimmung mit seinen Wertvorstellungen handelt.

5.1 *Allgemeine Wertrichtung des Verhaltens* (Generalized Set)
Durch sie wird das Verhalten in bestimmten Situationen voraussagbar; sie ermöglicht dem Individuum, die komplexe Welt um sich zu vereinfachen und zu ordnen, damit es sich konsequent und wirksam in ihr verhalten kann.

Der Schüler hat Vertrauen in seine Fähigkeit, auf musikalischem Gebiet Erfolge zu erzielen.
Der Schüler ändert seine Meinung, wenn Tatsachen oder neue Einsichten dies notwendig machen.

5.2 *Entwicklung einer Weltanschauung* (Characterization)
Diese oberste Subkategorie ist umfassender als 5.1. Auch die innere Folgerichtigkeit der Glaubensüberzeugungen, Verhaltensweisen usf. ist stärker ausgeprägt. Die Ziele dieser Kategorie sind so umfassend, daß die entsprechenden Verhaltensweisen ein Individuum fast zur Gänze charakterisieren.

Das Individuum entwickelt ein Gewissen.
Das Individuum entwickelt eine konsistente Lebensphilosophie.

## II. Dreißig Fragen zur Klärung von Wertvorstellungen

(nach *Raths, Harmin & Simon,* 1966, S. 260 f., eigene Übersetzung, L. M.)

1. Ist das etwas, was du gern hast?
2. Bist du froh darüber?
3. Wie hast du dich gefühlt, als das passierte?
4. Hast du auch an andere Möglichkeiten gedacht?
5. Hast du das Gefühl schon lange gehabt?
6. Hast du dir das selbst ausgesucht?
7. Hat man dir geraten, so zu entscheiden; konntest du frei entscheiden?
8. Hast du vor, etwas in dieser Richtung zu unternehmen?
9. Kannst du mir Beispiele dafür nennen?
10. Was meinst du mit ...? Kannst du das Wort definieren?
11. Wohin würde das führen; was wären die Konsequenzen davon?
12. Würdest du das auch wirklich tun oder sagst du das bloß?
13. Meinst du damit, daß ... (Wiederholung der Aussage)?
14. Hast du gesagt, daß ... (etwas veränderte Wiedergabe der Aussage)?
15. Hast du dir schon viele Gedanken über dieses Problem (oder Verhalten) gemacht?
16. Was spricht eigentlich für diese Meinung?
17. Welche Voraussetzungen müssen erfüllt sein, damit das in dieser Weise ausgeführt werden kann?
18. Steht das, was du sagst, im Einklang mit ... (Rückgriff auf etwas, was die jeweilige Person gesagt oder getan hat, das auf eine Umstimmigkeit hindeuten könnte)?
19. Welche anderen Möglichkeiten gibt es?
20. Ist das deine persönliche Ansicht oder glaubst du, daß die meisten Leute dieser Meinung sein sollten?
21. Wie kann ich dir helfen, etwas in dieser Richtung zu tun?
22. Was bezweckst du mit dieser Handlung?
23. Ist das sehr wichtig für dich?

24. Machst du das oft?
25. Würdest du anderen gern davon erzählen?
26. Hast du irgendwelche Gründe, weshalb du das sagst (oder tust)?
27. Würdest du das noch einmal tun?
28. Woher weißt du, daß das richtig ist?
29. Bedeutet das etwas für dich?
30. Glaubst du, daß man immer so denken wird?

## III. Zwanzig Strategien zur Klärung von Wertvorstellungen

(nach *Raths, Harmin & Simon,* 1966, S. 49—162; es handelt sich hierbei um eine sehr verkürzte Darstellung. Im Original illustrieren viele praktische Beispiele die einzelnen Strategien, wodurch die Intention der Autoren erheblich deutlicher zutage tritt als in den hier angeführten Kurzbeschreibungen).

1. Der klärende Impuls (clarifying response): Eine kurze, informelle Konversation im Klassenzimmer, in der Pausenhalle, auf dem Gang, auf dem Spielplatz usw. mit einem Schüler. Der Lehrer hakt bei einer Schüleräußerung ein in der Absicht, im Bewußtsein des Schülers Fragen zu erzeugen, ihn sachte zum Überdenken seines Verhaltens und seiner Vorstellungen anzustoßen.
2. Das Wertblatt (value sheet): Eine provokative Äußerung mit einer Reihe von gezielten Fragen zu diesem Text werden vervielfältigt und jedem Schüler zur wertenden Stellungnahme vorgelegt. Die Themen können z. B. aus den Bereichen Freizeit, kriminelles Verhalten, Freundschaft, Liebe, Familie, Arbeit, Politik, Religion, Geld, Kunst gewählt werden. An die Beantwortung soll sich nach Möglichkeit eine Diskussion anschließen.
3. Die Diskussion zur Klärung von Wertbegriffen (value-clarifying discussion): Wie bei 2. kann diese an Zitaten, aber auch an Bildern, Filmszenen und provokativen Fragen entfacht werden.
4. Das Rollenspiel (role-playing): Szenen aus dem Alltagsleben, in denen unterschiedliche Wertvorstellungen zum Ausdruck kommen können, werden gespielt. Daran kann sich ein Gespräch darüber anknüpfen, wie sich die Spieler in ihrer Rolle gefühlt haben, was die Zuschauer anders gemacht hätten, ob sich das auch in Wirklichkeit so abspielen kann und welche Konsequenzen aus dieser Szene gezogen werden könnten.
5. Das eingeplante Ereignis (contrived incident): Ein Sachverhalt wird so simuliert, daß es zum Überdenken von bislang unreflektierten Einstellungen kommt (z. B. die intellektuelle Überlegenheit von Gymnasiasten dadurch erschüttern, daß sie mit Berufsschülern zusammengebracht werden, die ihnen ihre jeweils schwierigsten handwerklichen Aufgaben erläutern).

6. Die Zickzack-Stunde (zig-zag lesson): Durch eine Reihe von harmlosen Fragen wird bewirkt, daß die Schüler darüber rätseln, worauf der Lehrer hinaus will. Unvermittelt wird dann das zentrale Thema angesprochen.
7. Der Advocatus diaboli (devil's advocate): Der Lehrer vertritt in einer Diskussion eine unpopuläre Meinung.
8. Das Wertekontinuum (value continuum): Zwei Extrempositionen von Meinungen werden markiert. Die Schüler werden aufgefordert, Positionen, die dazwischen liegen können, auszumachen und sie auf einem Kontinuum zu plazieren.
9. Notizblätter für eigene Gedanken (thought sheets): Darauf schreibt jeder Schüler jede Woche eigene Vorstellungen zu einem Sachverhalt, der für ihn in der vergangenen Woche persönlich von Bedeutung war. Wenn es der Schüler wünscht, können diese Gedanken anonym vor der Klasse verlesen und kommentiert werden. Der Lehrer hat die Möglichkeit, auf Probleme, die den einzelnen Schüler bewegen, individuell einzugehen.
10. Wochenrückblicke (weekly reaction sheets): Die Schüler sollen notieren, was sie z. B. in der vergangenen Woche für ihr zukünftiges Leben gelernt haben, was sie am meisten gefreut oder geärgert hat, worauf sie besonders stolz sind usw. Die Antworten können wiederum vom Lehrer zum Anlaß für eine Aussprache genommen werden.
11. Offene Fragen (open-ended questions): Unvollendete Sätze sollen von den Schülern fortgesetzt werden (z. B. Wenn ich noch 24 Stunden zu leben hätte ... Heimlich wünsche ich mir ...).
12. Anmerkungen in Schüleraufsätzen (coded student papers): In Aufsätzen mit wertrelevanten Themen sollen Vermerke des Lehrers zum Überdenken von Stellungnahmen, Ansichten und Annahmen führen (z. B. durch Impulse wie bei 1.).
13. Zeittagebuch (time diary): Darin sollen die Schüler Buch führen, wieviel Zeit sie täglich für welche Tätigkeiten aufwenden. Von Zeit zu Zeit sollen sie die Einträge nach bestimmten Gesichtspunkten analysieren (sinnvolle Zeitaufwendungen u. ä.).
14. Autobiographischer Fragebogen (autobiographical questionnaire): Mittels eines Fragenkatalogs erhebt der Lehrer zu Beginn eines Schuljahres Daten über die Lebensweise seiner Schüler, um an die Antworten gegebenenfalls Strategien zur Klärung von Wertvorstellungen anzuknüpfen.
15. Das öffentliche Interview (public interview): Ein Schüler läßt sich freiwillig vor der Klasse bezüglich seiner Interessen, Beschäftigungen, Vorstellungen oder Gefühle befragen. Er hat jederzeit das Recht, die Beantwortung einer Frage zu verweigern oder das Interview abzubrechen.
16. Interview zur Herbeiführung einer Entscheidung (decision-making interview): Der Lehrer hilft einem Schüler, der vor einer Entscheidung steht und nicht weiß, ob er die richtige Wahl trifft, dadurch, daß er ihn durch gezielte Fragen verschiedene Standpunkte einnehmen läßt und Alternativen entlockt.

17. Abstimmen (voting): Öffentliches Abstimmen über in der Klasse vorherrschende Meinungen oder Tatbestände soll unterschiedliche Vorstellungen und Lebenssituationen bewußt machen.
18. Fünf-Minuten-Vortrag ohne Kommentar (five-minute quote without comment): Schüler erhalten auf Wunsch Gelegenheit, in einem Kurzreferat Vorstellungen zu einem für sie bedeutsamen Thema der Klasse vorzulesen. Kommentare werden nicht zugelassen.
19. Schülerreferate (student reports): Diese werden auf implizite Wertvorstellungen hin befragt.
20. Projekte (action projects): Vorhaben, bei denen Probleme nicht besprochen, sondern handelnd gelöst werden und die auch dazu beitragen, daß Wertvorstellungen der Schüler geklärt werden (z. B. Aktionen für Sicherheit auf Straßen und Schulwegen).

Reinhard Andreas

# Neuere Konzepte zur Erziehung emotionalen Verhaltens

In diesem Kapitel soll auf einige neuere Vorschläge und praktische Erfahrungen zur emotionalen Erziehung aufmerksam gemacht werden. Die knappen Beispiele wollen dabei weniger als direkte Anregung für die eigene Unterrichtsplanung verstanden werden, sondern dienen eher der Veranschaulichung der vorgestellten Konzepte und sollen zum intensiven Studium der angegebenen Quellentexte hinführen.
An erster Stelle erscheint eine kurze Skizzierung lernpsychologischer Prinzipien affektiven Lernens, insbesondere das Lernen am Modell. Danach wird auf Vorschläge zu einem Spielcurriculum hingewiesen. Das Rollenspiel in seiner Bedeutung für affektives Lernen wird im dritten Abschnitt angesprochen. Zum Schluß werden zwei ausgearbeitete Modelle zur Erziehung des Aggressions- und Konfliktverhaltens vorgestellt, die auch zu einer neuen Sichtweise des Disziplinproblems führen könnten.

## 1. Affektives Lernen am Modell

Nach lerntheoretischer Grundannahme haben Lernvorgänge nicht nur Einfluß auf die Ausdrucksform emotionalen Verhaltens, sondern emotionales Verhalten überhaupt wird erst durch Lernvorgänge aufgebaut. Zwei Lernprinzipien haben hierbei zentrale Bedeutung:
Beim *operanten Konditionieren* wirkt der Erfolg einer Verhaltensweise als positive Verstärkung (Belohnung). Die Belohnung erhöht die Wahrscheinlichkeit des Wiederauftretens des Verhaltens, d. h. in ähnlichen Situationen wird das gleiche Verhalten gezeigt und die gleiche Belohnung erwartet.

Im Beispiel: Ein Schüler, der aufgrund störenden Verhaltens im Unterricht sich aus der Anonymität der großen Klasse herausheben kann (der Lehrer beachtet ihn, die Schüler freuen sich über die Abwechslung), wird dieses Verhalten häufiger wiederholen. Umgekehrt wird das auffällige Verhalten nach einiger Zeit verschwinden, wenn die Beachtung durch Lehrer und Schüler ausbleibt.

Die Anwendung dieses an sich sehr einfachen Lernprinzips im Unterricht stellt allerdings Probleme, insbesondere werden an die Erfassung der Bedingungsfaktoren und an die Systematik des Planens und Ausführens der intervenierenden Verhaltensweisen durch den Lehrer hohe Anforderungen gestellt (vgl. *Belschner* u. a., 1973; b: e, 1/74).
Im Verlauf der Übernahme verhaltenstheoretischer Lernprinzipien in die Pädagogik, die im deutschen Sprachraum erst in letzter Zeit erfolgt, wird nun auch ein zweites, für den Aufbau emotionalen Verhaltens wesentliches Lernprinzip stärker beachtet, das *Modellernen.* „Imitation", „Nachahmung", „Lernen durch Beobachtung" sind verschiedene Bezeichnungen für diese Lernvorgänge, die zwar bereits alt bekannt sind, durch die Arbeiten von *Bandura* und Mitarbeitern (1969) aufgrund systematischer Erforschung in ihrer Bedeutung für das Lernen komplexer sozialer Verhaltensweisen aber neuerlich herausgestellt wurden. Durch Beobachtungslernen kann neues Verhalten angeeignet oder vorhandenes Verhalten verstärkt, vermindert oder gelöscht werden.
Es zeigt sich, daß komplexe Verhaltensweisen häufig schon nach einmaliger Beobachtungsphase nachgeahmt werden können, wobei die Unterschiede zwischen der direkten Beobachtung lebender Personen und der Beobachtung gefilmter Modelle gering bleiben. Die erhöhte Wahrscheinlichkeit des Auftretens beobachteten Verhaltens muß aber nicht bedeuten, daß das gelernte Verhalten sofort auftritt. Die Unterscheidung zwischen Erwerb und Ausführung eines Verhaltens wird hier wichtig. „Eine Person mag also aufgrund von Beobachtungen die Kapazität zur Reproduktion eines Modells (eines Vor-Bildes) haben, trotzdem wird das Gelernte entweder durch das Fehlen situativer Anreize, mangelnde Motivation oder durch die Befürchtung negativer Sanktionen möglicherweise nie in offenes Verhalten umgesetzt werden" (*Brinkmann,* 1974, S. 29). Gerade bei unerwünschtem, z. B. aggressivem Verhalten kann demnach das offene Verhalten sehr viel später auftreten als der Erwerb in der Beobachtungsphase, nämlich dann, wenn der Lernende in eine Situation kommt, wo er andere unterdrücken und strafen kann, ohne negative Sanktionen befürchten zu müssen.
Die Verstärkung des Modellverhaltens wirkt stellvertretend auf die Auftretenswahrscheinlichkeit des Verhaltens beim Beobachter. Seine Erwartungen an den Erfolg des Verhaltens richten sich nach den Konsequenzen, die das Verhalten beim Modell hatte.

„Ein in der Klasse anerkanntes Kind macht Faxen (Modell) und bringt die anderen Kinder, während der Lehrer gerade mit etwas anderem beschäftigt ist, zum Kichern (positive Folge). Unter diesen Bedingungen ist die Wahrscheinlichkeit erhöht, daß andere Kinder ebenso anfangen, Faxen zu machen. Macht dasselbe Kind Faxen (Modell) und wird von einigen einflußreichen Kindern darauf aufmerksam gemacht, daß es stört (negative Folge), ist die Wahrscheinlichkeit gering, daß andere Kinder sein Verhalten nachahmen" (nach *Schulze*, 1973, S. 94).

Für den meist unter dem Stichwort „Disziplin" erscheinenden, besonders bedeutsamen Bereich aggressiven Verhaltens ergeben sich nach *Schmidt-Mummendey* (1973) die folgenden Konsequenzen: „Aggressive Verhaltensweisen, zu welchem Zweck und mit welchem Ziel auch immer, dürfen keine positiven Ergebnisse bringen, keine irgendwie gearteten individuell und/oder sozial positiven Ziele erreichen. Dies gilt für alle Formen aggressiver Interaktion, gleichgültig ob sie in bisher geltenden Sozialnormen akzeptiert und als legitim bezeichnet werden oder nicht; ob sie die üblichen diplomatischen, militärischen, Mittelschichts-, Unterschichts-, universitären oder schulischen Spielregeln und Rituale verletzen oder nicht. Verharmlosende und den eigentlichen Tatbestand der für irgend jemanden immer schädlichen Aggression verdeckende Sprachgewohnheiten müssen aufgebrochen werden. Jede die Kriterien der Definition erfüllende Aktion muß nachgewiesen und ausnahmslos negativ sanktioniert werden" (zitiert nach *Brinkmann*, 1973, S. 30). Eine nähere Analyse des Aggressionspotentials gerade in Schule und Unterricht stellt allerdings die Erfüllbarkeit dieser Forderungen stark in Frage (s. o. S. 184 ff.). Überdies scheint aggressives Verhalten besonders häufig nachgeahmt zu werden.

In einem Experiment von *Bandura & Huston* (1961) wurden fünfjährige Kinder einmal mit einer freundlichen, die Kinder belohnenden Modellperson konfrontiert, zum anderen mit einem neutral-distanzierten Modell. In der nachfolgenden Testphase wurde das Verhalten des freundlichen Modells durchweg häufiger und präziser nachgeahmt; bei aggressiven Verhaltensweisen zeigten sich jedoch keine signifikanten Unterschiede, d. h. selbst das unfreundliche Modell wurde bei aggressiven Verhaltensweisen beinahe genauso häufig nachgeahmt (vgl. *Oerter*, 1973, S. 122).

Hinzuweisen ist in diesem Zusammenhang auch noch besonders auf die ungewollte Erziehungswirkung strenger, disziplinbewußter Lehrer. Ihre strafenden, aggressiven Verhaltensweisen wirken als Modellverhalten für die Schüler, da alle experimentell gefundenen fördernden

Bedingungen gegeben sind: „Der Lehrer wird bewundert und sein aggressives Verhalten ist von Erfolg gekrönt. Eine äußerlich unter Umständen besonders disziplinierte Klasse kann so im Laufe von mehreren Jahren Aggressivität als Motivation in adäquater Weise ausbilden. Da sich die Aggressivität wenig in der Schule zeigt, scheint das Vorgehen des Lehrers auch noch erziehlich erfolgreich zu sein. Nichtsdestoweniger handelt es sich um eine systematische, leider auch wirksame Anerziehung einer Fehlhaltung" (*Oerter*, 1973, S. 125).

## 2. Spielen in der Schule

Ausgehend von Beobachtungen, die die Lustlosigkeit und Unmotiviertheit der Schüler als eine Misere der heutigen Schulen beklagen, wird in verschiedenen neueren Publikationen wieder häufig vorgeschlagen, „das Spielen in die Schule hineinzunehmen, um Aktivität, Spontaneität, Engagement und Motivation in den Schülern zu wecken" (*Calliess*, 1973, S. 228). In der Spielgruppe werden die Möglichkeiten zur „Kompensation sozialer und emotionaler Defizite" geboten, psychische Spannungen aufgefangen „und die Kinder damit leistungsfähiger im Sinne von kognitiven Lernprozessen (ge)macht, wie sie in der Schule von ihnen gefordert werden" (*Behrens* u. a., 1973, S. 55).
Unter dem Gesichtspunkt der emotionalen Erziehung werden folgende Struktur- und Verhaltensmerkmale des Spielens genannt (vgl. *Calliess*, 1973, S. 229 ff.):

1. Die Kinder können ihre Bedürfnisse und Gefühle in die Situation einbringen (im Gegensatz zur normalen Unterrichtssituation); im Spiel wird akzeptiert, „wenn man keine Lust hat, wenn man Wut hat, wenn man sich austoben möchte und kämpfen und schreien oder wenn man ruhig miteinander reden und sich nahesein möchte". Ein Kind begründete den besonderen Reiz des Spielens im Unterricht so: „In der Spielstunde kann man bei manchen Spielen so reden, wie wenn man zusammen träumen würde" (*Daublebsky*, 1973, S. 48). Die affektive Nähe beim gemeinsamen Betrachten von Bildern ermöglichte hier das Ausleben von Zuwendungsbedürfnissen. Ähnlich können im Spiel Unlustgefühle oder Interessenten an sexuellen Fragen frei ausgedrückt werden.

2. Die Freiheit von negativen Sanktionen und Tabuisierungen ist Voraussetzung für diese emotionalen Ausdrucksmöglichkeiten. Erst dadurch werden Gefühle aber auch entwicklungsfähig und formbar.
3. Schließlich macht Spielen Spaß. Die offene Atmosphäre erleichtert es auch ängstlichen Kindern, die Herausforderung einer Spielanregung anzunehmen und neue Erfahrungen zu machen. Es können „verschüttete Motivationspotentiale wieder angeregt werden", vor allem das explorative Verhalten, die Freude am aktiven, neugierigen und entdeckenden Erforschen der Umwelt (*Calliess,* 1973, S. 246).

Die Spielbeispiele von *Benita Daublebsky,* auf die sich diese Aussagen im wesentlichen stützen, sind dabei weniger wegen ihres spezifischen Inhaltes interessant, als in bezug auf die sozio-emotionalen Interaktionen, deren Ablauf sie nicht nur gestatten, sondern anregen.

Beim „Geräuschemachen" kann an eine Unterrichtssituation angeknüpft werden, in der der Lehrer sich nicht mehr „ohne Gewaltmaßnahmen Gehör verschaffen kann" (*Daublebsky,* 1973, S. 69 f.). Auf ein Handzeichen des Lehrers soll die Klasse bestimmte Geräusche machen: Summen, pfeifen, klatschen, trampeln. „Dabei ist es auch dann wichtig, daß man lang genug und häufig große Lautstärke mit der Hand anzeigt, damit dieses Bedürfnis abreagiert werden kann" ... „Wenn man ... immer wieder Gelegenheit zur Kontrolle gibt, die außerdem noch Spaß macht, weil es ein erstaunlicher Effekt ist, wenn eine ganze Gruppe gemeinsam summt, dann hat man dadurch viel eher die Möglichkeit, sie zu beruhigen, ohne sie zu stark einzuengen."
Ebenfalls vorgeschlagen wird der Einsatz dieses Spiels, um „die Kontrolle über die eigenen Äußerungen zu behalten", besonders wenn zwei Gruppen verschiedene Geräusche produzieren sollen.

Hier werden also Verhaltensweisen aufgegriffen, die sonst höchstens als „Faxen" und Unterrichtsstörung Beachtung finden. Mut und Phantasie, in diesen Spielen aktiv mitzuwirken, können den Kindern häufig bereits im Laufe ihrer Sozialisation frühzeitig genommen worden sein, manche werden sich „blöd vorkommen", z. B. wenn sie in einer Spielvariation ganze Geschichten allein durch Geräusche und Gebärden darstellen sollen. Gerade hierbei können aber wichtige emotionale Kompetenzen, die differenzierte Wahrnehmung und differenzierter, bewußt gesteuerter Ausdruck von Gefühlen erworben werden.

## 3. Rollenspiel und affektives Lernen

Die seit einiger Zeit wohl am häufigsten für alle Bereiche sozialen, kommunikativen oder politischen Lernens gepriesene pädagogische Methode stellt das Rollenspiel dar. Fast alle Begründungen für die Empfehlung oder den Einsatz dieser Lernform stellen die hierbei besonders leicht herzustellende Einbeziehung der emotionalen Dimension in die Erziehung als einen der wesentlichen Vorzüge heraus.

### *Was ist ein Rollenspiel?*

Rollenspiel als pädagogische Methode ist ein mehr oder weniger vorstrukturiertes und gesteuertes Lernspiel, bei dem die Spieler auf die „Bewältigung von Realität" vorbereitet werden (vgl. *Kochan,* 1974, S. 7). Abzugrenzen ist diese engere Bedeutung von zwei anderen und historisch früheren Erscheinungsformen des Rollenspiels, dem (spontanen) Kinderspiel auf der einen Seite, dessen Zielbestimmung und Steuerung sehr viel weniger stark von außen bestimmt ist (vgl. Abschnitt 2, Spielen in der Schule), dem dramatischen Spiel auf der anderen Seite, das als publikumsorientierte Inszenierung nicht primär Lernprozesse bei den Darstellern anzielt.
Im Rollenspiel wird also spielerisch Realität simuliert, es wird zur Probe gehandelt. Der Zweckbezug durch die Formel „Bewältigung der Realität" ist allerdings zunächst nur ein formaler. Unterschiede in der Auffassung von Realität und von den zu erlernenden Bewältigungsstrategien (heißt „bewältigen" z. B. sich in die Gegebenheiten einfügen oder sie verändern?) kennzeichnen die sehr unterschiedlichen praktischen Konzepte von Erziehung durch Rollenspiel *(Kochan,* 1974, S. 7). Auf der Basis einer interaktionistischen Rollentheorie können soziale Kompetenzen zur Bewältigung der Realität, wie sie im Rollenspiel vermittelt werden können, etwas klarer formuliert werden: Nach *Krappmann* (1974) handelt es sich um Qualifikationen, die es dem einzelnen ermöglichen, die „Systemeigenschaften" der Interaktionssituation, „innerpsychisch zu reproduzieren". Dazu muß gelernt werden, welche Verhaltensformen sich mit den aktuell gegebenen Interpretationsmustern vereinbaren lassen, d. h., man muß sich in die Erwartungen der Rollenpartner einfühlen lernen (Empathie). Sodann muß die Fähigkeit der situationsgerechten Darstellung eigener Bedürfnisse und Rolleninterpretationen im Rahmen eines gemeinsamen Symbol-

verständnisses erworben werden (Selbstdarstellung, kommunikative Kompetenz). Durch die Fähigkeit, Rollendistanz zu erreichen, können übernommene Rolleninterpretationen und Handlungsziele in Frage gestellt und verändert werden. Ambiguitätstoleranz schließlich ist „das psychische Korrelat der Normen- und Interpretationsdiskrepanzen und der nicht voll komplementären Bedürfnisbefriedigung in Interaktionssystemen" (*Krappmann,* 1974, S. 178).

Dem Rollenspiel wird für alle diese Qualifikationen eine außerordentliche fördernde Funktion zugeschrieben:

- Seine karthartische Funktion besteht darin, in einem wenig restringierten Interpretationsrahmen die gefahrlose Darstellung eines weiten Bereichs affektiven Verhaltens zu ermöglichen (ähnlich der spontanen Spielsituation, vgl. Abschn. 2).
- Durch die Korrektur des eigenen Verhaltens aufgrund von Rückmeldungen der Mitspieler, sowie durch Beobachten und Rückmelden des Verhaltens anderer, werden Empathie und kommunikative Kompetenz verbessert, das Symbolverständnis gleicht sich an. Die Verwertung non-verbaler Kommunikation wird ebenso ins Bewußtsein gehoben wie die gemeinsame Verwendung von Sprache.
- Indem Rollen getauscht werden und aus der Position des Rollenpartners heraus gehandelt werden kann, werden Wissen über andere Rollen und neue Sichtweisen der eigenen Rolle erworben. Sowohl Empathie wie die Fähigkeit zur Rollendistanz lassen sich hierdurch fördern.
- Unsicherheiten, die häufig Angst hervorrufen und den Verhaltensspielraum regressiv einengen, können klarer auf strukturelle Bedingungen zurückgeführt werden. Indem die vielfältigen Bestimmungsmomente für Verhalten sichtbar und bewußt werden, können Bedürfnisbefriedigung und emotionales Verhalten entsprechend den situativen Anforderungen gesteuert werden. Ambiguitätstoleranz verhilft dazu, aktuelle Konfliktsituationen ohne Regression zu überstehen und durch aktive Veränderung der Bedingungen zu lösen.

*Shaftel & Shaftel* (1973) verwenden das Rollenspiel oder Soziodrama als „soziales Entscheidungstraining". Dabei wollen sie die häufig vorzufindende Reaktionsweise, aufgrund einer Empfindung sofort zu handeln und erst im nachhinein die Reaktion zu überdenken, verändern.

„Besonders Kinder müssen lernen, ihre Handlungsimpulse und ihre Neigung zu selbstsüchtigen Lösungen zu problematisieren. Im sicheren, unparteiischen Rahmen des Rollenspiels können sie ihre Entscheidungsgewohnheiten explorieren und die Vielzahl von Alternativen in spezifischen Situationen erkennen lernen" (*Shaftel & Shaftel*, 1973, S. 41). Sie sollen also denken, bevor sie handeln. Dadurch können auch die zunächst handlungsauslösenden Gefühle und Vorstellungen ins Bewußtsein gehoben werden.
Die Besonderheit bei *Shaftel & Shaftel* besteht darin, daß die Schulkinder zu Beginn einer solchen Trainingsstunde mit einer „open-end"-Kurzgeschichte konfrontiert werden. In ihr werden das Problem vorgegeben sowie Identifikationsmöglichkeiten mit den Personen der Geschichte geboten. Nachdem Spieler ausgesucht und die Szenen geplant sind, findet das eigentliche Rollenspiel statt, in dem die Teilnehmer die Geschichte nach ihren Vorstellungen zu Ende spielen. Die Klasse schaut zu, diskutiert und bewertet gemeinsam mit den Spielern die Lösungsmöglichkeiten. Alternativen können in weiteren Spielen dargestellt werden.

Als Beispiel soll eine Geschichte zum Bereich „Sensibilitätstraining" angeführt werden:

*Blinde Kuh*

Das Problem:
Sensibilität für andere: man muß sich vorstellen können, wie andere Menschen sich fühlen, damit man ihnen entsprechend begegnen kann.

Hinführung zum Problem:
„Erinnert ihr euch an eine Situation, in der euch jemand beleidigte, vielleicht sogar ohne richtigen Grund, nur um euch zu ärgern? Wißt ihr noch, wie ihr euch da gefühlt habt?"

Geschichte:

Die Kinder aus dem Hochhaus spielen am Spielplatz. Tanja schlägt vor, gemeinsam etwas zu spielen. Sie entschließen sich zu dem Spiel „Blinde Kuh".
Gerhard, der gerade auch am Spielplatz ist, freut sich besonders: er darf anscheinend auch mitspielen! Das kommt nicht sehr oft vor. Er ist so dick und kurzsichtig, und mit seinen dicken Brillengläsern wirkt er noch unbeholfener als er an sich ist, so daß er den anderen Kindern nur zur Last fällt. Seine Freude soll aber nicht lange dauern. Franz sagt nämlich gerade: „Komm, Gerhard, du darfst die Blinde Kuh sein. Bei dir brauchen wir die Augen nicht zuzubinden, weil du sowieso nichts siehst!" Die Kinder lachen,

aber Gerhard hat auf einmal eine solche Wut, daß er Franz ins Gesicht schlägt! Niemand ist das von ihm gewohnt, und selbst Franz schaut ihn eher erstaunt und verwundert als erschrocken und böse an.
Was glaubt ihr, werden die Kinder nun tun?
(*Shaftel & Shaftel,* 1973, S. 202)

## 4. Aggressions- und Konflikttraining

Theorien zur Entstehung aggressiven Verhaltens unterscheiden sich bezüglich ihrer pädagogischen Relevanz. Wird Aggression hauptsächlich als Trieb oder Instinkt verstanden (z. B. in der Psychoanalyse und in der Verhaltensforschung), so ist die pädagogische Einflußnahme lediglich auf ein Mildern und Kanalisieren aggressiver Impulse beschränkt. Die Frustrations-Aggressionshypothese (vor allem in ihrer lerntheoretischen Interpretation, vgl. *Brinkmann,* 1974, S. 25) und die Theorie der Entstehung aggressiven Verhaltens durch Prozesse sozialen Lernens dagegen räumen den Umwelteinflüssen — und damit auch pädagogischem Handeln — entscheidenden Einfluß ein. Lerntheoretische Prinzipien emotionaler Erziehung wurden bereits in Abschnitt 1 referiert. Hier werden Beispiele aus zwei Lernmodellen zum Aggressions- und Konfliktverhalten vorgestellt: Einmal der Ansatz der gruppendynamischen Schule von *Bach & Bernhard,* das „Aggressionslaboratorium", danach ein Unterrichtsmodell „Aggression und Schule" von *Jander, Kaindl* u. *Ullmann.*

1. *Bach & Bernhard* (Original 1971, Deutsche Studienausgabe ohne Jahr) gehen bei ihren Aggressionstrainings in Gruppen davon aus, daß der Mensch von Natur aus aggressiv ist. Sie bieten aber ein Übungsprogramm an, „das Leuten helfen soll, schädliche und destruktive Feindseligkeit zu unterscheiden von einer wirkungsvollen, konstruktiven Aggressivität und einem fairen Kämpfen für ein besseres Zusammenleben" (S. 3, Deutsche Studienausgabe). Es werden also zwei Formen von Aggression unterschieden: Feindseligkeit (F-Typ), die durch Rituale kanalisiert werden muß, um ihre destruktive Wirkung einzudämmen und Impact-Aggression, ein „Streiten um Veränderung". Diese Aggressionsform kann und muß konstruktiv genutzt werden. Den Autoren geht es weniger um eine Aggressionstheorie (die Trennung in die beiden vorgestellten Aggressionstypen wird nicht weiter begrün-

det), als um ein Trainingsprogramm, das sowohl für Erwachsene (Ehepaare, Arbeitsgruppen etc.) als auch für Kinder (z. B. bei Familientrainings) Anwendung finden kann.

Von den Übungen, in denen *ritualisiert F-Aggressionen abreagiert* werden können, sollen zwei vorgestellt werden:

Bei „Virginia Woolf" sollen zwei Schüler sich gegenseitig beschimpfen. Die Partnerwahl ist freiwillig. Man muß sich auf bestimmte Regeln einigen, v. a. auf eine Zeitbegrenzung und auf ein Zeichen für das Ende des Rituals. Keine Antworten auf die Vorwürfe des Partners sind erlaubt, d. h. jeder schimpft, ohne auf den anderen zu hören. Gruppentrainer und der Rest der Laborgruppe sind das Publikum, sie überwachen die Regeleinhaltung und feuern die Schimpfenden an.
Beim „Bataca-Kampf" können feindselige Gefühle durch gespieltes Schlagen des Beleidigers ausgedrückt werden. Auch hier werden Regeln aufgestellt und vom Publikum überwacht (insbesondere dürfen die gepolsterten Schläger nur in bestimmter Weise und auf bestimmte Körperregionen geführt werden). Kämpfe zwischen ungleichen Partnern (z. B. Kindern und Erwachsenen) können durch Vorteil-Regeln (z. B. der Größere darf nur kniend kämpfen, etc.) ausgeglichen werden.

Die pädagogische Funktion solcher Feindseligkeits-Rituale sehen die Autoren u. a. in folgendem:

1. die im Ritual verschobene Aggression ist ungefährlich (ähnlich den genetisch vorprogrammierten Übersprungshandlungen bei Tieren), darüber hinaus ist die Befriedigung durch eigene Handlungen größer als bei den rituellen Befreiungsmöglichkeiten durch Zuschaueridentifikation, z. B. bei Action-Filmen und Sportübertragungen.
2. Die Regression auf die „unvernünftige" Spielsituation schafft psychische Erleichterung.
3. Die im Ritual gestatteten Feindseligkeitshandlungen verbinden die Gegner freundschaftlich (ein Phänomen, das sich z. B. auch bei Sportlern findet).
4. Im Gegensatz zu gesellschaftlichen Ritualen, die häufig eine verschleiernde Funktion haben (vgl. Klischeebildungen im Sinne von *Lorenzer,* 1970), werden hier gerade Tabubereiche offengelegt. Das zwar rituelle, aber offene Durchspielen von normalerweise verdrängten und daher unklar-bedrohenden Impulsen klärt über die eigenen Gefühle auf und ermöglicht ihre bewußte Steuerung.

Zu den *konstruktiven Streitübungen* zählt das „Familienporträt" (S. 122), eine besonders für sehr junge Kinder geeignete Übung. Die Kinder sollen hier typische Konfliktszenen aus der Familie malen und dann der Gruppe ihr Bild erklären. Hierdurch scheint den Autoren eine Möglichkeit gegeben, Aggressionsangst und -scham zu desensibilisieren, Konflikte als Realität anzuerkennen und Änderungsmöglichkeiten zu erkennen.

Der „faire Kampf um Wandlung“ wird durch folgenden Ablauf eingeübt (S. 86 f.):
(1) Der Initiator eines Streites verabredet mit seinem Interessengegner Zeit und Ort des Streites. Er überlegt genau sein Vorgehen (2) und berät sich hierzu mit weiteren Gruppenmitgliedern (3). Dann trägt er dem Partner öffentlich seine Beschwerde an (4), wobei er sich um exakte Formulierung eines spezifischen Problems bemüht (d. h. er vermischt nicht mehrere Beschwerden, insbesondere führt er keine vergangenen Ereignisse auf im Sinne von: „Du hast ja schon immer...“). Der Angegriffene bestätigt dem Angreifer die Klage, indem er sie wörtlich wiederholt und wird dafür vom Angreifer belohnt (5). Dieses Feed-back verhindert Mißverständnisse und schafft, ohne den Konflikt gelöst zu haben, bereits eine positive Beziehung zwischen den Partnern. Nach einer weiteren Besinnungs- und Beratungsphase (6, 7) formuliert der Angreifer einen Änderungsvorschlag (8), d. h. er versucht einen realistischen Vorschlag zu machen, wie das Verhalten des Partners sich verändern soll. Nach der Feed-back- und Belohnungsphase (9) fordert der Angreifer den Partner auf, zu antworten (10). Dieser muß nun in der Selbstbesinnung (11) und Beratung mit anderen (12) entscheiden, ob er den Vorschlag voll annehmen, mit Bedingungen annehmen oder ganz ablehnen soll. Er teilt seine Entscheidung dem Angreifer mit (13). Falls keine Einigung, Ablehnung oder ein „toter Punkt“ in der Verhandlung erreicht ist, geht diese Kommunikation in der geschilderten Form weiter. Es dürfen aber keine neuen Streitfälle angeführt werden. In diesen Fällen wird ein neues Streitgespräch verabredet (14). Bei erfolgreichem Verhandlungsergebnis sollte eine „physische Geste des guten Willens“ den Abschluß bilden (15).

2. Ziel des ausgearbeiteten Unterrichtsvorschlags von *Jander, Kaindl & Ullmann* (1974) ist es einmal, „das Lernen und Verstärken von aggressiven Verhaltensweisen in der Schule zu reduzieren und vorhandene Aggressivität abbauen zu helfen“. Darüber hinaus sollen die tiefer liegenden Bedingungen für diese aggressiven Verhaltensketten in der Institution Schule bewußt gemacht und sinnvolle Reformaktivitäten eruiert werden (S. 99).
Die Unterrichtseinheit gliedert sich in 6 Lerneinheiten, die jeweils zwischen 2 bis $3^1/_2$ Stunden Unterrichtszeit beanspruchen (teilweise unterbrochen durch eingeschobene Aktivität außerhalb des Unterrichts). Die Autoren ordnen ihre Unterrichtseinheit versuchsweise den Fächern Ge-

sellschaftskundlicher Unterricht, Geschichte und Deutsch zu. Die Arbeitsformen des Unterrichts sind entsprechend der Zielsetzung auf die Möglichkeit einer freien Diskussion und Erprobung von Verhaltensweisen ausgerichtet; Kleingruppenarbeit und Rollenspielen wird daher große Bedeutung eingeräumt. Notwendige Ergänzung hierzu stellt das Unterrichtsgespräch dar.

Die 6 Lerneinheiten behandeln folgende Inhalte:

1. Beobachtung und Problematisierung von aggressivem Verhalten im Bereich der Schule und Klärung des Begriffes Aggression
2. Verhaltensmöglichkeiten im Interessenkonflikt zwischen Schülern und Lehrern: Aggression oder rationale Konfliktaustragung
3. Unterrichtsatmosphäre und Aggression
4. Aggression als Folge von autoritärer und undemokratischer Schulordnung
5. Lehrplan, Leistungsdruck und Auslesefunktion der Schule als Quellen aggressiven Schülerverhaltens
6. Abbau von Frustrations- und Aggressionspotentialen durch Schulreform.

Zwei dieser Lerneinheiten sollen zur Illustration näher dargestellt werden:

In *Lerneinheit 1* geht es um eine Bewußtmachung und Beobachtung aggressiven Verhaltens im Schulbereich. Die Übung in der Wahrnehmung des Phänomens dient der Motivierung und Grundlegung für die weiteren Einheiten. Ausgehend von Beispielen aggressiven Schülerverhaltens, vorgestellt anhand eines Unterrichtspapiers (Brief einer Volksschule in der BRD an die Eltern), werden eigene Beobachtungen angeregt (Schritt 1 und 2). Hierfür wird z. B. eine Fragebogenaktion vorgeschlagen (ein Modellfragebogen findet sich im Anhang). Nach dieser Beobachtungsphase (Schritte 3 bis 5), die in Gruppenarbeit durchlaufen wird, teilen alle Arbeitsgruppen ihre Untersuchungsergebnisse der Klasse mit. Der Lehrer faßt die Ergebnisse thesenartig zusammen (Schritt 6). Nach einer Diskussion der Ergebnisse, in der bereits Ursachen von Aggressionen, aber auch die vorschnelle Verurteilung von Aggression (im Sündenbockverfahren) angesprochen werden können (Schritt 7), endet die Einheit mit einer gemeinsamen Klärung des Begriffes Aggression: „Aggression ist ein Verhalten, das darauf abzielt, bewußt oder unbewußt jemand anderem Schaden zuzufügen, ihn zu kränken oder zu verletzen oder eine Sache zu zerstören" (*Jander, Kaindl & Ullmann,* 1974, S. 111).

Die *5. Lerneinheit* behandelt den Konflikt zwischen Schülermotivation und Schulanforderungen als Quelle aggressiven Verhaltens. In Gruppen versuchen die Schüler ihre eigenen aktuellen Interessen und Motive festzustellen (1. Schritt). Der Vergleich dieser Vorstellungen mit den Lehrplananforderungen ihrer Klassenstufe (die zusammengefaßt und vervielfältigt vorliegen) führt zur Feststellung von Abweichungen und Übereinstimmungen. Daraufhin soll versucht werden, gemeinsam einen eigenen Lehrplan zu entwickeln, wobei besonders auch die Erkenntnis unterschiedlicher Interessen bei den Schülern selbst gefördert wird (Schritte 2 bis 4). Der Zusammenhang zwischen Motivation und Lernerfolg, der anhand von Unterrichtspapieren diskutiert wird, führt zur Erkenntnis einer weiteren Quelle aggressiven Verhaltens (4. Schritt). Darüberhinaus werden über die Frage, warum man sich trotz mangelnden Interesses dennoch um den geforderten Lernerfolg bemüht, die Probleme Leistungsdruck und Angst vor Strafe thematisiert, die ebenfalls Aggressionspotentiale darstellen (Schritt 5 und 6). Anschließend wird über die Ursachen dieses schulischen Leistungsdruckes und seine Notwendigkeit diskutiert. Die Auslesefunktion der Schule, dreiklassiges Schulsystem und gesellschaftliche Schichtenstruktur sowie Begabung werden hier als wesentliche Problemkreise genannt. (Die 6. Lerneinheit schließt sich hier an, in der dann die Möglichkeiten der Schulreform und ihre Funktion für den Abbau von Frustrations- und Aggressionspotentialen behandelt werden.)

# Literaturverzeichnis

Abrams, R. & Heidrich, K.: Die Wirkung relativ konstanter Persönlichkeitsmerkmale auf Verhalten im Gruppengeschehen bei lehrerzentriertem bzw. schülerzentriertem Unterricht. Eine von der Diskussion gruppendynamischer Verfahren angeregte empirische Untersuchung. In: *Horn*, K. (Hrsg.), 1972

Achtenhagen, F. & Meyer, H. L. (Hrsg.): Curriculumrevision. Möglichkeiten und Grenzen. München: Kösel 1972[2]

Adorno, Th. W.: Tabus über den Lehrerberuf. Neue Sammlung 1965, 65, 487—498

Adorno, Th. W.: Erziehung zur Mündigkeit. Vorträge und Gespräche mit H. Becker 1959—1969. Frankfurt a. M.: Suhrkamp 1971

Adorno, Th. W., Frenkel-Brunswik, E., Levinson, D. J. & Sanford, R. N.: The authoritarian personality. New York: Harper & Row 1950

Adorno, Th. W. & Horkheimer, M.: Dialektik der Aufklärung. Amsterdam: Querido 1955

Adorno, Th. W. & Horkheimer, M.: Stichworte, Kritische Modelle 2. Frankfurt: Suhrkamp 1969

Adorno, Th. W. & Horkheimer, M.: Autoritäre Persönlichkeit. Frankfurt: Suhrkamp 1973

Ahrens, R.: Beiträge zur Entwicklung des Physiognomie- und Mimikerkennens. Z. f. Exp. u. angew. Psychol. 1954, 2, 412—454, 599—633

Aichhorn, A.: Verwahrloste Jugend. Bern: Huber 1957[4]

Allen, D. W. & Ryan, K. A.: Microteaching (Dt. Ausgabe, Hrsg. W. Zifreund). Weinheim: Beltz 1972

Anastasi, A. & Foley, J. P.: Differential psychology. Individual and group differences in behavior. New York: McMillan 1949

Anderson, H. H.: Studies in dominative und socially integrative behavior. American Journal of Orthopsychiatry, 1945, 15, 133 ff.

Anderson, H. H., Brewer, J. E. & Reed, M. F.: Studies of teacher's classroom personalities, III. Follow-up studies on the effects of dominative and integrative contacts on children's behavior. Applied Psychological Monographs, 1946, 11, 3 ff.

Argyle, M.: Soziale Interaktion. Köln: Kiepenheuer & Witsch 1972

Arnold, M. B. (Ed.): Emotion and personality, 2 Volumes. New York: Columbia University Press 1960

Arnold, M. B. (Ed.): The nature of emotion. Middlesex: Penguin 1968

Arnold, M. B. (Ed.): Feelings and emotions. The Loyola Symposium. New York: Academic Press 1970

Arnold, M. B.: Gefühl. In: Lexikon der Pädagogik. Neue Ausgabe. 2. Band. Herausgegeben vom Willmann-Institut, Leitung der Herausgabe: H. Rombach. Freiburg: Herder 1970

Aronfreed, J.: Conduct and conscious: The socialization of internalized control over behaviour. New York: Academic Press 1968

Asmus, W.: Johann Friedrich Herbart. Eine pädagogische Biographie. Bd. I: Der Denker, Bd. II: Der Lehrer. Heidelberg: Quelle & Meyer 1968 u. 1970

Ausubel, D. P.: Psychologie des Unterrichts (amerikanischer Originaltitel: Educational psychology: a cognitive view), 2 Bände. Weinheim: Beltz 1974

Ax, A. F.: Physiological differentiation of emotional states. Psychosom. Med., 1953, 15, 433—442

Baacke, D.: Kommunikation und Kompetenz. Grundlagen einer Didaktik und ihrer Medien. München: Juventa 1973

Babkin, B. P.: The conditioning of emotions. In: *M. L. Reymert* (Ed.): Feelings and emotions. New York: McGraw-Hill 1950, 34 ff.

Bach, B. & Bernhard, Y.: Aggression Lab. Dubuque/Iowa, 1971. Deutsche Studienausgabe ohne Jahr (ca. 1972)

Baldwin, A. L.: Theorien primärer Sozialisationsprozesse. 2 Bände (aus dem Amerikanischen von D. Eggert). Weinheim: Beltz 1974

Baldwin, Th. S.: Evaluation of learning in industrial education. In: *Bloom, B. S. Hastings, J. T. & Madaus, G. F.:* Handbook on formative and summative evaluation of student learning. New York: McGraw-Hill 1971, 855—905

Bales, R. F.: Interaction process analysis. Reading/Mass.: Addison-Wesley 1950

Balhorn, H. & Harries, B.: Zum leidigen thema rechtschreibung. Versuch der ableitung von lernzielen — darstellung einer lernzielorientierten methode. Westermanns Päd. Beiträge, 1972, 24, 647—662

Ballauff, Th. & Schaller, K.: Pädagogik. Eine Geschichte der Bildung und Erziehung. Bd. 2: Vom 16. Jhd. bis 19. Jhd. Freiburg: Alber 1970

Bandura, A.: Principles of behavior modification. New York, 1969

Bandura, A., Grusec, J. E. & Menlove, F. L.: Vicarious extinction of avoidance behavior. Journal of Personality and Social Psychology, 1967, 5, 16 ff.

Bandura, A. & Huston, A. C.: Identification as a process of incidental learning. J. abnorm. soc. Psychol., 1961, 63

Bandura, A., Ross, D. & Ross, S. A.: Transmission of aggression through imitation of aggressive models. J. abnorm. soc. Psychol., 1961, 63, 575 bis 582

Bandura, A., Ross, D. & Ross, S. A.: Imitation of film-mediated aggressive models. J. abnorm. soc. Psychol., 1963 (a), 66, 3 ff.

Bandura, A., Ross, D. & Ross, S. A.: Vicarious reinforcement and imitative learning. J. abnorm. soc. Psychol., 1963 (b), 67, 601 ff.

Bandura, A. & Walters, R. H.: Social learning and personality development. New York: Holt 1963

Bateson, G. A.: A play of theory and fantasy. Psychiatric Research Reports 2, 1955, 39—51

Becker, E. & Jungblut-Ziermann, J.: Die soziale Kompetenz des Lehrers. Päd. extra, 1974, 16

Becker, G. E.: Optimierung schulischer Gruppenprozesse durch situatives

Lehrertraining. Mit Studienmaterialien und Trainingsunterlagen. Heidelberg: Quelle & Meyer 1973
Becker-Freyseng, W., Krüger, K. & Rietbrock, G.: Anhang zu *Projektgruppe:* Diagnostik in der Schule. München: Oldenbourg 1973
Behrens, S. u. a.: Gestaltung und Inhalte des Spielgruppenversuchs. In: *Bittner,* G. u. a., 1973
Belschner, W., Hoffmann, M., Schott, F. & Schulze, Ch.: Verhaltenstherapie in Erziehung und Unterricht. Stuttgart: Klett 1973
Berg, R., Höchstetter, K., Jander, M. & Schorb, B.: Gruppe — Kollektiv. Starnberg: Raith 1973
Bernfeld, S.: Sisyphos oder die Grenzen der Erziehung. Frankfurt: Suhrkamp 1967
Best, E.: „The Maori". Wellinton, New Zealand: Tombs 1924
Betrifft: Erziehung (b:e): Hefte: 3/1971, 4/1973, 2/1974
Betrifft: Erziehung (b:e): Der heimliche Lehrplan, Nr. 5/1973
Bindra, D. C.: A united interpretation of emotion and motivation. Ann, New York: Acad. Sci., 1969, 159, 1071—1083
Bittner, G.: Sprache und affektive Entwicklung. Stuttgart: Klett 1969
Bittner, G., Schäfer, G., Strobel, H. u. a.: Spielgruppen als soziale Lernfelder. München: Juventa 1973
Bittner, G. & Schmid-Cords, E. (Hrsg.): Erziehung in früher Kindheit. München: Piper 1968
Blättner, F.: Geschichte der Pädagogik. Heidelberg: Quelle & Meyer 1966[12]
Blankertz, H.: Theorien und Modelle der Didaktik. München: Juventa 1972[6]
Block, J.: Studies in the phenomenology of emotions. J. of Abn. and Social Psychology, 1954, 358—363
Bloom, B. S. (Ed.): Taxonomy of educational objectives. Handbook I: Cognitive domain. New York: McKay, 1956. Deutsch: Taxonomie von Lernzielen im kognitiven Bereich. Weinheim: Beltz 1972
Bloom, B. S., Hastings, J. T. & Madaus, G. F.: Handbook on formative and summative evaluation of student learning. New York: McGraw-Hill 1971
Bollnow, O. F.: Die Pädagogik der deutschen Romantik. Stuttgart: Kohlhammer 1952
Bollnow, O. F.: Wesen und Wandel der Tugenden. Frankfurt a. M.: Ullstein 1958 (a)
Bollnow, O. F.: Die Lebensphilosophie. Berlin: Springer 1958 (b)
Bollnow, O. F.: Maß und Vermessenheit des Menschen. Philosophische Aufsätze. Göttingen: Vandenhoeck & Ruprecht 1962
Bollnow, O. F.: Die pädagogische Atmosphäre. Untersuchungen über die gefühlsmäßigen zwischenmenschlichen Voraussetzungen der Erziehung. Heidelberg: Quelle & Meyer 1964
Boos-Nünning, U.: Soziometrie. In: *Wehle,* G. (Hrsg.): Pädagogik aktuell. München: Kösel 1973, Bd. 1, 180—182
Bowlby, J.: Separation anxiety. Internat. j. psychoanal., 1960, 41, 1—25

Bowlby, J.: Mütterliche Zuwendung und geistige Gesundheit. München: Kindler 1973
Bredenkamp, K. & Bredenkamp, J.: Lernen und Gedächtnis. In: *Rogge, K. E.* (Hrsg.): Steckbrief der Psychologie. Heidelberg: Quelle & Meyer 1973, 76 ff.
Brezinka, W.: Erziehung als Lebenshilfe. Eine Einführung in die pädagogische Situation. Stuttgart: Klett 1961[2]
Bridges, K. M.: The social and emotional development of the preschool child. London: Kegan Paul 1932
Bright, J.: Lohnfindung an modernen Arbeitsplätzen in den USA. In: *Friedrichs, G.* (Hrsg.): Automation und technischer Fortschritt in Deutschland und den USA. Frankfurt 1963
Brinkmann, G.: Aggressives Verhalten als Thema der Friedenserziehung. In: *Ullmann, D.* (Hrsg.), 1974
Brocher, D.: Modelle künftiger Berufsausbildung. In: *Halblitzel, Chr. v.* (Hrsg.): Berufswahl '73. Grafenau 1972
Brocher, T.: Gruppendynamik und Erwachsenenbildung. Braunschweig: Westermann 1967
Brown, A. R.: The Andaman Islanders. New York: Macmillan 1922
Brubacher, J. S.: Modern philosophies of education. New York: McGraw-Hill 1964[4]
Brückner, P.: Sozialpsychologie des Spätkapitalismus. Frankfurt: EVA 1972
Brügelmann, H.: Lernziele im offenen Curriculum. Thema Curriculum, 1972, H. 2, 16—45
Bühl, W. L.: Konflikt und Konfliktstrategie. München 1972
Burisch, W.: Industrie- und Betriebssoziologie. Berlin 1969
Callies, E.: Spielen in der Schule — Motivationale Aspekte. In: *Daublebsky, B.* (Hrsg.), 1973
Cannon, W. B.: Bodily changes in pain, hunger, fear and rage. New York: Appleton 1929[2]
Cappel, W.: Das Kind in der Schulklasse. Weinheim: Beltz 1974[7]
Cartwright, D. & Zander, A.: Leadership and group performance: introduction. In: Group dynamics. New York: Row, Peterson 1960[2], 487—510
Cattell, R. B. & Scheier, J. H.: The meaning and measurement of neuroticism and anxiety. New York: Ronald Press 1961
Chance, J. E.: Internal control of reinforcements and the school learning process. Unpubl. paper, Biennial Meeting of the Society for Research in Child Development. Minneapolis, Minn. 1965
Claessens, D.: Familie und Wertsystem. Eine Studie zur „zweiten soziokulturellen Geburt" des Menschen. Berlin: Duncker & Humblot 1962
Cloward, R. A. & Ohlin, L. E.: Delinquency and opportunity: a theory of delinquent gangs. New York: The Free Press 1960
Combe, A.: Kritik der Lehrerrolle, München: List 1971, 1973[3]
Cooper, D.: Der Tod der Familie. Reinbek bei Hamburg: Rowohlt 1972
Crafts, L. W., Schneirla, T. C., Robinson, E. E. & Gilbert, R. W.: Recent experiments in psychology. New York: McGraw Hill 1938

Cronbach, L. J.: Einführung in die Pädagogische Psychologie. Weinheim: Beltz 1971
Cube, F. v.: Erziehung zur Rationalität. In: Bildungsfragen im Zeitalter der Automation. Bd. 2: „Funktion und Modell", Schriftenreihe der Pädagogischen Hochschule Berlin (Hrsg.: *H. Michaelis* u. a.). Weinheim: Beltz 1965, 7 ff.
Dahrendorf, R.: Homo Sociologicus. Opladen: Westdeutscher Verlag 1958
Dahrendorf, R.: Gesellschaft und Demokratie in Deutschland. München: Piper 1965
Darwin, Ch.: Der Ausdruck der Gemütsbewegungen bei den Menschen und den Tieren. Stuttgart: Klett 1938[4]
Daublebsky, B. (Hrsg.): Spielen in der Schule. Stuttgart: Klett 1973
Davies, E. E. & Viernstein, N.: Entwicklung einer Skala zur Messung der Einstellung von Lehrern zu Kind und Unterricht. Zeitschrift für Entwicklungspsychologie und Pädagogische Psychologie, 1972, 4, 194 ff.
Davitz, J. R.: The language of emotion. New York, London: Academic Press 1969
Davitz, J. R.: A dictionary and grammar of emotion. In: *Arnold, M. L.* (Ed.): Feelings and emotions: The Loyola Symposium. New York: Academic Press, 1970, 251—258
De Charms, R.: Personal causation. The internal affective determinants of behavior. New York and London 1968
Dennis, W.: Ursachen der Retardation bei Heimkindern: Iran. In: *Graumann, C. F. & Heckhausen, H.* (Hrsg.): Pädagogische Psychologie. Bd. 1: Entwicklung und Sozialisation. Frankfurt a. M.: Fischer 1973
Deutscher Bildungsrat: Strukturplan, 1970
Dietrich, G.: Bildungswirkungen des Gruppenunterrichts. München: Ehrenwirth 1969
Dietrich, Th.: Geschichte der Pädagogik in Beispielen, 18.—20. Jh. Bad Heilbrunn: Klinkhardt 1970
Dietrich, Th. (Hrsg.): Unterrichtsbeispiele von Herbart bis zur Gegenwart. Bad Heilbrunn: Klinkhardt 1972[4]
Dietrich, Th. (Hrsg.): Die pädagogische Bewegung: „Vom Kinde aus". Bad Heilbrunn: Klinkhardt 1973[3]
Dilthey, W.: Pädagogik. Geschichte und Grundlinien des Systems. (*Dilthey, W.:* Gesammelte Schriften, IX. Bd., Hrsg.: *Bollnow, O. F.).* Stuttgart/Göttingen: Teubner, Vandenhoeck & Ruprecht 1961
Dollase, R.: Soziometrische Techniken. Weinheim: Beltz 1973
Domke, H.: Erziehungsmethoden. 2. Bd.: Einführung in die Pädagogik (Hrsg.: *Weber, E.*). Donauwörth: Auer 1973[2]
Dreikurs, R.: Psychologie im Klassenzimmer. Stuttgart: Klett 1967
Dürr, O.: Erziehung zur Freiheit in Selbstverantwortung. Stuttgart: Calwer 1963
Eckert, R.: Die Schule im Widerspruch der Gesellschaft. In: *Flügge, J.* (Hrsg.): Pädagogischer Fortschritt. Bad Heilbrunn: Klinkhardt 1972
Eibl-Eibesfeld, J.: Grundriß der vergleichenden Verhaltensforschung. München: Piper 1967

Einsiedler, W.: Schulpädagogischer Grundkurs, Bd. 1: Schulpädagogik, eine Einführung (Hrsg.: *Einsiedler, W. & Oblinger, H.*). Donauwörth: Auer 1974

Eisner, E. W.: Instructional and expressive educational objectives: their formulation and use in curriculum. In: *Popham, W. J., Eisner, E. W., Sullivan, H. J. & Tyler, L. L.:* Instructional objectives. Aera Monograph Series on Curriculum Evaluation, Vol. 3. Chicago: Rand McNally 1969

Elbing, E.: Das Soziogramm in der Schulklasse. München 1969

Engelmayer, O.: Das Soziogramm in der modernen Schule. München: Ehrenwirth 1970

Epstein, S.: The measurement of drive and conflict in humans: Theory and experiment. Neb. Sym. on Motivation, Jones, M. (Ed.), Lincoln Univ. of Nebraska Press 1962

Erikson, E. H.: Wachstum und Krisen der gesunden Persönlichkeit. Stuttgart: Klett 1953

Erikson, E. H.: Kindheit und Gesellschaft. Stuttgart: Klett 1961

Erikson, H.: Identität und Lebenszyklus. Frankfurt: Suhrkamp 1966

Ewert, O.: Soziale Bedingungen des Ausdrucksverstehens. Ber. 24. Kongr. d. Dtsch. Ges. f. Psychol. Wien, 1965, 211—214

Ewert, O.: Gefühle und Stimmungen. In: *Thomae, H.* (Hrsg.): Allgemeine Psychologie, II. Motivation (Handbuch der Psychologie, 2. Bd.). Göttingen: Hogrefe $1965^2$, 229 ff.

Eysenck, H. J.: The dynamics of anxiety and hysteria. London: Routledge & Kegan 1957 ($1964^2$)

Eysenck, H. J.: Symposium: The development of moral values in children. II — The contribution of learning theory. Brit. J. Educ. Psychol., 1960, 30, 11—21

Eysenck, H. J.: Psychological aspects of anxiety. In: *Lader, M. H.* (Ed.): Studies of anxiety. Ashford: Headley Bros. 1969, 7—20

Farmer, C.: Words and feelings: A developmental study of the language of emotion in children. Unpubl. doctoral thesis, University of Colombia 1967 (Quoted in Davitz, 1969)

Feather, N. T.: A structural balance model of communication effects. Psychol. Rev., 1964, 71, 291—313

Feldmann-Duda, S. & Feldmann, K.: Emotionale Erziehung in der Schule. Westermanns Pädagogische Beiträge, 1972, 24, 19—27

Fend, H.: Gesellschaftliche Bedingungen schulischer Sozialisation. Weinheim und Basel: Beltz 1974

Festinger, L.: A theory of social comparison processes. Hum. Relat., 1954, 7, 114—140

Fischer, A.: Arbeits- und Erlebnispädagogik (erstmals 1926). In: *Fischer, A.:* Leben und Werk, Bd. 2: Arbeiten zur Allgemeinen Erziehungswissenschaft und Berufserziehung (Hrsg.: *Kreitmair, K.*). München: Bayer. Schulbuchverlag 1950, 245—286

Fischler, H.: Operationalisierung und Hierarchisierung von naturwissenschaftlichen Lernzielen. Neue Unterrichtspraxis, Jg. 1971, 189—194

Fittkau, B.: Dimensionen des Lehrerverhaltens und ihre Bedeutung für die

Auslösung von Angst und Sympathie bei Schülern. Zeitschrift für Entwicklungspsychologie und Pädagogische Psychologie, 1969, 1, 77 ff.

Flanders, N. A.: Interaction analysis in the classroom. A manual for observers. Minnesota: College of Education 1960

Flanders, N. A.: Künftige Entwicklungen bei der Analyse der verbalen Kommunikation in der Klasse. In: Programmiertes Lernen, Unterrichtstechnologie und Unterrichtsforschung, 1971, 8, 133 ff.

Fleishman, E. A. & Harris, E. F.: Patterns of leadership behavior related to employee grievances and turnover. Personnel Psychology, 1962, 15, 43 ff.

Flitner, W. & Kudritzki, G. (Hrsg.): Die Deutsche Reformpädagogik, 2 Bde. (Bd. 1: Die Pioniere der pädagogischen Bewegung. Bd. 2: Ausbau und Selbstkritik). Düsseldorf: Küppers 1961 u. 1962

Flügge, J. (Hrsg.): Zur Pathologie des Unterrichts. Befragung des pädagogischen Fortschritts. Bad Heilbrunn: Klinkhardt 1971

Flügge, J. (Hrsg.): Pädagogischer Fortschritt? Bad Heilbrunn: Klinkhardt 1972

Flügge, J.: Das große Mißtrauen in der Schule. In: *Löwenthal, R.* (Hrsg.) 1972

Foley, J. J.: Evaluation of learning in writing. In: *Bloom, B. S., Hastings, J. T. & Madaus, G. F.:* Handbook on formative and summative evaluation of student learning. New York: McGraw-Hill 1971, 767—813

Foppa, K.: Lernen, Gedächtnis, Verhalten. Ergebnisse und Probleme der Lernpsychologie. Köln: Kiepenheuer & Witsch 1966[2]

Forsyth, E. & Katz, L.: A matrix approach to the analysis of sociometric data: Preliminary report. Sociometry, 9. In: Handbook of Social Psychology. Massachusetts 1946, 340—349

Franks, C. M.: Conditioning and personality: A study of normal and neurotic subjects. J. abnorm. soc. Psychol., 1956, 52, 143—150

Franks, C. M.: Personality factors and the rate of conditioning. Brit. J. Psychol., 1957, 48, 119—126

Frenz, H.-G., Krüger, K. & Tröger, H.: Die Unangemessenheit der herkömmlichen Testdiagnostik für schulische Entscheidungen. In: *Projektgruppe:* Diagnostik in der Schule. München: Oldenbourg 1973

Freud, S.: Hemmung, Symptom und Angst. In: *S. Freud:* Gesammelte Werke. 14. Bd. Frankfurt a. M.: Fischer 1948

Freud, S.: Abriß der Psychoanalyse. Frankfurt: Fischer 1959

Freud, S.: Massenpsychologie und Ich-Analyse. Gesammelte Werke, Bd. XIII. Frankfurt: S. Fischer 1969[6]

Freud, S.: Hemmung, Symptom und Angst, 1926. In: *Freud-S*tudienausgabe, Bd. VI. Frankfurt a. M.: Fischer 1971

Frey, K.: Theorien des Curriculums. Weinheim: Beltz 1971

Freyn, W.: Einstellungsstruktur und Einstellungsänderung. In: *Weber, E.* (Hrsg.): Zur moralischen Erziehung in Unterricht und Schule. Donauwörth: Auer 1973, 158 ff.

Fromm, E.: Revolution der Hoffnung. Stuttgart: Klett 1971

Fürstenau, P.: Zur Psychoanalyse der Schule als Institution. Das Argument, 1964, 6, Heft 2

Fürstenau, P.: Zur Psychoanalyse der Schule als Institution. In: *Furck, L.* (Hrsg.): Zur Theorie der Schule. Weinheim: Beltz 1969
Gärtner-Harnach, V.: Angst und Leistung. Weinheim: Beltz 1972
Gagné, R. M.: Operationalisierte Lernziele? — Ja! Thema Curriculum, 1972, H. 2, 3—8
Gamm, H.-J.: Führung und Verführung. Pädagogik des Nationalsozialismus (mit Quellenteil). München: List 1964
Geisler, W. & Scholz, G.: Schulreform und Schulalltag. b:e, 2/1974
Geissler, E. E.: Herbarts Lehre vom erziehenden Unterricht. Heidelberg: Quelle & Meyer 1970
Gern, H. & Royl, W.: Modell einer standardisierten Unterrichtsvorbereitung für das 5./6. Schuljahr im Fach Deutsch. Neue Unterrichtspraxis, Jg. 1973, 365—372
Gerner, B. (Hrsg.): Herbart. Interpretation und Kritik. München: Ehrenwirth 1971
Gläss, Th. (Hrsg.): Pädagogik vom Kinde aus. Weinheim: Beltz 1960
Glaser, H. (Hrsg.): Aufklärung heute — Probleme der deutschen Gesellschaft. Freiburg: Rombach 1967
Glueck, Sh. & Glueck, E.: Jugendliche Rechtsbrecher. Stuttgart: Enke 1963
Götsch, G.: Musische Bildung. 3 Bde. Wolfenbüttel: Möseler 1953/56
Goffman, E.: Role-distance. Encounters. Indianapolis: Bobby-Merrill 1961
Gold, V.: Kinder spielen Konflikte. Neuwied, 1973
Gordon, C. W.: Die Schulklasse als ein soziales System. In: *Heintz, P.:* Soziologie der Schule. Kölner Zeitschrift f. Soziologie und Sozialpsychologie, Sonderheft 7, 1970[8]
Graumann, C. F.: Interaktion und Kommunikation. In: Handbuch der Psychologie. 7. Band Sozialpsychologie, 2. Halbbd. (Hrsg. *Graumann, C. F.*). Göttingen: Hogrefe 1972
Greenfield, P. M. & Bruner, J. S.: Culture and cognitive growth. In: *Goslin, D. A.* (Hrsg.): Handbook of socialization theory and research. Chicago: Rand McNally 1969
Groothoff, H.-H.: Deutsche Bewegung. In: *Groothoff, H.-H. & Stallmann, M.* (Hrsg.): Neues Pädagogisches Lexikon. Stuttgart: Kreuz 1971, 212 ff.
Grussec, J. E.: Some antecedents of self-criticism. J. pers. soc. Psychol., 1966, 4, 244—252
Günther, K. H.: Der lebensphilosophische Ansatz der Bremer Schulreformer Gansberg und Scharrelmann. In: Erziehung und Leben. Vier Beiträge zur pädagogischen Bewegung des frühen 20. Jahrhunderts. Von *Günther, K. H., Roche, H., Mohr, K. & Stenzel, A.*, mit einem Vorwort von *Bollnow, O. F.* Heidelberg: Quelle & Meyer 1960, 13—36
Haase, O.: Musisches Leben. Hannover: Schroedel 1951
Habermas, J.: Thesen zur Theorie der Sozialisation. Stichworte und Literatur zur Vorlesung im Sommer 1968, Frankfurt 1968
Habermas, J.: Thesen zur Sozialisation. In: Arbeit, Erkenntnis, Fortschritt. Amsterdam: de Munter 1970
Habermas, J.: Vorbereitende Bemerkungen zu einer Theorie der kommunikativen Kompetenz. In: *Habermas, J. & Luhmann, N.:* Theorie der

Gesellschaft oder Sozialtechnologie — Was leistet die Systemforschung? Frankfurt: Suhrkamp 1971
Hagemann, W.: Zur Aufdeckung affektiver Implikationen in kognitiven Lernzielen der Berufsschule mit Hilfe der Taxonomie affektiver Ziele. Die deutsche Berufs- und Fachschule, 1974, 70, 87—107
Hagener, D.: Lernzielorientierter Test als praxisnahe Curriculum-Evaluation. Westermanns Päd. Beiträge, 1972, 24, 351—364
Hagman, E. R.: A study of fears of children of preschool age. Journal of Experimental Education, 1932, 1, 110 ff.
Halbfas, H., Maurer, F. & Popp, W. (Hrsg.): Lernen und soziale Erfahrung. Bd. 2: Neuorientierung des Primarbereichs. Stuttgart: Klett 1974
Halpin, A. W.: Manual for the leader behavior description questionnaire. Columbus, Ohio: Ohio State University 1957
Hanke, B., Mandl, H. & Prell, S.: Soziale Interaktion im Unterricht. Darstellung und Anwendung des Interaktionsanalyse-Systems von N. A. Flanders. München: Oldenbourg 1973
Hare, A. P.: Handbook of small group research. New York 1962
Haring, D. G.: Aspects of personal character in Japan. In: Personal character and cultural milieu. Syracuse 1949
Harlow, H. F. & Harlow, M. K.: Social deprivation in monkeys. Sci. Amer., 1962, 207, 136—146
Harlow, H. F. & Harlow, M. K.: Developmental aspects of emotional behaviour. In: *Black, P. R.* (Ed.): Physiological correlates of emotion. New York, London: Academic Press 1970, 37—58
Hartley, E. L. & Hartley, R. E.: Die Grundlagen der Sozialpsychologie. Berlin: Rembrandt-Verlag 1955
Haug, F.: Kritik der Rollentheorie und ihrer Anwendung in der bürgerlichen deutschen Soziologie. Frankfurt/M.: Fischer 1972
Heckhausen, H.: Eine Rahmentheorie der Motivation in zehn Thesen. Z. exp. angew. Psychol., 1963 (a), 10, 604—626
Heckhausen, H.: Hoffnung und Furcht in der Leistungsmotivation. Meisenheim am Glan: Hain 1963 (b)
Heckhausen, H.: Einflüsse der Erziehung auf die Motivationsgenese. In: *Herrmann, Th.* (Hrsg.): Psychologie der Erziehungsstile. Göttingen: Hogrefe 1966
Heckhausen, H.: Die Interaktion der Sozialisationsvariablen in der Genese des Leistungsmotives. In: *Graumann, C. F.* (Hrsg.): Sozialpsychologie. Handb. d. Psych., Bd. 7, 2. Halbbd. Göttingen: Hogrefe 1970
Heider, F.: The psychology of interpersonal relations. New York: Wiley 1958
Heimpel-Michel, E.: Die Aufklärung. Eine historisch-systematische Untersuchung. Langensalza: Beltz 1928
Heinze, Th.: Zur Kritik an den Technologisierungstendenzen des Unterrichtsprozesses. Die Deutsche Schule, 1972, 64, 347 ff.
Henning, S., Köbberling, A., Noack, J. Sobisch, S., Taddicken, B. & Wetzig, B.: Entwicklung und Erprobung eines lernzielorientierten Tests. Westermanns Päd. Beiträge, 1972, 24, 249—271

Henry, J.: Der erlebte Alptraum. b:e, 5/1973

Hentig, H. v.: Allgemeine Lernziele der Gesamtschule. In: *Deutscher Bildungsrat* (Hrsg.): Lernziele der Gesamtschule (Gutachten und Studien der Bildungskommission, Band 12). Stuttgart: Klett 1971[3]

Hentschel, D.: Operationalisierte Lernzielbeschreibung und ihre Konsequenzen für den Unterricht in der Grundschule. Neue Unterrichtspraxis, Jg. 1971, 240—244

Henz, H.: Lehrbuch der systematischen Pädagogik. Freiburg: Herder 1964

Hertz, H.: Die Theorie des pädagogischen Bezugs. Langensalza: Beltz 1932

Hierdeis, H.: Erziehungsinstitutionen. Bd. 3: Pädagogik, eine Einführung. Donauwörth: Auer 1974

Hirst, P. H. & Peters, R. S.: Die Begründung der Erziehung durch die Vernunft. Düsseldorf: Schwann 1972

Höchstetter, W. K.: Die psychoanalytischen Grundlagen der Erziehung. Starnberg: Raith 1970

Höhn, E.: Der schlechte Schüler. München: Piper 1967

Hoffman, H. S., Selekman, W. L. & Fleshler, M.: Stimulus aspects of aversive controls: long-term effects of suppression procedures. J. exp. anal. Beh., 1966, 9, 659—662

Hofstätter, P. R.: Gruppendynamik. Hamburg: Rowohlt 1957

Homans, G. C.: Theorie der sozialen Gruppe. Köln/Opladen: Westdeutscher Verlag 1965[2]

Homans, G. C.: Social behavior as exchange. American Journal of Sociology, 1958, 597—606, gekürzt auch in: *Hartmann, H.* (Hrsg.): Moderne amerikanische Soziologie. Stuttgart: Enke 1973[2]

Hoof, D.: Die Schulpraxis der pädagogischen Bewegung des 20. Jahrhunderts. Berichte und Unterrichtsbilder. Bad Heilbrunn: Klinkhardt 1969

Horn, K.: Politische und methodologische Aspekte gruppendynamischer Verfahren. Das Argument, 1969, 50/3, 261—283

Horn, K. (Hrsg.): Gruppendynamik und der ›subjektive Faktor‹. Repressive Entsublimierung oder politisierende Praxis. Frankfurt: Suhrkamp 1972

Hovland, C. J. & Rosenberg, M. J. (Eds.): Attitude organisation and change. London 1960

Hull, C. L.: Principles of behavior. New York: Appleton-Century-Croffs 1943

Hurlock, E. B.: Die Entwicklung des Kindes. Weinheim: Beltz 1970

James, W.: The principles of psychology. New York: Holt 1890

Jander, M., Kaindl, G. & Ullmann, D.: Aggression und Schule (Unterrichtsmodell). In: *Ullmann, D.:* Aggression und Schule. München: Kösel 1974

Johannsmann, H. & Knepper, H.: Plädoyer für eine den affektiven Bereich erfassende politische Bildung. Die Deutsche Schule, 1971, 63, 105—111 (auch in: *Bechert, G.* [Hrsg.]: Gesamtschulen in Nordrhein-Westfalen. Weinheim: Beltz 1971)

Johnson, R. C. & Medinnus, G. R.: Child psychology. New York: Wiley 1965

Jones, M. C.: A laboratory study of fear: the case Peter. Journal of Genetic Psychology, 1924 (a), 31, 308 ff.
Jones, M. C.: The elimination of children's fears. Journal of Experimental Psychology, 1924 (b), 7, 382 ff.
Jung, W.: Unterrichtsziele im Mathematikunterricht in der differenzierten Gesamtschule. In: *Deutscher Bildungsrat* (Hrsg.): Lernziele der Gesamtschule (Gutachten und Studien der Bildungskommission, Bd. 12). Stuttgart: Klett 1971[3]
Kafka, G.: Über Ur-Affekte. Acta Psychologica, 1950, 17, 256—278
Kagan, J. & Lewis, M.: Studies of attention in the human infant. Merrill-Palmer's Quarterly of Behavior and Development, 1965, 11, 95—127
Kamlah, W.: Philosophische Anthropologie. Sprachliche Grundlagen und Ethik. Mannheim: Bibliographisches Institut 1973
Kashinsky, M. & Wiener, M.: Tone in communication and the performance of children from two socioeconomic groups. Child Development, 1969, 40, 657—660
Kassner, P.: Einige Bemerkungen zu dem Diskussionsbeitrag von *Johannsmann & Knepper:* Plädoyer für eine den affektiven Bereich erfassende politische Bildung. Die Deutsche Schule, 1971, 63, 582—587
Katkovsky, W. Crandall, V. C. & Good, S.: Parental antecedents of children's belief in internal-external control of reinforcements in intellectual achievement situations. Child Development, 1967, 38, 765—776
Keilhacker, M.: Entwicklung und Aufbau der menschlichen Gefühle. Regensburg: Habbel 1950
Kern, H. & Schumann, M.: Industriearbeit und Arbeiterbewußtsein, Bd. 8, RKW-Projekt. Frankfurt/M.: Europäische Verlagsanstalt 1970
Kern, H. & Schumann, M.: Der soziale Prozeß bei technischen Umstellungen, Bd. 9, RKW-Projekt. Frankfurt/M.: Europ. Verlagsanstalt 1972
Kielmansegg, P. Graf: Wer ist fortschrittlich? München: Bayerische Landeszentrale für politische Bildungsarbeit, 1974
Kirsten, R.: Lehrerverhalten, Stuttgart: Klett 1973
Klafki, W.: Pestalozzis „Stanser Brief" — Eine Interpretation. Weinheim: Beltz 1961[2]
Klafki, W.: Sinn und Unsinn des Leistungsprinzips in der Erziehung. In: Sinn und Unsinn des Leistungsprinzips. Ein Symposion. Mit Beiträgen von *A. Gehlen* u. a. München: Deutscher Taschenbuch-Verlag 1974, 73 ff.
Klineberg, O.: Social Psychology. New York: Holt 1940
Klopfer, L. E.: Evaluation of learning in science. In: *Bloom, B. S., Hastings, J. T. & Madaus, G. F.:* Handbook on formative and summative evaluation of student learning. New York: McGraw-Hill 1971, 559—641
Kluge, N.: Pädagogisches Verhältnis und Erziehungswirklichkeit. Essen: Neue Deutsche Schule 1972
Kluge, W. (Hrsg.): Das Pädagogische Verhältnis. Darmstadt: Wissensch. Buchgesellsch. 1973
Kneller, G. F.: Operationalisierte Lernziele? — Nein! Thema Curriculum, 1972, H. 2, 9—15

Kochan, B. (Hrsg.): Rollenspiel als Methode sprachlichen und sozialen Lernens. Kronberg, 1974

Köster, V.: Die Lernenden sind wichtiger als die Lehrer. In: *Halbfas, H.* u. a., 1974

Krappmann, L.: Neuere Rollenkonzepte als Erklärungsmöglichkeit für Sozialisationsprozesse. b:e, 3/1971

Krappmann, L.: Soziologische Dimension der Identität. Strukturelle Bedingungen für die Teilnahme an Interaktionsprozessen. Stuttgart: Klett 1971[1], 1973[3]

Krappmann, L.: Lernen durch Rollenspiel. In: *Klewitz, M. & Nickel, H. W.* (Hrsg.): Kindertheater und Interaktionspädagogik, Stuttgart 1972, sowie in: *Kochan, B.*, 1974

Krathwohl, D. R.: Critique of *Raven's* „Attainment of non-academic educational objectives". International Review of Education, 1973, 19, 330—334

Krathwohl, D. R., Bloom, B. S. & Masia, B. B.: Taxonomy of educational objectives. Handbook II: Affective domain. New York: McKay 1964

Krieck, E.: Nationalpolitische Erziehung. Leipzig: Armanen 1934 (17.—18. Aufl.)

Kroh, O.: Revision der Erziehung. Heidelberg: Quelle & Meyer 1957

Kruse, L.: Gruppen und Gruppenzugehörigkeit. In: *Graumann, C. F.* (Hrsg.): Sozialpsychologie, 7. Bd., 2. Halbbd. Göttingen: Hogrefe 1972

Kuckartz, W.: Homo educandus. Grenzen und Chancen der Erziehung unter besonderer Berücksichtigung der Friedenserziehung. In: Waffenlos zwischen den Fronten. Friedenserziehung auf dem Weg zur Verwirklichung (Hrsg.: Rest, H. O. F.). Graz: Styria 1971

Kuckartz, W.: Kritik der pädagogischen Technologie. Die Erziehung angesichts der Gefährdung des Menschen. Bad Heilbrunn: Klinkhardt 1974

Kutscher, J., Raeithel, A. & Stevens, U.: Entwicklungslinien einer Pädagogischen Diagnostik. In: *Projektgruppe:* Diagnostik in der Schule. München: Oldenbourg 1973

Lacey, J. J. & Lacey, B. C.: Some autonomic-centralnervous system interrelationships. In: *P. Black* (Ed.): Physiological correlates of emotion. New York: Academic Press 1970

Lange-Garritsen, H.: Strukturkonflikte des Lehrerberufs. Düsseldorf: Schwann 1972

Lazarus, R. S., Averill, J. R. & Opton, E. M. jr.: Towards a cognitive theory of emotion. In: *Arnold, M.* (Ed.): Feelings and emotions. New York Academic Press 1970

Lehr, U.: Erscheinungsweisen des Konflikts. In: *Thomae, H.* (Hrsg.): Handbuch der Psychologie, Band 2, 2. Halbbd., Göttingen: Hogrefe 1965

Lehrplan für die Grundschule. München 1973

Lersch, Ph.: Der Mensch in der Gegenwart. München: Erasmus 1947

Lersch, Ph.: Der Aufbau der Person. München: Barth 1956[7], 1964[9]

Levitt, E. E.: Die Psychologie der Angst. Stuttgart: Kohlhammer 1971

Lewin, K.: A dynamic theory of personality. New York: McGraw-Hill 1935

Lewin, K.: Die Lösung sozialer Konflikte. Bad Nauheim: Christian 1953
Lewin, K.: Behavior and development as a function of the total situation. In: *Carmichael, L.* (Ed.): Manual of child psychology. New York: Wiley 1954[2]
Lewin, K., Lippitt, R. & White, R. K.: Patterns of aggressive behavior in experimentally related „social climates". Journal of Social Psychology, 1939, 10, 271 ff.
Lichtenstein-Rother, I. (Hrsg.): Schulleistung und Leistungsschule. Bad Heilbrunn: Klinkhardt 1973[2]
Liebe-Harkort, U.: In Memoriam Behavioral Objectives. Über den Bedeutungswandel operationalisierter Lernziele. Ein Tagungsbericht. Thema Curriculum, 1972, H. 1, 5—41
Lippitt, R.: An experimental study of the effect of democratic and authoritarian group atmospheres. Univ. Iowa Stud. Chil. Welf., XVI, No. 3, Iowa City: Univ. Iowa Press 1940
Lippitt, R. & White, R. K.: An experimental study of leadership and grouplife. In: *Maccoby, E. E., Newcomb, T. M. & Hartley, E. L.* (Hrsg.): Readings in social psychology. New York: Holt, Rinehart & Winston 1958[3], 496 ff. Deutsch: Eine experimentelle Untersuchung über Führungsstil und Gruppenverhalten. In: *Graumann, C. F. & Heckhausen, H.* (Hrsg.): Pädagogische Psychologie. Bd. 1: Entwicklung und Sozialisation. Frankfurt/M.: Fischer 1973, 324 ff.
Löwenthal, R. u. a. (Hrsg.): Schule 72: Schulkrise — Schulreform — Lehrerbildung, Köln 1972
Lorenzer, A.: Sprachzerstörung und Rekonstruktion. Frankfurt/M.: Suhrkamp 1970
Lorenzer, A.: Über den Gegenstand der Psychologie oder: Sprache und Interaktion. Frankfurt/M.: Suhrkamp 1973
Luhmann, N.: Vertrauen. Ein Mechanismus der Reduktion sozialer Komplexität. Stuttgart: Enke 1973[2]
Lutz, B. & Winterhager, W. D.: Zur Situation der Lehrlingsausbildung. Deutscher Bildungsrat, Gutachten und Studien der Bildungskommission, Bd. 11. Stuttgart: Klett 1969
Lykken, D. T.: A study of anxiety in the sociopathic personality. J. abnorm. soc. Psychol., 1957, 55, 6—10
Mager, R. F.: Motivation und Lernerfolg. Weinheim: Beltz 1970
Mager, R. F.: Lernziele und Programmierter Unterricht. Weinheim: Beltz 1971
Makarenko, A. S.: Der Weg ins Leben. Ein pädagogisches Poem. Ostberlin: Aufbau 1960
Mandel, A. & Mandel, K. H.: Einübung in Partnerschaft durch Kommunikationstherapie und Verhaltenstherapie. München, 1971
Mandler, G. & Sarason, S. B.: A study of anxiety and learning. J. abn. soc. Psychol., 1952, 47, 166—173
Mangold, W.: Soziometrie. In: *Bernsdorf, W.* (Hrsg.): Wörterbuch der Soziologie. Frankfurt/M.: Fischer 1972, Bd. 3, 805—807
Mann, L.: Sozialpsychologie. Weinheim: Beltz 1972

Maranon, G.: Contribution à l'étude de l'action émotive de l'adrénaline. Rev. Française Endocrinol., 1924, 2, 301—325
Marcuse, H.: Studie über Autorität und Familie. In: Ideen zu einer kritischen Theorie der Gesellschaft. Frankfurt/M.: Suhrkamp 1965
Marcuse, H.: Triebstruktur und Gesellschaft. Frankfurt/M.: Suhrkamp 1970
Mauermann, L.: Schulleistungsmessung als pädagogisches Problem. Welt der Schule, 1974, 27, 313—340
Mauermann, L., Schulte, H. J. & Seisenberger, G.: Ansätze zu einer curriculumbezogenen Schülerbeurteilung. In: *Projektgruppe:* Diagnostik in der Schule. München: Oldenbourg 1973, 94—121
McCandless, B. R.: Children and adolescents. New York: Holt, Rinehart & Winston 1961
McGuire, W. J.: A syllogistic analysis of cognitive relationship. In: *Hovland, C. I. & Rosenberg, M. J.* (Hrsg.): Attitude organization and change. New Haven, Conn.: Yale Univ. Press 1960
Mead, G. H.: Mind, self and society. Chicago, 1935, 1965[13]
Mead, G. H.: Identität und Gesellschaft. Frankfurt: Suhrkamp 1968
Mead, M.: Geschlecht und Temperament in primitiven Gesellschaften. Hamburg: Rowohlt 1959
Meili, R. & Rohracher, H. (Hrsg.): Lehrbuch der experimentellen Psychologie. Bern: Huber 1963
Mertens, W.: Erziehung zur Konfliktfähigkeit. München: Ehrenwirth 1974
Messner, R.: Funktionen der Taxonomien für die Planung vom Unterricht. In: *Bloom, B. S.* (Hrsg.): Taxonomie von Lernzielen im kognitiven Bereich. Weinheim: Beltz 1972
Messner, R. & Posch, P.: Perspektiven für einen neuen Lehrplan. Zum Problem der Operationalisierung von Lernzielen. In: *Messner, R. & Rumpf, H.:* Didaktische Impulse. Wien: Österreichischer Bundesverlag 1971
Metzger, W.: Probleme der vorschulischen Erziehung aus psychologischer Sicht. Heft 13: Münsterische Beiträge zu pädag. Zeitfragen. Hrsg. im Auftrag des Deutschen Instituts für wissenschaftliche Pädagogik von J. Spede. Münster: Dt. Institut für Wiss. Päd., 1968
Metzger, W.: Psychologie in der Erziehung. Bochum: Kamp 1971
Meyer, H. L.: Trainingsprogramm zur Lernzielanalyse. Frankfurt: Fischer-Athenäum 1974
Meyer, W.-U.: Leistungsmotiv und Ursachenerklärung von Erfolg und Mißerfolg. Stuttgart: Klett 1973
Michael, B.: Gruppenunterricht (Großgruppen-, Abteilungsunterricht). In: *Nicklis, W. S.:* Handwörterbuch der Schulpädagogik. Bad Heilbrunn: Klinkhardt 1973, 308—313
Mietzel, G.: Pädagogische Psychologie. Einführung für Pädagogen und Psychologen. Göttingen: Hogrefe 1973
Millenson, J. R.: Principles of behavioural analysis. New York: Macmillan, London: Collier 1967
Miller, N. E.: Liberalization of basic S-R-concepts. Extensions to conflict

behavior, motivation and social learning. In: *Koch, S.* (Ed.): Psychology: a study of science. New York: McGraw-Hill 1959

Minsel, W.-R. & Minsel, B.: Lehrertraining — Möglichkeiten und Probleme. In: *Nickel, H. & Langhorst, E.* (Hrsg.): Brennpunkte der pädagogischen Psychologie. Bern/Stuttgart: Huber & Klett 1973, 149 ff.

Mitscherlich, A.: Auf dem Weg zur vaterlosen Gesellschaft. Ideen zur Sozialpsychologie. München: Piper 1963

Möller, Ch.: Technik der Lernplanung. Weinheim: Beltz 1970[2]

Mollenhauer, K.: Einführung in die Sozialpädagogik. Probleme und Begriffe. Sozialpädagogische Reihe, Bd. 1. Weinheim: Beltz 1964

Mollenhauer, K.: Erziehung und Emanzipation. München: Juventa 1968

Mollenhauer, K.: Theorien zum Erziehungsprozeß. München: Juventa 1972

Monakow, C.: Gehirn und Gewissen. Psychobiologische Aufsätze (Mit einer biographischen Einführung von M. Minkowski). Zürich: Morgarten 1950

Moore, W. J. & Kennedy, L.: Evaluation of learning in the language arts. In: *Bloom, B. S., Hastings, J. T. & Madaus, G. F.:* Handbook on formative and summative evaluation of student learning. New York: McGraw-Hill 1971, 399—445

Mühle, G.: Furcht und Angst unter entwicklungspsychologischem Aspekt. In: *Wiesbrock, H.* (Hrsg.): Die politische und gesellschaftliche Rolle der Angst. Frankfurt/M.: Europäische Verlagsanstalt 1967

Müller, C. W.: Gruppenpädagogik. Weinheim: Beltz 1972

Müller-Wolf, H.-M.: Soziales und affektives Lernen als Grundkomponenten eines Curriculum „Internationale Erziehung“. Die Deutsche Schule, 1974, 66, 437—448

Murray, H. A.: Exploration in Personality. New York: Univ. Press 1938

Naschold, F.: Schulreform als Gesellschaftskonflikt. Frankfurt/M.: Athenäum 1974

Negt, O. & Kluge, A.: Öffentlichkeit und Erfahrung. Frankfurt: Suhrkamp 1972

Neill, A. S.: Theorie und Praxis der antiautoritären Erziehung. Das Beispiel Summerhill. Reinbek bei Hamburg: Rowohlt 1969

Neill, A. S.: Das Prinzip Summerhill: Fragen und Antworten. Reinbek bei Hamburg: Rowohlt 1971

Neubert, W.: Das Erlebnis in der Pädagogik. Göttingen: Vandenhoeck & Ruprecht 1932[3]

Nicholson, M.: Konfliktanalyse. Düsseldorf, 1973

Nickel, H.: Beiträge zur Psychologie des Lehrerverhaltens. Psychologische Aspekte einer nichtautoritären Erziehung. München/Basel: Reinhardt 1974

Nickel, H., Schlüter, P. & Fenner, H.-J.: Angstwerte, Intelligenztest- und Schulleistungen sowie der Einfluß der Lehrerpersönlichkeit bei Schülern verschiedener Schularten. Psychol. in Erziehung und Unterricht, 1973, 20, 1—13

Nickel, H., Schwalenberg, R. & Ungelenk, B.: Ein erziehungspsychologisches Verhaltenstraining mit Lehrerstudenten. Ansätze und Ergebnisse einer empirischen Kontrolle. Psychologie in Erziehung und Unterricht, 1974, 21, 67 ff.

Nicklas, H. W.: Zur bildungspolitischen und pädagogischen Notwendigkeit der Gesamtschule. Die Schule in der veränderten Welt. Wiesbaden, 1968

Niklis, W. (Hrsg.): Programmiertes Lernen. Bad Heilbrunn: Klinkhardt 1969

Nipkow, K. E.: Der aufklärerische Charakter der modernen Pädagogik. Die Deutsche Schule, 1968, 60, 149 ff.

Nohl, H.: Pädagogik aus dreißig Jahren. Frankfurt a. M.: Schulte-Bulmke 1949 (a)

Nohl, H.: Die pädagogische Bewegung in Deutschland und ihre Theorie. Frankfurt a. M.: Schulte-Bulmke, 1949[3] (b), 1963[6]

Nuthall, G. & Snook, J.: Contemporary models of teaching. In: *Travers, R.M.W.* (Ed.): Second handbook fo research on teaching. Chicago 1973, 47—76

Oerter, R.: Struktur und Wandlung von Werthaltungen. München: Oldenbourg 1970

Oerter, R.: Moderne Entwicklungspsychologie. Donauwörth: Auer 1972[11], 1973[13]

Offe, C.: Leistungsprinzip und industrielle Arbeit. Frankfurt/M.: Europ. Verlagsanstalt 1970

Okòn, W.: Die bildende und erzieherische Wirkung von Gruppenarbeit. In: *Forsberg, B. & Meyer, E.* (Hrsg.): Einführung in die Praxis der schulischen Gruppenarbeit. Heidelberg: Quelle & Meyer 1973

Olivero, J. L. & Brunner, R.: Micro-teaching — ein neues Verfahren zum Training des Lehrerverhaltens. München/Basel: Reinhardt 1973

Oppolzer, S.: Aufklärung — ein philosophisch-pädagogisches Phänomen der Gegenwart. Welt der Schule (Ausgabe Hauptschule), 1970, 23, 445 ff.

Orlandi, Lisanio R.: Evalution of learning in Secondary-School social studies. In: *Bloom, B. S., Hastings, J. T. & Madaus, G. F.:* Handbook on formative and summative evaluation of student learning. New York: McGraw-Hill 1971, 447—498

Osgood, C. E., Suci, G. J. & Tannenbaum, P. H.: The measurement of meaning. Urbana: Univ. of Illinois Press 1957, 1971[8]

Parey, E. & Ingenkamp, K.: Die Erfassung nicht kognitiver Variablen in der Unterrichtsforschung. Deutsche Bearbeitung des Kap. 9: Measuring noncognitive variables in research on teaching, von G. G. Stern. In: *Ingenkamp, K.* (Hrsg.): Handbuch der Unterrichtsforschung, dt. Bearbeitung des „Handbook of research on teaching". Hrsg.: N. L. Gage. Weinheim: Beltz 1970, 1. Bd., 1073 ff.

Parke, R. D. & Walters, R. H.: Some factors influencing the efficacy of punishment training for inducing response inhibition. Experiment 2, Monogr. Soc. Rec. Child. Development, 1967, 32

Passow, A. H., Goldberg, M. & Tannenbaum, A. T. (Eds.): Education of the disadvantaged. New York, London 1967

Pause, G.: Merkmale der Lehrerpersönlichkeit. Deutsche Bearbeitung des Kap. 11: The teacher's personality and characteristics, von J. W. Getzels

& P. W. Jackson. In: *Ingenkamp, K.* (Hrsg.): Handbuch der Unterrichtsforschung. Dt. Bearbeitung des „Handbook of research on teaching", Hrsg.: N. L. Gage. Weinheim: Beltz 1970, 2. Bd., 1353 ff.

Pawlik, K.: Dimensionen des Verhaltens. Eine Einführung in Methodik und Ergebnisse faktorenanalytischer psychologischer Forschung. Bern: Huber 1968

Pestalozzi, J. H.: Stanser Brief. In: Kleine Schriften zur Volkserziehung und Menschenbildung (Hrsg.: Th. Dietrich). Bad Heilbrunn: Klinkhardt 1961, 1962[2]

Peters, R. S.: The education of the emotions. In: *Arnold, M. B.* (Ed.): Feelings and emotions. The Loyola Symposium. New York: Academic Press 1970

Peters, R. S.: Ethik und Erziehung. Düsseldorf: Schwann 1972

Petzelt, A.: Grundlegung der Erziehung. Freiburg: Lambertus 1954

Pfänder, A.: Grundprobleme der Charakterologie. Jb. der Charakterologie 1. Berlin-Charlottenburg, 1925

Piaget, J.: Das moralische Urteil beim Kinde. Übers. v. L. Goldmann. Zürich: Rascher 1954

Picht, G.: Was heißt aufgeklärtes Denken? Zeitschrift für evangelische Ethik. 1967, 11, 218 ff.

Polak, R. H., Emde, R. N. & Spitz, R. A. (1964): The smiling response to the human face II visual discrimination and the onset of depth perception. J. Nerv. Ment. Dis., 1964, 139, 407—415

Popham, W. J.: Objectives and instruction. In: *Popham, W. J., Eisner, E. W., Sullivan, H. J. & Tyler, L. L.:* Instructional objectives. AERA Monograph Series on Curriculum Evaluation, Vol. 3. Chicago: Rand McNally 1969

Popper, K. R.: Die offene Gesellschaft und ihre Feinde. 2 Bände. Bern: Francke 1970[2]

Prell, S.: Angst vor Prüfungen, muß das sein? Pädagogische Welt, 1973, 27, 387—396

Projektgruppe Schullaufbahnberatung: Schlußbericht München 1973 (eingereicht beim Bayerischen Staatsministerium für Unterricht und Kultur)

Prose, F.: Ziele und Grundlagen des gruppendynamischen Trainings im Schulbereich. Westermanns Pädagogische Beiträge, 1973, 8, 431—440

Rahmenrichtlinien: Hessische Rahmenrichtlinien, Primarstufe. Wiesbaden, 1972

Raths, L. E., Harmin, M. & Simon, B. S.: Values and teaching: Working with values in the classroom. Columbus: Chr. E. Merrill 1966

Raven, John: Objectives in education. Irish Journal of Education, 1971, 5, 15—27

Raven, John: The attainment of non-academic educational objectives. International Review of Education, 1973, 19, 305—344

Razran, G.: The observable unconscious and the inferable conscious in current Soviet psychophysiology. Psychol. Review, 1961, 68, 81—147

Reble, A.: Geschichte der Pädagogik. Stuttgart: Klett 1955

Reykowski, J.: Psychologie der Emotionen. Donauwörth: Auer 1973

Reymert, M. L. (Ed.): Feelings and emotions. New York: McGraw-Hill 1950

Richtlinien und Lehrpläne für die Grundschule in Nordrhein-Westfalen. Ratingen: Henn 1973

Robertson, J.: Mütterliche Verhaltensstile in ihrem Einfluß auf die frühkindliche Entwicklung. In: *G. Bittner & E. Schmid-Cords* (Hrsg.): Erziehung in früher Kindheit. München: Piper 1968, 271 ff.

Rössner, L.: Das Autosoziogramm. München 1968

Rohracher, H.: Einführung in die Psychologie. Wien: Urban & Schwarzenberg 1953⁵

Rokeach, Milton: The open and closed mind. New York: Basic Books 1960

Rosenberg, M. J.: Cognitive reorganisation in response to the hypnotic reversal of attitudinal affect. Journal of Personality, 1960, 28, 39—63

Rosenberg, M. J. & Abelson, R. P.: An analysis of cognitive balancing. In: *Hovland, C. I. & Rosenberg, M. J.* (Hrsg.): Attitude organization and change. New Haven: Yale Univ. Press 1960

Rosenhan, D. L. & Greenwald, J. A.: The effects of age, sex and socioeconomic class on responsivness to two classes of verbal reinforcement. J. Pers., 1965, 33, 108—121

Roth, H.: Pädagogische Anthropologie. Band I: Bildsamkeit und Bestimmung. Hannover: Schroedel 1966

Roth, H.: Pädagogische Anthropologie. Band II: Entwicklung und Erziehung. Hannover: Schroedel 1971

Rudert, H.: Gemüt als charakterologischer Begriff. In: Seelenleben und Menschenbild. Festschrift für Ph. Lersch (Hrsg.: A. Däumling). München: Barth 1958

Ryans, D. G.: Charakteristics of teachers. Washington, D. C.: American council on education, 1960

Ryans, D. G.: Some relationships between pupil behavior and certain teacher characteristics. Journal of Educational Psychology, 1961, 52, 82 ff. Dt. Übersetzung: Einige Beziehungen zwischen Schülerverhalten und gewissen Verhaltensweisen des Lehrers. In: *Weinert, F.* (Hrsg.): Pädagogische Psychologie. Köln/Berlin: Kiepenheuer & Witsch 1967, 323 ff.

Sarason, S. B., Davidson, K. S., Lighthall, F. F., Waite, R. R. & Ruebush, B. K.: Anxiety in elementary school children. New York: Wiley & Sons 1960

Sarason, S. B., Davidson, K. S. Lighthall, F. F., Waite, R. R. & Ruebush, B. K.: Angst bei Schulkindern. Ein Forschungsbericht. Stuttgart: Klett 1971

Sarbin, T. R.: Role theory. In: *Lindzey, G. & Aronson, E.* (Eds.): The Handbook of Social Psychology, Bd. I. London: Menlo Park Cal. 1959, 223—258

Schachter, S.: Pain, fear and anger in hypertensives and normotensives: A psychophysiologic study. Psychosom. Med., 1957, 19, 17—29

Schachter, S.: The psychology of affiliation. Standford, California: Standford University Press 1959

Schachter, S. & Singer, J.: Cognitive, social and psychological determinants of emotional state. Psychological Review, 1962, 69, 378—399

Schachter, S.: The interaction of cognitive and physiological determinants of emotional state. In: *L. Berkowitz* (Ed.): Advances in experimental and social psychology, Vol. 1. New York: Academic Press 1964

Schachter, S.: A cognitive-physiological view of emotion. In: *Klineberg & Christie* (Eds.): Perspectives in social psychology, New York: Holt, Rinehart & Winston 1965, 75—105

Schachter, S.: The assumption of identity and peripherilist-centralist controversies in motivation and emotion. In: *M. Arnold* (Ed.): Feelings and emotions. New York, London: Academic Press 1970

Schachter, S. & Latané, B.: Crime, cognition and the autonomic nervous system. In: *D. Levine* (Ed.): Nebraska Symposium on motivation. Lincoln, Nebraska: University of Nebraska Press 1964, 221—273

Schaefer, E. S.: A circumplex model for maternal behavior. Journal of abnormal and social psychology, 1959, 59, 226 ff.

Schaefer, E. S.: Converging conceptual models for maternal behavior and for child behavior. In: *Glidewell, J.* (Ed.): Parental attitudes and child behavior. Springfield/Ill.: Thomas 1961, 124 ff.

Schaffer, H. R.: Objective observations of personality development in early infancy. Brit. J. Med. Psychol., 1958, 31, 174—183

Scheibe, W.: Die Reformpädagogische Bewegung 1900—1932. Eine einführende Darstellung. Weinheim: Beltz 1969

Schell, H.: Angst und Schulleistung. Göttingen: Hogrefe 1972

Scheuerl, H.: Emotionale Erziehung. In: Pädagogisches Lexikon, 1. Bd. (Hrsg.: *Horney, W., Ruppert, J. P. & Schultze, W.)* Gütersloh: Bertelsmann 1970, 676 ff.

Schiller, J.: Bericht von der Schulfront. In: *Löwenthal, R.*, 1972

Schmid, J. R.: Freiheitspädagogik. Schulreform und Schulrevolution in Deutschland. Reinbek bei Hamburg: Rowohlt 1973

Schmidt, G. R.: Autorität in der Erziehung. Hannover: Niedersächsische Landeszentrale für politische Bildung, 1972

Schmidt-Mummendey, A.: Verhaltenswissenschaftliche Aspekte der Verringerung von Gewalt. Zeitschrift für Pädagogik, 1973, Heft 2

Schmitt, R.: Das Gewicht der Information bei der Verwirklichung affektiver Erziehungsziele. In: *Hoffmann, D., Tütken, H.* (Hrsg.): Realistische Erziehungswissenschaft. Hannover: Schroedel 1972, 305—320

Schneeberg, U.: Ergebnisse empirischer Untersuchungen zur Führungsproblematik. In: Führungsstil und Berufserfolg des Lehrers. 3. Beiheft der Zeitschrift: Pädagogik. Ost-Berlin: Volk und Wissen 1970, 11 ff.

Schneirla, T. C.: An evolutionary and developmental theory of biphasic processes underlying approach and withdrawal. In: *Jones, M. R.* (Ed.): Nebraska Symposium on Motivation. Lincoln, Nebraska: Univ. of Nebraska Press 1959, 1—42

Schraml, W. J.: Das soziale Verhalten in der Schule. In: *Halbfas, H., Maurer, F. & Popp, W.* (Hrsg.): Lernen und soziale Erfahrung. Bd. 2: Neuorientierung des Primarbereichs. Stuttgart: Klett 1974, 180 ff.

Schreiner, G.: Schule als sozialer Erfahrungsraum. Überlegungen und Untersuchungen zum Phänomen des Schulklimas. Frankfurt a. M.: Athenäum/Fischer 1973

Schulreform in Bayern, Band 1. Lehrpläne für die Grundschule, Orientierungsstufe und Hauptschule. München: Bayer. Staatsministerium für Unterricht und Kultus, 1970

Schulreform in Bayern, Band 2. Kollegstufe am Gymnasium. München: Bayer. Staatsministerium für Unterricht und Kultus, 1972

Schulze, Ch.: Lernprinzipien. In: *Belschner* u. a., 1973

Schwenk, B.: Das Herbartverständnis der Herbartianer. Weinheim: Beltz 1963

Schwerdt, Th.: Kritische Didaktik in Unterrichtsbeispielen. Paderborn: Schöningh 1955[11]

Scott, J. P.: Early experience and the organization of behaviour. Wadsworth, 1968

Scriven, M.: Student values as educational objectives. In: Proceedings of the 1965 Invitational Conference on Testing Problems. Princeton: ETS, 1966, 33—49

Secord, P. F. & Backman, C. W.: Social Psychology. New York, 1964

Shaftel, F. & Shaftel, G.: Rollenspiel als soziales Entscheidungstraining. München, 1973

Skowronek, H.: Psychologische Grundlagen einer Didaktik der Denkerziehung. Kognitive Prozesse und kognitive Strukturen. Hannover: Schroedel 1968

Smith, K. U. & Smith, W. M.: The behaviour of man. An introduction to Psychology. New York: Holt 1958

Smith, L. M. & Hudgins, B. B.: Pädagogische Psychologie. 1. Bd. Stuttgart: Klett 1971

Smith, L. M. & Hudgins, B. B.: Pädagogische Psychologie. 2. Bd. Stuttgart: Klett 1972

Spangenberg, K.: Chancen der Gruppenpädagogik. Weinheim: Beltz 1969

Spence, K. W.: Behavior theory and conditioning. New Haven: Yale University Press 1956

Spence, K. W.: A theory of emtionally based drive (D) and its relation to performance in simple learning situations. Amer. Psychol., 1958, 13, 131—141

Spielberger, Ch. D. (Ed.): Anxiety and behavior. New York, London: Academic Press 1966

Spitz, R.: Hospitalism. An inquiry into the genesis of psychiatic conditions in early childhood. Psychoanal. Stud. Child., 1945

Spitz, R.: Hospitalism: A follow-up report. Psychoanal. Stud. Child., 1946, 113—117

Spitz, R.: Psychoanalytische Begriffsbildung und psychologisches Denkmodell. Schweizer Zeitschrift für Psychologie, 1953, 12, 24—38

Spitz, R.: Die Entstehung der ersten Objektbeziehungen. Stuttgart: Klett 1957

Spitz, R.: Vom Säugling zum Kleinkind. Naturgeschichte der Mutter-Kind-Beziehungen im ersten Lebensjahr. Stuttgart: Klett 1967

Spitz, R.: Hospitalismus (I und II): In: *Bittner, G. & Schmid-Cords, E.* (Hrsg.): Erziehung in früher Kindheit. München: Piper 1968, 77 ff. und 99 ff.

Spranger, E.: Pädagogische Perspektiven. Beiträge zu Erziehungsfragen der Gegenwart. Heidelberg: Quelle & Meyer 1955[3]

Spranger, E.: Menschenleben und Menschheitsfragen. München: Piper 1963

Stapf, K. H., Herrmann, Th., Stapf, A. & Stäcker, K. H.: Psychologie des elterlichen Erziehungsstils. Stuttgart: Klett 1972

Strongman, K. T.: The psychology of emotion. London: Wiley 1973

Tagiuri, R.: Person Perception. In: Lindsey, G. und Aronson, E. (Hrsg.), The handbook of social psychology. Vol. III, London: Addison-Wesley Publ. Comp., 1969

Tausch, A.: Ausmaß und Änderung des Merkmals Verständnis im Sprachverhalten von Erziehern und Zusammenhänge mit seelischen Vorgängen in Kindern. Zeitschrift für experimentelle und angewandte Psychologie, 1963, 10, 514 ff.

Tausch, A. & Langer, J.: Merkmale des Erziehungsverhaltens von Müttern und Kindergärtnerinnen und Art der Änderung durch eine Fortbildungsveranstaltung. Zeitschrift für Entwicklungspsychologie und Pädagogische Psychologie, 1970, 2, 269 ff.

Tausch, A., Tausch, R. & Fittkau, B.: Merkmalszusammenhänge der verbalen Interaktion und kritische Überprüfung typologischer Verhaltenskonzepte. Zeitschrift für experimentelle und angewandte Psychologie, 1967, 14, 522 ff.

Tausch, A., Tausch, R. & Fittkau, B.: Das Erzieherverhalten. Grundbedingungen für soziales, emotionales und kognitives Lernen Drei- bis Achtjähriger. Westermanns Pädagogische Beiträge, 1972, 24, 13 ff.

Tausch, R.: Gesprächspsychotherapie. Göttingen: Hogrefe 1968[2]

Tausch, R., Bommert, H., Fittkau, B. & Nickel, H.: Einschätzungsskala für das Ausmaß von „Wertschätzung/Geringschätzung“ im Verhalten von Lehrern — Erziehern gegenüber Schülern — Jugendlichen. Zeitschrift für Entwicklungspsychologie und Pädagogische Psychologie, 1969, 1, 119 ff.

Tausch, R., Köhler, H., Bommert, H., & Schulz v. Thun, F.: Zur Charakterisierung des Lehrer- und Schülerverhaltens im Unterricht. Bericht über eine empirische Untersuchung. Westermanns Pädagogische Beiträge, 1972, 24, 119 ff.

Tausch, R. & Tausch, A.: Erziehungspsychologie. Göttingen: Hogrefe 1971[6], 1973[7]

Taylor, J. A.: Drive theory and manifest anxiety. Psychol. Bull., 1956, 303 bis 320

Tent, L.: Schätzverfahren in der Unterrichtsforschung. Dt. Bearbeitung des Kap. 7: Rating methods in research teaching, von *Remmers, H. H.* In: *Ingenkamp, K.* (Hrsg.): Handbuch der Unterrichtsforschung. Dt. Bearbeitung des „Handbook of research on teaching“, *Gage, N. L.* (Hrsg.). Weinheim: Beltz 1970, 1. Bd., 853 ff.

Teuber, H. L.: Physiological Psychology. Ann. Rev. Psychol., 1955

Tewes, B.: Zusammenhänge zwischen Ängstlichkeit und Leistungsverhalten bei Schulkindern. Zeitschrift für erziehungsw. Forschung, 1971, 5, 107—118

Thiel, S.: Lehr- und Lernziele. Ravensburg: Maier 1973

Thurner, F.: Ängstlichkeit: Eine Persönlichkeitsvariable und ihre Auswirkungen. Psychologische Rundschau 1970, 21, 187—213

Thurner, F. & Tewes, U.: Der Kinder-Angst-Test K-A-T. Göttingen: Hogrefe 1969

Tinbergen, N.: Instinktlehre, Berlin: Parey 1956[2]

Travers, R. M. W.: Einführung in die erziehungswissenschaftliche Forschung. München: Oldenbourg 1972

Traxel, W.: Gefühl und Gefühlsausdruck. In: *Meili, R. & Rohracher, H.* (Hrsg.): Lehrbuch der experimentellen Psychologie. Bern: Huber 1963, 215—263

Ulich, D.: Gruppendynamik in der Schulklasse. München: Ehrenwirth 1971

Ulich, D.: Soziale Beziehungen und Probleme der Macht in pädagogischen Interaktionen. In: *Halbfas, H., Maurer, F. & Popp, W.* (Hrsg.): Lernen und soziale Erfahrung. Band 2: Neuorientierung des Primarbereichs. Stuttgart: Klett 1974, 110 ff.

Ullmann, D. (Hrsg.): Aggression und Schule. München, 1974

Valette, R. M.: Evaluation of learning in a second language. In: *Bloom, B. S., Hastings, J. T. & Madaus, G. F.:* Handbook on formative and summative evaluation of student learning. New York: McGraw-Hill 1971, 815 bis 853

Valins, S.: Cognitive effects of false heart-rate feedback. Journal of Personal and Social Psychology, 1966, 4, 400—408

Waller, M.: Die Beurteilung des relativen Alters anhand von Verhaltenskriterien bei Vorschulkindern. Ber. 25. Kongr. d. DGP in Münster 1966. Göttingen: Hogrefe 1966

Waller, M.: Die Stereotypität vs. Personorientiertheit der Verhaltenserwartungen von Kindern in Abhängigkeit von dem Alter und der untersuchten Verhaltensdimension. Zeitschrift für Entwicklungspsychologie und Pädagogische Psychologie, 1973, 5, 1—15

Walz, U.: Soziale Reifung in der Schule. Hannover: Schroedel 1968[3]

Watson, J. B. & Rayner, R.: Conditioned emotional reactions. Journal of Experimental Psychology, 1920, 3, 1 ff.

Watzlawick, P., Beavin, J. H., Jackson, D. D.: Menschliche Kommunikation. Formen, Störungen, Paradoxien. Bern: Huber 1971[2]

Weber, E.: Läßt sich die sittliche Erziehung methodisieren? Vierteljahresschrift für wissenschaftliche Pädagogik, 1963, 39, 102 ff.

Weber, E.: Erziehungsstile. Donauwörth: Auer 1973[4] (a)

Weber, E. (Hrsg.): Zur moralischen Erziehung in Unterricht und Schule. Donauwörth: Auer 1973(b)

Weber, E.: Pädagogik. Eine Einführung. Bd. 1: Grundfragen und Grundbegriffe. Donauwörth: Auer 1974[4](a)

Weber, E.: Autorität im Wandel. Autoritäre, antiautoritäre und emanzipatorische Erziehung. Donauwörth: Auer 1974(b)

Weber, E., Domke, H. & Gehlert, S.: Kleines sozialwissenschaftliches Wörterbuch für Pädagogen. Donauwörth: Auer 1974

Weinert, F.: Analyse und Untersuchung von Lehrmethoden. Dt. Bearb. des Kap. 10: Analysis and investigation of teaching methods, von *N. E. Wallen* und *R. M. W. Travers*. In: *Ingenkamp, K.* (Hrsg.): Handbuch der Unterrichtsforschung, 2. Bd. Weinheim: Beltz 1970, 1217 ff.

Wellek, A.: Die Polarität im Aufbau des Charakters. Bern: Francke 1950

Wellendorf, F.: Schule und Identität. b:e, 5/1973

Wellendorf, F.: Schulische Sozialisation und Identität. Weinheim: Beltz 1973

Wieczerkowski, W.: Unmittelbare und distanzierte Einschätzung von Unterrichtsgesprächen durch die beteiligten Lehrer. Zeitschrift für Entwicklungspsychologie und Pädagogische Psychologie, 1970, 2, 86 ff.

Wieczerkowski, W., Bastine, R., Fittkau, B., Nickel, H., Tausch, R. & Tewes, U.: Veränderung von Angst und Neurotizismus bei Schülern durch positive Bekräftigung von Lehrern im Schulunterricht. Zeitschrift für Entwicklungspsychologie und Pädagogische Psychologie, 1969, 1, 3 ff.

Wieczerkowski, W., Nickel, H., Janowski, A., Fittkau, B. & Rauer, W.: Angstfragebogen für Schüler. Braunschweig: Westermann 1974

Wilhelm, Th.: Pädagogik der Gegenwart. Stuttgart: Kröner 1959

Wilson, B. G.: Evaluation of learning in art education. In: *Bloom, B. S., Hastings, J. T. & Madaus, G. F.:* Handbook on formative and summative evaluation of student learning. New York: McGraw-Hill 1971, 499—558

Wilson, J. W.: Evaluation of learning in Secondary School mathematics. In: *Bloom, B. S., Hastings, J. T. & Madaus, G. F.:* Handbook on formative and summative evaluation of student learning. New York: McGraw-Hill 1971, 643—696

Wilson, Th. P.: Theorien der Interaktion und Modelle soziologischer Erklärung. In: Arbeitsgruppe Bielefelder Soziologen (Hrsg.): Alltagswissen, Interaktion und gesellschaftliche Wirklichkeit. Hamburg: Rowohlt 1973

Wispé, L. G.: Evaluating section teaching methods in the introductory course. Journal of Educational Research, 1951, 45, 161 ff.

Withall, J.: The development of a technique for the measurement of social-emotional climate in classroom. Journal of Experimental Education, 1949, 17, 347 ff.

Withall, J.: The development of a climate index. Journal of Educational Research, 1951, 45, 93 ff.

Wolf, S. & Wolff, H.: Human gastric function. Oxford: University Press 1947

Wolff, S.: Ansätze zu einer integrierten Theorie der Emotion. München, 1973 (unveröffentlichte Diplomarbeit)

Wünsche, K.: Die Wirklichkeit des Hauptschülers, Berichte von Kindern der schweigenden Mehrheit. Köln: Kiepenheuer & Witsch 1972

Yarrow, L. J.: Separation from parents during early childhood. In: *M. L.*

*Hoffman & L. W. Hoffman* (Eds.): Review of child development research. New York: Russel Sage Foundation 1964
Yerkes, R. M. & Dodson, J. D.: The relation of strength of stimulus to rapidity of habit-formation. Journal comp. neurol. Psychol., 1908, 18, 459—482 (ref. nach *Schell, H.*, 1972)
Zeidler, K.: Die Wiederentdeckung der Grenze. Beiträge zur Formgebung der werdenden Schule. Jena: Diedrichs 1926
Zifreund, W.: Training des Lehrerverhaltens mit Fernseh-Aufzeichnungen. betrifft: erziehung, 1970, 3, 15 ff.